금강경과 마음공부

법상 지음

무한

우리들의 삶과 부처님의 삶이 전혀 다른 것이 아니다.

똑같이 먹고 자고 걷는다. 그러나 부처님은 깨어 있는 정신으로

오직 그것을 할 뿐이며, 오직 매 순간순간 최선의 삶을 살고 있다.

매 순간 다른 곳을 향해 가는 것이 아니라

항상 목적지에 도달해 있다.

과거에 만들어 놓은 잣대를 가지고
『금강경』을 펼쳐 들지 말라. 완전히 과거의 나를
비워라. 비우고 비워 맑고 청정해진 때 묻지 않은
순수한 정신으로 『금강경』의 초대를 받으라.

서
문

『금강경』 강좌를 끝맺으며, 또『금강경』의 바다에 푹 빠져 있는 동안
내 안에 깊이 파도쳐 들어오는 한 가지 진한 울림이 있었다. 내 삶에
『금강경』이 들어왔다는 것이야말로 얼마나 큰 축복인가, 아니 이 세상
에 이런 경이로운 경전이 존재한다는 것은 우리 인류에게 있어 얼마
나 큰 축복이며 보배인가 하는 감사의 울림이 그것이다. 인류의 역사
속에서『금강경』이라는 경전은 단연코 인류의 정신사에 있어 최고의
정점에 서 있는 몇 안 되는 가르침 중 하나다. 이 경전으로써 인류의
정신은 얼마만큼 진화를 이루어 냈는가.

　그야말로 인류 최고의 지혜를 담고 있는 경이로운 책『금강경』. 그
동안『금강경』은 그것이 지니는 진리의 가치에 비해 세상에서 너무 외
면 받아온 감이 있다. 그 이유는 단연 일반인들이 접근하기 너무 어렵
다는 이유 때문이다. 어렵지만『금강경』은 모든 이들의 삶과 인생에
대한 근원적인 의문에 온전한 답을 주고, 어떻게 살아갈 것인가에 대

해 구체적으로 명철하게 지적해 주며, 나아가 보다 조화롭고 평화로운 인류의 미래를 위해 대안적인 해답을 분명하게 제시해 줄 수 있는 보기 드문 진리의 보고다. 그러나 너무 어렵다.

처음『금강경』을 접하는 사람들에게『금강경』은 너무나도 생소하고, 어렵고, 도대체 무슨 말인지 모르겠는 말들이 계속되는 듯 보이기도 한다. 그래서『금강경』을 언뜻 본 사람들은 바로 접고 마는 우를 범하기도 한다. 그러나『금강경』은 인간이 사량 분별로 헤아릴 수 있는 그 틀을 완전히 넘어서고 있음을 알아야 한다. 그야말로 금강과도 같은 지혜의 칼로써 인간들의 어리석은 차별심을 모조리 불살라 없애버린다. 그러나 인간의 어리석은 분별심을 깨기 위해 똑같은 평범한 언어를 사용하게 되면 또 다시 사람들은 그 언어를 자기 식대로 이해할 것이고, 자기 사량으로『금강경』을 판단하고 말 것이다. 언어는 진리를 그대로 전달해 줄 수가 없기 때문이다. 언어에는 어쩔 수 없이 인간의 편견과 선입견들이 개입되어 있다.

그래서 진리를 표현하려면 언어를 뛰어넘는 그 무언가가 필요하다. 그래서 선사들은 '할'과 '방'을 외치기도 했고, 때로는 침묵하기도 했던 것이다. 그러나 그러한 방법은 너무 어렵다. 일반인들이 다가서기에는 너무 벽이 높다. 그래서 결국은 다시 언어를 쓰지 않을 수 없다. 그러나 역설적이게도 언어로써는 진리를 온전히 담아낼 수 없다. 이처럼 이러지도 저러지도 못한다면, 과연 어떻게 해야 하는가. 언어를 쓰면서도 언어를 초월하여 진리를 담아낼 수 있는 '언어 아닌 언어'를 쓸 수밖에 없다. 언어를 뛰어넘는 언어를 쓸 수밖에 없다. 진리를 언어 속에 담아내기 위해서는 그것이 그나마도 최선의 방편이 될 수밖에 없는 것이다. 그러한 언어를 초월하는 진리의 언어, 그것이 바로 이 경전 『금강경』이다. 신비롭고 아름다운 언어 밖의 언어 그것이 이 경전이 쓰여진 연유다.

그렇기에 『금강경』은 평범한 사람이 펼쳐 보았을 때 어렵게 느껴질 수밖에 없다. 『금강경』을 언뜻 살펴본 사람이라면 도대체 이게 무슨말인가 싶기도 할 것이고, 알다가도 모를 소리라고 손사래를 치기도 할 것이며, 읽어내려 가다가도 도무지 종잡을 수 없는 소식에 경전을 덮고 말지도 모른다.

그러나 그것이 바로 어쩔 수 없는 진리의 속성이다. 진리를 진리로써 드러내고자 하는 자비로운 노력이 이와 같이 알 수 없는 표현방식으로 언어를 초월하여 경전에 한 올 한 올 곱게 아로새겨진 것이다. 그렇기에 『금강경』을 읽을 때나 공부할 때는 일반적으로 책을 읽는다거나, 세상의 지식을 얻어 들을 때와 같은 방식으로 다가서서는 안 된다. 세상의 잣대로, 기존의 편견과 선입견의 틀 속에서 『금강경』을 이해하고자 한다면 더욱 멀어질 뿐이다. 그야말로 지금까지 배워 온, 익혀 온, 경험해 온, 책에서 읽고, 사람들에게서 들어 온 일체 모든 지식과 판단과 편견과 아집들을 몽땅 비워버리지 않고서는 도무지 『금강경』의 초입에도 이를 수 없다. 내 안에 그 어떤 고집과 욕심과 집착과 편견과 아상이 있다면 지금 이 순간, 『금강경』을 펼쳐 드는 바로 지금 이 순간 모조리 불태워 없애버려야 한다.

과거에 만들어 놓은 잣대를 가지고 『금강경』을 펼쳐 들지 말라. 완전히 과거의 나를 비워라. 비우고 비워 맑고 청정해진 때 묻지 않은 순수한 정신으로 『금강경』의 초대를 받으라. 그랬을 때 비로소 『금강경』은 경이로운 진한 법신의 향기로 우리를 맞이할 것이다.

'나'를 놓아버리고, '내 생각'을 놓아버리고 오직『금강경』에 모든 것을 맡기라.『금강경』의 자비로운 이끎에 모든 것을 맡기라.『금강경』의 가르침이 내 존재 안에서 춤을 추도록 하라. 꽃이 되어 피어나도록 하라. 가려듣지 말고 통째로 완전히 모든 것을 흡수할 수 있어야 한다. 그러고 나면 이제『금강경』은 나를 진리의 길로 이끌 것이다. 아니 나를 사라지도록 도와 오직『금강경』이 삶이 되어 피어나도록 할 것이다.『금강경』은 이제 내 깊은 곳에까지 생명력을 불어넣어주고, 존재를 변화시켜 갈 것이다.

이『금강경』을 펼쳐 든 모든 이들에게, 진리로써 꽃피어난 자기다운 삶의 방식과 삶의 몫을 안내할 것이다. 이제 나는 가장 나다운 방식으로 진리를 실현해 갈 것이다. 가장 자연스럽게, 가장 나답게, 가장 진리답게 사는 것이 무엇인지를 이 경전 안에서 발견해 나갈 것이다. 아!『금강경』이란 얼마나 경이로운 경전인가. 이 경전을 회향하는 순간 우리 안에 지고한 안온과 평화와 경외와 감사의 눈물이 호수를 이룰 지도 모른다.

또한『금강경』은 우리를 중심 잡힌 온전한 삶으로 이끈다. 우리 삶에서 만날 수 있는 그 어떤 다툼과 욕망과 아픔과 갈등을 어떤 방식으로 풀어낼 수 있는지, 어떻게 바라보고 변화시킬 것인지를 분명하게 보여준다. 나아가 지금 전 세계적으로 일어나고 있는 인류 공통의 문제들에 대한 분명하고도 지혜로운 답변을 내려줄 것이다. 아! 왜 인류는 아직까지도『금강경』의 지혜를 지니지 못한 채 상처를 키워만 가고 있는가. 왜 아직 인류는『금강경』을 주목하지 않는가.

지금 이 책의 서문을 읽고 있는 사람이라면 이제 그 지혜로운 길목에 들어서 있다. 부디 중간에『금강경』을 덮지 마시라. 한 번 읽고, 한 번 생각하고, 한 번 헤아리고 그것이 전부라고 착각하지 말라. 그것은『금강경』에 대한 나 자신의 해석일 뿐이지『금강경』그 자체가 아니다.『금강경』은 아직도 더 진하게 우러나와야 한다. 우리가 해야 할 일은『금강경』을 한 번 읽고 덮는 것이 아니라,『금강경』의 가르침이 오래도록 우리 삶에서 더욱 진하게 우러나와 내 존재가 되도록 하는 것이다. 내가『금강경』이 되고『금강경』이 내가 되기 전까지는 덮지도 말고, 어떤 가르침이라고 단정 짓지도 말라. 될 수 있다면 이 책을 책장의 손이 닿는 가까운 곳에 두고 몇 번이고 읽고 또 읽으며 가르침의 깊이를 느끼고 새겨보라. 경전의 말씀처럼 한 부처님, 두 부처님, 셋, 넷, 다섯 부처님과 인연 지은 공덕으로 이렇게 금강경 공부의 인연을 만났으니, 이 소중한 금강경의 인연을 한두 번 읽고 덮지 말고 한 번, 두 번, 셋, 넷, 다섯 번이고 계속해서 수지하고 독송하며 그 내밀한 의미와 대화를 나누라. 금강경은 계속해서 읽어내려 갈수록 그때마다 그 깊이는 생각할 수 없을 만큼 내면 깊은 심연에까지 가닿을 것이다.

물론 이 책 또한『금강경』에 대한 온전한 해석일 수는 없다. 다만『금강경』에 어리석은 저자의 생각을 덧씌워 더럽혔을 뿐이다. 그럼에도 불구하고 이 해설서를 세상에 내보이는 이유는, 언어를 초월하는 언어로 쓰여진 이 경전의 생명력이 조금이나마 우리들 어리석은 중생들에게 가까이 다가오게 할 수 없을까 하는 작은 발원에 의해서다.

이 책은 될 수 있는 한『금강경』을 우리들의 세상으로 끌어내려 우리들의 근기에서 우리들의 관점으로 이해될 수 있도록 하는데 중점을 두었다.

그동안 역사 이래로 많은 해설가들이 금강경을 해석해 왔지만 그 깊이 있는 해석의 가치에도 불구하고 일반인들에게 금강경의 존재이유를 분명히 보여 주는 데는 여전히 어렵다는 한계를 넘지 못한 듯 보인다. 사실 『금강경』은 해설서를 보더라도 이해되지 않는 부분이 많다. 어릴 적 처음 『금강경』을 대할 때 적잖이 당황스러웠던, 해설서를 보면서도 도무지 종잡을 수 없던 기억은 두고두고 이 책의 방향을 결정짓는데 큰 밑거름이 되었다. 그래서 이 책에서는 최대한 이해하기 쉽게, 또한 현실의 삶 속에서 어떻게 『금강경』을 실천할 수 있는가 하는 점에 주안점을 두고 썼다. 그러다보니 이해는 조금 더 쉬워졌을지 몰라도 『금강경』 본연의 지혜는 다 드러내지 못한 채 잠재웠을 수도 있다. 그 더 깊은 지혜를 우려내는 일은 나머지 독자의 몫으로 돌리는 수밖에 별도리가 없다.

『금강경』이 『금강경』이 아니요, 다만 이름이 『금강경』일 뿐이듯, 이 『금강경』의 강설 또한 『금강경』의 강설이 아니기에 『금강경』의 강설일 수 있는 것이다. 『금강경』을 공부하지만 『금강경』을 공부하지 말라. 『금강경』을 실천하지만 『금강경』을 실천하지 말라. 『금강경』을 펴 들되 『금강경』을 다시 접으라.

그간 이 책이 나오기까지 도움 주신 많은 분들께 감사드린다. 어리석은 나를 경책하며 정법의 길로 이끌어 주신, 나의 은사이신 불심 도문 큰스님께, 그리고 삶의 아름다운 인연을 심어주신 아버님과 어머님께 깊은 감사의 예를 올리오며, 금강경 강의를 열의를 가지고 듣고 독송하며 정진하면서 함께 해주신 신도님들과 목탁소리(www.

moktaksori.kr) 모든 법우님들께도 깊은 감사를 드린다. 또한 어려운 여건 속에서도 함께 동사섭의 길을 걷고 계시는 선후배 도반스님들께 각별한 애정을 보내며 감사를 드린다.

법상 합장

차
례

금강경,
어떤 경전인가

『금강경(金剛經)』은 많은 불교의 경전 가운데에서도『반야심경』과 함께 가장 널리 읽혀지고 있는 경전이다.

부처님께서 열반하시고 가섭(迦葉)과 아난(阿難) 등 부처님의 제자들이 모여 그동안 부처님께서 말씀하여 주신 수많은 법문들을 결집(結集)하게 된다. 처음 결집할 때는 글로 남기지 못하고 부처님 법문을 옆에서 가장 많이 들은 아난존자를 비롯하여 한 사람이 먼저 말하고 다른 대중들이 부처님 가르침이 틀림없다고 결정한 게송(偈頌)들을 모든 대중들이 함께 합송(合誦)하여 외움으로써 결집을 이루었으나, 후대에 오면서 글로 남기어 온전한 결집이 이루어지게 된다.

그렇게 석가모니 부처님의 가르침을 그대로 외고 합송한 것들이 후대에 경전으로 편집이 되었으니 이것이『아함경』과『니까야』다.『아함경』이 부처님의 육성에 가장 가까운 경전이라 할 수 있다. 그러면서 부처님 열반 이후 약 500여 년이 지나면서『아함경』의 가르침을 기초로 하여 다른 수많은 대승경전들이 나오게 된다. 이러한 대승경전들 가운데에서 가장 초기에 성립된 경전이 600권이나 되는 『반야경』이다. 이 『반야경』을 토대로 『법화경』, 『화엄경』 등 다른 여러 대승의 경전들이 성립된 것이다.

『금강경』은 600권의 『대반야경』 중 577부에 들어있는 「능단금강분」을 말하며 그 구체적 명칭은 『금강반야바라밀경』 혹은 『능단금강반야바라밀경』이다. 이 『금강경』은 600권이나 되는 『반야경』 가운데에서도 경의 중심이 되는 사상인 반야사상, 공사상에 대한 핵심적 가르침을 짧고 간략하게 담고 있기 때문에 그 방대한 분량인 『반야경』을 공부하기 어려운 사람 들에게 널리 두루 읽혀지는 경전인 것이다.

이 『금강경』도 중국에서 여러 사람들에 의해 번역되었지만 현재 우리들이 독송하며 공부하고 있는 『금강경』은 요진의 구마라집이 번역한 번역본이다. 구마라집의 번역본이 중국에서도 한국에서도 가장 널리 읽혀지고 있다.

앞으로 전개될 『금강경』 강의에서도 물론 구마라집의 번역본을 기본으로 하여 설하게 될 것이지만, 구마라집의 번역본은 산스크리트 원전과 비교해 볼 때 다소 미흡하거나 내용이 빠져 있는 부분도 더러 있기 때문에 경전의 내용에서 꼭 필요한 부분이라면 산스크리트 원문 및 현장스님의 번역본을 비교하면서 경전을 강의해 나가고자 한다.

그러다보니 해석면에서 기존의 구마라집본 해석과는 조금씩 다른 부분들도 눈에 띌 것이라 생각한다. 그런 부분은 산스크리트 원문과 현장 스님의 번역을 비교해가면서 그 이유를 밝히면서 강의를 풀어가도록 하겠다.

산스크리트 원문은 그동안 이기영 박사님을 비롯하여 두어 분께서 구마라집본과 함께 비교하기 쉽게 해석을 해놓았으며, 특히 송광사, 칠불암 등 전국의 제방 선원에서 정진하시다가 10여 년 인도에서 산스크리트와 빠알리, 아르다마가디를 배우고 돌아오셔서 빠알리 삼장의 번역 작업에 몰두하고 계신 각묵 스님께서 '01년 9월『금강경』산스크리트 원전 분석 및 주해를 구마라집본 및 현장본과 함께 비교 분석하여 설명해놓은『금강경 역해』라는 책을 내어 놓으셨기에 그 원문을 비교 분석하여 공부하는데 큰 도움이 되었음을 밝혀 둔다.

『금강경』은 전체 32분으로 나뉘어져 있는데 처음부터 그렇게 나눠진 것은 아니고 인도의 무착이나, 세친 중국 양나라의 소명태자 등이 세분하여 이해하기 쉽도록 따로 분을 나누어 놓은 것이다. 그 가운데 지금의 32분 분류는 양나라의 소명태자의 분류법을 따르고 있는 것이다.

예로부터 중국의 육조 혜능 스님, 우리나라의 함허 스님을 비롯한 수많은 선지식, 스님들께서『금강경』에 주석을 달고 쉽게 해석을 한 책들은 너무나도 많다. 그만큼『금강경』은 불교를 공부하는 모든 수행자들에게 저 언덕에 이르는 뗏목과도 같은 소중한 경전이다.

경전의 제목,
금강반야바라밀경

　'금강(金剛)'이란 다이아몬드를 말한다. 금강, 즉 다이아몬드는 금강불괴(金剛不壞)라고 하여 세상에서 가장 단단하여 결코 깨어지지 않으며 그렇기에 그 어떤 변화 속에서도 파괴되지 않는 성질을 가지고 있다. 또한 희고 투명하여 청정하고 반짝이는 광명으로써 빛을 내뿜는다는 특성을 가지고 있다. 이와 같은 금강의 특성에 비유하여 경전의 제목으로 삼은 것이다.

　금강이란 불교적 의미로 첫째, 불성(佛性)을 의미하고, 둘째, 반야(般若)를 의미한다고 할 수 있다. 우리의 본래자리 불성은 그 어떤 세상의 변화 속에서도, 성주괴공하고 생주이멸하는 이 우주의 끊임 없는 변화 속에서도 결코 깨어지거나 파괴되는 일이 없으며, 온전히 투명하고 청정하며, 온 우주법계에 대 광명의 빛을 은은하게 놓고 있다. 그러한 불성의 특성을 금강에 비유를 한 것이다.

　또한 불성을 온전히 깨달을 수 있는 지혜, 즉 반야를 금강에 비유한 것이기도 하다. 불성이란 본체를 의미하는 것이고 반야란 본체를 체득하는 지혜이므로 둘은 서로 다른 것이라 할 수는 없다. 본래 우리 안에는 반야지혜가 숨어 있어 금강과도 같이 결코 파괴되지 않으며 청정하고 늘 우리 안에서 광명의 빛을 놓고 있기 때문에 이렇게 비유를 든 것이다.

반야(般若)는 범어로 프라즈냐(Prajñā)라고 하며, 빠알리어로는 '판냐'라고 한다. 반야는 바로 빠알리어 '판냐'의 음역어로 그 발음만 그대로 따온 것일뿐 한자로는 특별한 뜻이 없다. 범어 '프라즈냐'를 중국말로 옮기기에 적절한 단어가 없었기 때문에, 그 의미가 퇴색됨을 우려해 따로 번역하지 않고 그대로 음역하여 '반야'라고 쓰고 있는 것이다.

도대체 무슨 의미이기에 번역이 그리 어려웠을까 궁금할 것이다. 반야를 군이 우리가 쓰고 있는 용어로 해석해 본다면 '지혜(智慧)'라는 말이 가장 가까운 의미가 될 것이다. 그러나 우리가 보통 사용하는 지혜라는 의미를 가지고서는 아무래도 반야를 대용하기에 많은 아쉬움이 있었던 것이다.

반야는 우리들 범부의 사량분별로써 언뜻 이해하기 쉽지 않은 단어다. 지혜라고 하면 우리들의 머릿속에 벌써 선입견이 생긴다. 그러나 반야는 그런 우리들 관념 속의 지혜가 아닌 우리들의 사량분별을 뛰어넘는 무분별의 지혜이고, 쉽게 말해 '최고의 지혜' 앞에서 말한 금강, 즉 불성을 깨쳐볼 수 있는 부처님의 지혜를 말하는 것이다.

그러니 번역자의 입장에서 반야의 그 본뜻이 퇴색됨을 우려하여 쉽게 '지혜'라고 번역하지 않은 그 속뜻이 헤아려질 것이다.

바라밀은 범어로 '파라미타(Pāramitā)'이며, 이 또한 중국에서 적절하게 옮길 만한 번역어가 없었기에 그대로 발음만을 따와 바라밀다, 혹은 바라밀로 번역해 놓았다. 『반야심경』에서는 바라밀다로 번역하였고, 여기『금강경』에서는 바라밀로 번역을 해놓았다.

'바라밀다', '바라밀'을 해석해 본다면 '도피안(到彼岸)', '도무극(到無極)', '사구경(事究竟)'으로, '바라'는 '저 언덕(피안)'을, '밀다'는 '건넌다'는 의미로 해석할 수 있다. 즉, '저 언덕으로 건너간다'는 의미이다.

우리가 살고 있는 '이 언덕'에서 부처님 깨달음의 세계이자, 금강 반야의 세계인 '저 언덕'으로 건너가는 것을 바라밀이라고 한다. 이 언덕이라는 것은 우리가 사는 이 세상, 즉 차안(此岸)으로 아직 깨닫지 못하여 탐진치 삼독에 물든 이들이 살아가는 세상이다. 다른 말로 사바세계, 즉 인토(忍土)로 탐진치 삼독의 번뇌를 참아내야 하고, 오온(五蘊)으로 비롯되는 온갖 고통을 참아내야 하는 세계다. 또 다른 말로 예토(穢土)라 하여 삼독심에 물들어 오염된 땅을 말하기도 한다. 저 언덕, 피안(彼岸)이란 차안의 상대되는 개념으로 탐진치 삼독심에서 벗어나고 신구의 삼업이 청정하여 모든 괴로움으로부터 벗어난 청정한 세계, 즉 정토(淨土)를 의미한다. 다시 말해 깨달음의 세계, 부처님의 세계를 의미한다.

경(經)이란 수트라(Sutra)로써 원의미는 '실', '줄'이라는 의미이다. 옛날에 경서들은 보통 대나무나 나무껍질 등의 판에 적어 여러 개의 실로 묶어 만들었기 때문에 이런 이름이 유래되었다고 한다. 일반적인 의미로는 이런 경을 연결하여 묶어주는 실처럼, 깨달음에 이르게 하는 소중한 깨달음의 내용들을 이어놓은 실이라는 뜻으로 해석해 볼 수 있을 것이다. 이상과 같은 의미를 가지고『금강반야바라밀경』이란 경의 의미를 해석해 보면 '금강과도 같은 지혜로 저 언덕에 이르는 가르침들을 설해 놓은 경'이라고 해석할 수 있을 것이다.

제1분

법회인유분

[법회가 열리게 된 연유(緣由)]

法會因由分 第一

如是我聞 一時 佛 在舍衛國 祇樹給孤獨園 與大比

丘衆千二百五十人 俱 爾時 世尊 食時 着衣持鉢 入

舍衛 大城 乞食於其城中 次第乞已 還至本處 飯食訖

收衣鉢 洗足已 敷座而坐

이와 같이 나는 들었다. 한때 부처님께서는 사위국 기수급고독원에서 1250인의 큰 비구 스님들과 함께 계셨다. 그때 부처님께서는 공양 시간이 되자, 가사와 발우를 수하시고 사위성에 들어가시어 차례대로 탁발을 하신 다음 본래 계시던 곳으로 돌아오셔서 공양을 하셨다. 공양을 마치시고는 가사와 발우를 제자리에 놓으시고 발을 씻으신 다음 자리를 펴고 앉으셨다. 가부좌를 결하시고 몸을 곧게 세운 뒤 입가에 마음을 집중하시고서.

법회를 열게 된 연유(緣由)를 알리는 바로 이 부분, 제1분이 『금강경』의 서분(序分)이라 할 수 있다. 예로부터 『금강경』을 주해(註解)하신 많은 선승(禪僧)들께서는 바로 이 부분이야말로 부처님 최상의 설법이며 32분까지의 모든 가르침이 사실 이 제1분에서 다 설해 마친 것이라고 말씀을 하고 계실 만큼 제1분은 중요한 의미를 지닌다. 언뜻 보면 아무것도 설한 것이 없고, 우리가 공부해야 할 만한 그 어떤 가르침도 드러나지 않았는데, 그저 평범한 부처님의 일과를 잠깐 이야기한 것을 가지고 그렇게 거창하게 이야기하는 것이 아닌가 하고 의심이 들 수 있을 것이다. 평범하기 이를 데 없는 이러한 부처님의 일과를 단순하게 겉모습만 본다면 깨달음의 한줄기 작은 빛도 보기 어려울 것이지만, 마음의 눈으로 이러한 하루 일과를 온전히 살고 계시는 부처님의 마음을 헤아려 볼 수 있다면 수많은 선사 스님들의 그러한 고결한 안목에 놀라지 않을 수 없을 것이다. 그러면 이제 마음의 눈을 맑게 씻고 2500여 년 전 부처님의 일상 속으로 들어가 그 마음을 살짝 들여다보도록 하자.

이와 같이 내가 들었다.

'여시아문(如是我聞)'. 경전을 몇 번이라도 독경하고, 공부해 본 사람이라면 경전의 앞부분에 늘 등장하는 이 말을 익히 들어 알고 있을 것이다. 이 말은 경전이 부처님께서 스스로 쓰신 것이 아니라 법문을 들은 제자가 부처님께 들은 내용을 그대로 옮긴 것을 의미한다는 것을 쉽게 알 수 있다. 아마도 대부분의 경전은 부처님의 10대 제자 가운데 한 분이신 아난(阿難)존자에 의해 암송되고 옮겨졌다고 보아도 과언이 아닐 것이다.

부처님께서는 성도(成道)하시고 20여 년간을 홀로 전법(傳法)의 길을 걸으셨다. 그러나 20여 년이 지나고 나니 가르침을 배우려는 제자들도 나날이 많아지고, 또한 부처님의 연령 또한 많아지고 있었기에 제자들이 시자(侍者)를 둘 것을 간곡히 권유하셨고, 부처님께서는 이윽고 허락을 하셨다. 제자들이 가만히 살펴보니 아난존자는 총명하며 기억력도 뛰어나고 성품도 온화하며 외모도 출중하고 또한 부처님의 사촌동생인지라 부처님을 곁에서 시봉하기에는 적임자로 판단되었다.

부처님께서 29세에 출가하시고, 35세에 성도하셨으며, 55세 즈음에 비구 아난을 시자로 두었으니 아난은 부처님께서 80세로 열반에 드실 때까지 약 25년간을 곁에서 시봉하였다. 가장 오랜 기간 부처님 시봉을 하다 보니 부처님께서 설하신 법문을 아난이 가장 많이 들을 수 있었다. 그래서 부처님께서 열반을 하시자마자 상수제자인 가섭존자는 아난존자와 우파리존자를 위시하여 500아라한을 모아 부처님 말씀을 결집하게 되었다. 물론 그때 부처님 말씀을 가장 많이 들었던 아난존자의 역할이 중요하였을 것임은 분명하다. 부처님 말씀을 가장 많이 들은 아난존자가 가르침 즉, 법(法)을 담당하고, 출가하기 전에 이발사였던 우파리존자가 처음 출가하는 수행자들의 머리를 깎아 준 인연으로 율(律)에 대하여 가장 많이 들었기에 율을 담당하여 결집을 이루게 된 것이다.

경전을 결집하는 방법은 아난이 먼저 일어나 부처님께서 하신 말을 여러 대중에게 이야기한다. 그때 아난은 언제라도 '이와 같이 내가 들었다'라고 시작함으로써 내 생각대로 부처님 가르침을 함부로 이야기하지 않고, 부처님께 들었던 사실만을 온전히 대중에게 이야기하고자 하였다. 이 사실은 불교 경전들이 비교적 지금에 이르기까지 큰 혼란 없이 잘 이어져 내려오는데 결정적인 역할을 했다고 할 수 있을 것이다.

보통 사람들은 한 가지 말을 들었을 때, 백이면 백 다 제각기 자기 색안경으로 걸러 알아듣기 마련이다. 자기 판단과 고정관념이 개입되기 쉽고 그렇게 되면 특히 부처님 말씀을 결집하는데 있어서 큰 오류를 범하기 쉽다. 아난은 '이와 같이 내가 들었다'라고 함으로써 자신의 판단이 개입됨이 없이, 아무런 가감도 없이 그대로 부처님께 들은 것들만 있는 그대로 말을 하고 있는 것이다.

사실 우리들이 무엇을 말할 때 대부분 '내 말'인 것처럼 이야기하기 쉽다. 물론 내 말이기도 하겠지만, 대부분의 말은 사회에서, 학교에서, 책에서, 스승님들에게서 얻어 들은 말들이다. 그런 것들을 우린 오직 내 잣대, 색안경에 비추어 걸러내어 '내 식대로' 조합하는 역할 정도를 할 뿐이다. 그리고는 여기에서 조금, 저기에서 조금 얻어 들은 것을 '내 생각'이라고 고집하며, '내 말'인 것처럼 이야기를 하곤 한다. 물론 자신 스스로도 그것이 온전한 내 생각인 줄로 착각하고, 옳은 생각인 줄로 착각을 하고 산다.

우리가 무슨 말을 할 때, 혹은 부처님 말씀을 누군가에게 들려줄 때, 아난존자의 이런 겸손함과 진실함을 본받아야 하지 않을까. 그래야 말에 집착하지 않을 수 있고, 또한 말을 순수하고 참되게 전달할 수 있으며, '내가 옳다'라는 아집과 아상이 비워진 텅 빈 진실을 말할 수 있을 것이다. 요즘이야 그저 입가에 떠오르는 말들을 아무런 걸러짐 없이 그것도 자기 생각인 양 마구 끄집어내다 보니 여러모로 번거롭고 복잡한 세상이 되어 버렸다. 누군가에게 주워들은 내용을 내 말인 양 마구 토해내다 보니, 자신 내면에서 침묵과 명상을 통해 향기롭게 피어오르는 진실을 더욱 찾아보기 어렵게 되어버렸다.

아마도 지금 우리가 팔만대장경이라는 수많은 경전을 이렇게 생생한 부처님의 음성으로 들을 수 있었던 데는 제자 아난의 역할이 가히 절대적이었다고 해도 과언이 아닐 것이다. 이러한 가감 없고 진실된 아난의 음성은 다음 구절에서부터 더욱 빛을 발한다.

한때 부처님께서는 사위국 기수급고독원에서 1250인의 큰 비구 스님들과 함께 계셨다. 그때 부처님께서는 공양 시간이 되자, 가사와 발우를 수하시고 사위성에 들어가시어 차례대로 탁발을 하신 다음 본래 계시던 곳으로 돌아오셔서 공양을 하셨다. 공양을 마치시고는 가사와 발우를 제자리에 놓으시고 발을 씻으신 다음 자리를 펴고 앉으셨다.

가만히 이 광경을 그려보라. 1250인이라는 대식구가 저마다 보리수나무 아래 차분히 명상에 들어 있다. 아마도 아침 햇살 내리기 전 새벽녘에 밝게 깨어 저마다 좌선에 들어 있었을 것이다. 공양 때가 되니 누가 먼저랄 것도 없이 부처님을 위시하여 모든 비구 스님들께서 가사를 수하고 발우를 들고는 차례로 줄지어 마을로 향한다. 배가 고파서 조금 빨리 걷고 싶더라도 '배고픈' 마음을 관하며 차분히 대열에 서서 한발 한발 무겁고도 신중한 발걸음을 내딛고 있을 것이다. 1250인이라는 수많은 스님들이 걷고 있지만 그 걸음걸음에는 한없는 고요와 침묵만이 향기롭게 대열을 감싸고 있다.

사위성 큰 마을에 다다르자 스님들은 차례차례 골목골목으로 나뉘어 부처님께서 설법해 주신 것처럼 분별심을 놓고 부잣집, 가난한 집을 따질 것 없이 처음 정한 집에서부터 차례로 일곱 집을 걸어 탁발을 한다. 어쩌면 부처님께서 사시(巳時) 때 일종식(一種食)을 한다는 사실을 잘 알고 있는 마을 사람들은 시간에 맞춰 집 앞에서 음식을 준비해서는 부처님과 그의 청정한 제자들이 오기를 기쁜 마음으로 기다리고 있을지 모른다.

아마도 아직 승가에 들어온 지 얼마되지 않은 스님들은 저마다의 탁발한 음식이 다름을 보고 분별심을 일으킬지 모른다. 음식의 맛과 양 또 그 종류에 따라 때로는 탐심이 올라오기도 할 것이다. 그렇지만 곧 다른 많은 스님들이 그렇게 하시듯 그 마음을 관찰하고는 분별심을 놓을 수 있게 될 것이다.

고요히 탁발을 하시고는 다시금 본래 자리로 돌아오셔서 저마다의 자리에 앉아 공양을 할 것이다. 공양을 하기 전에 잠시 저마다 침묵으로써 명상을 할 것이다. 이 음식이 이 자리에 오기까지의 수많은 인연, 온 우주법계의 인연에 감사하는 마음을 안으로 안으로 은은히 피어오르게 할 것이다. 혹여 몸이 약하거나 병이 든 도반이 곁에 있다면 내 발우에 담긴 몸에 좋은 음식이나 고기 등을 나누어 줌으로써 약으로 삼았을 것이다.

그리고는 때때로 맛에 탐착하는 마음이 올라올 때를 잘 관하며 고요히 공양을 할 것이다. 공양이 끝나면 가사와 발우를 거두고 발을 씻으신 다음 자리를 펴고 앉아 아무 일도 일어나지 않았던 것처럼 다시금 고요히 선정에 들 것이다.

이러한 아난의 묘사에 어디 시끄럽고 복잡스런 느낌이 있는가. 이 많은 스님들이 일상을 살아가지만 어느 한구석 시끌벅적한 광경이 아닌 한없이 고요하고 여법한 광경일 뿐이다.

부처님의 시자 아난은 항상 그림자처럼 부처님 옆에 서 있다. 부처님께서 탁발을 나가실 때 한걸음 뒤에서 조용히 부처님을 따르고, 공양을 하실 때 말없이 옆에 앉아 함께 공양하며 항상 부처님을 지켜보고 있다. 그러한 부처님에 대한 지켜봄이 있었기에 부처님의 일상 그 자체가 얼마나 큰 깨달음의 순간인지를 충분히 알고 있는 것이 아닐까. 그러니 우리가 보았을 때 시시콜콜해 보이는 이런 사소한 일상까지 아난존자는 경전에서 소중하게 말하고 있는 것이다. 앞서 말했던 수많은 선사 스님들께서 이 광경을 보고 감탄해 마지않으며 부처님 최상의 가르침이라고 하셨던 연유도 바로 여기에 있을 것이다.

우리들의 하루를 돌아보면 어떠한가. 잠이 안 깨니 자명종도 소리 큰 것을 사다가 조금이라도 더 자려고 출근하기 빠듯할 만한 시간에 맞춰 놓고 잠에 든다. 시끄러운 자명종 소리에 일어나지 못해 푹 눌러 놓고는 또 자다보니 이만저만 늦은 게 아니다. 그러니 아침이 얼마나 바쁘겠는가. 정신없이 시계 보면서 씻고 화장하고 대충 밥 먹고, 아니 아마도 아침밥도 굶는 사람이 많을 것이다. 그러면서 후다닥 뛰쳐나가 회사로 학교로 출근을 한다. 하루의 시작이 정신없으니 어찌 하루가 온전할 수 있겠는가. 정신없이 하루를 보내고 저녁 때 동료들과 어울려 술 한잔 걸치고 집에 들어와서는 쓰러지듯 잠이 들곤 한다. 다 이렇지는 않겠지만 정신없이 마음 챙기지 못하고 사는 것은 이와 다를 게 없을 것이다. 이런 우리의 삶을 돌아보면서 이『금강경』제1분에 나오는 부처님의 평화롭고 고요한 삶과 우리의 허둥지둥 정신없는 삶을 비추어 볼 수 있어야 할 것이다.

부처님의 하루 일과는 모든 순간순간이 그대로 수행이라고 할 수 있다. 밥 먹고, 걷고, 씻고, 앉는 이 모든 일들이 어느 하나 소중한 수행 아닌 것이 없으니 따로 수행이라고 이름 붙일 것도 없다. 어느 한 가지 사소하고 덜 중요한 일 없이 모든 일과가 그대로 소중한 깨어 있음의 행이다. 우리들은 중요한 일이 있고 사소한 일이 있으며, 중요한 일을 하기 위해 사소한 일들은 일일이 신경을 쓰지 못하곤 한다. 중요한 목적을 달성하기 위해서 어지간한 사소한 일이나 과정에서의 소소한 일들은 그냥 흘려보내기 쉽다. 회사에 가야 된다는 목적 때문에 집에서 밥 먹고, 버스를 타고, 회사로 걸어가는 그런 일상은 사소하고 귀찮은 일쯤으로 여겨지곤 한다. 그러나 부처님의 행에 있어 사소하고 중요한 분별은 없다. 낱낱의 모든 일상은 그대로 하나의 소중한 깨달음의 행이 된다.

밥 먹는 그 사소한 일상이, 밥 먹는 순간 이 세상에서 가장 소중한 깨달음의 순간이 된다. 밥 빨리 먹고 나서 좌선에 들기 위한 과정이 아니라, 오직 밥 먹는 그것이 그대로 목적이다. 밥 먹는 순간 온전히 밥만 먹는 것이다. 밥 먹으며 다른 생각하고, 미래를 계획하고, 과거를 떠올리며 그렇게 번잡하지 않고, 오직 밥만 드실 뿐이다.

밥을 먹는 순간, 발을 씻는 순간, 걷는 순간, 탁발을 하는 순간, 매 순간순간 몸과 마음이 온전히 거기에 있다. 매 순간 도착해 있다. 어느 다른 목적지를 향해 달려가지 않는다. 이미 도착해 있기 때문. 도착지란 바로 지금 이 순간일 뿐, 또 다른 도착지를 향해 나아가는 것이 아니다. 그러니 도착하려고 애쓸 것도 없고, 깨달으려고 애쓸 것도 없고, 이 괴로운 세상 잘 살아 보려고 애쓸 것도 없이 매 순간순간 도착해 마친 것일 뿐이다. 그러니 더없이 평화롭고 향기롭다. 낱낱의 모든 움직임이 그대로 좌선이고 깨어 있음이다. 모든 순간순간 더 이상 도달할 곳이라고는 없다. 그 순간이 가장 온전한 순간이다. 바로 지금 이 순간이 우리들이 그렇게 찾아 나서던 궁극의 순간인 것이다.

바로 지금 이 순간, 자신의 마음을 돌아보라. 늘 어딘가를 향해 달려가려 하고, 무엇인가 목적 달성을 위해 애쓰고, 끝이 보이지 않는 욕망과 집착의 사슬에 빠져 한시도 만족하지 못하며, 한시도 도착의 평화로움을 맛보지 못하고 있지는 않은가. 바로 이러한 점을 일깨우고 계신 것이다. 아무리 사소하고 작은 일과라도 매 순간순간의 삶이 지금 부처님의 삶처럼 온전할 수 있어야 한다는 것을 말해 주고 있다.

마조 스님께서 말씀하셨던 '평상심이 도'라는 말 또한 바로 이것을 두고 하는 말이다. 그래서 선사 스님들께서 부처님의 일상을 언급하신『금강경』제1분을 두고 깨달음 최고의 순간이며 최상의 설법이라 하신 것이다. 다시 말해 똑같은 일상이라도 그 일상이 깨달음의 순간이 될 것인가, 아니면 어리석은 중생들의 평범한 일과가 될 것인가 하는데는 중요한 차이가 있다. 똑같은 일상이라도 온전히 그 순간 깨어 있게 되면 그것은 그대로 깨달음의 순간과 같은 것이다. 그러니 일상의 일과가 깨어 있지 못한 우리들의 안목으로 보았을 때,『금강경』의 제1분이 얼마나 평범하고 아무것도 아닌 것처럼 보이겠나. 그저 우리들의 삶과 별로 다를 것이 없어 보일 것이다. 그러나 앞에서 말한 것처럼 마음의 눈을 맑게 씻고 2500여 년 전 부처님의 일상 속으로 들어가 그 마음을 살짝 엿보게 되면 사소한 것처럼 보이는 이러한 모든 일과가 그대로 깨달음의 순간임을 알 수 있게 되는 것이다.

이러한 평화롭게 깨어 있는 낱낱의 일들이 곧 좌선을 하는 일이 되어야 한다고 부처님은 다음과 같이 말씀하고 계신다. 모든 일상을 살아감이 그대로 좌선하고 앉아 마음을 집중하는 것과 둘이 아니라고 말이다. 생활과 수행이 둘이 아니라고 말이다.

가부좌를 결하시고 몸을 곧게 세운 뒤 입가에 마음을 집중하시고서.

이 부분은 매우 중요한 구절인데, 아쉽게도 우리가 많이 독송하고 있는 구마라집의 번역본에서는 찾아볼 수 없다. 그러나 일대일로 직역하는 것을 중시하는 현장 스님의 번역이라던가, 진제, 보리유지 등의 다른 한역『금강경』본에서는 모두 번역이 되고 있으며, 빠알리어 경전에서도 이 부분이 잘 드러나 있음을 볼 때, 분명 이 부분은『금강경』의 원본에 있는 경구라고 할 수 있을 것이다.

앞에서 말했듯이 『금강경』제1분에서 말하고 있는 부처님의 일상 하나하나가 그대로 가부좌를 결하고 앉아 있는 좌선과 다를 바가 없다는 것을 이 부분에서는 말하고 있다. 앉아서 하는 좌선은 중요하고 밥 먹고, 탁발하고, 발을 씻는 등의 일은 중요치 않은 것이 아니라 이 모든 낱낱의 행위가 그대로 좌선과 다르지 않다는 것이다.

공양이 끝나시고 부처님께서는 여느 때처럼 가부좌를 결하시고 몸을 곧게 세운 뒤 입술 바로 위쪽으로 호흡이 들고나는 것에 마음을 집중하시며 앉아 계신다. 호흡이란 지금 이 순간이기 때문이다. 그러나 현장 스님은 이 부분을 '주대면념(住對面念)'이라고 하여, '전면에 마음을 집중하시고서'라고 해석을 했다. 빠알리어에서는 '전면'이라고 해석한 부분을 원본에서 '무카(mukha)'라고 해석하고 있는데, 이는 얼굴, 혹은 입이라고 해석할 수 있다고 하고, 산스크리트본에서도 무카는 입이나 얼굴을 나타낸다고 한다. 전면 혹은 입가에 마음을 집중한다는 것은 선(禪)에서 목전(目前), 혹은 당처(當處)라고 설하는 것처럼, 바로 눈앞에 도(道)는 드러나 있다고 하는 가르침을 상기해 볼 수 있다. 바로 지금 여기에서 눈앞에 드러나 있는 온전한 진리와 하나 되어 있다. 매 순간 깨어 있다는 의미로 받아들일 수 있다.

이상에서와 같이 『금강경』의 제1분에서는 부처님의 평범한 하루 일상을 그대로 보여줌으로써 가르침을 열고 있다. 우리들의 삶과 부처님의 삶이 전혀 다른 것이 아니다. 똑같이 먹고 자고 걷는다. 그러나 부처님은 깨어 있는 정신으로 오직 그것을 할 뿐이며, 오직 매 순간순간 최선의 삶을 살고 있다. 매 순간 다른 곳을 향해 가는 것이 아니라 이미 도달해 있기 때문에 평화로울 수 있는 것이다.

　우리들 또한 부처님의 하루 일과를 보며 우리의 삶도 부처님과 그리 다르지 않음을 보게 된다. 외양상으로는 그리 다르지 않다는 말이다. 다시 말해 이 말은 지금 이대로의 모습으로 내면의 빛을 현실에 피어오르도록 할 수 있다는 말이다. 우리들 또한 그대로 깨달음을 삶 속에서 피어오르게 할 수 있다. 자꾸 어디로 갈까 망설이지 말고, 자꾸만 욕망을 일으켜 도달할 곳을 찾지 말고, 번뇌와 집착으로 이 순간을 놓치지 말고 지금 이 순간 우리가 살고 있는 바로 이 자리에서 부처님의 삶과 하나 될 수 있다는 것을 일러주고 계신 것이다.

　매 순간순간 깨어 있으라. 그것이 부처님의 행이고, 『금강경』의 실천이다.

제2분

선현기청분

[수보리가 가르침을 청함]

善現起請分 第二

時 長老須菩提 在大衆中 卽從座起 偏袒右肩 右膝着地 合掌恭敬 而白佛言 希有世尊 如來 善護念諸菩薩 善付囑諸菩薩 世尊 善男子善女人 發阿耨多羅三藐三菩提心 應云何住 云何降伏其心 佛言 善哉善哉 須菩提 如汝所說 如來 善護念諸菩薩 善付囑諸菩薩 汝今諦請 當爲汝說 善男子善女人 發阿耨多羅三藐三菩提心 應如是住 如是降伏其心 唯然 世尊 願樂欲聞

그때 장로 수보리가 대중과 함께 있다가 자리에서 일어나 한쪽 어깨에 가사를 수하고 오른쪽 무릎을 땅에 대고 공경스럽게 두 손 모아 합장하여 예를 올렸다. 그리고는 부처님께 이렇게 여쭈었다.

"경이롭습니다. 세존이시여, 참으로 희유한 일입니다. 여래께서는 모든 보살들을 잘 보살펴 주시고, 모든 보살들이 불법을 잘 전하도록 부촉하십니다. 세존이시여, 아뇩다라삼먁삼보리의 마음을 발한 선남자(善男子)와 선여인(善女人)들은 그 마음을 어떻게 머물러야 하고, 어떻게 수행해 나가야 하며, 어떻게 그 마음을 다스려야 합니까?"

부처님께서 말하셨다.

"훌륭하고 훌륭하구나 수보리여, 그대가 말한 것처럼 여래는 모든 보살들을 잘 보살피며, 모든 보살들에게 잘 부촉하고 있느니라. 내가 그대를 위해서 말하노니 잘 들으라. 아뇩다라삼먁삼보리심을 발한 선남자와 선여인이 어떻게 그 마음을 머물러야 하고, 어떻게 수행해 나가야 하며, 어떻게 그 마음을 다스려야 하는지를 그대에게 설하리라."

"그러겠습니다. 세존이시여, 기쁜 마음으로 듣고자 합니다."

선현기청분은 말 그대로 선현이 가르침을 청한다는 뜻이다. 여기에서 선현이란 수보리를 말한다. 산스크리트(梵語) 원문은 '수부티(Subhūti)'로 나와 있는데 그 이름이 가진 의미를 보면 '착한 존재' 혹은 '잘 나타내 보인다'는 의미를 가지므로, 의미로 옮기면 '선현기청분'이란 제목에서처럼 '선현'이 되고, 본문에서처럼 원어의 발음만 따서 '수보리'로 옮길 수도 있다. 본문에서 구마라집은 주로 수보리로 옮기고 현장은 선현으로 옮기고 있음을 볼 수 있다.

이와 같이 부처님께서는 그때 그때 제자들의 간청에 의하여 설법을 하고 계신다. 많은 경전에서 제자들의 이름이 언급되는 이유도 이처럼 제자들이 부처님께 궁금한 것을 여쭙고 그에 답하는 형식을 취하고 있기 때문이다. 바로 이 『금강경』에서는 장로 수보리가 가르침을 청하고 그에 답변하시는 모습을 부처님 곁에서 지켜보고 있던 아난존자가 서술하고 있는 것이다.

그때 장로 수보리가 대중과 함께 있다가 자리에서 일어나 한쪽 어깨에 가사를 수하고 오른쪽 무릎을 땅에 대고 공경스럽게 두 손 모아 합장하여 예를 올렸다. 그리고는 부처님께 이렇게 여쭈었다.

　수보리는 부처님의 10대 제자 가운데 한 사람으로 해공제일(解空第
一)이라 불린다. 해공제일이라는 말은 공(空)의 이치를 가장 밝게 깨
달았다는 뜻이다. 이런 의미에서 '개시허망', '여몽환포영' 등 공의 이
치를 열어 보이고 있는『금강경』의 법문을 청하는 제자가 해공제일인
수보리가 되는 것은 어쩌면 당연한 일이라 할 수 있겠다.

　수보리는 해공제일에서도 알 수 있듯 공의 이치에 밝은 분이며, 아
라한과를 증득하신 분이다. 그렇기 때문에 이러한 수보리의 행동 하
나하나 또한 앞의 법회인유분에서 밝힌 것처럼 온전히 깨어 있는 행
동이며, 이미 도착한 이의 궁극의 순간순간인 것이다. 그렇기 때문에
앞에서 부처님의 평범한 일상을 가만히 묘사함으로써 부처님의 깨어
있는 행을 보여준 것처럼, 여기에서도 아난은 수보리의 사소한 행동
하나하나에까지 세심한 묘사를 하고 있다.

　장로 수보리 또한 부처님과 똑같이 좌선에 들어 있다가 공양 때가
되어 가사와 발우를 수하고 부처님 뒤를 따라 천천히 걸어 사위성으
로 들어가 탁발을 하였을 것이다. 그리고는 다시 본래 계시던 곳으로
돌아와 공양을 마치시고 가사와 발우를 걷으신 뒤 발을 씻고 부처님
곁에 자리를 펴고 앉아 있다. 부처님 곁에서 이러한 부처님의 깨어 있
고 온전한 모습을 지켜보던 수보리는 부처님에 대한 한없는 감사와
경이로움을 느끼면서 그 순간 떠오르는 질문이 있었다. 그리하여 수
보리는 아주 천천히 마음을 관하면서 자리에서 일어나 한쪽 어깨에
가사를 걸치고 오른쪽 무릎을 땅에 대고 한없는 공경스러움으로 합장

하여 법을 청하는 예를 올린다. 어쩌면 이 질문은 수보리 개인만의 질문이 아닐지 모른다. 아니 어쩌면 해공제일인 수보리는 이 질문을 할 필요가 없는 제자였을 수도 있다. 그러나 지혜로운 제자는 자기 자신만을 위해서가 아니라 주위의 모든 도반들의 마음을 읽고 그 의문을 대신해 질문하기도 한다. 자신이 궁금한 것이 아니라, 주위의 모든 도반들이 궁금해하고 있는 점을 모두를 대신해 부처님께 사뢰는 것이다.

"경이롭습니다. 세존이시여, 참으로 희유한 일입니다. 여래께서는 모든 보살들을 잘 보살펴 주시고, 모든 보살들이 불법을 잘 전하도록 부촉하십니다."

늘 보아오던 부처님의 일상이지만, 또한 우리 눈으로 보기에는 지극히 평범하고 당연한 일상이지만 수보리는 그러한 겉모습을 본 것이 아니라 그 이면 깊이에 한없는 지혜와 자비로움으로 충만해 있는 부처님의 모습을 바라보고는 경이로움과 희유함을 느끼고 있다. 겉모습으로서의 부처님이 아니라 온 우주법계에 두루 미치고 있으며 그것 자체가 되어 있는 부처님의 모습을 보면서 그 한없는 지혜로움에 경이로움을 느끼고, 이렇게 많은 어리석은 중생들을 하나같이 잘 보살펴 주시고 자비로써 감싸주시는 모습에 희유함을 느끼는 것이다. 이렇게 부처님과 함께하고 있는 수많은 보살 수행자들을 잘 보살피고 이끄시며, 또한 그들에게 내 수행의 완성으로 끝내지 말고 세상의 일체 모든 어리석은 중생들을 밝은 가르침으로 안내할 수 있도록 부촉하고 계시는 것을 보고 있는 것이다.

부처님께서는 아뇩다라삼먁삼보리심을 일으킨, 즉 보리심을 일으켜 보살의 길로 들어선 모든 수행자들을 밝은 깨달음으로 안내하시며, 또한 그 모든 보살들을 잘 보살피고, 감싸주시며 거두어 주고 계신다. 한없는 자비와 사랑으로 호념(護念)하고 계시는 것이다. 그러면서 이러한 수행자들에게 또한 당부하여 부촉하고 계신다. '내가 너희들을 밝은 깨달음으로 안내하겠노라. 너희들을 한없는 자비와 사랑으로 잘 보살피고 감싸주며 호념하겠노라. 그러나 이러한 여래의 호념 아래에서 너희들은 너희 자신의 깨달음만을 위해 수행하여서는 안 된다. 세상에는 너희들처럼 보리심을 발한 자들만 있는 것이 아니니, 아직 보리심을 발하지 않은 많은 어두운 중생들을 위해, 내가 너희를 호념하듯 너희들도 그들을 위해 법을 설하며 잘 감싸주고 호념해야 할 것이다.' 바로 수보리는 이러한 부처님의 호념과 부촉을 보면서, 부처님의 무량수 무량광 끝없이 펼쳐지는 자비로움에 경이로운 마음을 일으키고 있는 것이다.

수보리 또한 이러한 부처님의 보살피심과 호념하심 속에서 이렇게 아라한과를 증득할 수 있었으며 괴로움에서 벗어날 수 있었던 것이다. 이러한 부처님께 수보리는 어떻게 해서든 은혜에 보답을 하고 싶을 것이다. 그러나 부처님은 누구의 도움을 바라는 분도 아니고, 은혜에 보답을 바라지도 않는다는 것을 수보리는 무엇보다도 잘 알고 있다. 그렇다면 부처님께 보답할 수 있는 길이 도저히 없는 것인가! 그것은 단 한가지, 부처님께서 수많은 보살들을 잘 보호하시고 깨달음으로 이끄셨던 것처럼 제자들 또한 아직 보리심을 발하지 않은 수많은 중생들을 위해 부처님의 그것과 똑같은 자비로움으로 그들을 보호하고 호념해야 한다는 것을 잘 알고 있다. 그것만이 수보리와 또 다른 수많은 보살들이 부처님의 은혜로움에 보답하는 길이다.

부처님의 마음과 제자들의 마음은 이와 같이 서로 하나가 되어 있다. 부처님은 제자들에게 간절히 부촉하시며, 제자들 또한 부처님의 부촉에 마땅히 흔연하고 감사한 마음으로 응할 준비가 되어 있다. 아니 그런 마음은 이미 둘이 아닌 마음으로 이심전심(以心傳心) 통하여 있다.

여기에서 보듯이 아뇩다라삼먁삼보리심을 발한 모든 수행자들은 부처님의 한없는 자비로움과 보호하심에 한없는 감사를 해야 하고, 또한 그러한 부처님의 호념에 보답하는 길은 스스로 밝게 깨닫는 길과 모든 중생들을 섭수(攝受)하는 일인 것이다. 여기에서 부처님께서는 너희들 스스로 밝게 깨달으라는 말씀을 생략하고 제자들에게 모든 중생들에게 법을 잘 전하도록 부촉하시는데 중점을 두신 이유는 지금 부처님의 설법을 듣고 있는 제자들 상당수가 이미 아라한과를 증득하신 분들이기 때문이다. 그러나 이미 아라한과를 증득한 이든, 아니면 보리심을 일으켜 보살의 길로 들어선 수행자든 모든 이들을 부처님은 하나같이 잘 호념하고 계시며, 또한 모두에게 부촉하고 계신다는 것을 알아야 할 것이다.

그래서 '모든 보살들을 잘 보살펴 주시고'의 의미는 모든 보살 수행자들을 상구보리(上求菩提)로, 깨달음으로 잘 이끌어 주신다는 의미이며, '모든 보살들이 불법을 잘 전하도록 부촉하신다'는 의미는 모든 보살 수행자들에게 하화중생(下化衆生)을 잘 실천하시도록 이끌어 준다는 의미인 것이다. '내 마땅히 너희 수행자들을 호념할 것이니 너희들은 나의 호념 아래에서 열심히 닦고 정진하여 위로는 깨달음을 증득하고 아래로는 모든 중생을 섭수하여 깨달음의 길로 안내해야 한다'는 말을 하고 계신 것이다.

"세존이시여, 아뇩다라삼먁삼보리의 마음을 발한 선남자(善男子)와 선여인(善女人)들은 그 마음을 어떻게 머물러야 하고, 어떻게 수행해 나가야 하며, 어떻게 그 마음을 다스려야 합니까?"

부처님께서 말하셨다.

"훌륭하고 훌륭하구나 수보리여, 그대가 말한 것처럼 여래는 모든 보살들을 잘 보살피며, 모든 보살들에게 잘 부촉하고 있느니라. 내가 그대를 위해서 말하노니 잘 들으라. 아뇩다라삼먁삼보리심을 발한 선남자와 선여인이 어떻게 그 마음을 머물러야 하고, 어떻게 수행해 나가야 하며, 어떻게 그 마음을 다스려야 하는지를 그대에게 설하리라."

"그러겠습니다. 세존이시여, 기쁜 마음으로 듣고자 합니다."

'아뇩다라삼먁삼보리심을 발한 선남자 선여인'이란 마땅히 깨닫고자 하는 마음을 일으켜 수행의 길로 들어선 모든 보살들이란 의미다. 여기에서 '발아뇩다라삼먁삼보리심'이란 '보리심을 발하여 보살의 길로 들어선' 정도로 이해할 수 있겠는데, 구마라집의 번역에서는 '발아뇩다라삼먁삼보리심'이라고 번역하고 있으며, 현장의 번역에서는 '발취보살승(發趣菩薩乘)'으로 번역되고 있음을 볼 수 있다. 아뇩다라삼먁삼보리란 무상정등정각(無上正等正覺)으로, 이는 '더없이 높고(無上), 비길 데 없는(正等), 바른 깨달음(正覺)의 마음'이란 의미다. 한마디로 말하면 '발보리심(發菩提心)'이라 할 수 있다. 즉, '보리'가 깨달음을 의미하니, 발보리심은 '깨달음의 마음을 일으킨', '깨닫겠다는 마음을 일으킨'이다. 현장 번역의 발취보살승이 범어의 원본 의미와 좀 더 가까운데, 이는 '보살승에 굳게 나아가는'의 의미다. 그러므로 범어 원본과 현장, 구마라집의 번역을 보았을 때 '아뇩다라삼먁삼보리를 발한'이라는 것은, '보리심을 발하여 보살의 길로 들어선'이라고 해석하면 무리가 없을 것이라 생각된다. 좀 더 쉽게 해석해 본다면, 아뇩다라삼먁삼보리란 '더없이 높고 비길 데 없는 바른 깨달음'이니 '최상의 올바른 깨달음'이라고 할 수 있을 것이고, 아뇩다라삼먁삼보리를 발했다는 말은 '최상의 깨달음을 얻겠다고 발심한' 정도로 이해할 수 있을 것이다.

선남자 선여인이란 '부처님께 귀의한 사람' 혹은 '불자' 정도로 이해하면 될 것이다. 불법에 귀의한 남자와 여자 신도를 가리킨다고 보면 된다. 다시 말해 '아뇩다라삼먁삼보리의 마음을 발한 선남자와 선여인'이란 깨닫고자 하는 마음을 일으켜 보살의 길에 들어선 수행자들로, 여기에서는 첫째, 이미 깨달음을 얻은 보살의 의미와 둘째, 아직 깨닫지는 못하였지만 초발심이라도 보리심을 발한 모든 수행자라는 두 가지 의미로 해석할 수 있다. 물론『금강경』의 가르침을 통해서 두 가지 모든 종류의 수행자들의 나아갈 길에 대한 해답을 들을 수 있다. 그러나『금강경』의 가르침은 두 가지 수행자 중 전자의 의미, 즉 이미 깨달음을 얻어 보살이 된 수행자들을 주로 대상으로 하고 있다고 보인다. 부처님의 제자들 가운데는 아직 깨달음을 얻지 못한 제자들도 있으며, 수보리처럼 이미 깨달음을 얻은 제자들도 있다. 그렇기 때문에 수보리는 두 가지 의미에서 질문을 하고 있는 것이다. 첫째는 아직 깨달음을 얻지 못하였지만 보리심을 발한 모든 수행자들을 위해 질문하는 것이고, 둘째는 자신처럼 깨달음을 얻었지만 열반적정의 저 언덕으로 가버리지 않고 이 언덕에 남아 하화중생의 발원을 가진 보살들을 위해 질문하고 있는 것이다. 그러나 이 두 가지의 수행자는 모두 상구보리(저 언덕) 하화중생이라는 공통된 발원을 가지고 있으며, 또한 그러한 발원의 성취를 위해 현재 이 언덕에 있다는 공통점을 가지고 있기 때문에, 이 질문에 대한 답변은 두 가지 수행자 모두에게 중요한 법문으로 다가온다.

수보리는 부처님의 호념과 부촉을 찬탄하면서 이렇게 묻고 있다. '아뇩다라삼먁삼보리의 마음을 발한 선남자 선여인들은 그 마음을 어떻게 머물며, 어떻게 수행해 나가고, 어떻게 그 마음을 다스려야 합니까?' 이 질문이 바로 선현기청의 내용이며, 이에 답변을 하는 부처님의 말이 바로 『금강경』의 본문 내용이라 할 수 있다.

다시 말해 모든 수행자는 그 마음을 어떻게 머물고, 수행하며, 다스려야 하는지를 묻고 있는 것이다. 이 질문이야말로 보리심을 발한 모든 보살 수행자들에게 가장 중요하고 핵심이 되는 물음이라 할 수 있을 것이다. 보통 구마라집의 번역에서는 '어떻게 머물러야 하며(住), 어떻게 그 마음을 항복 받아야 하는지(降伏)' 다시 말해 어떻게 머물며 어떻게 그 마음을 다스려야 하는지에 대한 물음만 나오고 '어떻게 수행해 나가야 하는지'의 물음은 생략되고 있는데, 범어 원전에서도 등장하고 현장의 번역에서도 '수행(修行)'으로 번역되고 있음을 볼 수 있다. 아마도 '어떻게 수행해야 하는가' 하는 말과 '어떻게 마음을 다스려야 하는가' 하는 의미가 비슷하기 때문에 생략하지 않았나싶다.

이 부분을 해석할 때 보통 항복 받는다는 의미가 선뜻 와닿지 않을 수 있는데, 항복 받는다는 의미는 '마음이나 생각을 잘 다스려서 엉뚱한 방향으로 가지 못하게 하는 것' 정도로 이해할 수 있으며 쉽게 말해 '마음을 다스려야 하는지'로 해석할 수 있다.

불교 수행을 흔히 '마음공부'라고 이야기한다. 결국 이 세상 그 무엇이라도 『화엄경』의 말처럼 마음에서 나왔으며 이 마음이 세상을 짓고 무너뜨리는 것이다. 또한 어리석어 이리 뛰고 저리 뛰는 이 마음을 잘 다스려 본래 마음자리를 되찾는 것이 마음공부의 핵심이다. 그러기 위해서는 이렇게 날뛰는 마음을 어떻게 머물러야 하는지, 또한 잘 머무르기 위해 어떻게 수행해 나가야 하는지, 어떻게 이 마음을 항복 받고 다스려 나가야 하는지가 불교 수행의 관건이라 할 수 있다. 또한 깨달았지만 이 언덕에서 하화중생의 발원을 실천하고자 하는 보살들에게 있어 어떻게 하면 저 언덕으로 가고자 하는 마음을 다스려 이 언덕에서 중생을 교화할 수 있는지, 이 언덕에서 깨달은 마음과 교화하겠다는 그 마음을 어떻게 머무르는지, 어떻게 하면 이 언덕에서도 다시는 퇴전하지 않도록 마음을 다잡고 수행해 갈 수 있는지, 저 언덕으로 향하고자 하는 마음을 어떻게 항복 받고 다스려 발원을 성취할 수 있는지를 묻고 있는 것이다. 이러한 바른 질문에 부처님께서는 수보리를 칭찬하시면서, 수보리의 말을 그대로 긍정하고 수보리의 질문에 답변을 하시고자 하면서 선현기청분은 끝을 맺게 된다.

대승졍종분

[대승의 바른 종지]

大乘正宗分 第三

佛告須菩提 諸菩薩摩訶薩 應如是降伏其心 所有一
切衆生之類 若-卵生 若-胎生 若-濕生 若-化生
若-有色 若-無色 若-有想 若-無想 若-非有想非
無想 我皆令入無餘涅槃 而滅度之 如是滅度無量無
數無邊衆生 實無衆生 得滅度者 何以故 須菩提 若
菩薩 有我相人相衆生相壽者相 則非菩薩

부처님께서 수보리에게 말씀하셨다.

"수보리여, 모든 보살마하살은 마땅히 이와 같이 마음을 내어야 한다. '존재하는 일체 모든 중생의 종류인, 이른바 알에서 태어나는 것, 모태에서 태어나는 것, 습기에서 태어나는 것, 화현하여 태어나는 것, 형상이 있는 것, 형상이 없는 것, 생각이 있는 것, 생각이 없는 것, 생각이 있는 것도 아니고 생각이 없는 것도 아닌 것들을 내가 다 아무것도 남지 않는 무여열반(無餘涅槃)의 세계로 인도하여 완전한 멸도에 들게 하리라.'

그러나 이와 같이 헤아릴 수 없이 많은 중생들을 완전히 열반에 들게 했다 하더라도 실은 한 중생도 열반을 얻은 자는 없다. 왜 그러한가 수보리야, 만약 보살이 아상·인상·중생상·수자상이라는 생각이 있으면 곧 보살이 아니기 때문이다."

대승정종분은 '대승의 바른 종지(宗旨)'란 뜻으로 『금강경』이라는 이 경전의 가르침이 핵심적으로 잘 드러나 있는 부분이다. '정종'이란 바르고 으뜸이 된다는 뜻으로 이 부분이야말로 대승불교 경전인 『금강경』의 종지를 밝히는 핵심이 되는 장이다.

　보통 대부분 경전의 구성을 보면 크게 세 부분으로 나뉘는데 서분(序分), 정종분(正宗分), 유통분(流通分)이 그것이다. 서분은 육성취(六成就)라고 하여 경이 설하여지게 된 연유를 여섯 가지로 나타내고 있는 부분이며, 유통분은 정종분에서 설하신 교법을 제자들에게 부촉하여 후세에 널리 유통되도록 하기 위한 부분이고, 가장 중요한 핵심이 되는 본문이 바로 정종분이다. 그러니 이 세 번째 분의 명칭이 대승정종분인 것은 『금강경』의 본문인 정종분 가운데에서도 그야말로 정종인 부분, 즉 핵심 중의 핵심에 해당되는 부분이므로 그렇게 이름을 붙였다고 볼 수 있다.

　이 부분이 『금강경』 전체의 핵심이 되는 부분이고 사실 이 제3분 이후에 나오는 많은 설법들은 이 대승정종분의 내용을 풀어 해설한 것이라고도 할 수 있다. 제1분에서는 부처님 삶의 모습을 있는 그대로 보임으로써 가르침이 그대로 삶 속에서 녹아들어 있는 모습을 설함이 없이 행동으로 설하셨다면, 이 부분에서는 부처님께서 하고 싶으셨던 말씀을 설법하고 계신 것이다. 그러면 부처님의 말씀에 귀 기울여 보자.

부처님께서 수보리에게 말씀하셨다.
"수보리여, 모든 보살마하살은 마땅히 이와 같이 마음을 내어야(發心) 한다."

보살마하살에서 마하살이란 마하살타의 준말로 마하는 크다는 대(大)의 의미이며 살타는 중생 혹은 유정(有情)의 의미로, 마하살타는 큰 중생 즉 대유정(大有情) 혹은 대사(大士)라고 번역되는 보살의 별칭이다. 보살마하살은 보살의 크고 위대한 덕을 높여 붙이는 존칭이다. 바로 앞 분 선현기청분에서 '아뇩다라삼먁삼보리를 발한' 선남자 선여인이라는 부분이 있었는데, 지금 이 부분 보살마하살과 아뇩다라삼먁삼보리를 발한 자라는 부분이 산스크리트 원본에서는 '보디사뜨와야나 삼쁘라스티따(bodhisattva-yāna-sam-prasthitena)'라고 하여 같은 원어를 서로 다르게 해석하고 있음을 볼 수 있다. 다시 말해 보살마하살은 곧 아뇩다라삼먁삼보리를 발한 선남자 선여인을 의미한다. 그렇기에 '아뇩다라삼먁삼보리를 발한 선남자 선여인은 그 마음을 어떻게 머물러야 하고, 어떻게 수행해 나가야 하며, 어떻게 그 마음을 다스려야 합니까?'라는 질문에 '모든 보살마하살은 마땅히 이와 같이 마음을 내어야 한다'고 답하고 계신 것이다. 여기서 잠깐 짚고 넘어가야 할 점은, 이와 같이 아뇩다라삼먁삼보리 즉 최상의 깨달음을 얻겠다고 발심한 모든 선남자 선여인들이 곧 보살마하살이라고 한 점이다. 즉, 이미 깨달음의 직전에까지 이른 보살만 보살이 아니라, 단지 최상의 깨달음을 얻겠다는 초발심을 낸 모든 남녀 신도들이 그대로 보살마하살일 수 있다는 점이다. 『화엄경』이나 「법성게」의 '초발심이 곧 바른 깨달음'이라고 했던 말씀을 떠올리게 하는 대목이 아닐 수 없다. 그렇기에 『금강경』은 이미 상구보리라는 깨달음에 거의 이르러 하화중생을 실천하기 위한, 보살들을 위한 설법인 동시에 최상의 깨달음을 얻겠다고 발심한 모든 남녀 신도를 위한 설법인 것이다.

'마땅히 이와 같이 마음을 내어야 한다'는 부분은, 의역에 중점을 둔 구마라집의 한역을 보면 '그 마음을 항복 받아야 한다'고 되어 있는데, 문맥을 보더라도 그렇고, 빠알리어 경전이라거나 현장의 해석(發趣如是之心)을 참고하였을 때 '이와 같이 마음을 내어야 한다'는 '발심(發心)'으로 해석하는 것이 알맞다고 여겨진다. 물론 항복 받는다는 의미나 마음을 내어야 한다는 것은 의미상 크게 어긋나지는 않으니 어떤 해석도 무방하다고 본다.

앞의 제2분에서 수보리의 질문, 즉 '그 마음을 어떻게 머물러야 하고, 어떻게 수행해 나가야 하며, 어떻게 그 마음을 다스려야 합니까?'에 대하여 이 장 대승정종분에서 부처님은 '이와 같이 마음을 내어야 한다'고 답변하고 계신 것이다.

"존재하는 일체 모든 중생의 종류인, 이른바 알에서 태어나는 것, 모태에서 태어나는 것, 습기에서 태어나는 것, 화현하여 태어나는 것, 형상이 있는 것, 형상이 없는 것, 생각이 있는 것, 생각이 없는 것, 생각이 있는 것도 아니고 생각이 없는 것도 아닌 것들을 내가 다 아무것도 남지 않는 무여열반(無餘涅槃)의 세계로 인도하여 완전한 멸도에 들게 하리라."

다시 말해 부처님은 일체 모든 중생들을 다 무여열반의 세계로 인도하겠다는 대서원의 발심을 해야 한다고 말씀하고 계신다. 모름지기 대승 보살의 몫은 하화중생의 마음을 내는 것이란 뜻이다. 그러면 부처님 답변의 의미를 살펴보기에 앞서 '일체 모든 중생의 종류'라고 말씀하신 아홉 가지의 중생의 종류, 즉 구류중생(九類衆生)에 대해 먼저 그 뜻을 살펴보도록 하자.

우리들이 일상에서도 쉽게 사용하는 단어인 '중생'이란 과연 무엇을 의미하는지, 어디까지의 범위를 의미하는지 여기에 자세히 설명되어 있다. 보통 우리 인간들만 중생이라고 생각하거나 혹은 짐승들까지를 중생으로 본다거나 하지만 경전에서는 이상에서 언급한 아홉 가지의 종류를 모두 중생으로 분류하고 있다.

보통 구류중생 중 처음의 네 가지인 태란습화(胎卵濕化) 사생(四生)으로 분류하는 것은 온갖 중생들의 태생 방식에 따른 분류라고 할 수 있다. 난생(卵生)은 알에서 태어나는 것으로 조류 등 알에서 태어나는 일체 모든 것들을 말하며, 태생(胎生)은 모태(母胎)에서 태어나는 것으로 온갖 짐승들이나 사람 또한 이곳에 속한다. 습생(濕生)은 습기(濕氣)에서 태어나는 것으로 모기, 지렁이, 온갖 벌레들이 이에 속하고, 화생(化生)은 모태나 알 등의 태어나는 원인을 빌리지 않고 스스로의 업력에 따라 화현(化現)하여 태어나는 것으로 천상의 신들이나 지옥의 중생들이 여기에 속한다.

그 다음 두 가지 종류인 유색(有色), 무색(無色)의 분류는 형상의 유무에 따른 분류로 유색은 모양과 빛깔을 가진 중생으로 욕계(欲界)와 색계(色界)에 사는 이를 가리키며, 무색은 모양과 빛깔이 없는 신들로서 무색계(無色界)에 사는 이를 가리킨다.

그리고 나머지 세 가지의 종류인 유상(有想), 무상(無想), 비유상비무상(非有想非無想)의 분류는 인식의 유무에 따른 분류로서, 유상은 인식작용이 있는 중생으로 무상천과 비상비비상처천을 제외한 나머지에 사는 중생이고, 무상은 인식작용이 없는 중생으로 색계의 세 번째 하늘인 무상천(무상유정천)에 사는 중생이며, 비유상비무상은 인식작용이 있는 것도 없는 것도 아닌 중생으로 비상비비상처천[비유상비무상천]에 속하는 신들을 말한다.

이와 같이 부처님께서는 보리심을 발하여 보살의 길로 들어선 보살마하살의 수행자들에게 구류중생, 즉 일체 모든 중생들을 아무것도 남지 않는 무여열반의 세계로 인도하리라는 발원을 해야 한다고 설하고 계신다. 무여열반이란 무여의열반(無餘依涅槃)이라고도 하며 일체 모든 고통과 번뇌의 불길이 다 끊어져 마지막 육신까지도 소멸하여 아무것도 남아 있지 않은 궁극의 경지로 완전한 열반을 의미한다. 이에 반해 유여의열반이란 일체의 번뇌를 끊어 없앴지만 아직 육신을 남겨둔 열반을 말한다.

그러면 본격적으로 대승의 바른 종지가 담겨 있다는 대승정종분의 가르침에 대해 살펴보자. 먼저 2분에서의 핵심 질문은 "아뇩다라삼먁삼보리의 마음을 발한 선남자 선여인들은 그 마음을 어떻게 머물러야 하고, 어떻게 수행해 나가야 하며, 어떻게 그 마음을 다스려야 합니까?"였고, 이 질문에 대한 답변이 이 3분에서 이어지고 있다. 이 질문의 핵심은 두 가지다. 첫째는 불자로서, 또 수행자로서 어떻게 수행해 나가야 하는가 하는 것이고, 두 번째는 한 인간으로서 삶을 사는데 있어서 어떻게 마음을 쓰면서 삶을 살아야 하는가다.

여기에 대해서 부처님께서는 어떻게 답변을 해주셨을까? 부처님께서는 "존재하는 일체 모든 중생의 종류인 이른바 알로 태어난 것이거나, 모태에서 태어난 것, 습기에서 태어난 것, 화현하여 태어난 것, 형상이 있는 것 없는 것, 생각이 있는 것 없는 것, 생각이 있는 것도 아니고 없는 것도 아닌 것들을 내가 다 아무것도 남지 않는 무여열반의 세계로 인도하여 완전한 멸도에 들게 하리라"라는 마음가짐으로 삶을 살아가라고 답변을 해주고 계신다.

우리가 지금까지 살아온 삶의 방식을 한 번 살펴보자. 누구나 '나'라는 아상을 세워 놓고, 어떻게 하면 내가 잘살 수 있을까, 남보다 앞서 갈 수 있을까, 남보다 더 많이 돈 벌고, 더 높은 자리에 오를 수 있을까를 고민하며 살아간다. 우리들 삶의 바탕에는 언제나 '나'라는 아상이 있다. 일체중생을 위한 연민과 자비의 마음이 바탕이 되어 살아가는 것이 아니라, '나'라는 아상과 이기심이 중심이 되어 삶을 살아간다.

이러한 '아상 중심', '나 중심'의 삶의 방향에 대해 부처님께서는 전면적인 수정이 있어야 함을 설하고 계신다. 이러한 '나' 중심의 삶의 방향을 '일체중생'을 향한 삶의 방향으로 전환시켜야 한다는 것을 의미한다.

왜 그럴까? 우리가 '나'라고 생각하는 것은 사실 내가 아니다. 초기불교의 교설에 의하면 '나'는 사실 '무아(無我)'다. 그럼에도 이렇게 '나'

라는 것이 실제로 있는 것처럼 보이는 이유는 '나 아닌 것'들이 인연 따라 모여서 '나처럼 보이는 거짓 존재'를 형성하고 있기 때문이다. 사실 내가 나일 수 있는 것은 '나 아닌' 내 밖의 수많은 존재들의 도움과 인연과 역할이 있었기에 가능하다.

그렇기에 부처님께서는 이러한 연기의 이치를 바로 볼 줄 아는 사람이라면 '나' 중심으로 세상을 살아갈 것이 아니라, '나 아닌 존재들' 즉 '일체중생'들을 모두 완전한 행복, 완전한 열반에 들게 하리라는 삶의 목적을 가지고 살아야 한다고 설하고 있는 것이다. 동체대비라는 연기적인 자각에서 나오는 자비의 가르침에서는 너와 내가 둘이 아니게 서로 연결되어 있기 때문에 사실 '너'가 곧 '나'이며, '일체중생'이 곧 '나'와 다르지 않다고 말한다.

『금강경』의 핵심은 '아상 타파'에 있다. 그동안 '나'를 중심으로 삶을 살아왔지만 '나'라는 상을 깸과 동시에 너와 내가 둘이 아니라는 동체대비의 자각이 있게 되고, 일체중생을 행복에 이르게 하는 것이야말로 참된 근원적 행복에 이르는 길이었음을 깨닫도록 이끄는 것이다.

이러한 『금강경』의 방식대로라면 우리의 삶은 전면적인 전환이 있게 될 것이다. 예를 들어 식당 주인이 '오늘 장사를 잘해서 돈 좀 많이 벌어보자' 하는 마음가짐으로 하루하루를 살아왔다고 해보자. 사실 대부분의 사람들이 그런 마음으로 살아가고 있다. 그런데 『금강경』의 방식에 의한다면, '많이 팔아 부자 되자' 하는 마음이 아닌, '우리 식당에 들어오는 사람들에게 어떻게 하면 더 맛있는 음식, 건강한 음식을 대접할 수 있을까? 이 식당에 오는 사람들을 어떻게 하면 더 행복하게 해줄 수 있을까?' 하는 마음으로 바뀌는 것이다.

이 일을 어떻게 해야지 내가 행복할 수 있을까가 아닌, 일체중생의 괴로움을 어떻게 소멸시켜줄 것인가, 일체중생을 어떻게 행복하게 만들어 줄 것인가 하는 것이 삶의 중심이 된다.

이뿐 아니다. 말 한마디를 하더라도 전혀 달라질 수밖에 없다. 아상에 기초한 말의 전형이 바로 '내 자랑'이거나, '남 험담'이다. 그런데 『금강경』의 방식에서는 대화의 바탕에 '나'를 높이는 것이 아닌, 상대방을 행복에 이르게 하는 것이 바탕에 깔려 있다. 그러니 저절로 사랑스러운 말을 하게 되고, 상대방을 칭찬하는 말, 격려하는 말을 하게 되지 않을 수 없다.

이러한 아상 충족의 삶에서, 일체중생을 고에서 벗어나게 하고 행복하게 해주려는 방식으로 삶의 방향이 전면 수정되는 것이다. 이것이 바로 『금강경』의 가르침이다. 다음 가르침에서는 핵심적인 실천방법이 이어진다.

"그러나 이와 같이 헤아릴 수 없이 많은 중생들을 완전히 열반에 들게 했다 하더라도 실은 한 중생도 열반을 얻은 자는 없다."

이 대목이 제3분의 핵심이면서 또한 『금강경』의 핵심이고, 나아가 모든 부처님 가르침의 핵심을 잘 나타내주고 있는 부분이라 할 수 있다. 겉으로 드러난 말만을 바라보면 안 된다. 그 깊은 의미가 무엇을 말하고 있는지 볼 수 있어야 부처님 말씀을 바로 이해할 수 있다. 그러면 왜 이 부분이 불교의 핵심이라고 하는지 하나하나 짚어 보자.

앞에서 부처님께서는 모든 보살의 길로 들어선 이들에게 동체대비

(同體大悲)의 마음으로 일체 모든 중생을 다 제도해야 한다고 발원하라고 말씀하고 계신다. 이 말이 방편법(方便法)을 말하는 것이라면 지금 이 부분은 근본법(根本法)을 말하고 있다고 할 수 있다. 다 제도해야 한다고 했지만, 사실은 어느 한 중생도 제도되지 않았음을 깊이 통찰하여 관할 수 있어야 한다는 내용이다.

이 말은 수없이 많은 의미를 함축하고 있으며, 수많은 부처님의 가르침을 함축하여 전달하고 있다. 이 말 속에서 무분별(無分別), 무아(無我), 연기(緣起), 공(空), 중도(中道)의 이치가 고스란히 녹아 있기 때문이다.

중생들은 열반에 들지 못하고 수없이 많은 번뇌와 괴로움, 불행 속에서 헤매고 있다. 그러나 그것은 다만 환상이며 거짓이고, 신기루이며, 꿈이고, 물거품과도 같은 것일 뿐, 이 세상 그 어떤 이들도 본질적으로 괴롭지 않다.

다만 꿈속에서, 환상 속에서 헤매고 있을 뿐이다. 그러므로 다만 이것이 환상이고 신기루임을, 꿈임을 그저 알기만 하면(반야) 더 이상 얽매일 필요가 없는 것이다. 일체 모든 존재는 이미 제도되어 있고, 열반의 저 언덕에 이미 도착해 있다. 다만 환상과 같은 탐진치 삼독에 빠져 환상과 같은 괴로움에 허덕이며 환상과 같은 열반을 찾아 헤매고 있을 뿐인 것이다. 중생들의 불행이 환상이기 때문에 보살들의 구제 또한 환상이라는 것을 잊어서는 안 된다.

모든 중생들은 이미 구제되어 있다. 새삼스럽게 또다시 분별을 일으켜 누가 누구를 깨닫게 할 것도 없고, 구제할 것도 없다. 깨달음을 향해 나아가고, 행복을 향해 나아가고 있지만 사실은 이미 우리가 바라던 니

르바나의 '저 언덕'에 도착해 있는 것이다. 다만 모를 뿐. 무명(無明), 즉 어리석음으로 인해 이 삶이 환상이라는 것을 깨닫지 못하고 있을 뿐이다.

그래서 부처님께서 하고자 하는 말씀은 일체중생을 구제하겠다는 하화중생의 발원을 가져야 하지만 '함이 없이 해야 한다'고 말하고 있다. 살아있는 모든 중생을 저 피안의 세계로 인도해야 하지만 사실 그들은 중생이 아니며, 이미 인도되어 있다는 것을 명심해야 한다. 중생을 구제한다는 착각에 빠져 있어서도 안 되고, 거기에 집착해서도 안 된다. 걸림 없이, 집착 없이 발원을 성취해야 한다고 말씀하고 계시는 것이며, 발원의 성취라는 것 또한 성취가 아님을 말씀하고 계신 것이다. 중생들이 느끼고 있는 불행과 괴로움이라는 것도 환상이지만, 더 나아가 제도되어야 할 중생도 환상이며, 제도해야 할 보살 또한 환상일 뿐인 것이다. 다시 말해, 일체 모든 존재는 고정된 실체가 아니며, 고정된 '자아'가 아니다. 제도해야 할 '중생'도 없고, 제도해야 할 '나' 또한 모두 공(空)하고, 무아(無我)인 것이다. 제도하고 제도 받는 주체가 모두 공할진대 공한 가운데 일어난 불행이며, 괴로움이라는 관념이 어디에 붙을 수 있겠는가. 그러니 '내가 중생을 구제한다'는 생각이 얼마나 큰 허구에 불과한 것인가. '나'도 공이고 무아이며, 중생도 공이고 무아이며, 중생의 괴로움도 공하고 보살의 구제 또한 공한 것일 뿐이다.

나와 남을 분별할 것도 없고, 중생과 부처를, 생사와 열반을, 행과 불행을, 제도 받는 이와 제도하는 이를 분별할 것도 없이 이 세상은 본래부터 무분별이고 공이며 무아인 것이다. 그 어떤 한쪽에도 치우치면 안 된다. 본래부터 극단은 있지 않다. 그렇기에 중도(中道)의 실천만이 무분별과 공, 무아를 체득할 수 있게 해준다. 다만, 이렇게 세상이 만들어지고 온갖 경계가 나타난 것은 다만 공한 가운데 꿈처럼 인과 연이 서로 화합하고 흩어지고를 반복할 뿐인 것이다. 인연화합의 법칙, 인과응보, 연기의 법칙에 의해 다만 꿈처럼 일어났다가 사라지고를 반복할 뿐이다. 그러니 무아라는 말, 공이라는 말, 중도라는 말은 다시 말해 연기법의 실상을 달리 표현한 말이라고 할 수 있다. 고정된 실체적인 존재가 아닌 연기되어진 존재, 인연화합의 존재이기 때문에 공이고, 무아라고 말하는 것이다.

이러한 이치, 진리를 한마디로 표현한다면 '무아(無我)'라고도 할 수 있다. '나'도 없고, '남'도 없고, 구제 받을 사람도 없고, 구제시켜 줄 사람도 없으며, 그렇기에 온갖 번뇌며, 속박, 무명 또한 모두 고정된 실체적 관념이 아니며, 실제적 자아가 아니라는 것이다. 부처님 당시에도 그랬고, 대승불교가 출현할 당시에도 마찬가지로 많은 사람들은 '아트만'이라거나, '푸드갈라', '지바', '뿌루샤' 등의 '자아개념'을 설정하여 그것을 '영원불멸의 근본적인 존재, 생명자리'로 이해를 하고 있었다. 부처님 당시에도 브라흐만의 '아트만' 사상에 갇혀 있는 많은 이들에게 올바른 이해를 주기 위해 '무아설', '제법무아'를 말씀하셨지만, 수백 년에 걸쳐 내려오면서도 여전히 사람들은 '고정된 실체적 자아(自我)'를 상정하기에 여념이 없었고, 그것은 온갖 부파와 사상가들 사이에서 온갖 다른 이름을 가지고 등장하여 집착의 대상이 되었던 것이다. 이에 석가모니 부처님께서 전통적인 아트만 사상을 무아로써 극복하셨던 것처럼, 대승불교 출현 당시 즉 『금강경』이 설해질 당시의 온갖 '자아'관념(푸드갈라, 지바, 뿌루샤, 아트만 등)들에 집착하고 있는 수많은 사상가며 수행자들에게 거기에서 벗어날 것을 간곡하게 당부하고 있는 것이다.

이러한 부처님의 가르침은 다음 구절에 가면서 좀 더 구체적으로 밝혀지고 있다.

"왜 그러한가 수보리야, 만약 보살이 아상·인상·중생상·수자상이 있으면 곧 보살이 아니기 때문이다."

바로 이 구절에서 『금강경』의 가르침은 절정에 이른다. 앞서 말하신 '모든 중생을 열반에 들게 했다 하더라도 한 중생도 열반을 얻은 자는 없다'는 말에 대한 부가적인 설명이기도 하면서, 석가모니 부처님의 제법무아(諸法無我)에 대한 회귀이고, 근본불교에 대한 회귀이면서 대승불교의 파사현정(破邪顯正)의 모습을 여실하게 보여주는 말씀이라 하겠다.

앞서 말했던 것처럼 『금강경』이 설해질 당시 수많은 수행자와 사상가, 종교가들은 너도 나도 할 것 없이, 심지어는 부처님 가르침을 따르는 부파에서조차 고정된 '자아'관념에 사로잡혀 있었다. 쉽게 말해 '나', '나의 것', '내 생각', '내 몸', '자아(ātman)', '중생(sattva)', '영혼(jīva)', '개아(pudgala)' 등의 관념을 만들어 놓고 그것이 나의 본질이라고 생각하며 집착하고 있었던 것이다. 그러나 부처님의 가르침은 확고하다. 이 세상 그 어떤 것이라도 우리가 생각할 수 있는 그 어떤 관념도 내가 아니며, 본질이라고 할 수 없고, 그러므로 거기에 집착해서는 안 된다고 말하고 계신다. 일체 모든 관념과 모양 소견, 집착, 번뇌며 온갖 상(相)으로부터 벗어나야 한다고 말씀하고 계신다.

아마도 이 구절의 해석에 대해『금강경』을 공부한 많은 분들도 궁금증을 시원스레 벗어버리지 못하지 않았을까 싶다. 아상·인상·중생상·수자상에 대한 해석은 아마도『금강경』이 설해진 때부터 오늘날에 이르기까지, 수많은 사상가, 종교가, 철학가며 수많은 스님들에게 많은 의구심이 들게 했고, 그 결과 오늘에 이르기까지 수많은 사람들에 의해 수많은 해석으로 분분하게 펼쳐져 왔다. 그러다 보니『금강경』을 해설해 놓은 책들마다,『금강경』을 설법하시는 스님과 법사에 따라 아상·인상·중생상·수자상의 해석은 제각기 다르며 통일되지 못한 실정이다. 물론 그 근본에 있어서의 내용이야 모두가 아상을 타파하는 무아의 실천, 연기, 공의 실천으로써 온전하게 전달되어 왔음은 다행한 일이다. 결국 다 다르게 해석될 수는 있지만 근본에 있어서 그 내용의 변질은 없었다고 본다. 그렇다고 하더라도 아상·인상·중생상·수자상에 대한 해석을 보다 분명하게 해두는 작업은 두말할 나위 없이 중요하다. 이는 곧『금강경』나아가『반야경』전체에 대한 해석에도 큰 영향을 줄 수 있기 때문이다.

이 네 가지 상, 사상(四相)에 대해 온전히 해석을 하기 위해서는『금강경』을 설하게 된 역사적인 상황에 대한 어느 정도의 이해가 있어야 한다. 근본 불교, 초기불교에서 석가모니 부처님께서는 당시의 육사외도라든가, 브라흐만의 아트만 사상들을 논파하기 위해 연기법과 공의 해석을 '무아'라는 점에 집중하여 설명하였음을 볼 수 있는데, 그것은 당시의 시대적 상황, 즉 아트만이나 자아관념에 집착해 있던 당시의 상황 때문이었음을 상기해야 할 것이다. 다시 말해 연기법과 공, 무아, 중도 등의 개념이 모두 동일한 근본의 의미를 가지고 있지만 당시의 시대적 상황에 비추어 무아라는 단어를 수시로 채택하여 설법을 하셨다는 것이다. 마찬가지로 『금강경』을 설하는 데 있어서도 당시의 시대적 상황의 이해는 필수적이다.

앞서 말했듯이 당시 대승불교가 막 태동할 때 많은 사상가며 불교 수행자들은 '자아', '중생', '영혼', '개아' 등의 온갖 실체적인 관념에 많이 집착하고 있는 상황이었다. 그것은 약간씩은 다른 의미일지라도 모두 '실체적 자아관념', 다시 말해 '무언가 고정불변하는 실체가 있다는 견해'를 네 가지로 나누어 설명한 데 불과한 것으로, 이 네 가지 의미는 거의 동의어라고 볼 수 있을 정도인데, 부처님께서는 이러한 실체적 자아관념에서 벗어나야 할 것을 설하고 계신 것이다.

그러면 하나하나의 사상에 대하여 설명해 보도록 하자. 역사적인 상황에 비춰 설명하기 위해서, 잠깐 짚고 넘어가야 할 점은 『금강경』의 산스크리트 원문을 알아보는 일이다. 구마라집 역의 한문 원전은 아상, 인상, 중생상, 수자상의 순서로 나와 있지만, 산스크리트 원문에서는 그 순서가 아상, 중생상, 수자상, 인상의 순서로 등장하며, 그 원문을 보면 'ātman(아상)', 'sattva(중생상)', 'jīva(수자상)', 'pudgala(인상)' 순으로 되어 있음을 주의할 필요가 있다. 아마도 다른 책의 설명을 보았을 때, 순서가 바뀐 것은 한문으로 번역할 때의 리듬과 운율을 맞추기 위해서 아와 인을 붙여 놓았을 뿐 그리 중요한 의미는 없다고 보인다. 여기에서는 일반적인 번역에 맞춰 구마라집 번역인 아상·인상·중생상·수자상으로 따르고 있지만, 산스크리트 원문과 현장의 번역을 참고하여 새롭게 해석한 각묵 스님의 『금강경 역해』에 나오는 사상의 해석인 자아(아상, ātman), 중생(중생상, sattva), 영혼(수자상, jīva), 개아(인상, pudgala)라는 해석을 채택하여 그 역사적 상황이 갖는 사상의 의미에 대해 살펴볼까 한다. 산스크리트 원문을 살펴보면 이 네 가지 상의 역사적 상황이 갖는 의미를 유추해 보기가 좀 더 쉬워지기 때문이다.

우선 '아상'의 원문인 'ātman(자아)'은 인도 전통 종교인 브라흐만의 아트만 사상에 대한 부정이다. 이는 흡사 석가모니 부처님께서 아트만을 부정하기 위해 무아(無我)법을 말씀하신 것과 같은 의미로 이해될 수 있다. 아트만이란 고정된 실체적 자아관념으로 브라흐만에서는 윤회의 주체라고 이해되고 있는 것이다. 다시 말해 부처님께서는 고정된 실체적 자아관념, 다시 말해 고정된 실체로서 '나'를 상정해서는 안 된다고 말씀하고 계신 것이다. 브라흐만의 아트만 사상에 빠져 집착하고 있던 사람들에게 아트만이라는 집착을 가져선 안 된다고 하는 설법이 바로 아상타파의 교설인 것이다.

두 번째 '중생상'의 원문인 'sattva(중생)'는 '존재하는 모든 것' 혹은 '살아 있는 모든 것'이란 의미로 깨달음을 성취하지 못한 모든 중생을 의미한다. 이 두 번째는 불교 내부적으로는 수행자들이 중생과 보살이라는 이원론적인 분별심에 빠져 있는 것을 지적하면서, 동시에 나는 살아 있는 생명체로서 죽어 있는 것들과는 다르다는 이원론적인 분별심에 빠져 있는 것을 깨우쳐주고 있는 부분이다. 이는 위로는 깨달은 이와 견주면서 난 아직 깨닫지 못한 중생이라는 상에 빠져 보살과 중생을 나누고 분별하는 상에 빠져서는 안 된다는 말이고, 아래로는 난 살아 있는 생명체로서 죽어 있는 저 바위며 물, 흙보다 우월하다는 분별심에 빠져서는 안 된다는 말로 이해할 수 있다. 다시 말해 당시 시대 상황에 비추어 중생과 보살을 나누고, 생명 있고 없음을 나누는 어리석은 이원론적 집착에서 벗어나라는 설법이 중생상의 타파인 것이다.

세 번째 '수자상'의 원문인 'jīva(영혼)'는 '목숨', '생명', '영혼'이라는 말로서, 자이나교에서 '생사를 초월해 있는 존재', '순수영혼'이라는 의미로 자이나교의 가르침에 대한 부정을 의미하며, 지바라는 생사를 초월하고, 시간을 초월한 순수영혼이 실체로서 존재한다는 상에서 벗어날 것을 의미하고 있다. 다시 말해 시간을 초월하고, 생사를 초월하는 영원한 참 생명이 있다는 상을 타파할 것을 말하고 있는 것으로, 자이나교 '순수영혼'설에 대한 반박의 교설이다. 자이나교의 '순수영혼'에 빠져 집착해서는 참된 보살이라고 할 수 없다는 의미다.

네 번째 '인상'의 원문인 'pudgala(개아)'는 '개인', '인간' 등을 의미하는 개념으로 쓰이나, 부파불교의 한 부파인 독자부(犢子部)에서는 윤회의 주체를 의미하는 말로 유위법과 무위법의 중간자적 존재라고 상정하고 있으며, 여기에서는 이러한 생사를 초월한 윤회의 주체인 뿌드갈라가 존재한다는 상을 가지지 말라는 말씀인 것이다. 초기불교의 교설을 살펴보면 윤회를 한다고 하면서 윤회의 주체로서의 실체가 있지 않다고 하고 있음을 볼 수 있다. 즉 '업의 결과'는 있으나 '업을 짓는 자'는 없다고 하여 윤회의 주체를 상정하고 있지 않다. 이 문제, 즉 윤회와 무아의 문제는 지금까지도 학계에서 모순이라는 논쟁이 진행 중인데, 아마도 부처님 열반 후 훗날 부파 불교 가운데 독자부에서 윤회와 무아의 모순을 고민하다가 윤회를 하려면 '실체적인 윤회의 주체'가 있어야 하지 않은가 하는 의문에서 '뿌드갈라'라는 윤회의 주체를 상정하기에 이르렀을 것이다. 여기에서는 인상의 설명인 본문에서 조금 벗어나는 듯하지만 잠깐 무아와 윤회문제를 살펴보지 않을 수가 없다. 이『금강경』의 설법에서도 보듯이 독자부에서 말한 '윤회의 주체'를 상정하는 것이 잘못된 것이며, 그렇듯 윤회의 주체인 '뿌드갈라'(인상)를 상정하게 되면 그것은 곧 보살이 아니라고 하기 때문이다.

잠시 무아와 윤회 문제를 살펴보면, 불교에서는 윤회의 주체를 고정된 실체적인 것으로 보지 않는다는 점을 먼저 언급해 두어야 한다. 윤회의 주체라는 것을 이름하여 유식불교에서도 '아뢰야식'이라고 붙여 놓긴 했지만 그 아뢰야식이 고정된 실체적 관념으로 붙인 것이 아니란 점을 이해해야 한다. 아뢰야식은 그야말로 업들이 모여 있는 업장이요, 장식(藏識)인데, 그 또한 끊임없이 변화하는 제행무상의 한 모습일 뿐이다. 우리는 수많은 생을 이어가며 수많은 업(業)을 짓고 받는다. 그러면서 업은 수없이 변하고 변하는 가운데에 있다. 그러니 당연히 그 '업의 모임'인 업장, 아뢰야식도 변하는 것은 당연한 이치다. 그러니까 이번 생에는 사람으로 윤회를 했다가 다음 생에는 축생으로도 태어나고 지옥에서도 태어나고 천신으로도 태어나는 것 아니겠는가. 그렇다면 과연 누가 진정한 나인가. 어떤 것을 절대적인 불변의 '나'라고 할 수 있겠는가. 사람으로 태어난 것이 '나'의 실체인가, 아니면 짐승으로 태어났을 때가 '나'의 실체인가, 천신으로 태어났을 때가 나의 실체인가. 전생, 그 전생으로부터 끊임없이 윤회를 해왔지만 그 어떤 한 가지 모습을 정해두고 그것이 나의 본질이요 실체라고는 할 수 없는 것일 뿐이다. 즉 아뢰야식이 윤회의 주체이지만 그 윤회의 주체 또한 변화하는 '무아', '공', '제행무상', '연기'의 속성을 그대로 가지고 있는 것일 뿐이다.

그러니 어찌 윤회의 주체를 딱 정해 실체화할 수 있겠는가. 윤회의 주체를 가지고 고정적인 '나'라고 할 수 있겠는가. 그 '나'라고 하는 것 또한 끊임없이 변할 뿐이다. 그런데 부파불교의 한 부파인 독자부에서는 생사를 초월한 윤회의 주체를 '뿌드갈라'라고 하여 실체화하고 있었던 것이다. 바로 그러한 뿌드갈라라는 상에 빠져 있는 어리석음을 타파하기 위해 인상을 설하고 있는 것이다.

이상에서처럼 아상, 중생상, 수자상, 인상이라는 말은 모두가 고정된 실체적 존재로서의 '나'로 상정하지 말아야 할 것을 역설하고 있는 거의 동일한 개념, 동일한 의도로 쓰이고 있음을 볼 수 있다. 즉 '나'의 본질은 실체가 없이 인연 따라 오고 가는 '무아'적 존재요, 공한 것일 뿐 그 어떤 실체적 자아관념을 만들어 거기에 빠져 집착해서는 안 된다는 뜻인 것이다. 다만 이렇게 네 가지 상을 말하고 있는 것은 당시 시대적 상황에 비추어 부파나 종교별로 이름만 다를 뿐 더 많은 '실체적 자아관념'이 있었지만 그 가운데에서도 아상·인상·중생상·수자상이 가장 보편적이고 널리 알려져 있는 관념이었기에 이 네 가지상을 대표로 나열하고 있을 뿐인 것이다. 실제로 현장의 번역을 보면 사상(四相)뿐만이 아닌 구상(九相)을 열거함으로써 이 네 가지 상뿐 아니라 조금 넓게는 아홉 가지의 상이 있었음을 설하고 있다.

그러니 궁극적으로는 이 모두가 '실체적 자아관념', '실체적인 나'를 내세우지 말라는 무아의 설법이요, 공과 연기의 설법인 것이다. 이렇듯 사상에 집착하면 보살이 아니라는 설법으로써 '나'라는 상에 빠지지 않도록 한 이유는 '나'라는 상이 일체 모든 상에 빠지는 근원이 되기 때문이다. 다시 말해 '나'라는 상이 근본이 되어 일체 모든 상이 만들어진다. 쉽게 말해서 '나다', '내 것이다', '내가 옳다'고 하는 아상이 있음으로써 나와 너를 둘로 나누는 분별도 있게 되고, 인간과 자연을, 또 생사와 열반을, 중생과 보살을 나누는 분별들을 비롯한 일체의 분별망상이 시작되는 것이기 때문이다. 그렇기에 이 네 가지 상의 타파는 곧 '나'라는 상을 깨버리는 수행을 의미하며 이는 무아(無我)를 깨닫는 의미로 이해될 수 있다. 연기(緣起)된 존재이기 때문에 무아이고, 공(空)이라고 보았을 때, 사상의 타파가 곧 연기법을 깨닫는 것이고, 공성을 깨닫는 것으로 불법 수행의 요체라고 볼 수 있을 것이다. 그렇기 때문에 바로 이 부분의 설법이 불교의 핵심이며, 『금강경』의 핵심이고, 정종분의 핵심이라고 앞서 말한 것이다.

그러면 조금 더 구체적이며 실천적인 의미로서의 사상(四相)에 대하여 살펴보도록 하자.

첫째, 아상(자아, ātman)이라는 생각은 이 몸과 마음을 가지고 '나'라고 생각하는 것, 혹은 나의 본질적인 근원이나 윤회의 주체 등을 설정하여 '나'라고 생각하는 것을 말한다고 했다. 이것이 일체 모든 분별과 고통과 번뇌 그리고 모든 불행의 원인이 되는 근본의 어리석은 생각이다. 아상으로 인해 일체 모든 괴로움이 시작되고, 분별이 시작되고, 집착과 애욕이 시작된다. 불교를 한마디로 표현한다면 아상을 타파하는 것이라고 해도 과언이 아닐 정도로 아상의 타파는 중요한 불교 수행의 요체다. 아상의 타파가 바로 무아의 실천이고, 연기, 공의 실천이기 때문이다. 아상은 좀 더 세부적으로 '나다', '내 것이다', '내가 옳다'고 하는 분별로 나누어 볼 수 있다.

현실적으로 보았을 때 '나다' 하는 것은 이 몸과 마음, 생각 등이 나라고 착각하는 분별이다. 이 우주법계의 지수화풍의 요소들이 인연 따라 잠시 내 몸의 지수화풍으로 화했을 뿐 고정된 실체로서 이 몸이 영원불멸의 것은 아니다. 지금 이 순간 내 몸은 과거 1년 전 내 몸과 물질적인 세포로만 보았을 때 전혀 다른 물질에 불과하다. 몸이란 것은 신구의(身口意)로 지은 업(業)에 따라 이 우주법계의 지수화풍의 요소들이 잠시 이 몸뚱이로써 인연 화합한 것에 불과하다. 100년도 안 되는 짧은 시간이 흐르면 이 몸은 없어질 터인데 고작 이것을 가지고 '나'라고 이름 짓겠는가? 결국 이 몸이 '나'인 것은 아니다. 마음이나 생각 또한 마찬가지다. '내 성격'이며, '특기', '적성', 'IQ'를 가지고 '나'라고 할 수 있는 것도 아니다. 생각이란 것도 인연 따라, 상황 따라 끊임없이 변화하는 것이며, 성격이나 특기, 적성이라는 것도 끊임없이 변하는 것이지 '내 성격', '내 마음' 하고 딱 정해진 것은 어디에도 없는 것일 뿐이다.

다음으로 '내 것이다' 하는 것은 내가 소유하고 있는 일체 모든 것들을 내 것이라고 착각하는 분별이다. '나다' 하는 아상으로 인해 '내 것'이라는 소유욕이 생겨난다. 그러나 소유라는 것은 착각에 불과하다. 소유의 주체인 '나'라는 것이 공하고, 무아일진대 어찌 소유의 관념이 생겨날 수 있겠는가. 영원히 소유할 수 있는 것이 이 세상에 하나라도 있다면 '내 것'이라고 해도 되겠지만, 이 세상 어디를 가도 영원히 내 것이라고 할 것은 없다. 잠시 인연 따라 나에게로 와서 쓰여졌다가 인연이 다하면 다시 흩어질 뿐인데, 그것을 가지고 사람들은 분별하여 '내 것'이 되었다가 '남의 것'이 되었다고 분별함으로써 괴로워하고 있으니 이 얼마나 어리석은 일인가. 이 우주법계의 일체 모든 것들은 제 스스로 정확히 제자리에 언제나 그렇게 있을 뿐이다. 누가 누구의 주인도 아니고, 누가 누구의 것도 아니고, 누구의 것이 되었다가 누구의 것으로 옮겨가고 그러는 것이 아니다. 법계의 입장에서 본다면 그저 늘 있어야 할 자리에 인연 따라 정확하게 있을 뿐인 것을 사람들은 어리석은 아상으로 '내 것'이라고 하며 쌓고 집착하는데 여념이 없을 뿐이다. 그러니 살아가면서 '내 것'이 늘어나고 줄어드는 것도 아니다. '내 것'은 어디에도 없다. 애써 표현한다면 내 것이기도 하며 전체의 것이기도 한, 오직 우주법계의 것이 있을 뿐이고, 무분별의 부처만 있을 뿐이다.

여기에서 그치지 않고 우리의 아상은 정신적인 것에서도 여실히 나타난다. '내가 옳다'고 하는 생각, 내 가치관이 옳다고 여기는 어리석은 분별이 바로 그것이다. 아마도 오직 '내 생각'을 말할 수 있는 사람은 어디에도 없을 것이다. 우리가 '내 생각'이라고, '내 가치관이며 세계관'이라고 생각하는 일체 모든 견해들은 모두가 다른 사람의 것들일 뿐이다. 배운 것이거나, 보고 들은 것이거나, 책에서 읽은 것이거나, 그도 아니면 그 좁은 경험으로써 몇 번 체험했던 것에 대해 나름대로 해석을 붙인 것에 불과하다. 그런 것들을, 수도 없이 듣고 배운 것들을 내 식대로 조합하고 짜맞춘 것에 불과한 것일 뿐이다. 그래 놓고 그것을 '내 생각'이라고 고정 짓고, 그것만이 옳은 것으로 여기고 있으니 이 얼마나 어리석은 일인가.

내 안에서 순수한 '내 생각'을 찾아보라. 그 어떤 견해도 순수하게 내 생각일 수는 없다. 또한 그 어떤 생각도 절대적으로 옳다거나, 그르다고 분별할 수는 없다. 옳고 그르다는 것, 맞고 틀리다는 것도 사실은 우리가 만들어 낸 상대세계에서의 분별일 뿐이지 우주법계는 그저 그대로 여여하게 흐를 뿐, 어디에도 맞고 틀리는 것이 없이 그저 절대적으로 항상 옳을 뿐이다. 맞고 틀림을 나누어 놓고 그중에 맞는 것을 택하는 맞음이 아닌 그저 아무런 분별도 붙이지 않은 절대선이며, 절대적으로 옳은 것이다. '내가 옳다'라는 것이 얼마나 어리석은 생각인 줄 알아야 한다.

이상에서처럼 우리 안에서 '나'와 '상대'를 나누는 일체 모든 분별에서 온전히 벗어나야 그때 나도 없고 상대도 없는, 내 것도 없고 상대의 것도 없는, 내가 옳고 그를 것도 없는 무분별의 절대 깨달음을 맛볼 수 있다. 그런데 이러한 아상은 아상인 줄 알고, 타파해야 한다고 설파를 하면서도 막상 그 위에 '참나'를 세우고, '아트만'을 세우고, '자성불'을 세우면서 절대적이고 근원적인 실체적 존재로서의 '나'를 내세우고 있는 것을 많이 보게 된다. 부처님께서 자아, 중생, 영혼, 개아라는 단어들을 쓰시면서, 또 『금강경』의 현장 번역을 보면 사상(四相)뿐 아닌 아홉 가지의 상(九相)을 열거하면서까지 아상을 타파할 것을 말씀하시는 것은 그 안에 그 어떤 절대적인 '나'도 상정해서는 안 된다는 의미라는 것을 간과해서는 안 될 것이다.

이즈음에 이르면 많은 분들께서 깊은 수렁에 빠질 것이다. 지금까지 내가 부처가 되려고 수행하는 것이고, 자성불을 찾고, 참나, 진아(眞我), 본래면목, 일심, 한마음, 자성청정심을 찾으려고 이렇게 열심히 수행하는 것인데, 그것이 모두 아상에 불과하다고 하니 이즈음에 이르러서는『금강경』의 철저한 아상타파의 정신에 잠시 혼란스러움을 경험하지 않을까 싶다. 그러나 그런 혼란스러움을 잠시 비워두고 부처님께서 왜 이렇게 말씀을 하셨는지 우리가 그토록 찾아 헤매고 있는 '참나'에 대하여 조금 더 생각해 보기로 하자. 보통 우리가 참나를 말할 때, 그 참나는 참나가 아니라 참나라는 말일 뿐이고, 생각일 뿐이고, 참나라는 개념의 인식일 뿐임을 알아야 한다. 많은 선지식 스님들께서 참나를 찾으라고, 자성불을, 본래면목을 보아야 한다고 방편설법을 하시지만, 많은 제자들은 '도대체 참나가 무엇일까' 하고 참나에 대하여 생각하고, 분별하고, 인식하려고 애를 쓴다. 그러나 참나는 생각될 수 없고, 말로 표현될 수 없으며, 우리가 인식할 수도 없는 언어 그 너머에 있고, 생각 그 너머에 있으며, 우리의 인식과 분별의 그 너머에 있고 없음을 넘어 있을 뿐이다. '생각 그 너머에 있는 말로 표현할 수 없는 참나'를 말로 표현했다고 했을 때조차 그것은 그렇다고 말로 표현되고 있을 뿐이지 그것은 여전히 참나가 될 수 없다. 단지 '우리의 생각과 인식, 말을 초월해 있을뿐'이라는 생각이 일어날 뿐인 것이다. 그렇다고 하더라도 우리들 중생들의 마음에서는 무언가 표현을 하길 바라고, 논의되길 바라고, 설하여 지길 바란다. 그러나 부처님께서는 그 자리는 표현할 수도 없고, 논의의 대상도 아니며, 생각할 수도 없는 것이기 때문에 그 자리에 대한 그 어떤 상도 내세우지 말 것을 당부하고 계신 것이다. 이즈음에서는 '참나'라고 방편으로 세워 놓은 그 방편까지도 오직 일미(一味)의 진리로써 거두어들이고 있는 것임을 알아야 하겠다. 세속제(世俗諦)와 제일의제(第一義諦)라는 말이 대승불교에서 나온 이후에 논사들에게 설파되고 있는 점도 이렇듯 말로 표현될 수 없는 그 자리에 대한 또 다른 표현으로 설명되고 있는 것이다. 결론적으로 그동안 방편으로 부처가 되어야 한다고, 자성불을 찾아야 하고, 본래면목을 보아야 한다고 하셨던 그 말 또한 단지 말일 뿐 참 진리의 당처에서는 한참 멀어져 있는 것임을 진리의 말 아닌 말로써 표현하고 계신 것이라는 점을 살필 수 있어야 하겠다. 그렇기 때문에 이 말로 표현될 수 없는 참 진리의 자리를 도무지 표현할 수 없다 보니 『유마경』에서는 '침묵'으로써 말씀을 하게 된 것이고, 역대의 조사 스님들께서는 사량분별이 끊어진 말이 아닌 말 즉, '화두'로써 그 의미를 설하고 있는 것이다. 결론적으로 우리가 쉽게 쓰는 말 '참나'니, '자성불'이니, '본래면목'이니, '한마음'이니 하는 이 모든 것들 또한 하나의 진리를 표현하는 '말'일 뿐이지, 그것 자체가 당처인 것은 아니니, 그러한 말에도 걸려서는 안 되며, 집착해서는 안 된다는 말씀을 하고 계신 것이다. 『금강경』의 표현대로 한다면 '자성불은 자성불이 아니라 다만 이름이 자성불일 뿐이다'라는 설법으로 마감할 수밖에 없을 것이다. 그래도 여전히 '그래도 방편일 뿐이지만 자성불이 있긴 있는 게 맞지요?' 하고 질문하실 분이 계시겠지만, 그것마저도 다 놓아버려야 한다는 말씀을 지금 『금강경』에서는 하고 있다.

이상의 아상에 대한 타파의 법문이 『금강경』의 전체에 깔려 있으며, 아상의 다른 표현으로써 중생상, 수자상, 인상, 즉 자아, 중생, 영혼, 개아라는 사상도 설정이 된 것임을 이해하면서 다음의 중생, 영혼, 개아에 대해 차례대로 살펴보도록 하자.

다음으로, 중생상(중생, sattva)이라는 생각이다. 앞서 설명했듯이 중생이라는 의미는 '깨달음을 성취하지 못한 모든 존재'를 의미하는 말로, 깨달은 이와 깨닫지 못한 중생을 분별하는 착각이면서, 동시에 살아 있는 존재와 죽어 있는 존재를 분별하는 착각을 의미한다. 중생상도 그 근원에서는 '나'라는 아상의 범주에 포함된다고 할 수 있다. 깨달음의 주체인 '나'라는 상을 상정해 놓기 때문에, '내가 깨달아야 한다'거나 '나는 아직 못 깨달았다'거나, 혹은 '나는 깨달았다'라는 상이 생겨나는 것이기 때문이다. 중생과 부처라는 것도 착각일 뿐, 깨달은 각자(覺者)의 눈에는 일체 삼라만상 모든 것이 부처의 현현일 뿐, 깨달은 것도 없고 깨닫지 못한 것도 없으며, 생명 있는 것도 없고 생명 없는 것 또한 없을 뿐이다. 오직 아무런 분별도 짓지 않은 텅 빈 자리에서 홀연히 여여하게 존재할 뿐이다. '나'라는 생각, 아상이 타파되면 중생상도 자연스럽게 타파될 수밖에 없는 상인 것이다.

다음은 수자상(영혼, jīva)이라는 생각으로, 목숨과 생명에 대해 집착하여 생사를 초월하는 그 어떤 영혼이나 지바가 있다는 생각에서 벗어날 것을 의미하고 있다. 사람들은 누구나 생사를 초월하고자 하고, 목숨과 생명이 끊어지는 것에 대한 두려움에서 벗어날 수 없다. 그러나 이 또한 '나'라는 것이 있다는 착각, 아상에서 시작되는 것에 불과하다. '나'가 있으니 내가 조금 더 오래 살고 싶고, 생사를 뛰어넘고 싶고, 그 어떤 불생불멸의 초월적인 내재적 존재(영혼, jīva)를 꿈꾸는 것이다. 그러나 내가 없는 무아의 입장에서 본다면 나고 죽음도 있을 수 없고, 목숨의 길고 짧음 또한 꿈이며 환상에 불과한 것일 뿐이다.

네 번째는 인상(개아, pudgala)이라는 생각으로, 이것 또한 앞서 말한 것처럼 윤회의 주체로서의 그 어떤 실체, 뿌드갈라가 존재하여 나고 죽음을 영원히 반복하더라도 이 실체는 영원히 존재할 것이라는 착각에서 벗어날 것을 의미하고 있다. 후대 유식사상에서의 아뢰야식과도 비슷한 개념이라고 하겠는데, 아뢰야식은 윤회의 주체이기는 하지만 그것은 상속한다고 하여 연속성은 인정하더라도 실체적 개념은 아니며, 아뢰야식 또한 무아(無我)라고 하는 반면에 당시 부파불교의 독자부에서는 윤회의 주체로서 생사를 초월한 주체인 뿌드갈라를 상정하였으므로 그것에 대한 타파를 말씀하고 계신 것이다. 보통의 해석에서는 개아(인상)를 나와 상대를 갈라놓는 분별심에 대한 타파, 혹은 내가 인간이라는 생각에 대한 타파라고 말하고 있는데 그것은 아마도 뿌드갈라의 어의(語義)가 '개인' 혹은 '인간'을 의미하는 개념이었기 때문에 그런 해석이 가능했다고 생각된다. 어쨌든 개아라는 생각 또한 결국에는 '나'라는 상의 연장선상에 있다고 할 수 있다. 생사를 윤회하는 주체로서의 '개아'를 상정하는 것 또한 앞서 자아의 설명에서 말했듯이, 그것은 결국에 타파되어야 할 것임이 분명하고, 나와 상대에 대한, 혹은 내가 인간이라는 생각에 대한 분별로 보더라도 이것은 '나'라는 상이 있기 때문에 생겨나는 아상의 연장이라고 할 것이기 때문이다.

이상에서처럼 부처님께서는 일체 모든 '나'라는 상에 대해 철저하게 타파할 것을 요구하고 계신다. '나'라는 상이 근본이 되어, 일체의 모든 상이 생겨나기 때문에, 나라는 상을 타파하면 동시에 '나 아닌 다른 모든 것'에 대한 분별 또한 여읠 수 있기 때문이다.

제3분에 대한 설명이 많이 길어졌는데, 그 이유는 앞서 말한 대로 제

3분이야말로『금강경』의 본문이 정종분 중의 정종분이며, 불교의 핵심이며『금강경』의 핵심사상을 단적으로 잘 보여주는 부분이자, 앞으로 진행될『금강경』공부에서 이 부분의 내용들이 여러 번 반복되고 다른 표현으로 드러나게 될 것이기 때문에 전체적인 설명을 하였다. 좀 더 세부적이고 자세한 이해는 앞으로 나올 경문에서 살펴보기로 하고 제3분을 마친다.

제4분

묘행무주분

[머무름 없는 묘행]

妙行無住分 第四

復次須菩提 菩薩 於法 應無所住 行於布施 所謂不

住色布施 不住聲香味觸法布施 須菩提 菩薩 應如是

布施 不住於相 何以故 若菩薩 不住相布施 其福德

不可思量 須菩提 於意云何 東方虛空 可思量不 不

也 世尊 須菩提 南西北方 四維上下虛空 可思量不

不也 世尊 須菩提 菩薩 無住相布施福德 亦復如是

不可思量 須菩提 菩薩 但應如所教住

"수보리야, 보살은 마땅히 경계(법)에 머무는 바 없이 보시를 해야 한다. 이른바 색에 머무는 바 없이 보시할 것이며, 성·향·미·촉·법에 머물지 말고 보시를 해야 한다. 수보리야, 보살은 이와 같이 보시해야 할 것이며, 상에 머물러서는 안 된다. 왜 그러한가? 만약 보살이 상에 머물지 않고 보시한다면, 그 복덕은 가히 생각으로 헤아릴 수 없기 때문이다. 수보리야, 너는 어떻게 생각하느냐? 동쪽 허공을 가히 생각으로 헤아릴 수 있겠느냐?"

"헤아릴 수 없습니다. 세존이시여."

"수보리야, 남서북방과 네 간방과 위아래 허공을 가히 생각으로 헤아릴 수 있겠느냐?"

"헤아릴 수 없습니다. 세존이시여."

"수보리야, 보살이 상에 머물지 않고 보시하는 복덕도 또한 이와 같아서 가히 생각으로 헤아릴 수 없다. 수보리야, 보살은 다만 가르친 바와 같이 머물러야 한다."

앞의 대승정종분에 『금강경』 가르침의 요지가 핵심적으로 잘 드러나 있다면, 이 제4분인 묘행무주분(妙行無住分)은 제목에서도 알 수 있듯이 『금강경』의 실천적인 가르침이 잘 드러나 있다. '묘행무주'라는 이 분의 제목은 모든 수행자들이 마땅히 나아가야 할 실천의 행을 일컫는 말이며, 불교 수행의 핵심이 잘 드러나 있고 동시에 수행자들의 삶의 모습이 어떠해야 하는가 하는 점이 잘 드러나 있다. 묘행무주란 쉽게 말해 '머무는 바 없는 미묘한 행'이라는 말인데, 묘행과 무주는 같은 말의 다른 표현이다. 어떤 행에도 머무는 바가 없어야 묘행이 될 수 있기 때문이다.

묘행에서 '묘(妙)'자는 불교에서 종종 등장하는 말로, 언어로 표현할 수 없을 때 언어를 뛰어넘어 그 이면의 '참 말'을 전하고자 할 때 보통 사용하는 말이다. 묘행이란 부처의 행, 즉 깨달은 이의 머무름 없는 행, 함이 없는 행을 의미하는 말이다. 행이면 행이지 함이 없는 행이 도대체 무엇인가 하겠지만, 바로 그처럼 언어를 뛰어넘는 '묘'한 말씀이기 때문에 묘행이라고 한 것이다. '함이 없이 행한다'는 것이 얼마나 묘한 가르침인가. 그러면 묘행은 어떠해야 하는가가 궁금해질 터인데 그에 대한 답이 바로 '무주'인 것이다. 앞서 말했듯이 묘행은 '머무는 바 없는 행', 즉 '무주'인 것이다. 함이 없이 행하고, 머무는 바 없이 실천하는 행이 바로 부처의 행이다.

　머무는 바 없다는 말은 집착함이 없다는 말이고, 바라는 바가 없다는 말이며, 아무런 분별도 없이 무분별의 행을 한다는 말이며, 나아가 과거나 미래에 걸리지 않고 오직 지금 이 순간의 깨어 있는 행이란 뜻이다. 어떤 행을 하면서도, 그 행동에 이유가 없고, 목적이 없고, 그 행동을 했을 때 이렇게 되겠지 하고 바라지 않으며, 내 이익을 위해 머리 굴려 행동하지 않고, 과거의 기억이나 미래의 예측에 대한 연상작용에 의해 행동하지 않는다는 말이기도 하다. 무주의 행은 즉각적이면서도 전체적이면서 온전한 행이다. 다시 말해 무주의 묘행은 온 우주 법계에 그대로 내맡기고 물 흐르듯 자연스럽게 흐르는 행인 것이다. 내가 하는 행이 아니라, 법계가 하는 행이고, 부처님이 하는 행인 것이다.

　불교에서 '마음을 비워라', '놓아라' 하니까 많은 분들이 의문을 가진다. 다 비우고 놓으라고만 하니 그럼 어떻게 살라는 말이냐고 반문하곤 한다. 아무것도 하지 말고, 일도 하지 말고, 그냥 목석처럼 앉아 있으라는 말이냐고 말이다. 이 의문에 대한 해답이 바로 묘행무주에 있다. 즉, 아무 행도 하지 말라는 말이 아니라, 묘행을 하라는 말이며, 즉 머무는 바 없는 행을 하라는 말이다. 돈도 벌고, 일도 하고, 사랑도 하고 할 것 다 하면서도 집착함이 없이 해야 한다. 돈에 집착해서 돈을 벌지 말고, 사랑에 집착해서 사랑을 하지 말고, 일에 집착하여 일의 결과나 성취에 마음을 묶어 두어서는 안 된다. 그것이 바로 집착함이 없는 행이고, 머무는 바 없는 행이며, 바로 무주묘행이다.

"수보리야, 보살은 마땅히 경계(법)에 머무는 바 없이 보시를 해야 한다."

제4분의 법문은 앞선 수보리의 질문 '어떻게 머물러야 하며, 어떻게 수행해야 합니까?' 하는데 대한 답변으로 이해될 수 있다. 즉 머무는 바 없이 머물러야 하고, 함이 없는 행인 묘행의 실천 수행을 해야 한다는 말이다.

이 분에서 묘행은 구체적으로 '보시'를 의미한다. 앞장에서 부처님께서는 '일체중생들을 완전한 행복에 이르게 하리라는 이타적인 마음가짐으로 삶을 살아가라'고 하셨다. 바로 그러한 이타적인 마음가짐이 바로 '보시'다. 일체중생을 완전한 열반, 완전한 행복에 이르게 하려는 마음으로 삶을 살아간다면, 삶 자체가 하나의 보시행이 될 것이다. 말 한마디, 생각 하나, 행동 하나조차 일체중생들을 사랑하고, 일체중생들의 괴로움을 덜어주는 방향으로, 돕는 보시의 방향으로 행해지기 때문이다.

그렇기에 『금강경』의 가르침에서는 삶의 모든 행위가 바로 보시행이 되어야 함을 설하고 있다. 그러나 앞에서도 언급한 것처럼 그러한 보시행을 매 순간 실천한다고 할지라도, 스스로 보시행을 실천한다고 상을 낸다면 이 또한 또 다른 아상일 뿐이다. '내가 보시한다'고 하는 우쭐한 마음, '나는 보시하는 자이고, 너는 보시 받는 자'라는 둘로 나누는 분별심이 연습된다면 그것은 보시행을 가장한 또 다른 아상이기 때문이다. 그래서 모든 수행자는 마땅히 '경계에 머무는 바 없이 보시를 해야 한다'고 한 것이다.

이 말은 다시 말해 '나'라는 상 없이 보시해야 한다는 말이기도 하다. 보시를 하면서, 또 일체중생을 열반으로 이끌면서 '내가 한다'는 아상이 있다면 그것은 무주가 아니며 묘행이 아니기 때문이다. 주는 나(施輪)도 없고 받는 상대(受輪)도 없으며, 주는 것(物輪) 또한 다 청정한, 삼륜청정(三輪淸淨)의 보시, 묘행의 보시를 하라는 말이다. 그러므로 네 가지 상의 타파가 곧 바른 보시의 실천이다. 사상이 타파되지 않고서는 참된 보시가 불가능해지기 때문이다.

이렇게 보았을 때, 묘행무주의 의미는 좀 더 깊이 있게 다가올 것이다. 묘행이란 실천의 가르침이며, 무주는 이론의 가르침이고, 묘행이란 보시의 실천행이며, 무주란 지혜의 실천행이고, 묘행이 하화중생의 가르침이면, 무주란 상구보리의 가르침이라고도 할 수 있을 것이다. 그렇다고 하더라도 무주와 묘행은 결코 다른 것이 아니다. 무주일 때만이 묘행이 될 수 있고, 묘행이 그대로 무주를 의미하는 것이기 때문이다.

"이른바 색에 머무는 바 없이 보시할 것이며, 성·향·미·촉·법에 머물지 말고 보시를 해야 한다."

앞에서 보살은 마땅히 경계(境界)에 머무는 바 없이 보시를 행해야 한다고 했다. 경계라는 말을 구마라집은 법(法)이라고 번역을 했고, 현장스님은 사(事)라고 번역을 했는데, 이는 공히 경계를 의미하는 말로써, 여기 이어지는 경전의 내용에서처럼 색성향미촉법(色聲香味觸

法)의 육경(六境) 혹은 육진(六塵)을 의미한다. 육경이란 육근(六根)의 대상을 의미하는 것으로, 육근은 안이비설신의(眼耳鼻舌身意), 즉 눈·귀·코·혀·몸·뜻을 의미한다. 다시 말해 육근은 우리 몸의 여섯 가지 감각기관이며, 육경은 여섯 가지 감각기관인 육근의 대상으로, 눈(眼根)으로 보이는 대상인 모양과 빛깔을 색경(色境)이라 하고, 귀(耳根)로 들리는 대상인 소리를 성경(聲境), 코(鼻根)의 대상인 냄새를 향경(香境), 혀(舌根)의 대상인 맛을 미경(味境), 몸(身根)의 대상인 감촉을 촉경(觸境), 뜻(意根)의 대상인 온갖 생각을 법경(法境)이라고 한다.

우리 인간이 외부의 세계와 접촉할 때는 오직 이 여섯 가지 주관적 기관이 여섯 가지 객관적 세계를 접촉할 수 있는 것이다. 불교 공부를 하다 보면 경계라는 말을 많이 접하게 되는데 우리가 눈·귀·코·혀·몸·뜻으로 접촉할 수 있는 모든 대상을 경계라고 한다.

이렇게 육근과 육경이 접촉한다고 하지만, 사실은 이 두 가지가 모두 공한 것으로, 잠시 인연 따라 기관이 생겨난 것이며, 또한 인연 따라 경계가 생겨나는 것에 불과할 뿐이다. 눈·귀·코·혀·몸·뜻은 항상하지 않고, 고정된 실체가 있는 것이 아니며 다만 잠시 인연 따라 나뉜 것일 뿐이다. 이 세상에 변하지 않고 항상하는 것이 어디 있겠는가. 눈에 보이는 것이든, 귀로 들리는 것이든, 코로 냄새 맡아지는 것이든, 혀로 맛보는 것이든, 몸으로 감촉이 느껴지는 것이든, 뜻으로 헤아려지는 것이든 언제까지고 영원히 남아 있는 것은 어디에도 없다. 육근도 육경도 모두 제행무상이며, 제법무아이고, 공한 것이며, 다만 인연 가합으로 인해 신기루처럼, 꿈처럼, 환영처럼 잠시 생겼다가 사라질 뿐이다.

그렇기 때문에 경전에서는 색성향미촉법에 머물지 말고 보시해야 한다고 설한다. 색성향미촉법이 항상하고 영원불멸하는 고정된 실체성이 있는 것이라면 마땅히 이러한 육경에 머물러 보시해야 한다고 말하겠지만, 공한 것이며 어디에도 집착하거나 머무를 만한 것이 아니기 때문에 그렇게 말하고 있는 것이다.

　색에 머물러 보시를 한다는 것은, 보시하는 나와 보시 받는 대상 그리고 보시하는 물건을 눈으로 분별하면서 보시를 한다는 말인데, 쉽게 말해 우리 눈으로 보이는 형상에 집착하여 보시를 하는 것이다. 잘난 사람, 못난 사람, 뚱뚱한 사람, 마른 사람, 착하게 보이는 사람, 착하지 않게 보이는 사람, 가난해 보이는 사람, 부자처럼 보이는 사람 등을 분별해서 그 모양에 따라 어떤 사람에게는 보시하고 어떤 이에게는 보시를 하지 않는다거나, 어떤 이에게는 많이 보시하고, 어떤 이에게는 적게 보시를 한다거나, 이 사람에게는 이만큼 보시하면 큰 보상이 따르겠다거나, 이 사람에게는 아무리 보시를 해도 덕 보는 것이 없겠다거나 하는 등의 분별을 지어내는 것을 의미한다고 할 수 있다. 또한 소리에 머물러 보시를 한다고 하면, 나를 칭찬하는 사람, 비난하는 사람, 혹은 말이 거친 사람, 말이 싹싹하고 부드러운 사람 등을 분별하여 그에 따라 보시의 유무와 많고 적음을 분별하는 것을 말한다고 할 수 있다.

　우리 중생들은 보이는데 얽매여 분별을 하고 집착을 하며, 들리는 데, 냄새 맡아지는 데, 맛보아지는 데, 촉감이 느껴지는 데, 또한 각종 생각의 대상에 얽매여 분별하고 집착을 한다. 그렇듯 육경에 얽매이는 마음으로 보시를 한다. 그래서 이 묘행무주분에서는 빛과 소리,

냄새, 맛, 감촉과 온갖 생각에 머물지 말고 보시를 해야 한다고 말하고 있는 것이다. 즉 일체가 공한 마음으로, 경계에 따라 분별되고, 계산되어지는 마음으로 보시를 할 것이 아니라 텅 빈 마음으로 보시를 실천해야 된다고 말하고 있다.

"수보리야, 보살은 이와 같이 보시해야 할 것이며, 상에 머물러서는 안 된다."

앞에서 말했듯이 육근이든 육경이든 어디에 마음을 머물 것이며, 무엇에 집착을 할 수 있겠는가. 육경이라는 모든 대상 그 어떤 것도 우리가 집착할 만한 것, 마음을 머무를 만한 것은 없다. 그런데도 불구하고 우리는 육근과 육경을 구분하고, 나와 남을 구분하며 오랜 아상을 키워가기에 여념이 없다. 육근이 있고, 육경이 있으며 육근과 육경이 접촉한다고 생각하는 바로 거기에서 인간의 근본 무지인 아상이 생겨난다. 육근도 공했고, 육경도 공했을진대 공한 것과 공한 것이 마주하여 접촉한들 무엇이 더 생겨날 것이 있겠는가. 그런데도 불구하고 육근과 육경을 실체화시켜 놓고 거기에 마음을 빼앗겨 집착하게 되니 그때부터 아상이 생겨나고 온갖 괴로움이 생겨나는 것이다.

그러니 여기에서 경계에 머물지 말고 보시를 하라는 말은 무슨 의미이겠는가. 상에 머물러 보시해서는 안 된다는 말이다. 아상으로 보시하지 말라는 말인 것이다. 즉 '내가 한다', '내가 보시한다'는 생각으로 보시해서는 안 된다는 말이다. 조금 구체적으로 말해 '내가 누구에게 무엇을 보시한다'는 생각을 다 놓아버려야 한다는 말이다. 즉 삼륜(三輪)이 청정해야 참된 보시가 될 수 있다는 것이다. 삼륜이란 시륜(施

輪)과 수륜(受輪), 물륜(物輪)으로 베푸는 자, 받는 자, 주고받는 것을 의미한다. 돌고 도는 바퀴인 륜(輪)의 의미는 이 세 가지가 모두 마치 수레바퀴가 돌고 도는 것처럼 고정불변하지 않는 것임을 내포하고 있다. 그러니 이 세 가지가 청정해야 한다는 말은 이 세 가지가 모두 공했음을 잘 알아야 한다는 말이다. 주고도 준 것이 없고, 받고도 받은 것이 없으며, 주고받은 물건 또한 공했을 때 바로 묘행무주가 실천되는 순간이다. 함이 없는 보시행, 머무는 바 없는 보시행 그것이 바로 무주의 묘행이다.

"왜 그러한가? 만약 보살이 상에 머물지 않고 보시한다면, 그 복덕은 가히 생각으로 헤아릴 수 없기 때문이다."

상에 머물지 않고 보시하면, 그 복덕은 가히 생각으로 헤아릴 수 없다. 마음에 '내가 보시했다'고 하는 아상을 전제로 보시를 했다면, 그것은 거래이고, 장사는 될지언정 복이 될 수는 없다. 내가 보시했다는 생각이 전제되어 상에 머무는 보시를 하면 '난 참 장한 일을 했다'거나, '내가 보시했으니 많은 칭찬과 존경을 받겠지'라거나, '이만큼 했으니 돌아오는 것이 있겠지'라거나, '이렇게 보시를 했으니 상대로부터 돌아오는 것은 없더라도 내 안에 많은 복이 지어지겠지'라거나 하는 등의 수많은 관념과 바라는 마음이 따라 붙게 마련이다. 그러나 그렇듯 바라는 마음으로 주었다면 그것을 어찌 보시라고 할 수 있겠는가. 주었으니 받아야 한다는 바라는 마음이 전제되는 순간 그것은 장삿속이나 거래는 되겠지만, 참된 베풂은 될 수 없다.

아무런 바라는 바 없이, 아무런 분별없이 베풀고도 베풀었다는 마음이 하나도 남아 있지 않았을 때, 그때 비로소 보시는 무주상보시가 되어 보시 바라밀로 승화될 수 있다. 주었으니 받겠지 하는 마음이 전제가 되고, 상에 머물러 보시를 하게 된다면 물론 인연법에 따라 준 만큼은 받을 수 있겠지만 그것은 복이 되지는 않는다. 그러나 주고도 준 바가 없이 함이 없는 보시를 했을 때, 그 보시의 공덕은 도무지 생각으로 헤아릴 수 없이 크다.

무주상보시상에 머물지 않고 보시하는 복의 복덕을 가리켜 무량대복(無量大福)이라고 한다. 무량대복이란 말 그대로 복이 도무지 셀 수 없을 만큼 크다는 의미다. 복이 생각으로 헤아릴 수 없을 만큼, 셀 수 없을 만큼 크다는 것은 무엇을 의미하겠는가? 너무 커서 크다는 말로도 표현할 수 없다는 말이다. 다시 말해 이 온 우주법계 전체를 다 소유하고 있는 복을 말한다. 다 소유하고 있지만 어느 하나도 소유하고 있지 않은 것이다. 무소유가 전체를 소유하는 것이란 말처럼 하나도 소유하고 있지 않기 때문에 전체를 소유하고 있는, 즉 정해져 있지 않고 셀 수 없기 때문에 오히려 전체가 되어버린 무량의 복을 의미한다.

우리는 보통 복이 많아야 돈도 많이 벌고, 사업도 잘되고, 배고프지도 않을 것이라고 생각하곤 한다. 그러나 그것은 상에 머무는 보시, 바라는 바가 있는 보시를 많이 했을 때 받을 수 있는 결과인 유루복(有漏福)을 의미하는 것일 뿐이다. 보통 우리가 행하는 복이 대부분 유루의 복이다. 유루의 복을 지으니 받는 결과도 유루의 결과만 받을 수밖에 없는 것이다. 그러나 상에 머무는 바 없이 보시를 하고, 바라는 바 없는 보시를 행하는 과보는 유루의 복이 아닌 무루(無漏)의 복이다. 무루복이란 앞서 말한 무량대복을 의미한다.

무량대복을 소유하면 가진 것 하나도 없이 온 우주를 소유하고 있는 것이다. 무량대복을 소유하고 있으면 마음 하나 일으켜 그 무엇이라도 다 얻을 수 있게 된다. 도무지 복의 양을 셀 수 없으려면 온 우주법계와 하나가 되어야 하고, 그대로 법계가 되고 그대로 부처가 되어야 하는 것이다. 허공과도 같이 툭 트여 그 무엇이든 다 담을 수 있어야 하는 것이다.

이것은 이상적이거나 형이상학적인 설법이기만 한 것은 아니다. 바로 우리들에게 있어 가장 중요하고 또 가장 실천적인 가르침이다. 상에 머물지 않는 보시를 행하면 누구든지 이런 무량대복, 무루복이 주어진다. 무량대복을 가진 수행자는 아무것도 없이 거지처럼 살더라도 필요에 의해 한마음 일으키면 이 법계에서 무엇이든 만들어 준다. 그러니 따로 저축할 필요도 없고, 미래를 계획할 필요도 없고, 날마다, 아니 매 순간순간 평화로울 수 있다. 소유의 관념에 얽매여 내 것을 늘리려고 애쓸 것도 없다. 언제든지 한마음 일으켜 법계의 모든 것을 다 가져다 쓸 수 있기 때문이다.

보통 사람들은 많이 보시하면 내 것이 없어지는 것이란 생각 때문에 선뜻 보시를 실천하지 못한다. 그러나 상에 머무는 바 없이 보시를 하면 내 것이 없어지는 것이 아니라, 오히려 내가 온 우주를 소유함 없이 소유하게 된다. 그것이 바로 '상에 머물지 않고 보시하면 그 복덕은 가히 생각으로 헤아릴 수 없다'는 법문의 참뜻이다. 온 우주법계가 그대로 내 것이고, 나와 다르지 않은 것이니, 따로 '내 것', '네 것'을 나눌 것도 없이 내가 곧 전체이고, 내가 곧 우주이며, 나와 남을 나눌 수 없는 전체로서의 하나, 한마음 참 부처를 이루는 순간인 것이다. 그런데 이렇게 툭 트여 한없이 자유로운 법계에 한 생각 잘못 일으켜 '내 것'을 나누고, '내 것이 아닌 것'을 나누어 이 세상에 있는 모든 것들을 '내 것'으로 편입시키려고 할 때, '내 것'으로 만들려고 노력할 때, 즉 아상이 생겨나는 순간 우리 안에 충만하게 존재하던 무량대복은 한순간 사라져 버릴 것이다.

날마다 베푸는 삶을 실천할 일이다. 누구를 만나든지 '뭐 줄 것 없을까' 하고 고민할 일이다. 계산하고 따져 가면서 적당히 보시할 것이 아니라 인연 따라 필요에 의한 보시라면 아무런 계산도 하지 말고 다 베풀 일이다. 베푼다고 절대 가난해지지도 않고, 많이 베푼다고 절대 못살지 않으며, 오히려 필요에 의해 베풀어야 할 인연처가 생겨 턱 저질러 베풀었을 때, 그 마음에 바로 무량대복이 생겨 온 우주법계 전체가 내 것이 된다. '내 것'과 '내 것 아닌 것'의 경계가 사라져 전체로서의 하나가 될 것이다. 그렇게 무량대복이 생겨나면 언제든 '욕심'이 아닌 '필요'에 의해 한마음 일으켰을 때 법계에서는 얼마든지 그것을 가져다 줄 준비를 하고 있다.

그래서 청정한 수행자들은 한마음 내어 무엇이든 자유자재로 법계를 굴려 쓰고, 법계에서 필요한 무엇이든 가져다 쓸 수 있으며, 참으로 법계의 주인이 될 수 있다. 맑고 청정한 도량, 청정한 수행자가 사는 곳은 그래서 '원만구족'하다. 소유한 것이 많아서 원만구족이 아니고, 소유한 것은 하나도 없더라도 필요에 의해 가져다 쓸 수 있는 무량대복이 언제나 충만하기 때문에 원만구족인 것이다. 절에 쌀이 다 떨어져 없을 때 즈음이면 어디서든 쌀을 가져다주는 사람이 나타나게 마런이고, 돈이 필요하면 또 어디서든 돈이 생겨나며, 사람이 필요하면 무량대복이 사람의 인연으로 화하여 주게 마련이다. 수행자라면 이 정도는 되어야 하지 않겠는가. 이렇게 법계를 들었다 놓았다 하며 굴리고 자유자재하게 쓸 수 있어야 대장부 수행자라 하지 않겠나.

이것은 비단 스님들만의 또 치열하게 정진하는 수행자들에게만 해당되는 이치가 아니다. 상에 머물지 않는 보시, 무주상보시를 실천하는 그 어떤 사람도 당연하게 누릴 수 있는 법계의 선물이며, 이치이고 진리인 것이다.

"수보리야, 너는 어떻게 생각하느냐? 동쪽 허공을 가히 생각으로 헤아릴 수 있겠느냐?"

"헤아릴 수 없습니다. 세존이시여."

"수보리야, 남서북방과 네 간방과 위아래 허공을 가히 생각으로 헤아릴 수 있겠느냐?"

"헤아릴 수 없습니다. 세존이시여."

"수보리야, 보살이 상에 머물지 않고 보시하는 복덕도 또한 이와 같아서 가히 생각으로 헤아릴 수 없다. 수보리야, 보살은 다만 가르친 바와 같이 머물러야 한다."

이어서 부처님께서는 허공의 비유를 들어 상에 머물지 않는 보시의 공덕을 말씀하고 계신다. 허공이야말로 툭 트여 도무지 잴 수도 없고, 셀 수도 없으며 우리의 관념으로는 도무지 상상할 수도 없는 것이다. 이처럼 허공을 생각으로 헤아릴 수 없는 것처럼 상에 머물지 않고 보시하는 복덕 또한 헤아릴 수 없다고 다시 한 번 비유로써 강조하고 계신다.

보통 우리가 쉽게 들어본 말이 사방(四方), 팔방(八方)일 터인데, 경전에서는 허공을 사방팔방이 아닌 십방(十方)으로 이야기하고 있다. 보통 사방은 우리가 잘 알고 있는 정방위인 동서남북(東西南北)을 의미하고, 팔방이라고 하면 여기 사방에다가 사방의 사이사이에 들어가는 간위인 동북, 동남, 서남, 서북을 더한 것으로, 경전에서의 사유(四維)가 바로 이 네 가지 간위를 뜻한다. 여기에 상하(上下)를 더하여 10방위가 되는 것이다. 보통 경전에서 자주 등장하는 시방세계(十方世界)가 바로 이렇게 10가지의 방위를 말하는 것으로, 다시 말하면 끝없이 넓어 셀 수도 없고 생각으로 헤아릴 수 없는 허공을 의미한다. 시방세계 허공을 가히 생각으로 헤아릴 수 없는 것처럼 무주상보시의 복덕 또한 생각으로 헤아릴 수 없음을 비유를 들어 설명한 것이다.

이렇게 누차 무주상보시의 복덕이 크고 원만한 것임을 설명하고 있는데, 이러한 설법을 접하고 나면 누구나 무주상보시를 실천해야겠다는 생각을 할 것이다. 그러나 그 생각 이면에는 벌써 무주상보시를 해야만 무량대복을 얻을 수 있으리란 생각이 깔려 있지 않을까. 그러나 그 마음조차 잘 관하여 놓아버렸을 때 참된 보시의 복덕을 얻을 수 있다.

사실 무주상보시를 실천할 때는 복덕이라는 것 자체에 아무런 의미가 없어야 한다. 복덕이라는 말 자체도 필요 없는 말이 되어야 한다. 그저 보시 그 자체로써 의미가 있는 것이지 벌써 여기에 '복덕'이라는 말이 전제되고 나면 누구든 복덕을 위해 무주상보시를 실천하려고 애쓸 것이기 때문이다. 보시한다는 말도 필요 없고, 그저 필요한 것이 필요한 곳에 놓인다고 생각하면 좋을 것이다. 어차피 이 우주법계는 정확하게 필요한 일이 필요한 순간에 벌어지고 있으며, 필요한 것이 정확히 필요한 자리에 놓이게 되어 있다. 한 치의 오차도 없이 인연의 인다라망(因陀羅網)은 펼쳐지고 있다. 그런데 그렇게 원만하게 펼쳐지는 법계에 공연히 한 생각 분별심을 일으켜 '내가 누구에게 무엇을 보시한다'는 어리석은 생각을 하고 있는 것일 뿐이다. 그것만 다 놓아버리면 '보시'도 없고, '복덕'도 없고, 주는 '나'도 없고, 받는 '너'도 없으며, 주고받는 '물건'도 없고, 오직 부처님의 성품이 이 법계에 여여하게 비추고 있을 뿐이며, 다만 인연 따라 부처님이 가지가지 모습과 행으로써 나뉘고 있을 뿐인 것이다. 이 우주의 모든 것들은 저마다 있어야 할 그 자리에 인연법이라는 법칙에 따라 자리하고 있을 뿐이다. 언제나 그것이 있어야 할 자리에 그렇게 놓여 있다. 사람이 가졌다 버렸다 하거나, 주고받거나 하는 것이 아니라 우주적인 인연의 법칙에 따라 있어야 할 그 자리에 그저 있는 것일 뿐이다. 그러니 주고받는다는 말이 가당키나 하겠는가.

그러니 한 생각도 분별할 것이 없다. 다만 여기에서는 방편으로써 복덕을 이야기하고, 무주상보시를 이야기하는 것이다. 무주상보시를 하고서도 이것이 복덕이라고 생각하면 벌써 복덕을 잃을 것이고, 복덕이라는 생각조차 놓아버렸을 때 그 복덕은 실로 무량할 것이다. 이것은 흡사, 일체 모든 집착을 놓아버려야 오히려 얻을 것이고, 얻고자 하면 도리어 얻지 못하는 이치와 같으며, 무소유했을 때 전체를 소유할 수 있을 것이고, 소유하고자 하면 도리어 소유할 수 없는 이치와 같다. 깨달음을 얻고자 애쓰면 벌써 깨달음은 저만치 달아날 것이지만,

깨달음조차 놓아버리고 났을 때 이미 무시무종(無始無終)으로 언제나 깨달음과 하나 되어 있었던 것처럼.

여리실견분

[진리의 참 모습을 보라]

如理實見分 第五

須菩提 於意云何 可以身相 見如來不 不也 世尊 不

可以身相 得見如來 何以故 如來所說身相 卽非身相

佛告須菩提 凡所有相 皆是虛妄 若見諸相 非相則

見如來

"수보리야, 너는 어떻게 생각하느냐? 몸의 형상을 보고서 여래를 보았다고 할 수 있겠느냐?"

"할 수 없습니다. 세존이시여. 몸의 형상으로는 여래를 볼 수 없습니다. 왜냐하면 여래께서 말씀하신 몸의 형상은 곧 몸의 형상이 아니기 때문입니다."

부처님께서 수보리에게 말씀하셨다.

"무릇 형상 있는 것은 모두 허망한 것이니, 만약 모든 형상이 형상이 아님을 보면 곧 여래를 볼 것이다."

앞의 제2분 선현기청분에서 수보리의 질문 "보리심을 발하여 보살의 길로 들어선 선남자(善男子)와 선여인(善女人)들은 그 마음을 어떻게 머물러야 하고, 어떻게 수행해 나가야 하며, 어떻게 그 마음을 다스려야 합니까?"에 대해 부처님께서는 그 마음을 다스리는 방법으로 대승정종분을 통해 네 가지 상에 머물지 않으면서, 함이 없는 마음으로 일체 모든 중생을 제도하여 멸도에 들게 하리라는 서원을 세우도록 이끄셨으며, 묘행무주분을 통해 머무는 바 없는 묘행을 실천함으로써 그 마음을 머물러야 함을 일깨우셨다.

제5분 여리실견분에서는 어떻게 수행해 나가야 하는지에 대한 부처님의 답변이 이어진다. 진리의 참된 이치를 여실히 볼 수 있도록, 여리실견할 수 있도록 일체의 모든 상의 허망함을 일깨우며, 일체의 모든 상이 상이 아님을 바로 보도록 이끌어 줌으로써 결국 여래를 볼 수 있도록 수행의 나아갈 길을 제시하고 있는 것이다. 바로 이 여리실견분에서 『금강경』 내용의 핵심이라 할 수 있는 그 유명한 『금강경』의 사구게가 등장을 하며, 이 사구게의 법문을 통해 우리가 수행해 나가야 할 마음공부의 방향을 설정해 볼 수 있다. 마침 이때 대승정종분에서 부처님께서 해주신 법문에 대해 수보리는 '이렇게 머무는 바 없는 묘행을 실천하면 가히 생각으로 헤아릴 수 없는 복덕을 성취한다고 하셨으니, 이와 같이 실천하였기에 부처님께서도 깨달음을 얻으셨고, 저렇게 거룩한 32상의 상호를 구족하셨겠구나' 하는 생각이 일어나고 있음을 부처님께서 관해 보시고 수보리에게 질문을 하고 있다.

"수보리야, 너는 어떻게 생각하느냐? 몸의 형상을 보고서 여래를 보았다고 할 수 있겠느냐?"

"할 수 없습니다. 세존이시여. 몸의 형상으로는 여래를 볼 수 없습니 다. 왜냐하면 여래께서 말씀하신 몸의 형상은 곧 몸의 형상이 아니기 때문입니다."

세상 모든 사람들은 형상에 얽매이고, 형상에 집착하며, 형상으로써 일체 모든 존재를 분별하며 어리석게 살아가고 있다. 여기서 말하는 형상이란 눈에 보이는 경계로서의 형상을 의미하기도 하지만 넓게 보면 앞의 묘행무주분에서 언급했던 온갖 경계, 즉 눈·귀·코·혀·몸·뜻의 대상이 되는 색성향미촉법의 모든 경계를 의미한다고 할 수 있다. 즉 사람들은 눈에 보이는 데 집착하고, 귀로 들리는 데 집착하며, 코로 냄새 맡고, 혀로 맛보고, 몸으로 감촉하는 모든 대상에 집착하고 분별하기 때문에 일체의 모든 괴로움이 시작되는 것이다. 바로 이러한 점을 바로 관해 볼 수 있도록 하기 위해 부처님께서는 질문하고 계신 것이다.

부처님께서는 나의 형상인 육신을 보고 부처라고 할 수 있겠는가를 묻고 있다. 사람들은 보통 일체 모든 대상의 형상을 보고 그것이라고 믿고 집착하고 있으며, 나아가 부처님조차 형상으로써 바라보고 있다. 그러나 형상으로써, 육신으로써는 부처를 볼 수 없다. 지금 수보리 앞에 계신 부처님이라는 형상은 부처의 참 모습이 아니기 때문이다. 지금 앞에 서 계시는 부처님의 육신은 단지 지수화풍(地水火風) 사대가 모여 이루어진 인연가합의 형상일 뿐이지 부처의 참 모습이 아니다. 지수화풍이 인연 따라 모인 것은 언젠가는 인연 따라 흩어질 뿐이다. 인연에 의해 만들어진 것은 모두가 항상하지 않으며(無常), 고정된 실체가 있지 않고(無我), 괴로우며(苦), 텅 비어 실체가 없는 것(空)이다. 부처님의 형상 또한 지수화풍 사대가 인연 따라 만들어진 것이기 때문에 무상, 무아, 고, 공이다. 그렇기 때문에 몸의 형상은 곧 몸의 형상이 아니라고 말하고 있는 것이다. 몸의 형상은 다만 지수화풍 사대가 임시로 모여 만들어진 가합이기 때문에 고정된 실체가 있는 것이 아니란 말이다.

부처님의 형상에 얽매이는 것은 요즈음 절의 불상에 집착하고 얽매이는 것과 다를 바가 없다. 절에 불상이 있고, 그곳에 절을 하는 이유도 불상이 부처님이기 때문에 그러는 것이 아니라, 온 우주법계 어느 한 곳 부처님의 숨결 아닌 곳이 없기 때문이며 결국에는 불상의 모습을 뛰어넘어 그 이면의 참모습을 보기 위한 방편이다. 부처님의 실체는 형상으로서의 육신 그 이면에 법신(法身)으로서 존재를 뛰어넘어 존재한다. 법신이란 형상이 아닌 진리 그 자체의 몸이며, 크고 작다거나 나고 죽는다거나 하는 모습이 아닌 진리의 당체이고, 온 우주법계 대자연의 숨결 그 자체다. 그러니 진리 그 자체로서, 법으로서 부처님을 보아야지 눈앞에 보여지는 형상으로서의 거룩한 모습으로 부처님을 보아서는 안된다.

물론 눈앞에 계신 부처님의 육신을 무시하라는 말도 아니고, 형상은 아무 필요도 없는 것이라고 하는 말은 아니다. 형상을 통해 참 진리로 나아가는 방편으로 삼아야 한다는 것이다. 강을 다 건넜으면 뗏목을 버려야 하듯, 언제든 참 진리를 만났을 때 형상은 놓아버릴 수 있어야 한다. 이 말은 다시 말해 형상에 얽매이고, 집착하지 말아야 한다는 말이다. 부처라는 형상, 32상 80종호라는 형상의 거룩함에 얽매이고 집착해서는 안 된다는 말이다. 나아가 부처라는 형상 그 자체에도 집착해서는 안 됨을 연설하고 있으며, 부처의 눈·귀·코·혀·몸·뜻이 부처의 실체라고 집착해서도 안 됨을 설하고 있다.

이처럼 불교에서는 교주인 부처의 몸에조차 집착하지 말라고 설한다. 부처의 몸이라는 것도 부처의 몸이 아니라 다만 이름이 부처의 몸일 뿐이다. 인연가합의 공한 존재일 뿐이다. 이처럼 하물며 부처의 형상에도 집착하지 말라고 하는데, 그 이외의 다른 그 어떤 것에 집착하여 머물고 실체화할 수 있겠는가. 이렇듯 이 세상의 그 어떤 것에도 집착하지 않을 수 있을 때 비로소 우리의 정신은 제한 없는 무량한 자유와 평화를 얻는다.

부처님께서 수보리에게 말씀하셨다.
"무릇 형상 있는 것은 모두 허망한 것이니, 만약 모든 형상이 형상이 아님을 보면 곧 여래를 볼 것이다."

여기에서 그 유명한 『금강경』의 제일 사구게가 등장하고 있다. 이 사구게야말로 『금강경』 전체를 아우르고, 일체 모든 경전의 진리를 아울러 담고 있는 불교의 핵심 경구라고 할 수 있다.

"범소유상 개시허망 약견제상비상 즉견여래"

불교를 공부하는 사람이라면 아마도 이 게송을 들어보지 않은 사람은 없을 것이다. 그만큼 유명하고 중요하며 불교의 핵심사상을 요약해 놓은 게송이다.

'범소유상'이란 '무릇 형상이 있는 모든 것'을 의미하는 것으로 일체제법, 일체의 모든 존재를 의미한다. 눈·귀·코·혀·몸·뜻이라는 주체와 색성향미촉법이라는 대상 전체를 포함하는 개념이다. 다시 말해 눈·귀·코·혀·몸·뜻과 눈에 보이는 모든 형상, 귀에 들리는 모든 소리, 코로 냄새 맡아지고, 혀로 맛보아지고, 몸으로 감촉되며 뜻으로 헤아려지는 일체 모든 경계를 모두 포함하고 있다.

'개시허망'이란 일체가 다 허망하다는 말이다. 다시 말해 범소유상이 다 개시허망이다. 이 세상에 형상 있는 바 모든 것은 다 허망하다는 말이다. 그런데 여기서 허망이라는 말이 나오니 사람들은 불교를 비관적이고 공허하며, 허무주의적인 종교로 여기는 듯하다. 그러나 여기서 허망하다는 말은 우리가 잘 알고 있는 부정적인 의미로서의 허망하다는 의미 그 이상의 깊은 뜻을 지니고 있다. 여기에서 허망하다는 말은 공(空)하다는 말이고 고정된 실체가 없어 텅 비어 있다는 말이다. 다시 말해, 불교에서 표현되는 현상계의 진리를 표현하는 것으로 무아(無我), 무상(無常), 고(苦), 공(空), 인연(因緣), 중도(中道), 무집착(無執着), 무소득(無所得)의 다른 표현이기도 하다.

삼라만상 형상 있는 일체 모든 것은 항상하지 않으며(제행무상), 고정된 자아가 없고(제법무아), 괴롭다(일체개고)는 말이다. 또한 그렇기 때문에 텅 비어 공하며, 이렇게 눈에 보이는 형상이 있는 이유는 다 인연의 가합이라는 말이다. 인연이 가합되어 가짜로 존재할 뿐, 그 실체는 어디에도 없다. 그렇기 때문에 실체가 없으니 어디에도 집착할 것이 없고, 얻을 바가 없는 무집착, 무소득인 것이다. 그러니 크고 작은 것도 없고, 많고 적은 것도 없으며, 잘나고 못나고도 없고, 나고 죽고도 없고, 생사와 열반도 없는 그 어떤 극단도 있을 수 없는 중도의 세계를 표현한다고 할 수 있다.

그래서 이 사구게에 등장하는 '허망'이라는 단어는 '허무하다'거나 하는 등의 '허무주의'로 쓰인 말이 아니라 근본불교의 연기법과 삼법인의 진리를 의미하는 말과도 같고, 대승불교의 공사상이나 중도, 무집착이나 무소득과 같은 의미라고 볼 수 있다. 바로 범소유상은 개시허망이라는 이 점이 우리 앞에 놓인 이 현상계의 본래 모습이다. 그 어떤 것도 다 허망하여 어느 하나 참된 것이 없고, 항상[常]하거나 즐겁거나[樂] 고정된 자아가 있거나[我] 깨끗하지[淨] 못한 것이다.

그렇기 때문에 그 다음 게송인 '약견제상비상 즉견여래'라는 말, '만약 모든 형상이 형상 아님을 보면 곧 여래를 볼 것이다'라는 말이 나오게 된 것이다. 범소유상 개시허망인 것을 바로 알아 일체 모든 형상이 실제는 형상이 아니며 공하여 텅 빈 것임을 바로 깨닫게 되면 곧 여래를 볼 것이다, 즉 깨닫게 될 것이다라는 말이다.

이 말이 바로 『금강경』의 핵심 중에 핵심이며 나아가 부처님 가르침의 핵심 가운데 핵심이다. 우리 사람들이 괴로운 것은 모두 허망한 형상에 집착하고 있기 때문이다. 돈이 명예가 권력이 욕심이 집착이 자아가 나아가 부처조차도 모두 허망한 것이요, 텅 빈 것이며, 고정된 실체가 있는 것이 아니다. 그런데도 불구하고 사람들은 그것을 실체적인 것으로 착각해 거기에 집착하니까 거기에서 모든 괴로움이 시작된다. 그것이 모든 이들이 느끼는 괴로움의 원인이다. 가만히 생각해 보라. 우리가 괴로운 이유는 모두가 허망한 형상에 집착하고 있기 때문이다. 형상이 실체적인 형상이 아니라는 것을 보지 못하기 때문에 즉견여래 하지 못하고 괴로운 중생의 길을 걷고 있는 것이다. 돈이 없어 괴로운 것도 돈이라는 허망한 형상에 집착하고 있기 때문이며, 지위나 권력이 낮은 것도 지위나 권력이라는 허망한 형상에 집착하고 있기 때문이고, 성공하지 못한 괴로움도 성공이라는 허망한 형상에 집착하고 있기 때문이다. 우리가 '무엇' 때문에 괴로워하고 있다면 바로 그 '무엇'의 실체가 허망하다는 사실을 바로 깨달아 내가 목숨 걸고 쟁취하려 했던 바로 그 '무엇'이 사실은 그렇게 집착할 만한 것이 아니었음을 알게 될 때 바로 그 '무엇'에 대한 괴로움은 끝이 난다. 그러나 사람들은 '그 무엇'에 대한 집착을 쉽게 포기하지 못한다. 사랑하는 대상에 대해서도 끝끝내 집착하고 내 소유로 만들고자 할 뿐 끝내 포기할 줄 모르고, 성공이라는 부유함이라는 삶의 목적에 대해서도 한 생각 돌이켜 마음을 비우고 집착을 포기할 줄 모른다. 바로 거기에서 모든 괴로움이 연기되는 것이다.

사실 이 세상은 내가 생각하는 것처럼 내가 원하고 바라는 바로 '그 것'을 쟁취해야지만 행복한 곳은 아니다. 내가 집착하고 있는 그 대상을 '내 것'으로 만들어야만 행복해지는 것이 아니다. 이 세상은 이미 완전히 행복한 곳이고, 완전히 풍요로운 곳이며, 완전한 깨달음과 완전한 고요함으로 충만한 곳이다. 이 세상의 모든 것은 다 허망하며 텅 비어 있기에 깨달음의 시선으로 본다면 이 세상은 지극히 고요하고 적적(寂寂)하다. 우리의 행복은 집착한 것을 내 것으로 만들었을 때 얻어지는 것이 아니라, 무언가에 집착하고 있는 그 마음을 포기할 때 비로소 찾아온다. 완전히 풍족한 세상에 살면서 스스로 부족하다고 느끼고, 아직 불행하다고 생각하는 바로 그 전도된 생각을 버리고 지금 이 자리에서 자족하며 있는 그대로 세상을 받아들일 때 행복은 찾아온다. 그랬을 때 비로소 이 세상이 본래 평화로운 곳이었다는 사실이 진실로서 내 안에 깃들게 된다. 본래불이라는 것이 그 말이다. 우리는 본래 부처요, 본래 무한히 행복한 자며, 완전한 평화의 존재다. 그러나 그러한 사실을 망각하고 어떤 것에 상을 일으키고 그 상에 집착하면서부터 모든 문제는 시작된 것이다.

그러나 우리가 그렇게 스스로 상을 짓고 부수고, 행복을 만들고 없애고 그러는 지금 이 순간에도 본연의 세계, 이 진리의 법계에서는 아무 일도 일어나지 않고 있다. 본래 이 세상에는 아무런 일도 일어나지 않았고, 아무런 변화도 없으며, 그 어떤 무언가가 나타나지도 않았다는 말이다. 나타나지 않았으니 소멸될 것도 없고, 괴로워할 아무것도 없다. 본래 자리로 가면 일체 모든 것이 딱 끊어진 적멸의 자리일 뿐이다. 아무리 우리가 몇 백 생을 윤회하고 나고 죽고를 반복하더라도 본래의 입장에서는 아무 일도 없었던 것이다.

우리가 하룻밤 꿈을 꿀 때, 힘든 일도 있고, 어려운 일도 있고, 나고 죽기도 하며, 온갖 일들이 벌어지고 그 안에서 아파하고 즐거워하며 온갖 행을 벌이고 있지만 꿈을 깨고 보면 아무 일도 없었던 것처럼 이 세상도 마찬가지다. 다만 꿈이었을 뿐 실체는 아무것도 없다. 우리가 거기에 얽매여 괴로워하고 답답할 아무 이유가 없다. 지금 이 현실 세계 또한 꿈이다. 꿈이며 신기루고 환상이며 물거품인 것이다. 꿈 같은 것이 아니라 그대로 꿈이고 환상이다. 아무리 많은 일들이 벌어지고 설사 이 지구가 몇 번 멸망을 하고 빙하기가 도래했다고 하더라도 여전히 털끝 하나도 움직이지 않은 것이다. 여전히 본질에서는 적멸이고 지고한 평화만이 있을 뿐이다.

다만 이렇게 삶을 살아가며 나고 죽고, 괴로워하고 즐거워하는 이유는 우리들의 어리석음 때문이다. 본질에서는 아무 일도 없었음을, 이 현상세계의 모든 존재는 허망하여 어느 하나 실체가 없음을, 다만 인연이 거짓으로 모이고 흩어질 뿐임을 바로 보지 못하는 어리석음 때문이다. 범소유상이 개시허망하기 때문에 약견제상비상이면 즉견여래 한다는 이 진리에 대한 무명 때문인 것이다.

그 무명, 어리석음 때문에 우리는 '있다'고 생각하고, 있다는 생각이 '집착'을 불러온다. 그리고 집착은 괴로움의 원인이 되어 우리를 얽어맨다. 그러니 바른 깨달음만 있으면, 바른 지혜와 안목이 열리면 더 이상 괴로움은 괴로움이 아니다. 살아가며 일어나는 그 어떤 일도 더 이상 우리를 괴롭힐 수 없다.

그러한 지혜가 있다면 그 무엇이 우리를 괴롭힐 수 있겠는가. 여기에서 이 게송의 소중함을 볼 수 있다. 범소유상이 개시허망이고, 약견제상비상이면 즉견여래한다는 이 말 앞에 그 어떤 것이 우리를 괴롭힐 수 있겠는가. 일체 모든 것이 허망하다는 것을 바로 보면 바로 여래를 볼 것이다. 다시 말해 바로 대자유의 깨달음인 여래를 볼 것이라고 했는데, 더 이상 여기에서 군더더기 붙을 것이 무엇이 있겠는가. 이 게송에서 대자유인의 걸림 없고 여여(如如)한 삶을 볼 수 있다. 이렇듯 광대무변하며 성성적적 무량한 깨달음이 바로 『금강경』제일사구게의 가르침이다.

여기에서 잠깐 산스크리트 원문과 현장 역의 해석을 살펴보면 '약견제상비상 즉견여래'를 '상과 상이 아닌 두 가지 관점에서 여래를 보아야 한다'는 해석으로 볼 수 있다. 또한 여기에 나온 상이란 일상적으로 우리가 알고 있는 일체 모든 상을 의미하는 것이라기보다는 부처님의 32상이라는 상을 의미하는 것으로 보인다. 따라서 참된 여래를 보고자 한다면 32상이라는 모양으로만 보아도 안 되고, 모양이 아닌 관점으로만 보아도 안 되며 상과 상이 아닌 두 가지 관점으로 치우침 없이 보아야 한다는 해석으로 이해할 수 있다. 이 말은 상에도 집착하지 말고, 상 아닌 데에도 집착하지 말도록 이끄는 것으로, 어느 한쪽으로 치우친 견해에서 벗어날 것을 요구하고 있다. 이상에서처럼 모든 상이 허망한 것이므로 모든 상에 치우쳐 집착하지 말라고 하면 도리어 상에 집착하지 않는 대신 상 아닌 것을 새로이 만들어 집착하게 되는데, 상에도 집착하면 안 되는 것처럼, 상 아닌 것에도 집착하면 안 된다는 말이다. 즉, 형상에 집착하면 안 되듯이 형상 없는 것에도 집착하면 안 된다는 말이다. 그런데 이러한 해석 또한 결국에는 구마라집의 '약견제상비상 즉견여래'라는 해석과 마찬가지로, 크게 볼 때 상도 타파하고, 상 아닌 상도 타파해야 한다는 점에서 두 해석이 크게 어긋나지는 않는다고 볼 수 있다. 즉 상을 타파해야 한다고 하니, 모든 상을 타파하면서 도리어 '상 아닌 것'을 새롭게 만들어 거기에 집착하는 것

또한 타파해야 할 것이란 얘기다. 상 아닌 것을 만드는 순간 그것 또한
또 다른 하나의 상이 될 것이기 때문이다.

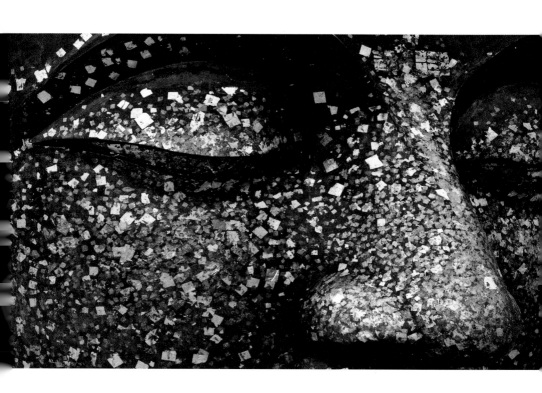

정신희유분

[바른 믿음은 드물다]

正信希有分 第六

須菩提 白佛言 世尊 頗有衆生 得聞如是言說章句

生實信不 佛告須菩提 莫作是說 如來滅後 後五百歲

有持戒修福者 於此章句 能生信心 以此爲實 當知是

人 不於一佛二佛三四五佛 而種善根 已於無量千萬

佛所 種諸善根 聞是章句 乃至一念 生淨信者 須菩

提 如來 悉知悉見 是諸衆生 得如是無量福德 何以

故 是諸衆生 無復我相人相衆生相壽者相 無法相 亦

無非法相 何以故 是諸衆生 若心取相 即爲着我人衆

生壽者 若取法相 即着我人衆生壽者 何以故 若取非

法相 即着我人衆生壽者 是故 不應取法 不應取非法

以是義故 如來常說 汝等比丘 知我說法 如筏喩者

法尚應捨 何況非法

수보리가 부처님께 사뢰었다.

"세존이시여, 중생들이 미래세의 후오백세에 정법이 쇠퇴한 시기가 되었을때 이 같은 말씀이나 글귀를 듣고 참된 믿음을 일으키기나 하겠습니까?" 부처님께서 수보리에게 말씀하셨다.

"그런 말을 하지 말라. 여래가 멸도한 뒤 후오백세에도 능히 계를 지키고 복을 닦는 이가 있어서 이 같은 글귀에 능히 신심을 내어 이것을 진실하게 여길 것이다. 마땅히 알라. 이 사람은 한 부처님이나 두 부처님, 셋, 넷, 다섯 부처님께만 선근을 심은 것이 아니라, 이미 한량없는 천만 부처님께 수많은 선근을 심어 놓았으므로 이 글귀를 듣고 한 생각에 청정한 믿음을 낼 것이다.

수보리야, 여래는 다 알고 다 보나니, 이 모든 중생들이 이와 같은 한량없는 복덕을 얻을 것이다. 왜냐하면, 이 모든 중생들에게는 아상·인상·중생상·수자상이 없으며, 법이라는 상도 없고, 법이 아니라는 상도 없기 때문이다. 또한 상도 없고, 상 아님도 없기 때문이다.

무슨 까닭이겠는가. 이 모든 중생들이 만약 마음에 어떤 상을 취하면 곧 아상·인상·중생상·수자상에 집착하는 것이 된다. 왜냐하면, 만약 법의 상을 취하더라도 아상·인상·중생상·수자상에 집착하는 것이고, 법이 아니라는 상을 취하더라도 아상·인상·중생상·수자상에 집착하는 것이기 때문이다.

그러므로 마땅히 법에도 집착하지 말고, 법 아닌 것에도 집착하지 말아야 한다. 이러한 뜻에서 여래는 항상 말하기를 '너희 비구들은 나의 법문이 뗏목의 비유와 같음을 알라'고 했으니, 법도 오히려 놓아버려야 하거늘 하물며 법 아님에 있어서 이겠는가."

'정신희유'란 '올바른 믿음은 희유하다'는 뜻으로서, 이 분은 앞에 부처님께서 말씀하셨던 모든 가르침에 대해 말세의 중생들이 바른 믿음을 낼 수 있겠는가 하는 수보리의 의문으로 시작되고 있다.

수보리가 부처님께 사뢰었다.
"세존이시여, 중생들이 미래세의 후오백세에 정법이 쇠퇴한 시기가 되었을 때 이 같은 말씀이나 글귀를 듣고 참된 믿음을 일으키기나 하겠습니까?"

앞의 제5분에서 부처님께서는 '범소유상 개시허망 약견제상비상 즉견여래'라는 가르침을 설하셨다. 이 세상에 무릇 모양이 있는 바 모든 것은 다 허망한 것이라고 하면서, 만약 그러한 사실, 즉 상이 상이 아니라는 진실을 바로 보면 곧 여래가 될 것이라고 말씀하셨다. 사실 이 가르침은 그동안 눈으로 보이고, 귀로 들리며, 코로 냄새 맡아지고, 혀로 맛보아지며, 몸으로 감촉되고, 뜻으로 헤아려지는 모양 있는 대상들에 얽매여 살아온 보통의 많은 사람들에게는 너무나도 엄청난 이야기가 아닐 수 없다. 모든 사람들이 나라는 몸뚱이를 비롯한 온갖 모양에 의지해 살아가며, 더 많은 것들을 소유코자 하고, 더 많은 지식들을 쌓고자 하며 살아왔는데, '나'라는 것도 허망한 허상일 뿐이고, 내가 소유하고자 하는 물질이며, 배우고자 하는 공부며 가치관까지 일체 모든 상이 다 텅 비어 허망한 것이라고 말씀하고 계신다. 지금까지 살아온 삶의 방식이 더 많은 상을 짓고, 상을 지은 것을 내 것으로 만들고자 하며, 그것을 향유하고자 하는 등 상에 의지해 살아왔는데, 이제 와서 그것이 모두 허망한 것이라고 하면서, 모든 상을 타파하라고 설법을 하시니 일반적으로 본다면 이것은 너무나도 이 세상과 거꾸로 가는 당황스런 가르침인 것이다.

물론 이러한 가르침에 대해서 수보리는 깊은 깨달음을 얻으면서, 깊은 관찰과 사유를 통해 비교적 온전하게 받아들일 수 있었을 것이다. 그러나 수보리에게도 이러한 가르침은 너무나 어렵고 깊은 깨달음이었기에 수보리는 문득 의심이 드는 것이다.

지금 이 자리에 모인 많은 부처님의 제자들이야 근기가 수승하고, 부처님께서 직접 가르침을 내려 주시니 어렵더라도 잘 믿고 의지하여 바른 믿음을 일으킬 수 있었지만, 만약에 정법이 쇠퇴할 미래세인 말세의 중생들이 더구나 부처님도 안 계실 때에 이러한 가르침을 들었을 때 과연 잘 믿고 따르며 실천할 수 있을까 하는 의문이 들었던 것이다. 수보리의 일체중생을 향한 자비의 마음과 중생구제의 대서원이 잘 나타나 있는 대목이라 하겠다.

여기에서 구마라집의 번역에는 등장하지 않는 '미래세의 후오백세에 정법이 쇠퇴한 시기가 되었을 때'라는 번역을 넣었는데, 이는 산스크리트 원문과 현장 역에서 나타나는 것으로 이곳에서는 이 문장이

들어가야 문맥이 더욱 자연스럽고 이해하기 쉽기 때문이다. 물론 구마라집 번역에도 다음 경문을 보면 미래세의 후오백세에 대한 언급이 나오고 있다.

부처님께서 수보리에게 말씀하셨다.
"그런 말을 하지 말라. 여래가 멸도한 뒤 후오백세에도 능히 계를 지키고 복을 닦는 이가 있어서 이같은 글귀에 능히 신심을 내어 이것을 진실하게 여길 것이다."

부처님께서는 확고하게 말씀하고 계신다. 여래가 멸도한 뒤 후오백세가 지나더라도 분명히 계를 지키고 복을 닦는 이가 있어서 이러한 사구게 법문에 능히 신심을 내어 진실하게 여기는 사람이 있다고 말씀하고 계신다.

그러면 잠깐 '후오백세'를 살펴보면, 이는 산스크리트 원문이나 현장역을 비롯한 한문본에서도 명백하게 설명되고 있지는 않으나,『금강경 오가해』에서 규봉 스님께서 해석하신 바를 따라 부처님께서 멸도하신 후 2500년 뒤를 말하는 것으로 일반적으로 해석되고 있음을 볼 수 있다. 이는 한 부처님의 법이 전파된 뒤부터 1주기를 500년씩으로 하여 총 5주기, 즉 2500년 동안 법의 수레바퀴가 굴러간다고 하는 설이다.

제1기는 해탈견고(解脫堅固)의 시대로, 부처님의 가르침으로 즉각 깨달음을 얻을 수 있을 만큼 정법이 가장 밝게 서 있는 때를 말하며, 제2기는 선정견고(禪定堅固)의 시대로, 1기 때처럼 즉각 깨달음을 얻는 이는 매우 드물지만 부처님의 가르침에 따라 수행 정진을 열심히 하는 시기다. 제3기는 다문견고(多聞堅固)의 시대로, 부처님께서 남겨주신 말씀인 경전을 읽고 외우며 부지런히 가르침을 배우는 사람들은 많지만 선정을 닦고 참된 수행을 해나가는 사람은 드물어 부처님의 법력이 많이 감소되는 시기를 말하며, 제4기는 탑사견고(塔寺堅固)의 시대로서, 선정을 닦는 사람은 물론이고 경전을 읽고 외우며 배우려는 사람들조차 줄어드는 시대로 이때에는 공부나 수행은 없고 오직 사찰과 탑을 세워 복과 공덕을 얻고자 하는 사람만 늘어나는 기복불교의 시대라고 할 수 있다. 제5기는 말기로서 투쟁견고(鬪爭堅固)의 시대로, 불법이 거의 쇠퇴하여 복을 바라며 절을 짓는 등의 불사까지도 사라지고 오히려 절의 재산을 갖고 싸우고 다투며, 불법을 팔아 서로 옳고 그름을 다투며 분열하는 시기다. 여기에서 말한 후오백세란 이런 다섯 가지 시기 가운데 뒤에 있는 오백세, 즉 제5기 말기를 말하는 것이라 볼 수 있다.

또 다른 설로는 정법(正法), 상법(像法), 말법(末法)시대의 3가지 구분법으로, 정법시대는 부처님 멸도 후 500년간으로, 부처님의 가르침대로 잘 수행하여 쉽게 깨달음을 얻을 수 있던 시기이며, 상법시대는 그 다음의 500년간으로, 부처님의 가르침을 잘 수행하지만 깨달음을 얻기 어려운 시기이고, 말법시대는 그 이후의 500년간의 시대로, 부처님의 가르침은 있으나 수행도 없고 깨달음도 없어 불법이 쇠하는 시기를 말하는데, 이 가운데 말법시대를 후오백세라고 한다는 설도 있으며, 또 학계에서는 역사적으로『금강경』이 나온 시기를 고려했을 때 정법시대가 끝난 뒤의 상법시대가 후오백세에 가장 적합하다는 설도 있다. 또한 정법, 상법, 말법시대 구분을 이처럼 일괄 500년으로 하지 않고 경전이나 논서 혹은 해석한 스님들에 따라서 500년에서 1000년까지로 이야기하는 경우도 있다.

그런데 이 부분은 그다지 중요한 부분이 아니라고 생각된다. 중요한 것은 그 안에 담긴 의미다. 다시 말해 후오백세라는 것은 어떠한 시점을 지칭하는 것이 아니라, 부처님 가르침이 쇠퇴하여 사람들이 경전공부도 뒤로하고, 수행도 하지 않으며, 나날이 부패와 분열만이 있는, 그래서 많은 이들이 정법을 공부하기가 너무도 어려운 시대적 상황을 지칭하고 있는 것이라고 보면 된다.

수보리의 질문, '이러한 후오백세가 되면 정법이 쇠퇴하여 수행하는 사람들이 없어지고 분열이 심해지기 때문에 그때에도 지금처럼 부처님의 가르침을 듣고 이해하며 실천하여 깨닫는 사람이 있을 것인가' 하는 질문에 대해 부처님께서는 단호하게 말씀하고 계신다. 이러한 후오백세에도 능히 계를 지키고 복을 닦는 이가 있으며, 앞의 사구게인 '범소유상 개시허망 약견제상비상 즉견여래'라고 하는 등의 글귀에 능히 신심을 내어 이것을 진실하게 여길 것이라고 말씀하고 계시는 것이다.

계를 지키고 복을 닦으며, 부처님 말씀에 능히 신심을 내어 진실하게 여길 것이란 말은, 불교의 가장 기본적인 수행법인 삼학(三學)에 대해 말씀하고 계신 것이다. 계정혜(戒定慧) 삼학은 모든 수행자들이 실천해야 할 수행의 핵심으로 잘 알려져 있다. 계를 지키고, 최상의 복인 깨달음을 실천하는 선정을 닦고, 부처님의 말씀을 진실하게 깨달아 요달하여 지혜를 이루는 이 세 가지가 삼학의 기본 정신이다. 여기에서도 부처님께서는 계를 지키고(戒) 최상의 복을 닦으며(定) 부처님 말씀에 능히 신심을 내어 진실하게 여김으로써 참된 지혜(慧)를 얻을 수 있을 것이라고 말씀하고 계신다.

"마땅히 알라. 이 사람은 한 부처님이나 두 부처님, 셋, 넷, 다섯 부처님께만 선근을 심은 것이 아니라, 이미 한량없는 천만 부처님께 수많은 선근을 심어 놓았으므로 이 글귀를 듣고 한 생각에 청정한 믿음을 낼 것이다."

왜 그럴까. 왜 부처님께서는 멸도한 후 후오백세가 되도록 불법이 멸하지 않고 부처님의 가르침을 따라 계정혜를 닦으며 정법을 수행하는 자가 있다고 말씀하셨을까. 그 답변이 바로 이 구절에서 나온다. 아무리 많은 시간이 흐르더라도 부처님의 가르침은 꾸준히 남아 이 세상을 밝게 비출 것이다. 그 이유는 인연법 때문이다.

우리가 지은 인연은 언제까지고 남아 있을 것이기 때문이다. 부처님(佛)과 지은 인연, 부처님의 가르침(法)을 수행하면서 지은 인연, 또한 부처님의 가르침을 닦는 수많은 선지식(僧)과 지은 인연은 아무리 수많은 세월이 흐르더라도 계속해서 남아 있을 것이다. 선한 인연의 뿌리, 즉 선근을 심되 과거 전생 또 그 전생을 이어오면서 수많은 부처님과 그 인연을 심어 놓았기 때문이다.

수많은 부처님과 불법인연을 맺어 놓았기 때문에 이렇게 지금까지도 불법을 만나 수행할 수 있고 나아가 깨달음을 얻을 수 있는 것이다. 어느 한 생에 선근을 심었다고 해서 깨달을 수 있는 것이 아니다. 그렇기 때문에 우리 수행자들에게 중요한 것은 끊임없이 정진하는 마음으로 선근을 심어 나가는 일이라 할 수 있다. 부처님과의 인연을 잘 가꾸는 일이 무엇보다 중요하다. 그러한 부처님과 좋은 인연을 맺음으로써 아무리 험한 말법시대가 오더라도 정법을 잊지 않고 수행해 나가며 깨달음을 얻을 수 있기 때문이다.

그러면 어떻게 하면 부처님께 선근을 심어 놓을 수 있겠는가. 물론 부처님께서 출현하신 세상에 태어나 직접적으로 부처님과 인연을 짓고, 법문을 듣고, 가르침을 청함으로써 부처님과의 선근을 맺을 수 있다면 더할 나위 없이 좋을 것이지만, 그렇다고 지금 이 시대라고, 부처님이 계시지 않은 이 시대라고 부처님과의 선근을 맺을 수 없는 것은 아니다.

부처님이란 몸으로써 나투신 화신만을 의미하지는 않기 때문이다. 참된 부처님이란 법신을 의미한다. 법신이란 진리의 몸으로써 이 세상 삼라 만상 모든 것들이 그 자체로서 진리이고 부처님의 몸이란 말이다. 이러한 법신을 바로 친견할 수 있어야 한다. 몸으로 나툰 부처님을 친견하는 것은 누구든 할 수 있는 일이지만, 겉모습으로서의 부처님을 친견했다고 하더라도 내 안의 부처님, 또 일체 삼라만상 속에 깃든 부처님을 바로 보지 못한다면 그 사람은 부처님을 본 것이 아니기 때문이다. 이처럼 참된 부처님은 법신이기 때문에, 언제 어디서든 진리를 가까이 하려는 마음만 있다면 누구든 친견할 수 있고, 선근을 맺을 수 있는 것이다.

그 말은 이 세상 삼라만상 속에서 진리를 볼 수 있어야 하고, 일체 모든 존재와의 인연을 부처님과 인연 짓듯 해야 한다는 말과 같다. 사실은 우리가 몸과 말과 뜻으로 짓는 일체 모든 업연이 선하고 텅 비어 있을 때 그것이 바로 부처님과 인연을 짓는 것이라 할 수 있다. 이 세상의 사람들과 인연을 짓는 것이지만, 그 업을 짓는 주체인 몸과 말과 뜻이 맑고 텅 비어 있을 수 있다면 그것은 진리를 바로 보고 살아가는 것이기 때문에, 단순한 이 세상과의 인연이 아닌 이 세상의 근본 당체인 법신과 인연을 짓는 것이기 때문이다.

부처님을 단순한 모습으로서, 화신으로서만 보면 안 된다. 그렇다면 부처님이 출현하지 않은 세상에 태어난 수많은 중생들의 마음은 얼마나 공허하고 실망감이 크겠는가.

지금 이 자리에서 부처님과 선근을 맺을 수 있기 때문에 이렇게 말하고 있는 것이다. 이 세상 일체 모든 존재가 그대로 부처님이다. 일체 삼라만상을 그대로 부처님으로, 진리로 바로 볼 수 있어야 하고, 그러한 밝은 눈, 정견의 시야를 가질 수 있어야 한다. 그랬을 때 내 이웃과의 인연도 부처님과의 인연이 되고, 나무 한 그루와도 부처님과의 인연이 되며, 대자연과 일체 모든 존재와의 인연이 그대로 부처님과 맺는 선근 공덕이 될 수 있는 것이다.

그렇기 때문에 심지어 불교라는 종교가 없는 나라에서도 부처님과의 선근공덕은 지을 수 있다. 사실 진리를 '불교' 속에 한정 짓게 되면 그것은 더 이상 진리가 아니며, 불교가 아니다. '불교' 안에만 진리가 있고, 부처가 있다고 생각한다면 그것은 잘못된 생각이다. 그저 불교에서는 진리의 가르침을 이름 지어 '법'이라고 하였고, 진리를 깨달은 자를 '부처님'이라고 이름 지었으며, 그 부처님을 올바로 따르고 수행하는 이를 '승(僧)'이라고 이름 지었을 뿐이며, 그러한 불법승 삼보를 믿고 수행하는 종교를 '불교'라고 이름 지었을 뿐이지, '불교'라는 이름 자체에 불교가 있는 것은 아니다.

그렇기 때문에 불교라는 종교가 없는 나라에서도 진리는 있으며, 또한 부처도 있고, 참된 깨달음도 있을 수 있다. 그래서 오랜 역사 속의 인물들을 살펴보면 '깨닫고 보니 그 내용이 불교였다'는 이야기를 많이 듣게 되는 것이다. 일체 모든 진리는 결국 하나로 통하게 되어 있다. 다만 불가에서는 그것을 편의상 이름 지어 '불교'라고 한 것뿐이지, '불교'라는데 집착하고 얽매여 그것만이 진리이고 그것만이 우리를 깨닫게 해준다는 틀에 갇히라는 말은 아니다. 그러한 이야기는『금강경』전면에 계속해서 나타나는 가르침이다.

저 숲속의 나무 한 그루, 풀 한 포기, 꽃 한 송이며 바람과 구름과 태양 그리고 흐르는 물이 그대로 부처님이다. '첩첩 쌓인 푸른 산은 부처님의 도량이요, 맑은 하늘 흰 구름은 부처님의 발자취며, 뭇 생명의 노랫소리는 부처님의 설법이고, 대자연의 고요함은 부처님의 마음이니 불심으로 바라보면 온 세상이 불국토요 범부들의 마음에는 불국토가 사바로다' 하는 말씀은 이 세상 그대로가 부처님이라는 것을 아름답고도 분명하게 표현해 주고 있다. 또한 '산하대지현진광(山河大地現眞光)'이라 하여 '산하 대지가 그대로 진리의 빛이다, 즉 부처님 생명이다'라고 말하고 있다. 수많은 선지식 스님들은 흘러가는 구름에게 설법을 듣고, 계절 따라 변해가는 숲속에서 진리를 터득하였다. 그것이 바로 부처님과 선근을 맺는 것이다. 대자연은 늘 그렇듯 똑같이 우리 앞에 있지만, 어떤 이에게 그 대자연은 진리의 나툼이며, 부처님 법신의 표현처럼 아름답고 평화로우며 조화로운 천상의 뜰이 될 수 있는 반면에 어리석은 이에게 대자연은 별다른 감응도 주지 못하고, 그저 약육강식의 치열한 전쟁터처럼 느낄 수도 있는 것이다. 그러니 어리석은 이에게 대자연은 업장만 늘리는 곳이지만, 지혜로운 이에게 대자연은 부처님과 선근을 맺는 공덕의 장이 될 수 있다.

그래서 이렇듯 모든 삶 그 자체를 부처님과의 선근을 맺는 삶으로 산 사람은 이러한 경전의 글귀를 듣고 한 생각에 청정한 믿음을 낼 것이다. 내 안에서 진리를 체득한 사람, 혹은 삶 속에서 진리를 체득한 사람이 문득 경전을 보고 내가 깨달은 세계가 그대로 담겨 있는 것을 확인하고 났을 때 그때의 환희심과 기쁨은 말로 표현할 수 없을 것이다. 그러한 사람은 경전의 글귀 하나만을 듣고도 분명한 생각에 바로 청정한 믿음을 일으킬 것이다.

또한 수많은 생 동안 부처님과의 인연을 지어왔고, 경전 공부를 하고, 선지식을 찾아 공부한 사람이라면 이번 생에 태어나서도 그 부처님과 지은 마음공부의 공덕과 선근은 없어지지 않기 때문에 다른 사람들보다 더욱 쉽고 빠르게 이해하고 청정한 믿음을 일으키게 될 것이다.

수많은 신도님들을 대하다 보면 아무리 부처님 가르침을 쉽게 알려주려 해도 잘 이해하지 못하고 바로 믿지 못하는 경우도 있고, 반대로 어떤 신도님들은 한두 번만 경전의 가르침을 말씀드려도 바로 이해하며 신심을 내는 분들도 있게 마련이다. 이것이 바로 오래도록 부처님과의 선근을 많이 심었는가 그렇지 않았는가의 차이다. 똑같은 설법을 하더라도 곧바로 발심하고 실천 수행하는 사람이 있는가 하면, 아무리 좋은 설법이라도 어떤 사람에게는 별다른 변화를 주지 못하는 경우도 많다. 이는 바로 선근의 유무에 있다. 선근이 있는 사람은 단 한 번의 설법에, 경전의 단 한 구절에도 발심하여 정진하지만, 선근이 아직 충분하게 맺어지지 못한 사람은 아무리 오래도록 부처님 말씀을 들려주더라도 소귀에 경 읽기처럼 아무런 깨달음을 주지 못할 수도 있다. 하지만 아무리 부처님 말씀을 들어도 잘 모르겠거나, 설법이 귀에 잘 들어오지도 않고 수행해야겠다는 대신심이 일어나지 않더라도 꾸준히 법을 듣고 공부하다 보면 어느 순간 선근 공덕이 인연을 만나 빛을 발하는 순간이 찾아올 수 있다. 대충대충 법문을 듣고 공부를 했더라도 그것이 나도 모르게 내 안에 소중한 인연으로 자리 잡고 있기 때문이다. 그래서 잘 모르더라도 모르는 대로 꾸준히 공부하고, 신심이 나지 않더라도 그런 대로 꾸준히 닦아나가는 것이 잘하는 것이라고 하는 것이다. 지금 당장은 아닐지라도 그것이 우리 안의 깊은 업식에 저장되어 있다가 어느 순간 결정적인 인연을 만나게 되면 한순간 불꽃이 타올라 뜨거운 신심으로 피어날지 모를 일이기 때문이다.

그래서 지금 당장에 깨달음을 얻지 못하더라도, 부처님 가르침이 어렵게 느껴지더라도, 수행이나 기도에 힘이 붙지 않더라도, 우리는 끊임없이 부처님과의 선근을 맺는 일을 게을리해서는 안 된다. 끊임없이 선근을 맺어 놓는다면 언젠가는 '이 글귀를 듣고 한 생각에 청정한 믿음을 낼' 날이 분명 다가올 것이다.

다음 경구로 넘어가기 전에 여기서 한 가지 짚고 넘어갔으면 하는 부분이 있는데, 바로 선근(善根)에 대한 의미를 살펴보는 일이다. 과거 수많은 부처님께 선근을 심었다고 해석을 하고 있는데, '착한 인연의 뿌리를 심었다'는 정도로 이해하고 있을 것이다. 구마라집과 현장의 번역에서도 똑같이 선근으로 되어 있다 보니 한글로 해석할 때도 악(惡)의 반대 개념인 선(善)으로 해석하는 경향이 많이 있다. 즉 과거 수많은 부처님께 착한 인연의 뿌리를 심어 놓았다는 정도로 이해하는 것이다. 물론 이렇게 해도 해석하는 데 큰 불편은 없겠지만 조금 더 주의 깊게 생각해 보면 부처님께 착한 법을 심었다는 것이 조금 의아하게 느껴지는 부분도 있다. 과연 어떤 것이 착한 것이고 어떤 것이 악한 것인가 하는 문제다. 진리에 있어서는 선악이 서로 나뉘지 않는다고 했는데 어찌 선근만을 문제 삼고 있는가. 물론 선에 대한 해석을 선악의 차별되는 개념으로 이해하지 않고 선악을 초월하는 절대선, 초월선의 개념으로 이해할 수도 있겠지만 각묵 스님이 번역하신 산스크리트 원전 주해에 보면 선근은 단순한 악의 반대로서의 선을 이야기하는 것이 아니라 '지혜로운 주의'로서 이해되고 있음을 알 수 있다. 조금 더 자세히 살펴보면, 선이란 산스크리트어로 꾸살라인데, 꾸살라는 풀을 자른다는 의미로 이 풀은 억새풀처럼 억세고 날카로워 자를 때 마음을 주의집중하지 않으면 손을 베일 수도 있기 때문에 그 의의미가 '지혜로운 주의' 혹은 '지혜로운 마음 주의집중' 등으로 이해된다는 내용이다.

즉 선근이란 마음을 기울여 주의집중하는 수행을 말한다. 이렇게 번역된다면 한량없는 부처님께 선근을 심었다는 말은 한량없는 부처님과 부처님의 가르침 또 선지식의 가르침에 마음을 기울여 주의집중하는 정념(正念)의 수행, 관(觀)의 수행 인연을 심었다는 말로 이해될 수 있다.

즉 수많은 부처님에게 악한 인연이 아닌 선한 인연을 심었다는 의미가 아니라, 수많은 부처님에게 지혜로운 주의 즉 마음을 주의집중하여 분별없이 관하는 수행의 인연을 심었다고 이해할 수 있다. 다시 말해 '지혜로운 마음집중'이란 팔정도(八正道)의 정념이며, 근본불교 핵심 수행법을 망라한 37조도품(三十七助道品)의 사념처(四念處)에 해당되는 수행법으로 불교의 핵심 중에도 핵심 수행법이라 할 수 있다. 그래서 『아함경』에서는 '지혜로운 마음집중'인 사념처를 닦으면 생노병사에서 벗어나고, 모든 악견을 없애며, 나아가 아뇩다라삼먁삼보리를 얻는다고 했다. 또한 익히 들어 알고 있는 정혜쌍수의 혜, 지관겸수의 관 수행이며, 요즘 남방불교에서 잘 알려진 부처님 당시의 수행법인 '위빠싸나'가 바로 이 수행을 말하는 것이다.

그럼 조금 더 자세히 관 수행에 대해 알아보자. 우리는 평소 몸과 마음에서 일어나는 각종 느낌들을 바로 보지 못하고 흘러보내게 되고, 그렇게 흐르게 되면 좋은 느낌에는 애욕과 탐심을, 싫은 느낌에는 증오와 진심을 일으키게 되고, 그런 과정은 이윽고 애욕과 집착, 삼독심의 결과를 초래한다. 그 결과 무수히 많은 좋고 싫은 등의 관념 혹은 편견의 틀을 형성하게 되고 그렇게 형성된 관념을 뭉쳐진 실재적 개체로 인정하게 되어 거기에 '나'라는 관념을 개입시켜 '나'를 실체화하게 된다. 그것이 바로 '나다', '내 것이다', '내가 옳다'라고 하는 아상(我相)이다. 보고 듣고 맛보고 냄새 맡고 접촉하고 생각하는 '나'가 있다고 생각하게 되는 것이다. 그러나 우리가 생각하는 '나'라는 상(相)은 돌이켜 생각해 보았을 때, 각종의 느낌을 놓침으로 인해 연이어 애욕과 집착이 일어나고 여기에서 오는 물질적 정신적 인과 작용의 끊임없는 순환작용에 불과한 비실체적 허상에 불과하다. 즉 무아인 것이다. 이렇게 형성된 '나'라는 관념에서 시작되어 다시금 무수한 분별과 편견, 새로운 관념이 끊임없이 펼쳐진다. 자신의 편견과 관념들을 고집하여 사실이라 받아들이지만 그 관념이란 우리들 습(習)으로 무장된 헛된 관념에 불과하다.

가만히 안과 밖에서 일어나는 일체의 모든 대상을 고요히 바라보라. 관(觀)함에 있어 머릿속을 어지럽히는 관념이나 생각의 늪에 빠지면 안 된다. 떠오르는 분별과 생각으로 대상을 관찰해선 안 된다. 관을 함에 있어 가장 중요한 것은 관념과 생각이 게재되지 않는 순수한 주시가 되어야 한다는 점이다. 있는 그대로의 대상을 있는 그대로 볼 수 있어야 한다. 관념이나 생각이 게재되면 또 다른 관념만을 만들어 낼 뿐이며, 마치 색안경을 끼고 세상을 보는 사람처럼 저마다의 관념의 틀에 세상을 대입하여 보게 될 것이다.

소리를 들어도 좋고 싫은 소리가 아닌 그저 '들릴 뿐', 무엇을 보아도 그저 '바라볼 뿐', 냄새를 맡아도 그저 '냄새날 뿐', 이와 같이 육근의 모든 감각기관은 오직 '할 뿐'이 되어야 한다.

매일 만나는 직장의 상사를 만난다거나 가족이며 친구를 만날 때에도 마찬가지다. 우리는 사람들을 만날 때 '나쁜 상사', '싫은 친구', '좋은 사람' 등 이전의 경험을 토대로 만들어 놓은 관념으로 상대를 대하기 때문에 늘 선입견과 편견의 울타리에 갇혀 대상을 자신의 색안경을 통해 관찰하기 쉽다. 좋은 사람을 만나면 행복하고, 싫은 사람을 만나면 괴롭고 그렇듯 대상에 따라 내 마음이 놀아날 수밖에 없는 것이다. 그렇기에 설령 미워하던 사람이 좋은 마음으로 일을 했더라도 내 마음의 편견 때문에 그렇게 쉽게 칭찬하지는 못할 것이다.

이전에, 과거에 만들어 두었던 관념에 빠져 노예가 되지 말라. 그저 일체의 모든 사물, 사람, 대상을 바라봄에 오직 '지금 이 순간' 텅 빈 고요함으로 비추어 볼 수 있어야 한다. 텅 비어 무엇이라도 받아들이고 담을 수 있도록 그런 열린 마음으로 순간순간 세상을 바라보아야 한다.

과거에 만들어 두었던 어설픈 관념을 현실로까지 가져와 투영하지 말라. 우리의 삶에는 오직 '지금 여기'라는 현실만이 있을 뿐이다. 과거에 만들어 두었던 관념의 틀은 아무런 필요가 없다. 그것은 자신을 묶어두는 관념의 사슬이며 그로 인해 우리는 괴로움을 느껴야 할 것이다. 지금 여기에서라는 현실에서 떠오르는 생각, 관념 그 자체의 '현상'은 현재의 실제인 듯 느껴지지만 그 관념과 생각을 파고 들어가 보면 이미 그것은 텅 빈 공(空) 그 자체일 뿐이다. 거짓된 분별이며 인연 따라 만들어진 허상일 뿐이다. '지금', '여기'라는 현실에서 일어나는 그 순간 몸과 마음의 '현상' 그 자체가 가장 참된 진실에 가깝다고 할 수 있다. 이미 지나갔거나 아직 오지 않은 것은 텅 빈 거짓 관념일 뿐 더 이상 진실일 수 없다. 거짓된 허상을 붙잡고 늘어져 봐야 아무것도 얻을 것이 없다. 그러므로 '가장 가까운 참된 실재' 그 자체가 수행의 대상, 바라봄의 대상이 되어야 할 것이다. 그것이 오직 '지금 여기'라는 '보다 가까운 실재'에 집중해야 하는 이유다.

관찰하는 순간 미세하게 끼어드는 과거 혹은 미래로부터 오는 일체의 무수한 관념을 그저 순수한 객관이 되어 있는 그대로 알아차려야 한다. 관념의 틀은 '나다' 하는 아상과 아집(我執)을 형성하지만 관 수행은 관념의 허상을 바로 봄으로써 관념의 소멸, 아상의 소멸, 아집의 소멸을 돕는다. 아상·인상·중생상·수자상의 타파를 돕는다. 쉽게 말해 관수행이란, 현실을 분별하지 않고 있는 그대로 바라보는 정견이다. 관수행법이라는 특별한 수행법이 따로 있다고 여기는 것이 아니라,

있는 그대로를 자기만의 의식으로 분별하여 왜곡해서 바라보던 삶을 멈추고, 본래 있던 그대로를 있는 그대로 바라보는 것이다. 그것은 수행을 하는 것이라고 할 수도 없다. 그저 망상으로 해석하던 것을 하지 않으면 될 뿐, 무언가를 따로 해야 하는 것이 아니기 때문이다. 그래서 불교의 관수행은 유위법이 아니라 무위법이라고 한다. 애써서 행하는 것이 아니라, 하되 한 바가 없이 행하는 것이다. 참된 수행, 참된 관수행은 이처럼 하되 한 바가 없는 것이고, 그렇기에 수행이라고 방편으로 이름을 지어 놓았지만, 수행이라고 할 것도 없다.

이렇게 이해되었을 때 비로소 이 정신희유분의 가르침이 좀 더 선명하게 다가올 것이다. 과거 수많은 부처님과 마음집중의 관 수행 인연을 지었으니 그 수행의 인연으로 인해 여래가 멸한 뒤 후오백세에도 능히 계를 지키고 복을 닦는 이가 있어서 이 같은 글귀, 즉 아상·인상·중생상·수자상을 타파하라는 가르침에 능히 신심을 내어 진실하게 여길 것이라는 의미로 이해할 수 있다. 그러니 매 순간순간 마음을 집중하여 관하고 알아차리며 깨어 있는 그 자체가 바로 부처님과 선근을 심는 것이란 의미다. 다시 말해, 매 순간 그저 있는 그대로 바라보는 것이 곧 선근을 심는 것이다. 자기 의식을 가지고 분별하여 바라보는 것은 중생의 삶이고, 그저 있는 그대로를 있는 그대로 바라보는 것이 곧 선근을 심는 것이다. 선근을 심는 것은 애써서 무언가를 하는 것이 아니라, 그저 애쓰지 않고 있는 그대로 놔두고, 있는 그대로 보는 무위법이다. 염불을 하면서도, 독경을 하면서도, 절 수행을 하면서도, 기도를 하면서도 언제나 마음은 '지금 여기'에 있어야 하며, 온전히 마음을 기울여 집중하여 관할 수 있어야 한다. 그것이 바로 부처님께 선근을 심는 것이기 때문이다. 염불하면서, 독경하면서, 절 수행을 하면서 마음이 집중되어 있지 않고, 그 순간 온전히 관하고 있지 못하다면 입으로는 염불하고 독경할 지언정 그것은 소설책을 읽는 것과 무엇이 다르며, 몸으로는 절을 하고 있을지언정 그것은 앉았다 일어나는 행위와 무엇이 다를 것인가. 그러나 '지혜로운 마음집중'인 관(觀) 수행이 함께하고 있다면 소설책을 읽더라도 그것이 그대로 독경이 될 수 있고, 가나다라마바사를 외더라도 염불이요 진언이 될 수도 있다. 머리로 해석하지 않고, 대상을 분별하지 않으면서, 그저 있는 그대로를 있는 그대로 바라보는 것, 그것이 바로 관수행이기 때문이다.

마찬가지로 길을 걷는 일, 밥을 먹는 일, 운전하는 일, 청소하는 일, 밥하는 일, 산을 오르는 일 등 일상생활의 그 어떤 일이나 행위라고 하더라도 그것을 하는 순간 마음이 깨어 있고 알아차림과 관 수행이 되고 있다면 그 순간이 바로 수행의 순간이요, 부처님의 선근을 심는 순간이 된다. 그렇다고 순간순간 깨어 있으려고 노력하라는 말이 아니다. 그저 매 순간 아무런 의도, 해석, 분별 없이 그저 존재하고, 그저 바라보면 될 뿐이다. 이것을 관한다고도 하고, 깨어 있다고도 하고, 수행한다고도 할 수 있지만, 사실 이것은 그 무엇을 하는 것이 아니다. 무위법이다. 그래서 선근을 심는 가장 중요한 수행은 곧 깨어 있는 마음이라고도 표현한다. 깨어 있다면 일상의 모든 순간이 부처님께 선근을 심는 순간이 되는 것이요, 깨어 있지 못하다면 가부좌를 틀고 앉아 몇 시간을 면벽참선에 들어 있다고 하더라도, 3000배, 1만배 절 수행을 하더라도 그것은 선근을 심는 것이 아니라 몸만 혹사시킨 것에 불과할 뿐이다. 그러니 바르게 선근을 심는 일은 얼마나 중요한 것인가. 일상 속에서 부처님과 선근을 심는 것은 깨어 있는 수행 아닌 수행을 통해 부처에 이르는 길을 걷고 있다는 것이다. 그러니 아무리 작은 선근이라고 하더라도 그러한 선근을 심어 놓게 되면 훗날 그 모든 선근이 모여 부처를 이루게 된다. 그것이 단 한순간일지라도 온전히 깨어 있도록 하라. 하루에 10분만이라도 마음을 가지런히 정리하고 온 존재를 있는 그대로 비추어보라. 하루 일과 중에 한 번, 두 번, 셋, 넷, 다섯 번씩 잠시 하던 일을 멈추고 마음을 관해 보라. 그것이 그대로 한 부처님이나, 두 부처님이나 셋, 넷, 다섯 부처님과 선근을 짓는 것이요, 나아가 한량없는 천만 부처님께 선근을 심는 것이 되는 것이다.

이 부분, 선근, 선법에 대한 해석과 의미는 뒤에 제23분 정심행선분에서 조금 더 구체적으로 설명하기로 하고 다음 게송을 보자.

"수보리야. 여래는 다 알고 다 보나니, 이 모든 중생들이 이와 같은 한량없는 복덕을 얻을 것이다."

여래는 다 알고 다 본다고 하였다. 우리가 부처님과 선근을 얼마나 심고 있는지 부처님께서는 다 알고 다 보고 계신다. 그렇기 때문에 '한 생각에 청정한 믿음을 낼 것'이라는 것 또한 부처님께서는 다 알고 다 보고 계시는 것이다. 우리들의 그 어떤 생각과 말과 행동도 부처님께서 보고 계시지 않거나 알고 계시지 않는 것은 없다.

보통 우리들은 사찰을 찾아 기도를 드릴 때에도, 108배를 하면서 절을 하는 내내 '남편은 진급하게 해주시고, 자식은 대학에 합격하게

해주시고, 우리 가족 모두 건강하게 해주시고, 화목하게 해주시고…'
그러면서 일일이 수많은 부탁을 드리곤 한다. 그래야지만 부처님께서
이 기도의 의미를 아시고 들어 주실 것이라 생각한다. 그러다 보니 기
도하면서 머릿속으로 바라는 것들을 되새기느라 바쁘다. 한참을 말씀
드렸다가도 조금 있다 보면 또 하나 생각나고, 집에 가다가도 또 하나
생각나고, 한참 후에 '아차, 그것 하나 말씀 못 드렸구나' 싶은 것도 생
기곤 한다.

　그러나 부처님께서는 우리가 말하지 않더라도 다 알고 다 보고 계
신다. 우리들의 인연과 업도 다 보고 계시며, 우리의 바람도, 우리의
발원도, 우리의 말과 생각과 행동을 다 알고 다 보고 계신다. 내 안에
서 일어나는 그 어떤 미세한 분별심 또한 부처님께서는 다 알고 다 보
고 계신다. 왜 그런가. 내가 바로 부처이기 때문이다. 내 안에 자성부
처님이 항상 함께하고 있기 때문이다. 그러니 그저 우리는 우리 안에
서 일어나는 수많은 분별이며 바람들을 그저 텅 빈 마음으로 부처님
께 다 공양 올리고 바치고 비울 것이지 그것을 애써 다시금 되새기며
부처님께 말씀을 드린다면 번거로운 일이고, 오히려 참된 기도가 될
수 없는 것이다.

　참된 기도며 수행은 번뇌를 비우고, 분별을 비우며, 바람도 놓아버
리고 욕심도 놓아버리는 데서 온다. 부처님은 이미 다 알고 다 보고
계시는데, 애써 그것들을 다시금 되새길 필요가 뭐가 있겠는가. 다만
우리가 해야 할 일은 바로 그것을 그냥 놓아버리는 것이다. 그저 부
처님께 다 바치고, 부처님께 다 맡기는 것이다. 그렇게 다 맡겨버렸을
때, 내 마음은 맑게 비워지고 텅 비어 참된 울림이 있게 된다. 그때 비

로소 부처님과 진짜 선근을 맺을 수 있게 된다. 잔뜩 짊어지고 복잡한 때에는 부처님을 만날 수 없으며, 부처님 또한 우리의 바람을 들어줄 수 없다. 그 복잡하고 정신 없는 바람과 소망들을 그저 부처님께 다 바치고 공양 올린 뒤 내 마음을 평화롭게, 고요하게 텅 비울 수 있다면 그때 비로소 참된 성취가 있을 것이고, 참된 공덕이 있을 것이다.

그러면 '이 글귀를 듣고 한 생각에 청정한 믿음을 낼 것'이라고 하였는데, 그 글귀는 구체적으로 무엇이겠는가. 바로 앞의 분에서 말했던 '범소유상 개시허망 약견제상비상 즉견여래'라는 게송이다. 이러한 게송 한 구절을 보고 문득 청정한 믿음을 낸다는 것은 그야말로 한없는 복덕을 짓는 것에 다름이 아니다.

복덕 중에 가장 큰 복덕이 무엇이겠는가. 바로 진리를 깨닫는 것이다. 물질적인 것을 얻는다거나, 바람을 성취한다거나, 지식을 얻는다거나, 지위나 명예를 얻는다는 것들은 유루복(有漏福)으로 유한한 것들이지만, 청정한 믿음을 일으켜 진리를 깨닫는 일은 무루복(無漏福)으로 한도 끝도 없는 무량한 복인 것이다. 유루복들은 짓는 내가 있고 받는 내가 있다 보니 내가 지은 복만큼만 받을 수밖에 없고, 지은 복을 다 받고 나면 복이 텅 비고 말지만, 무루복은 '나'라는 아상이 없기 때문에 짓고 받는 주체가 공하게 되고, 그랬을 때 비로소 온 우주법계를 다 먹이고도 남을 만큼의 무량한 복이 생겨나는 것이다. 한 생각에 온 우주를 다 먹이고 남을 만큼의 복 그 정도는 되어야 수행자의 복이라 할 수 있지 않겠는가.

산스크리트 원문에서는 이 부분을 다음과 같이 옮기고 있다. '수보리여, 그들 모두는 측량할 수 없고 셀 수 없는 공덕의 무더기를 쌓고 얻게 되리라.' 다시 말해 '측량할 수 없고 셀 수 없는 공덕의 무더기'라고 하여 무량한 복을 언급하고 계신다.

그래서 '무릇 형상 있는 것은 모두 허망한 것이니, 만약 모든 형상이 형상이 아님을 보면 곧 여래를 보리라'는 한 글귀를 보고 깨달음을 얻어 한 생각에 이것이야말로 진리의 말씀이구나 하는 청정한 믿음을 일으킨다면, 한량없는 무량한 복덕을 얻을 것이라고 한 것이다. '나'라는 형상도 형상이 아니며, 무릇 일체 모든 형상이 형상이 아님을 바로 보았기 때문에, 복을 짓고 받는 주체도 사라지고, 그때 비로소 일체 모든 존재가 바로 내가 되고, 이 세상 삼라만상 그대로가 나와 하나가 되는 것이다. 그렇게 '온전한 하나'가 되었을 때, 무량한 복은 오는 것이다. 아상이 있으면 무루복은 없다. 아상이 없는 텅 빈 깨달음 속에서 무루의 복, 무량대복은 오는 것이다.

"왜냐하면, 이 모든 중생들에게는 아상·인상·중생상·수자상이 없으며, 법이라는 상도 없고, 법이 아니라는 상도 없기 때문이다. 또한 상도 없고, 상 아님도 없기 때문이다."

연이어 그 이유를 말씀하고 계신다. 이 글귀를 듣고 한 생각에 청정한 믿음을 낼 것이며, 그러한 중생들이 한량없는 복덕을 얻을 것이라고 하셨는데, 그 이유는 이러한 중생들에게는 '아상·인상·중생상·수자상'이 없으며, 법이라는 상도 법이 아니라는 상도 없고, 또한 상도 없고 상 아님도 없기 때문이라는 것이다. 아상을 비롯한 일체 모든 상이 다 끊어졌기 때문이다. 앞서 말했듯이 아상, 인상, 중생상, 수자상이란 결국에 '아상'에 다름 아니라고 할 수 있다. '아상'이 끊어졌다는 것은 '나와 전체가 둘이 아닌 하나'가 되었다는 말이고, 그 말은 다시 복을 짓고 받는 주체가 소멸되었다는 말이며, 그랬을 때 '전체의 복'이 곧 '나의 복'이 되기 때문에 한량없는 무루의 복이 생겨나는 것이다. 다시 말해 이 말은 '일체의 모든 상'이 다 없어졌기 때문이라고 말하고 있다.

그런데 아상·인상·중생상·수자상이 없으며, 법이라는 상도 없고, 법이 아니라는 상도 없다고 한 이유는, 부처님 가르침인 사구게 글귀, 즉 법을 듣고 한 생각에 청정한 믿음을 내었는데 내가 청정한 믿음을 내어 무량한 복을 얻게 된 원인인 '법'에 대해서도 머물러 집착함이 있어서는 안 된다는 말을 하고 있는 것이다. 법으로 인해 청정한 믿음을 내었으니 자칫 법에 집착하기 쉽기 때문이다. 그래서 법이라는 상이 없어야 하는 것이다. 그런데 법이라는 상이 없다는 말은 자칫 법이 아니라는 상으로 바뀔 수가 있다. 그러나 그것 또한 또 다른 하나의 상에 불과하다.

그래서 부처님 가르침이 진리라는 상에 머물러 법에 집착해서도 안 되고, 또한 그것은 엄연히 우리를 깨달음으로 이끌어 주고, 청정한 믿음으로 이끌어 주기 때문에 법이 아니라는 상에 머물러서도 안 된다. 어느 한쪽에도 치우침이 있으면 진리가 아니다. 치우치지 않는 중도를 말하고 있는 것이다.

조금 더 쉽게 말한다면, 법이라는 상, 진리라는 상에 집착하여 '이것만이 진리다'라는 치우친 생각 때문에 역사 속에서는 큰 갈등과 심지어는 전쟁까지 일어나는 일이 있지 않는가. 많은 종교에서는 그 종교만이 구원해 줄 수 있으며, 그 종교의 가르침만이 진리라고 말하고 있고 실제 그런 '진리에의 집착', 즉 '법이라는 상' 때문에 얼마나 많은 다른 사람들이 핍박을 당하고 죽임을 당하고 지금 이 시대에까지도 수많은 갈등이 조장되고 있는가. 부처님께서는 이러한 '진리라는 집착'까지도 놓아버려야 한다고 말씀하고 계신다. '이것만이 진리다'라고 했을때 그것은 더 이상 진리가 아니다. 이것은 참으로 중요한 말이다. 일체 모든 집착과 고집은 그것이 진리가 아님을 뜻한다. '진리' 또한 집착하고 머물게 되면 더이상 진리가 아니게 된다는 말이다.

진리는 어디에도 있다. 불교에도 있고, 기독교에도, 천주교에도, 알라신에게도, 저 아프리카 오지에도, 인디언이나 원주민들에게도, 저 숲속의 동식물에게도 진리는 있다. 지금 이 시대에 인류에게 가장 필요한 말이 바로 이 말이 아닌가. '내 종교만이 진리'라는 어리석은 생각을 이제 버려야 할 때다. 특히 현재의 한국 교회에서는 이 세계의 그 어느 나라보다도 뿌리 깊은 '배타주의', '극단적인 근본주의', '문자주의'에 빠져 있다고 하는데, 그러한 경향이 90% 이상이라는 말을 들었다. 반면 유럽이나 미국에서는 30%도 안되는 사람들만이 그러한 배타적인 자세를 취하며 나머지 사람들은 '다원주의'로써 모든 종교들을 진리와 구원의 길에 함께 가는 동반자로 생각하고 함께 배우고 협력하는 관계를 가진다고 한다.

필자가 잘 아는 한 목사님도 다원주의적인 입장에서 공부를 하고 계시는데, 현재 한국 교회의 현실에서 그러한 입장을 취하면서 성직자 활동을 하기란 너무나도 힘들고 어렵다며 성직의 길을 포기하려고 생각하신다. 『예수는 없다』라는 책에서도 그런 비슷한 이야기가 나오는데, 고 변선환 박사 같은 분은 유럽이나 미국 신학계에서 공부하면서, 지각 있는 서양신학자 사이에 '기독교만'이라는 배타주의적 생각이 사라진 것을 발견하고, 한국에 가서 이른바 '종교 다원주의'를 선창하다가 신학교 학장직은 물론 목사직까지 박탈당하는 '변'을 당하셨다고 한다. 참된 종교요 진리라면 어디에도 갇혀 있지 않아야 한다. 진리라는, 종교라는 틀을 정해 놓고 그 틀 안에서만 진리를 찾고자 한다면 그것은 보편적인 진리가 될 수 없다. 어찌 어떤 특정 종교 안에만 진리가 있을 수 있겠는가. 『금강경』의 가르침에서처럼 진리 그 자체에 대해서도 집착하지 않을 수 있고, 경전이나 부처나 신 그 자체에 대해서도 집착하지 않을 수 있을 때 툭 트여 자유로운 완전한 해탈에 이를 수 있을 것이다.

필자 또한 성경을 미진하나마 공부하고 있는데, 성경 속에서도 진리를 찾을 수 있고, 법을 찾을 수 있다고 생각한다. 다만 그 성경을 보는 사람의 관점에서 다르게 해석하다 보니 성경만을 문자적으로 있는 그대로 믿게 되는 사람이 있을 수 있지만, 문자를 넘어서서 담겨 있는 깊은 뜻을 바로 보고 해석할 수만 있다면 그 안에는 분명 진리의 숨결을 담고 있다고 본다. 실제 많은 스님들께서 성경에 대한 아름다운 해석을 해놓고 있으며, 또한 목사님이나 신부님들도 불경에 대한『금강경』에 대한 의미 있는 해석을 하고 있음을 볼 수 있다.

이 정도까지만 해두고, 여기까지가 우리가 알고 있는 구마라집 한역의 『금강경』 번역인데, 현장 역이나 산스크리트 원문에서는 한걸음 더 나아가서 '상도 없고 상 아님도 없기 때문이다'라고 말하고 있는 점을 좀 더 살펴보자. 산스크리트 원문이나 현장 역에서는 상이다 상이 아니다 하는 그런 관념 또한 치우침이기 때문에 놓아버려야 한다고 말하고 있다.

아상도 없고, 법상도 없으며, 법상이 아님도 없고, 또한 상 그 자체도 없고, 상 아님도 없다고 함으로써 일체 모든 여지를 남겨두지 않고 모조리 불태워 버리는 것이다. 이처럼 부처님의 가르침은 일체 모든 집착과 모양으로부터 완전히 떠나 있다. 그야말로 어디에도 치우치지 않고 집착하지 않는 고요와 텅 빈 적멸이 있을 뿐이다.

"무슨 까닭이겠는가. 이 모든 중생들이 만약 마음에 어떤 상을 취하면 곧 아상·인상·중생상·수자상에 집착하는 것이 된다. 왜냐하면, 만약 법의 상을 취하더라도 아상·인상·중생상·수자상에 집착하는 것이고, 법이 아니라는 상을 취하더라도 아상·인상·중생상·수자상에 집착하는 것이기 때문이다."

계속해서 부연설명을 하고 있다. 만약 마음에 '어떤 상'이라도 취하게 되면 이는 곧 아상·인상·중생상·수자상에 집착하는 것이 되기 때문에, 한 티끌도 남김이 없어야 하고, 마지막 한 가지의 '상' 또한 다 불살라 버려야 한다는 말이다. 앞서 말했던 것처럼 법상도 비법상도 상도 비상도, '어떤 상'이라 할지라도 그것을 취하면 다시금 '아상·인상·중생상·수자상'에 집착하는 것에 다름이 아닌 것이기 때문이다.

만약 법의 상을 취하더라도 '아상·인상·중생상·수자상'에 집착하는 것이고, 법이 아니라는 상을 취하더라도 '아상·인상·중생상·수자상'에 집착하는 것이기 때문이다. '범소유상 개시허망 약견제상비상 즉견여래'라는 이 진리의 글귀를 듣고 '이것이 진리다'라고 법에 집착하게 된

145

다면 그것 또한 결국에는 아상에 집착하는 것에 다름이 아니다. 앞서 말했듯이 법상도 또 다른 아상이기 때문이다. 이 세상의 모든 아상은 일체 모든 상의 근본이 되기 때문이다. 아상이 완전히 소멸되고 나면 이 세상 그 어떤 상도 함께 완전히 소멸될 것이지만, 만약 그 어떤 미세한 상이라도 생기고 나면 그것은 그대로 아상이 생기는 것과 다르지 않은 것이다.

'이것이 진리다'라고 집착을 한다고 했을 때, 집착을 하는 주체가 바로 '나'다. 집착이 생겼다 하면 그것은 벌써 내가 사라지지 않은 것이다. '나'라는 상에 집착해 있는 것이며, 아상에 빠져 있는 것이다. 내가 없는 마당에, 나도 일체도 모두 공한 마당에, '진리다'라고 붙잡을 것이 어디에 있겠는가. 나도 공하고 진리도 함께 공한 것이다.

그러니 당연히 '법이 아니라는 상'을 취하더라도 그것은 다시 '아상·인상·중생상·수자상'에 집착하는 것과 다르지 않다.

"그러므로 마땅히 법에도 집착하지 말고, 법 아닌 것에도 집착하지 말아야 한다. 이러한 뜻에서 여래는 항상 말하기를 '너희 비구들은 나의 법문이 뗏목의 비유와 같음을 알라'고 했으니, 법도 오히려 놓아버려야 하거늘 하물며 법 아님에 있어서 이겠는가."

그렇기 때문에 법에도 집착하지 말아야 하고, 법 아닌 것에도 집착하지 말아야 한다. 일체 모든 '집착'은 다 떨쳐 버려야 하는 것이다. 진리도 놓아버렸을 때 진리이지 잡고 나면 그것은 진리가 아니다. 부처님도 놓아버려야 하고, 가르침도, 복도, 지혜도, 선정도, 깨달음도, 일체 모든 것을 놓아버렸을 때 비로소 전체를 다시 잡을 수 있는 것이다. 그러나 이러한 생각, 이러한 표현까지도 나아가 일체를 다 놓아버려야 하는 것이다.

이러한 뜻에서 부처님께서는 '너희 비구들은 나의 법문이 뗏목의 비유와 같음을 알라'고 했던 것이다. 부처님의 법문이 뗏목 같은 것이기에 강을 건넜으면 뗏목은 짊어지고 갈 것이 아니라 버리고 가야 한다는 말이다. 이 비유는 『아함경』에 나온 비유로 다음과 같은 이야기를 말한다.

부처님께서 강을 건너기 위해 제자들과 함께 기슭에 서 계셨는데 강에 서 한 젊은이가 뗏목을 어깨에 이고 올라오려고 하고 있었다. 부처님께서 왜 그 무거운 것을 짊어지고 가려고 하냐고 물으셨더니 "이 뗏목 때문에 강을 건널 수 있었으니 이 뗏목은 내게 고마운 것이기 때문입니다"라고 대답했다. 이에 부처님께서는 그 젊은이의 어리석음을 지적하면서 불법을 뗏목에 비유하였다. "강을 건너고 난 뒤에는 뗏목을 버리고 가는 것이 현명한 것처럼 내 가르침도 그와 같아서 내 가르침대로 수행하여 생로병사의 고해바다를 잘 건넜거든 내 가르침도 버려야 하느니라"라고 말씀하셨다.

앞서 말했듯이 부처님의 가르침 또한 방편에 불과한 것이다. 부처님께서는 '마음이 환(幻)이다'라는데 치우친 사람에게는 본래 마음의 무한한 능력에 대해 말씀하심으로써 치유해 주셨고, '마음이 실체다'라고 치우친 생각을 가진 이에게는 마음의 공한 도리에 대해 말씀해 주심으로써 치유해주고 계신다. 이처럼 부처님께서는 사람들에 따라 응병여약(應病與藥)으로 대기설법(對機說法)을 해주신다. 그러니 어떤 한 가르침을 가지고 그것을 절대화하여 그것만이 진리라고 집착한다면 어리석은 일이 아닐 수 없다.

또한 보편적인 진리를 말씀하셨다고 하더라도 거기에 집착을 하면 이미 그것은 진리가 아닌 것이다. 진리는 집착하지 않음에 있는데 진리에 집착을 하면 '집착하지 않음'의 진리에서 멀어지는 것이기 때문이다. 거기에는 이 세상 그 어떤 것도 예외일 수 없다. 부처님의 가르침이라고 예외가 될 수는 없는 것이다.

이렇게 걸림 없고 자유로운 것이 진리의 참 모습이다. 그래서 부처님께서는 말씀하신다. '법도 오히려 놓아버려야 하거늘, 법 아님에 있어서이겠는가.' 법도 놓아버려야 하며, 법 아닌 것들 또한 놓아버려야 비로소 걸림 없는 대자유를 얻을 수 있다.

제7분

무득무설분

[얻을 것도 없고 설할 것도 없다]

無得無說分 第七

須菩提 於意云何 如來得阿耨多羅三藐三菩提耶 如

來有所說法耶 須菩提言 如我解佛所說義 無有定法

名阿耨多羅三藐三菩提 亦無有定法 如來可說 何以

故 如來所說法 皆不可取 不可說 非法 非非法 所以

者何 一切賢聖 皆以無爲法 而有差別

"수보리야, 너는 어떻게 생각하느냐? 여래가 아뇩다라삼먁삼보리를 얻었느냐? 여래가 설한 바 법이 있느냐?"

수보리가 사뢰었다.

"제가 부처님 말씀을 이해하기로는 아뇩다라삼먁삼보리라고 할 만한 정해진 법이 없으며, 또한 여래께서 설하셨다고 할 고정된 법도 없습니 다. 왜냐하면 여래께서 설하신 법은 다 취할 수도 없고, 말할 수도 없으 며, 법도 아니며 법 아님도 아니기 때문입니다. 그 까닭은 모든 현인과 성인은 무위법으로써 차별을 두기 때문입니다."

'무득무설'이란 말 그대로 얻을 것도 없고 설할 것도 없다는 뜻으로서, 이 분에서는 본래 얻을 것도 없고 설할 것도 없는 무유정법(無有定法)의 이치를 밝혔다. 부처님 가르침은 정해진 것이 아니며 '이것이 진리다'라고 할 만한 고정된 법이 아님을 말하고 있다.

부처님께서는 앞 장에서 법에도 집착하지 말고 법 아닌 것에도 집착하지 말라고 하셨다. 일체 모든 상을 타파하도록 이끌고 있다. 그러나 제자들 가운데는 이러한 부처님의 법을 듣고 '이 말이야말로 진리구나', '이러한 법을 깨달으신 부처님처럼 나도 깨달음을 얻어야겠다'고 생각할 수 있었을 것이다. 이에 부처님께서는 지금 네가 생각하는 그런 법은 없으며, 내가 설한 바도 없고, 또한 얻은 바도 없다는 말로써 법은 어디에도 집착됨이 없음을 다시금 일깨우고 계신다.

"수보리야, 너는 어떻게 생각하느냐? 여래가 아뇩다라삼먁삼보리를 얻었느냐? 여래가 설한 바 법이 있느냐?"

수보리가 사뢰었다. "제가 부처님 말씀을 이해하기로는 아뇩다라삼먁삼보리라고 할 만한 정해진 법이 없으며, 또한 여래께서 설하셨다고 할 고정된 법도 없습니다."

아뇩다라삼먁삼보리는 앞서 설명한 대로 '최상의 깨달음'을 의미하는 말로서, 무상정등정각(無上正等正覺), 혹은 무상정변지(無上正遍智)라 번역한다. 그 뜻은 '가장 높고, 바르며, 원만한 깨달음'으로, '무상'이란 더 높은 깨달음이 있을 수 없다는 말이고, '정'이란 객관적이고 타당성이 있는 치우침 없는 가르침이라는 말이며, '등'은 어느 한쪽에만 타당한 가르침이 아닌 일체 모든 존재에게 두루 하는 보편적인 가르침이라는 말이다.

부처님이야말로 아뇩다라삼먁삼보리를 얻으신 분이시며, 부처님께서는 항상 아뇩다라삼먁삼보리를 설하시는 분이시다. 그런데 부처님께서는 수보리에게 당연한 물음을 던지신다. 일반적으로 생각한다면 수보리의 답변은 "예, 그러하옵니다"가 되어야 하겠지만 수보리는 부처님 질문의 의도를 바로 깨닫고 있다.

수보리의 답변처럼, 아뇩다라삼먁삼보리라는 것 또한 언어적인 표현일 뿐이지만, 아뇩다라삼먁삼보리라고 할 만한 정해진 법이 없으며, 또한 여래께서 설하셨다고 할 만한 고정된 법이 없다.

왜 그러한가. 부처님은 새로운 가르침을 펼치신 분이 아니다. 부처님께서 새로운 진리를 만들어내신 분이 아니다. 이 세상은 언제나 진리 그대로일 뿐이다. 진리는 항상 온 우주법계를 골고루 비추며 항상 참 빛을 수놓고 있다. 진리는 없어진 적도 없고 다시 만들어진 적도 없으며, 아니 진리라고 이름 붙일 만한 그 어떤 것도 존재하지 않는다.

다만 우리 인간들이 텅 빈 진리의 세계를 보지 못할 뿐이다. 스스로 비뚤어진 생각과 분별로 괴로움을 만들어 놓고 그 틀 속에 스스로 갇혀 있을 뿐이다. 괴로움도 스스로 만든 것일 뿐, 본래 괴로움이란 없다. 인간의 욕심과 집착 온갖 번뇌며 분별들이 우리를 얽어매고 있을 뿐이다. 그러나 여래의 눈으로 본다면 그 또한 역시 진리의 모습으로 온전하다. 그렇기 때문에 다만 여래는 전도된 망상을 깨라고 하시고, 어리석은 욕심과 집착을 놓으라고 말씀하고 계실 뿐이다. 그것을 어찌 진리라고 할 수 있는가.

어떤 사람이 무거운 바위를 짊어지며 걸어가고 있다. 그런데 이 사람은 어릴 적부터 그 바윗덩이를 늘 짊어지고 살아왔기 때문에, 또 남들도 그렇게 짊어지고 살기 때문에 그것을 전혀 이상하게 생각하지 않았고 당연하게 생각해 왔다. 그렇지만 너무 무겁다. 이렇게 큰 바위를 들고 살아가기가 너무 힘에 겹다. 그래서 괴롭다고 야단이다. 어느 날 바위를 이렇게 붙잡고 살 필요가 없음을 깨닫게 된 한 사람이 이 사람에게 놓아버리라고 말한다. 그러나 이 사람은 한 번도 놓아본 적이 없었고, 놓으면 안 되는 줄 알고 있었으며, 남들도 다 붙잡고 살아가고 있다 보니 놓을 수 없다고 고집한다. 안 놓으려고 꼭 붙잡고 살려고 한다. 그러나 이미 놓아버리고도 아무런 일 없이, 아니 오히려 가볍고 편안하게 살고 있는 그 사람의 말을 듣고 과감하게 스스로 놓아버렸다. 놓고 나면 큰일이 날 줄 알았는데 놓고 나니 비로소 자유롭고 무거운 삶의 짐을 덜 수 있었다. 이제 더 이상 괴로움은 없다. 그렇다면 놓으라고 한 그 말이 진리인가? 스스로 깨닫고 놓은 사람은 깨달은 사람인가? 제 스스로 들고 있으니 다만 놓으라는 아주 평범하고 당연한 말만을 했을 뿐이지만 그 사람은 그로 인해 괴로움에서 벗어날 수 있었다. 이 말을 진리라고 할 것인가, 아니면 진리가 아니라고 할 것인가.

이와 같은 것이다. 우리가 괴로워하고 있는 실체는 우리 스스로 만들어 낸 고정관념일 뿐이며, 욕심이고 집착일 뿐이다. 부처님은 다만 그것을 놓으라고 말씀하실 뿐이다. 진리는 그 무엇도 붙잡고 있지 않다. 항상 빈손이며, 텅 비어 있고, 자유롭다. 그런데 다만 우리 인간들이 스스로 붙잡을 것들을 하나하나 만들어 내었고 거기에 집착을 하기 시작하면서부터 우리의 괴로움은 시작되었다.

부처님께서도 처음에는 붙잡고 사셨지만, 비로소 깨달았다. 붙잡고 있는 것만 놓으면 그대로 자유롭고 평화로운 것을 깨달았다. 그래서 사람들에게 놓으라고 말씀하고 계신다. 지금 붙잡고 있는 것은 다만 '집착'일 뿐이라고. 어리석은 사람들은 '내 것'을 늘리려고 집착하고 욕심 부리고, 그래서 스스로 아상과 아집을 만들어내지만 그것은 실체가 있는 것이 아니기 때문에 집착할 만한 것이 아님을 깨달으신 것이다. 그래서 아주 간단하게 말씀하신다. "그것은 실체가 아니다. 놓아라.", "그것이 네가 아니다. 놓아라."

본래 우리는 아무것도 잡지 않고 있었다. 그때는 아무것도 걸릴 것이 없고, 무거울 것이 없고, 삶이 힘들 것이 없었다. 다만 진리만이 있었고, 평화만이 있었다. 그런데 누군가가 하나씩 하나씩 잡기 시작했다. 실체인 줄 알고 잡기 시작했다. 그것이 모든 문제의 시작이 되었다. 집착하여 붙잡기 이전에는 오직 진리만이 있고, 고요만이 있으며, 일체 모든 존재는 그대로 법신이고 부처였다. 아니 이런 말조차 필요 없는 텅 빈 허공 그 자체였다. 다만 진리만이 있을 뿐, 다만 하나만이 있을 뿐, 아무것도 나누어지지 않았다. 누군가가 '내 것'이라고 나누기 시작하면서 분별하고, 자신의 것을 가지려는 집착과 소유, 욕심을 일으키면서부터 이 세상은 괴로운 곳이 되어버렸다.

그러나 여전히 이 세상은 온전한 진리만이 있을 뿐이다. 다만 그 괴로움은 그 사람의 문제다. 다만 그 사람이 스스로 착각하여 스스로 만들어낸 괴로움일 뿐이고, 고정된 상일 뿐이다. 스스로 붙잡아서 괴로운 것이니 스스로 놓아버리면 다시 본래 자리로써 여여하다. 부처님께서 말씀하신 것은 다만 그것이다.

"잡아서 괴롭다면 놓아라."

이렇게 평범한 말이다. 이것을 진리라고 할 것인가? 법이라고 할 것인가, 법이 아니라고 할 것인가. 이것을 깨달은 것을 아뇩다라삼먁삼보리를 깨달은 것이라고 할 것인가? 물론 다 언어의 장난일 뿐이니, 그렇게 부르기로 약속할 수는 있다. 그러나 그것 또한 여전히 우리가 만들어 낸 약속이고 비실체적인 것일 뿐이다. 그것 또한 놓았을 때 비로소 완전한 본래자리로 돌아갈 수 있다.

그렇기 때문에 수보리는 '아뇩다라삼먁삼보리라고 할 만한 정해진 법이 없다'고 말하는 것이며, '여래께서 설하셨다고 할 고정된 법이 없다'고 말하고 있는 것이다. 본래 깨달아 있는데 거기에 또 다시 깨달음이라는, 아뇩다라삼먁삼보리라는 이름을 붙일 것은 무엇인가. 이해를 위해 방편으로 그런 이름을 붙이기로 약속했다면 이해 된 뒤에는 그 약속 또한 놓아버려야 한다. 여래가 '이것이 진리다'라고 고정된 진리를 말씀하셨다고 생각한다면 아직도 멀었다. 그것조차 놓아 버렸을때 여래의 참뜻을 깨달을 수 있다.

계속해서 수보리는 말한다.

"왜냐하면 여래께서 설하신 법은 다 취할 수도 없고, 말할 수도 없으 며, 법도 아니며 법 아님도 아니기 때문입니다."

여래께서 설하신 법은 모두 다 취할 수도 없고 말할 수도 없다. 법을 취한다는 것은 법을 붙잡는다는 말이다. 붙잡아서 괴로운 사람에게 또 다른 것을 붙잡도록 이끎으로써 그 괴로움을 없애줄 것인가. 붙잡아서 괴로운 사람에게는 그저 놓을 수 있도록 '놓아라', '그것은 실체가 아니다(空, 無我)', '네가 붙잡고 있을 만한 그 어떤 매력이 있는 것도 아니고, 그 어떤 행복이 있는 것도 아니며, 항상하지 않고(無常), 괴로운 것이다(苦)'라는 방편의 말로써 이끌고 있을 뿐이다. 그런데 사람들은 거기에 또 다시 '진리' 라는, '법'이라는 이름을 붙인다. '공', '삼법인', '사성제', '무아', '무상'이라는 이름을 붙임으로써 '법'이라는 상을 또다시 만들어 낸다. 그러나 그것은 또 다른 상일 뿐, 그것이 진리인 것은 아니다.

진리는 취할 수 없다. 아니 취함이 있었을 때 이미 그것은 진리로서의 기능을 상실한다. 달을 가리키는 손가락이 달 자체일 수는 없다. 방편은 그 쓰임이 다하면 놓아버려야 하는 것이기 때문이다.

또한 진리는 말할 수도 없다. 부처님께서는 오랜 교화 끝에 반열반(般涅槃)에 드실 때 "내가 녹야원에서부터 쿠시나가라에 이르기까지 내 생에서 한마디 설법도 한 적이 없다"고 하셨다. 진리는 '이것이다'라고 말할 수 있는 것이 아니다. 그렇게 많은 설법을 하셨지만 그 설법은 어디까지나 방편이었을 뿐이다. '함이 없이 한' 무위(無爲)의 설법이었다. 앞서도 말했듯 이 부처님은 '이것이 진리다'라고 말씀하지 않으셨다. 다만 우리 중생들이 가지고 있는 집착을 놓으라고 하셨을 뿐이고, 욕심을 버리라고 하셨을 뿐이며, 분별을 없애도록 이끄셨을 뿐이다.

다시 말해 삿된 것을 타파해 주셨을 뿐, 새롭게 진리를 만들고자 한 것이 아니었다. 다만 삿된 것, 즉 욕심이며 집착, 분별들을 깨뜨리면 스스로 진리는 드러나는 것이다. 그것이 바로 대승불교의 이념인 파사현정(破邪顯正)이다. 삿된 것을 파하면 그대로 바른 것이 드러난다. 그러니 일체 모든 삿된 것, 즉 아상·인상·중생상·수자상을 비롯해 법상까지 다 타파하고 깨뜨릴지언정 새롭게 '진리'라는 상을, '법'이라는 상을 내세울 것도 없고, 취할 것도 없으며, 말할 수도 없는 것이다.

놓고 살면 평화로운데, 어리석게 잡고 살면서 스스로 괴로워하는 이에게 '놓아라', '실체가 아니다' 이 한마디한 것을 가지고 법이라고 할 것인가, 법이 아니라고 할 것인가. 방편에서는 법이라고 할 수도 있고, 법이 아니라고도 할 수 있지만, 진리에서는 법이라고 해도 안 되고, 법이 아니라고 해도 안 된다. 그저 그런 것까지를 모두 놓아버려야 할 뿐이다.

"그 까닭은 모든 현인과 성인은 무위법으로써 차별을 두기 때문입니다."

모든 현인과 성인, 즉 깨달은 자는 일체 모든 행위가 '함이 없는 행위'이고, '머무르지 않는 행위'이다. 함이 있는 법을 유위법(有爲法)이라 하고 함이 없는 법을 무위법(無爲法)이라고 한다. 깨달은 자는 일체 집착이 없고, 번뇌가 없으며, 그러한 함이 없는 행위는 아무런 흔적을 남기지 않는다. 업을 남기지 않고, 티끌을 남기지 않으며, 그 어떤 행위도 온전하고 순수하다. 그런 행을 무위(無爲)라고 하고, 흔적을 남기며 업을 남기고 괴로움을 남기는 행위를 유위(有爲)라고 한다.

쉽게 말해 어떤 일을 함에 있어 집착을 하거나, 욕심이 있거나, 했다는 상이 있거나, 아상, 아집이 있다면 그는 유위를 행하는 것이지만, 집착을 비우고, 욕심을 비우고, 아상과 아집을 놓아버린 채 그 일을 했다면 그는 겉으로 보기에는 차별적인 어떤 일을 하고 있더라도 사실은 무위로써 함이 없이 한 것이다. 보시를 한다고 했을 때, 보시를 하고도 '내가 네게 얼마만큼 보시했다'는 상이 남아 있고, 보시한 데 대한 집착이 남아 있거나, 아까운 마음 혹은 보시했으니 누가 알아주기를 바라는 마음 등이 있다면 그는 유위로써 보시를 한 것이다. 그러나 보시를 하고도 보시했다는 상이 남아 있지 않고, 보시한 데 대해 그 어떤 집착이나 보상도 바라지 않으며, 아주 보시했다는 것조차 잊게 된다면 그는 무위로써 보시를 한 것이다. 그렇기에 어리석은 중생은 무슨 일을 해도 '내가 했다' 하는 상이 남고, 집착이 남기 때문에 유위법으로써 행하지만, 일체 모든 현인과 성인은 '내가 했다'는 아상이 없고 집착이 없는 무위의 행을 하는 것이다. 해도 했다는 상이 없기에 무위의 행을 '함이 없는 행'이라고 한다. 이처럼 모든 현인과 성인은 오직 무위로써 행동한다. 그 어떤 흔적도 남기지 않는다. 그러면서도 일체 모든 것을 한다. '함이 없이' 한다. 나고 늙고 병들고 죽는 것을 다 하면서도 거기에 물들지 않는다. 이것이 '무위법으로써 차별을 두는' 것이다. 부처님께서 이 세상에 태어나 깨달음을 얻고 교화를 하다가 열반에 드신 것 또한 '무위법으로써 차별을 두는' 것이다. 부처님께서는 무위법으로써 차별을 두어 나투시며 교화하신다.

그렇기에 여래는 태어나도 태어난 것이 아니다. 무위로써 태어나기 때문이다. 태어난다는 것 자체가 차별심을 일으켜 이 세상에 온 것이다. 그렇듯 차별로써 태어나기는 하지만 그것이 유위로써가 아닌 무위로써 태어나는 것이다. 이처럼 모든 현인과 성인은 무위로써 차별을 두어 태어나기도 하고 늙고 병들고 죽기도 한다. 무위로써 인간들 앞에 나타나고, 무위로써 온갖 중생을 구제하며, 무위로써 살아가지만, 무위이기 때문에 나도 난 것이 아니고, 구제도 구제가 아니며, 삶도 삶이 아니고, 죽음 또한 죽음이 아니다. 즉 삶의 그 모든 과정에서 한 치의 집착도, 한 치의 욕심도, 한 치의 아상도 일으키지 않는다. 그 어떤 흔적도, 결과도, 티끌도, 업도 남기지 않는다. 그러면서도 중생들 앞에 일체 모든 것으로 화하여 나타난다. 무위이기 때문에 그 어떤 것과도 하나가 되어 나툰다. 관세음보살이 33화신으로 나타날 수 있는 것도 이 때문이며, 이 세상 삼라만상 그 어떤 곳에서도 법신불을 친견할 수 있는 이유도 이 때문이다.

이처럼 무위의 행을 하며 무위의 법을 설하기 때문에 어느 것 하나 고정된 법이 없다. 고정된 그 어떤 것도 없기 때문에 도리어 그 어떤 것에도 수만 가지로 응할 수 있는 것이다. 무수한 중생이 있고, 무수한 근기의 중생이 있으며, 또한 그 많은 중생들의 무량한 괴로움이 있지만 여래는 무위의 행과 무위의 법을 설하기 때문에 고정되지 않은 무량한 중생과 무량한 근기와 무량한 괴로움에 자유자재로 나투는 차별법으로 중생 앞에 나타날 수 있는 것이다. 정해진 바가 없는 무위의 행이라지만 무수한 중생 앞에 차별법으로 나투는 것이 가능하며, 무량한 방편법을 행하고, 무량한 근기에 대기설법으로 응하실 수 있는 것이다. 이처럼 여래는 무량한 차별법을 행하지만 무위로써 행한다. 함이 없이 행한다.

그렇다면 성현은 왜 차별을 일으켜 중생들 앞에 나타나는 것인가. 그것은 중생구제를 향한 동체대비(同體大悲) 때문이다. 오직 성현은 중생구제를 위해 동체대비의 마음으로 나툰다. 부처님도 깨닫고 나서 바로 반열반에 들 수 있었지만, 동체대비심 때문에 그대로 인간의 모양으로써 80세까지 교화하며 살아갈 수 있었다.

그리고 반열반에 드심으로써 비로소 온 우주와 하나가 되셨다. 아니 우주 그 자체가 되셨다. 일체 모든 것으로써 늘 나투고 계시는 것이다. 바람으로도, 구름으로도, 태양으로도, 사람으로도, 축생으로도, 사랑하는 모습으로도, 미워하는 사람으로도, 그 어떤 것으로도 능히 나투어 주고 계신다. 능히 나투어서 일체중생에게 모습을 드러낸다. 지금 이 순간에도 내 주변에 있는 일체 모든 모양으로써 나투고 있지만 우리의 어리석음이 그것을 보지 못하도록 가릴 뿐이다. 공연히 스스로 가리지만 않으면 나도 존재도 그대로가 부처이며, 모든 행위가 그대로 함이 없는 부처의 행이 될 수 있다.

그러므로 차별 있는 모습 속에서 차별 없는 무위의 부처를 볼 수 있어야 하고, 차별 있는 몸으로써 차별 없는 법신을 체득할 수 있어야 한다.

의법출생분

[이 법에 의해 모든 가르침이 나온다]

依法出生分 第八

須菩提 於意云何 若人 滿三千大千世界七寶 以用布
施 是人 所得福德 寧爲多不 須菩提言 甚多 世尊 何
以故 是福德 卽非 福德性 是故 如來說 福德多 若復
有人 於此經中 受持 乃至 四句偈等 爲他人說 其福
勝彼 何以故 須菩提 一切諸佛 及諸佛 阿耨多羅
三藐三菩提法 皆從此經 出 須菩提 所謂佛法者 卽

　"수보리야, 너는 어떻게 생각하느냐? 만약 어떤 사람이 삼천대천세계에 가득한 칠보로써 널리 보시하면 이 사람이 얻는 복덕이 얼마나 많겠느냐?"

　수보리가 사뢰었다.

　"매우 많습니다. 세존이시여, 왜냐하면 이 복덕은 곧 복덕성이 아니므로 여래께서 복덕이 많다고 말씀하신 것입니다."

　"만일 어떤 사람이 이 경 가운데 사구게만이라도 받아 지녀 남을 위해 설한다면 그 복덕이 보시한 복덕보다 더 수승하다. 왜냐하면 수보리야, 일체 모든 부처님과 모든 부처님의 아뇩다라삼먁삼보리법이 다 이 경으로부터 나왔기 때문이다. 수보리야, 이른바 불법이란 곧 불법이 아니다. 그러므로 불법이라고 말하는 것이다."

'의법출생'이라는 이 분에서는 일체 모든 부처님과 부처님의 가르침이 바로 이 경의 가르침에서 나왔다고 밝힘으로써 상을 타파하는 이 경전의 가르침이 수승함을 나타내고 있다. 이러한 수승함은 삼천대천세계를 칠보로써 널리 보시하는 것보다 더한 수승함이다.

　'일체 모든 상의 타파'를 밝히는 『금강경』의 가르침이야말로 일체 모든 부처님과 부처님의 가르침의 핵심이 되는 것이다. 그러나 그러한 가르침, 즉 불법이라고 하는 그 상마저도 타파되어야 할 또 다른 상에 불과하다. 그렇기에 불법이란 곧 불법이 아니고 그렇기 때문에 이를 불법이라고 한다고 말하고 있다. 이 말은 일체의 모든 상을 타파하는 것이 불법이며, 『금강경』의 가르침이고, 거기에는 불법이라는 상 또한 타파되어야 할 대상이 됨을 의미한다. 그렇듯 불법조차 모두 타파되었을 때 비로소 진정한 불법이 있음을 밝히고 있다.

　"수보리야, 너는 어떻게 생각하느냐? 만약 어떤 사람이 삼천대천세계에 가득한 칠보로써 널리 보시하면 이 사람이 얻는 복덕이 얼마나 많겠느냐?"

　수보리가 사뢰었다.

"매우 많습니다. 세존이시여, 왜냐하면 이 복덕은 곧 복덕성이 아니므로 여래께서 복덕이 많다고 말씀하신 것입니다."

내용을 살펴보기에 앞서 삼천대천세계에 대해 먼저 알아보자. 삼천대천세계라는 이 말에는 불교의 세계관이 잘 나타나 있으며 경전에서도 자주 등장할 뿐더러, 사찰을 지을 때에도 이러한 불교의 세계관에 기초하여 도량을 건축하기 때문에 관심을 가지고 살펴보아야 할 부분이다. 또한 요즈음의 현대 천체물리학에서 연구되고 있는 결과와도 불교의 우주관은 맞닿아 있는 부분이 많아 과학자들의 연구대상이 되고 있는 가르침이기도 하다.

먼저 우리가 살고 있는 이 우주의 중심에는 수미산이 서 있고 그 수미산을 동심원으로 일곱 개의 산과 여덟 개의 바다가 둘러싸여 있다. 이 칠산 팔해(七山八海)의 가장 변방의 산이 철위산(鐵圍山)이고 철위산으로 둘러싸인 팔해의 마지막 바다에는 동서남북으로 4개의 커다란 대륙이 있는데, 이곳이 북구로주(北俱盧洲), 남섬부주(南瞻部洲), 동승신주(東勝身洲), 서우화주(西牛貨洲)이다. 수평적으로 보았을 때, 이 네 곳의 대륙의 지표면에 인간과 축생이 살고 있으며 지금 우리가 살고 있는 곳이 남쪽의 섬부주로 이곳이 가장 살기 어렵고 박복한 곳이라고 한다.

한편 수직적으로 보면 인간과 축생이 사는 그 아래쪽 철위산의 밑바닥에 지옥과 아귀의 세계가 차례로 있으며 더 위로 올라가 수미산의 중턱에 사천왕천이 있다. 사천왕천은 네 개의 천상으로 이를 다스리는 네 명의 천왕이 우리가 잘 알고 있는 동방 지국천왕(持國天王), 남방 증장천왕(增長天王), 서방 광목천왕(廣目天王), 북방 다문천왕(多聞天王)이다.

그리고 사천왕천에서 더 위로 올라가 수미산(須彌山)의 정상에는 33천이라 불리는 도리천(忉利天)이 있으며, 이곳의 천주(天主)가 제석천(帝釋天)이다. 또한 천상계는 아니지만 공중에 아수라(阿修羅)가 있는데 이들은 항상 분노와 진심이 많아 인접해 있는 제석천의 천병(天兵)들에게 계속 싸움을 건다. 항상 지면서도 업이 그러하기 때문에 늘 전쟁을 일삼아 아수라가 사는 곳은 늘 정신이 없고 전쟁터처럼 폐허가 되어 있다. 그래서 아수라장(阿修羅場)이란 말도 생겨난 것이다.

그 다음이 야마천(夜魔天)이고, 그 위에 차례로 도솔천(兜率天), 낙변화천(樂變化天), 타화자재천(他化自在天)이 있는데, 이상 여섯 개의 천상을 욕계육천(欲界六天)이라고 한다. 욕계란 식욕·수면욕·색욕과 같은 온갖 욕망으로 뒤덮인 세계를 말한다. 이 욕계의 하늘이 이상과 같이 여섯 가지라 욕계육천이라고 하는 것이고, 그 아래에는 앞서 말했듯이 지옥·아귀·축생·아수라·인간이 살고 있다. 욕계육천 위로는 색계(色界)의 18천이 있고, 다시 그 위로 무색계(無色界)의 4천이 있다. 색계란 욕계에서와 같은 온갖 욕망들에서는 벗어났지만 아직 물질에서 완전히 벗어나지 못한 존재들이 사는 세계로 살아 있을 때 초선부터 사선까지의 4가지 선정을 닦은 사람이 죽은 뒤에 태어나는 곳이며, 무색계란 욕망은 물론이고 물질에서도 완전히 벗어난 곳으로 공무변처정(空無邊處定)·식무변처정(識無邊處定)·무소유처정(無所有處定)·비상비비상처정(非想非非想處定)의 4무색선정을 닦은 자가 태어나는 세계를 말한다.

이렇게 수미산을 중심으로 아래로는 지옥에서부터 시작하여 위로 28개의 천상에 이르기까지의 모든 세계를 하나의 수미세계라 한다. 그리고 이러한 하나의 수미세계 1000개가 모인 것을 일 소천세계라 하며, 이 소천세계 1000개를 모은 것이 중천세계, 또 이 중천세계를 1000개 모은 세계가 바로 대천세계다. 이 대천세계는 소천, 중천, 대천이라는 세 종류의 하늘세계가 모여 이루어지기 때문에 삼천대천세계라고 불린다. 즉 삼천대천세계는 10억 개의 수미세계로 이루어져 있는 세계로 그야말로 무량수 무량광 한량없는 크기의 우주를 말한다.

또한 칠보(七寶)는 수많은 경전에 등장하는 일곱 가지의 보물로서 『아미타경』에서는 금, 은, 유리(다이아몬드), 파리(적백의 수정), 자거(백색의 산호), 적주(붉은색 진주), 마노(짙은 녹색의 보옥)를 들고 있고,『법화경』에서는 여기에 파려와 적주를 빼고 대신에 진주와 매괴를 포함시키고 있는데, 그야말로 이 세상에서 가장 아름답고 진귀한 보배를 말하고 있다고 보면 된다.

부처님께서는 무량한 세계인 삼천대천세계에 가장 진귀한 보배인 칠보로써 가득 채워 보시한다면 이 사람이 얻을 복덕이 얼마나 많겠는가를 묻는다. 이에 수보리는 매우 많다고 말씀을 드리면서 이유를 함께 말씀드리고 있다. 수보리는 부처님께서 질문하신 깊은 의미를 알기 때문에 그저 많다고 하지 않고 '이 복덕은 곧 복덕성이 아니므로 여래께서 복덕이 많다고 말씀하셨다'고 하고 있다. 수보리는 지혜로운 답변을 하고 있다. 그저 많다고 한다면 그 답변은 반쪽짜리밖에 되지 못한다. 그러나 수보리는 많다고 답변하면서 그 이유는 '복덕은 복덕이 아니므로 복덕이다'고 하고 있다.

이 논법은 『금강경』에서 전체적으로 나오고 있는 논리 전개법이다. 일반적인 생각에는 이게 도대체 무슨 말인가 싶을 것이다. 도저히 논리적으로 맞지 않는 표현이기 때문이다. 'A는 A가 아니다. 그러므로 A이다'라는 논법은 논리를 초월해서 지혜로써 받아들였을 때 비로소 빛을 발하는 논법이다. 어리석은 이에게 있어서 이 논법은 도무지 이해할 수 없고 받아들일 수 없다. 그러나 이 논법이야말로 『금강경』의 '완전한 상의 타파'를 그나마 언어로써 표현할 수 있는 가장 완전한 방법이 될 수 있다. 언어는 완전하지 못하다. 완전하지 못한 언어를 가지고 완전한 진리를 표현하기는 그만큼 어렵다. 그렇기 때문에 표면적으로는 도무지 성립될 것 같지 않은 논법이 진리를 표현하는 『금강경』의 논법으로 나타나고 있는 것이다.

이 부분은 구마라집 번역에서는 위의 번역에서와 같이 복덕과 복덕성이라는 두 가지 표현을 씀으로써 앞의 복덕과 뒤의 복덕성의 차별을 두어 산스크리트 원문에서 쓰이는 논법인 'A는 A가 아니다. 그러므로 A이다'라는 『금강경』 논법을 조금 벗어나 있다. 이 부분의 산스크리트 원문의 해석은 '세존이시여, 선서시여, 그 선남자 선여인은 이로 인해서 공덕의 무더기를 쌓을 것입니다. 왜냐하면, 세존이시여, 공덕의 무더기라고 여래께서 설하신 것, 그것은 공덕의 무더기가 아니라고 여래께서는 설하셨습니다. 그러므로 여래께서는 설하시기를 공덕의 무더기, 공덕의 무더기라고 하신 것입니다'라고 되어 있으며, 직역을 중시한 현장의 번역에서도 이러한 해석은 계속되고 있다.[현장역, 世尊. 福德聚福德聚者 如來說爲非福德聚 是故 如來說名福德聚福

德聚]

그러나 이것은 잘못된 번역이라기보다는 조금 더 쉽게 이해시키기 위한 구마라집의 의역일 것이라고 보인다. 다시 말해 혜거 스님의 강설에서 이해되었듯이 유위법으로서의 복덕과 무위법으로서의 복덕성을 대비시킴으로써 조금 더 쉽게 이해될 수 있는 부분이 없지 않다. 즉, 유위법으로서의 복덕은 무위법으로서의 '복덕의 성품'을 말한 것이 아니기 때문에 유위법으로서의 복덕이 많다고 말할 수 있다. 무위법으로서의 복덕의 성품이란 본래 있지도 않고 없지도 않으며, 많고 적음도 있을 수 없다. 그러나 유위법으로서의 복덕이란 분명히 많은 것이다. 그러나 이러한 해석에서는 『금강경』의 본래 의미를 확연히 드러내 주기에는 부족함이 있어 보인다. 앞서 산스크리트 원문이나 현장의 해석에서처럼 '그렇게 보시하면 많은 공덕을 쌓을 수 있습니다. 왜냐하면 부처님께서 공덕의 무더기라고 한 것은 공덕의 무더기가 아니라고 하셨습니다. 그러므로 부처님께서 설하시기를 공덕의 무더기라고 하신 것입니다'라고 해석을 하면 다음과 같은 이해를 할 수 있게 된다.

삼천대천세계에 칠보로써 보시를 하면 많은 공덕을 쌓을 수 있다. 공덕의 무더기라는 것은 유위법으로 보았을 때 공덕이지만, 무위법으로 보았을 때는 공덕이 될 수 없다. 아니 공덕이라는 이름 자체도, 그 상 자체도 타파되어야 한다. 앞서 4분에서 이해되었던 것처럼, 보시를 하지만 상에 얽매여 보시를 하지 않았을 때 그 공덕은 무량한 것이다. 다시 말해 많은 공덕의 무더기를 쌓았지만 '이것이 공덕의 무더기다'라고 스스로 상을 짓는다면 그것은 더 이상 공덕이 될 수 없는 것이다. 그렇기 때문에 '공덕의 무더기라 한 것은 공덕의 무더기가 아니다'라는 논법이 성립할 수 있는 것이다. 즉, '공덕이다'라고 상을 짓는 것은 공덕이 아니라는 말이다. 그리고 그렇게 바르게 이해되었을 때만이 비로소 진정한 공덕을 성취할 수 있다는 말이다.

그래서 부처님께서는 이러한 공덕의 비유를 드심으로써 삼천대천세계에 칠보로써 보시한 공덕이 무량함을 말하고 계신다. 그 무량한 이유는 무주상이기 때문이다. 어디에도 머물러 있지 않기 때문이다. 아무리 삼천대천세계에 칠보로써 보시하더라도 '내가 보시했다'고 하는 상에 머물러 보시하고, '보시했으니 이것은 공덕이 될 것이다'라고 상을 짓는다면 그것은 공덕이 되지 않을 것이지만, 그 많은 보시를 했으면서도 '공덕은 공덕이 아니다'라고 바로 이해를 했기 때문에 비로소 그것은 많은 공덕이 될 수 있다는 말이다.

이처럼 부처님께서는 수보리와의 문답을 통해서 물질로써 무주상보시를 하는 것은 이와 같이 복덕이 많은 것이라고 말씀하고 계신다. 그런데 부처님께서는 단순히 물질적인 보시가 이처럼 복덕이 많은 것이니 물질적으로 많이 보시해야 한다고 말하고 계시는 것이 아니다. 다음의 구절을 살펴보자.

"만일 어떤 사람이 이 경 가운데 사구게만이라도 받아 지녀 남을 위해 설한다면 그 복덕이 보시한 복덕보다 더 수승하다."

부처님께서는 단순히 물질적인 보시가 중요하다는 말을 하고자 하는 것이 아니라, 물질적인 보시도 무주상이 되었을 때는 이처럼 큰 공덕을 성취할진대, 하물며 이 경 가운데 사구게만이라도 받아 지녀 남을 위해 설한다면 그 복덕은 앞의 복덕보다 더 수승하다는 말을 하고자 하셨던 것이다.

사구게란 앞의 제5분에 나왔던 '범소유상 개시허망 약견제상비상 즉견여래'와 같은 네 글귀로 된 게송을 의미한다. 그러나 일반적으로 게송들이 시적으로 표현되다 보니 네 글귀의 시적인 게송들이 많이 등장하고 있어 대표적으로 사구게라고 하는 것일 뿐, 반드시 네 구절로 된 경구만을 의미하지는 않는다. 또한 어떤 특정한 구절을 지정해서 의미하는 것일 수도 없다. 여기서 '사구게'라는 것의 참된 의미는 '이 경전 가운데 가르침을 잘 함축하고 있는 어느 한 구절' 정도의 의미로 이해하면 무리가 없을 것으로 본다. 사실 우리가 잘 알고 있는『금강경』의 핵심 사구게인 제5분 '범소유상 개시허망 약견제상비상 즉견여래'도 구마라집 번역에서나 사구게로 딱 떨어지도록 되어 있지, 산스크리트 원문이나 현장 역에서는 네 구절로 딱 떨어지지는 않는 것을 볼 수 있다.

그러면 이 부분에서 부처님 말씀의 핵심은 무언인가. 앞서 언급한 칠보보시의 비유는 그처럼 많은 물질적 보시를 하더라도 공덕이 무량할진대, 정말 소중한 진리의 말씀 한 구절을 읽고 외우며 남을 위해 보시하는 것은 그보다 더한 공덕을 성취한다는 말을 하고 있는 것이다. 즉, 물질적 보시보다는 법보시가 더 수승하다는 말이다. 왜 그러할까. 그 답변이 다음 구절에 나온다.

왜냐하면 수보리야, 일체 모든 부처님과 모든 부처님의 아뇩다라삼먁삼보리법이 다 이 경으로부터 나왔기 때문이다.

물질적인 보시보다도 법보시가 수승하고 공덕이 많은 이유는 일체 모든 부처님과 부처님의 가르침이 다 이 경으로부터 나왔기 때문이라는 것이다. 다시 말해, 일체 모든 상을 타파하도록 이끄는 이 경전의 가르침을 깨달아야만 부처가 될 수 있으며, 최상의 법이라는 것도 상을 타파하는 『금강경』의 이 가르침이라는 말이다. 『금강경』의 이러한 가르침이야말로 우리를 깨달음으로 이끌 수 있으며, 진리의 법을 얻도록 이끌어 줄 수 있다.

아무리 많은 물질적인 보시를 하더라도 그것이 나를 깨달음으로 이끌기는 어렵다. 물질적인 보시를 많이 행하면 물질적으로 풍요로워질 수는 있지만, 그것으로 정신까지 부유해질 수는 없다. 보시 중의 으뜸가는 보시는 물질적인 보시가 아니라 가르침의 보시이다.

가르침의 보시는 중생들의 어리석음을 타파해주고, 탐진치 삼독심을 버릴 수 있게 해주며, 일체 모든 상에서 벗어날 수 있도록 이끌어준다. 그러한 가르침의 보시 중에 가장 으뜸가는 가르침은 『금강경』의 가르침, 즉 '아상·인상·중생상·수자상을 비롯하여 법상에 이르기까지, 일체 모든 상이란 상은 다 타파해주는' 가르침이다. 일체 모든 상이 상이 아님을 바로 깨달아 일체 모든 상에서 벗어나며, 상에 얽매이지 않고 물들지 않을 때 비로소 깨달음이 오는 것이다. 그리고 그러한 가르침으로 깨달으신 분들이 부처님인 것이다. 다시 말하면 부처님이 부처님일 수 있는 이유는 일체의 모든 상을 다 타파했기 때문이다. 그래서 부처님께서는 다음의 게송을 말씀하고 계신다.

"수보리야, 이른바 불법이란 곧 불법이 아니다. 그러므로 불법이라고 말하는 것이다."

구마라집 역에서는 '불법이란 곧 불법이 아니다'라는 말로만 맺음이 되어 뒷부분이 생략되어 있는데, 이 부분의 산스크리트 원문이나 현장 역에서는 그 뒤에 '그러므로 불법이라고 여래는 설한다'는 부분이 있다. 현장역에서는 '수보리야, 여래가 설하길, 모든 불법은 불법이 아니다. 그런 까닭에 불법이라고 여래는 설한다'라고 했고, 산스크리트 원문에서는 '수보리여, 불법들이라는 것은 불법들이 아니라고 여래에 의해서 설해졌나니, 그래서 말해지기를 불법들이라고 한다'고 했다. 이 뒤의 구절이 나와 있어야 비로소 아상 타파를 위한, 공사상을 드러내기 위한 『금강경』의 논법인 'A는 A가 아니다. 그러므로 A이다'라는 논법이 성립된다.

그런데 문득 이러한 말이 왜 나오게 되었는가. 법보시의 공덕에 대해 설하는 이 장의 맺음에서 왜 갑자기 이러한 말씀을 하셨는가. 그 의미를 아는 것이 중요하다.

일체 모든 부처님과 부처님의 가르침이 다 이 경전에서 나왔다고 했다. 그 말은 일체 모든 상을 타파해야 한다는 『금강경』의 가르침에서 모든 부처님은 깨달음을 얻을 수 있었다는 말이다. '범소유상 개시 허망 약견제상비상 즉견여래'라는 게송의 가르침에서 깨달음을 얻을 수 있다는 말이며, 이는 다시 말해 불법 속에서 부처님이 나왔다는 말로도 이해할 수 있다. 그런데 흡사 이 말은 이『금강경』의 가르침인 불법만이 진리이며, 이 법만이 부처님을 나오게 한다고 들릴 수가 있다.

그러나 이렇게 불법을 이해한다면 이 사람은 불법을 올바로 이해한 것이 아니다. 상을 타파하라는 불법을 이해한다고 하면서 오히려 불법이라는 상에 얽매여 있는 것이기 때문이다.

이 불법 속에서 모든 부처가 나왔으며, 이 불법을 보시하는 것이 가장 수승한 공덕이 있는 것이라고 말씀을 하셨는데, 이렇게 듣고 나니 어리석은 중생들은 '아, 이 불법만이 나를 깨달음으로 이끌어 줄 수 있구나' 하고 생각할 수 있다는 말이다. 이 말은 자칫 불법에 집착하게 될 수 있다는 말이다. 그래서 부처님께서는 이를 경계하고 계신 것이다.

'불법은 불법이 아니다. 그러므로 불법이다.'

즉 불법에도 집착하면 안 되고, 불법이라고 고정된 어떤 실체도 있지 않다는 말이다. 불법이라는 틀, 불법이라는 상까지도 타파했을 때 비로소 참된 불법이 드러난다는 말이다. 불법을 불법이라고 하면 이것은 불법이 아니다. 불법을 불법이 아니라고 바로 알았을 때 비로소 불법은 빛을 발할 수 있다.

불법도 하나의 이름일 뿐이다. 불교도 이름이고, 부처도 이름일 뿐이다. 그래서 옛 스승님들은 '부처를 만나면 부처를 죽이고 조사를 만나면 조사를 죽이라'고 했다. 상의 타파에는 그 어떤 예외도 있을 수 없다. 그것이 설령 부처가 되었든, 불법이 되었든, 그 어떤 것이 되었든 고정되게 실체화하면 그것은 이미 진리가 될 수 없다. 불교를 불교라고 하면 불교가 아니고, 진리를 진리라고 하면 진리가 아니며, 부처를 부처라고 하면 더 이상 부처가 아니다. 불교라는 상을 세우면 이미 불교가 아니고, 진리라는 상을 세우면 이미 진리가 아니며, 부처라는 상을 세워도 이미 부처가 아니기 때문이다.

그래서 불교를 신행하는 불자들은 스스로를 '불자'라는 틀에 가둬선 안 된다. 불법의 진리를 '불교'라는 틀에 가둬서는 안 된다. 가두어진 것은 이미 불교가 아니고 진리가 아니다. 우리가 불교를 믿고 신앙하는 이유는 그것이 진리이기 때문이지 그것이 불교이기 때문인 것은 아니다. 참된 불자라면 이렇게 활짝 열려 있어야 한다. 그 어디에도 걸려선 안 된다. 한없이 자유로울 수 있어야 한다. 불교라는 틀에서도 자유로울 수 있고, 진리라는 틀에서도, 부처라는 틀에서도 자유로울 수 있었을 때 비로소 불교를, 진리를, 부처를 바로 보고 믿으며 실천할 수 있는 것이다. 불교를 버렸을 때 비로소 불교인 것이다.

　이것이 우리의 종교다. 이것이 우리 모두의 진리인 것이다. 이 세상 모든 존재들의 보편적이고 온전한 가르침인 것이다. 불법은 불법이 아니다. 그러므로 불법이다.

제9분

일상무상분

[깨달음이란 상도 없다]

一相無相分 第九

須菩提 於意云何 須陀洹 能作是念 我得須陀洹果不
須菩提言 不也 世尊 何以故 須陀洹 名爲入流 而無
所入 不入 色聲香味觸法 是名須陀洹 須菩提 於意
云何 斯陀含 能作是念 我得斯陀含果不 須菩提言
不也 世尊 何以故 斯陀含 名一往來 而實無往來 是
名斯陀含 須菩提 於意云何 阿那含 能作是念 我得
阿那含果不 須菩提言 不也 世尊 何以故 阿那含 名
爲不來 而實無不來 是故 名阿那含 須菩提 於意云
何 阿羅漢 能作是念 我得阿羅漢道不 須菩提言 不
也 世尊 何以故 實無有法 名阿羅漢 世尊 若阿羅漢
作是念 我得阿羅漢道 即爲着我人衆生 壽者 世尊
佛說 我得無諍三昧 人中 最爲第一 是第一離欲阿羅
漢 世尊 我不作是念 我是離欲阿羅漢 世尊 我若作
是念 我得阿羅漢道 世尊 即不說須菩提 是樂阿蘭那
行者 以須菩提 實無所行 而名須菩提 是樂阿蘭那行

"수보리야, 너는 어떻게 생각하느냐? 수다원이 생각하기를 '내가 수다원과를 얻었노라' 하겠느냐?"

수보리가 사뢰었다.

"아닙니다. 세존이시여, 왜냐하면 수다원은 이름이 '흐름에 든 자'를 말하오나 실은 들어간 바가 없습니다. 그는 형상에 들지 않았으며, 소리, 냄새, 맛, 감촉, 마음의 대상에 든 것도 아니기에 수다원이라 이름합니다."

"수보리야, 너는 어떻게 생각하느냐? 사다함이 생각하기를 '내가 사다함과를 얻었노라' 하겠느냐?"

수보리가 사뢰었다.

"아닙니다. 세존이시여, 왜냐하면 사다함은 이름이 '한 번 갔다 오는 자'를 말하오나 실은 가고 온다는 생각이 없기에 이름하여 사다함이라 하였을 뿐입니다."

"수보리야, 너는 어떻게 생각하느냐? 아나함이 생각하기를 '내가 아나함과를 얻었노라' 하겠느냐?"

수보리가 사뢰었다.

"아닙니다. 세존이시여, 왜냐하면 아나함은 이름이 '돌아오지 않는 자'를 말하오나 실은 돌아오지 않는다는 생각이 없기에 이름하여 아나함이라 하였을 뿐입니다."

"수보리야, 너는 어떻게 생각하느냐? 아라한이 생각하기를 '내가 아라한도를 얻었노라' 하겠느냐?"

수보리가 사뢰었다.

"아닙니다. 세존이시여, 왜냐하면 진리라고 할 것이 없음을 이름하여 아라한이라 하였기 때문입니다. 세존이시여, 만일 아라한이 생각하기를 '내가 아라한도를 얻었노라' 하면 이는 곧 아상·인상·중생상·수자상에 집착함이 되는 것입니다. 세존이시여, 부처님께서 저를 무쟁삼매를 얻은 사람 가운데 제일이며, 욕심을 여읜 제일의 아라한이라고 말씀하셨으나 세존이시여, 저는 '나는 욕심을 여읜 아라한이다'라는 생각이 없습니다. 세존이시여, 제가 만약 '내가 아라한도를 얻었다'고 생각한다면 세존께서는 '수보리는 아란나행을 즐기는 자'라고 말씀하지 않으셨을 것이지만 실로 아란나행을 한다는 생각이 없기 때문에 '수보리는 아란나행을 즐긴다'고 이르신 것입니다."

'일상무상'의 의미는 아무리 궁극적인 실체의 모양(一相)이라고 하더라도 그것 또한 모양으로써 취할 수 있는 상이 아니라는(無相) 말이다. '일상'이란 궁극적인 깨달음의 경지, 즉 해탈과 열반의 모습을 말한다. 일반적으로 일체의 모든 모양이나 세계는 궁극적으로는 '하나의 깨달음', '하나의 해탈'로 귀결된다고 배워왔다. 결국에는 모두가 '하나의 통합적이고 전체적인 상'으로 귀일될 것이다. 그래서 모든 상들을 다 타파하는 이유는 결국에 종극의 깨달음이라는 '하나의 상'으로 향하기 위한 수행과정이라고 생각하기 쉽다. 그렇게 우리는 보통 해탈이다, 열반이다, 부처다라고 하면 어떤 모습을 떠올리곤 한다. 위엄 있고 근엄한 부처님의 모습을 떠올린다거나, 해탈의 세계, 열반의 세계를 떠올리면서 그것은 늘 행복하고 평화로우며 아름다운 천상일 것이라는 등의 모양을 세우기도 한다.

　그러나 깨달음이란 곧 모양 없음을 말한다. 일체의 모든 상이 타파된 자리를 해탈, 열반이라고 이름붙이기로 약속했을 뿐이다. 그런데 상이 타파된 그 자리를 가지고 또 다른 모양을 짓는다는 것은 어리석은 일이다.

그래서 이 분에서는 일상, 즉 궁극의 마지막 하나의 실체까지도 그것이 모양이 아님을 설하고 있다. 수행을 하여 깨달음을 얻는 네 가지 단계를 설하면서 그 단계 또한 모양이 아니고, 그 단계의 깨달음 또한 모양으로 얻는 것이 아님을 설하고 있다.

"수보리야, 너는 어떻게 생각하느냐? 수다원이 생각하기를 '내가 수다원과를 얻었노라' 하겠느냐?"

수보리가 사뢰었다.

"아닙니다. 세존이시여, 왜냐하면 수다원은 이름이 '흐름에 든 자'를 말하오나 실은 들어간 바가 없습니다."

수행 사과(四果)란 수행을 통해 증득하여 얻는 깨달음의 결과인 과위(果位)로써 수다원, 사다함, 아나함, 아라한의 네 가지 계위를 말한다. 우선 부처님께서는 그 첫 번째 과위인 수다원에 대해 말하고 있다.

깨달은 자가 '나는 깨달았다'고 할 수 있겠는가. 스스로 깨달았다고 말한다면 그는 깨닫지 못했다. 깨달았다고 할 내가 없는 것이 깨달음이다. 아상을 비롯한 일체 모든 상을 여읜 것이 깨달음이며, 무아(無我)의 증득이 깨달음일진대, '나는 깨달았다'고 했다면 그것은 벌써 한참을 어긋난 것이다. 깨달음을 얻을 주체가 없다. 어리석은 중생과 깨달은 성인이 둘이 아니다. 생사와 열반이 둘이 아니다. 그러한 툭 터진 텅 빈 깨달음의 자리에 '나는 깨달았다'는 말은 끼어들 틈이 없다.

'내가 수다원과를 얻었노라'고 할 수 있겠는가 하는 물음이 바로 그

것이다. 수다원이란 말은 예류(預流), 혹은 입류(入流)라 번역한다. 이는 곧 '흐름에 든 자'를 말한다. 흐름에 들었다는 말은 무엇인가. 류(流)는 깨달음, 성도, 해탈, 열반을 의미한다. 즉 수행을 통해 이제 막 깨달음의 흐름에 든 자를 말한다.

그런데 왜 깨달음을 류(流)라고 하였는가. 흐름에 든다는 표현을 썼는가. 이 표현은 참으로 진리를 설명하기에 흡족한 말이다. 우리는 모두 흐름에 들어야 한다. 흐름에 내 온 존재를 완전히 내맡길 수 있어야 한다. 법계의 흐름, 진리의 흐름을 타고 함께 따라 흐를 수 있어야 한다. 흐름이란 무엇인가. 흐름이란 멈춤이 아니라는 의미다. 이 세상은 언제나 흐르고 있다. 흐르지 않는 것은 없다. 어디에도 멈추는 것은 있지 않다. 어떻게 멈출 수 있단 말인가. 찰나 찰나 끊임없이 변하고 있다. 그것이야말로 이 세상 모든 존재의 법칙이다.

부처님 가르침의 핵심도 제행무상(諸行無常)이라는, 끊임없이 변한다는 진리이다. 항상하지 않고 흐르므로 고정된 실체로서의 자아가 없다(제법무아, 諸法無我). 항상하지 않고 실체적 자아가 없는 것은 괴로움이다(일체개고, 一切皆苦). 이것이 이 세상 모든 존재의 변하지 않는 세 가지 법칙, 삼법인(三法印)이다. 이렇듯 이 세상은 잠시도 머물러 있지 않고 찰나로 흐른다. 변화를 멈출 수 있는 것은 없다. 그러니 변화하는 그 흐름에서 벗어나려 할 것도 없다. 그 흐름에 몸을 맡기라. 변화를 멈춰 세우려고 하지 말라. 변화의 흐름을 붙잡아 두려하지 말라.

우리의 모든 괴로움은 변화의 흐름을 받아들이지 않고 거부하려는 데서 온다. 흐름을 타지 않는 데서 온다. 변화하는 것이 두렵고, 지금

이 모습이 그대로 지속되길 바란다. 이 몸이 지속되길 바라고, 이 행복의 느낌이 지속되길 바라며, 내 돈과 명예, 권력, 가족, 친구, 이 모든 것이 지속되길 바란다. 그것들이 변하는 것을 참을 수 없다. 변화하는 것 말고, 영원히 지속될 수 있는 무언가를 바라면서, 안주할 것을 찾게 된다. 지속됨과 안주속에 행복이 있을 것으로 착각한다. 그러나 이 세상 그 어디에도 언제까지나 지속되는 것은 없다. 이 세상 그 어디에도 영원히 안주하여 머물 곳은 없다. 오직 변화라는 흐름만이 있을 뿐.

어디에도 머물러 있지 말라. 몸도 변하고, 마음도 변하며, 감정도 변하고, 사랑도 미움도 변한다. 사상이나 견해도 변하고, 욕구나 욕심도 변한다. 명예나 권력, 지위도 변한다. 업(業) 또한 끊임없이 변화할 뿐이다. 변화는 자연스러운 것이다. 아름다운 법계 본연의 모습이다. 그것을 받아들이라. 함께 변화하라. 그 흐름에 들라. 우리가 할 수 있는 수행은 오직 이것밖에 없다.

모든 것을 변하는 대로 그저 있는 그대로 놔두라. 어떻게 하려고 애쓰지 말라. 어떻게 바꿔보려고 다투지 말라. 그냥 변화라는 진리를 변하도록 그대로 놓아두기만 하면 된다. 그 흐름에 내 전 존재를 맡기고 함께 따라 흐르라. 변하지 않는 것은 어디에도 없는 이 세상에서 우리들 삶의 목적이 '변치 않음'의 추구에 있다는 것은 얼마나 어리석은 일인가.

이 세상을 그냥 놓아두라. 이떤 것도 붙잡지 말라. 집착하지 말라. 그저 흐르도록 놓아두라. 이 세상을 그냥 놓아두면 저절로 알아서 흐른다. 그리고 그 흐름은 정확하다. 정확히 있어야 할 일이 있어야 할 때에 있어야 할 곳에서 흐르고 있다. 그래서 이 세상을 법계(法界)라고 하는 것이다. 명확한 진리, 법에 의해 흐르는 세계라는 뜻이다. 변화에 의해 온전하게 흐르고 있다. 그 흐름을 거부하지 말라. 그대로 놓아두라.

어떤 것을 애써 잡으려 하지 말라. 깨달음도 잡지 말라. 잡을 것이 없는 것, 고정된 것이 없는 것, 모양이 없는 것, 안주할 것 없는 것, 항상하지 않는 것을 이름하여 깨달음이라 한다. 그런데 왜 도리어 그것을 잡지 못해 안달하는가.

부처님의 말씀은 오직 이것이다. 부처님의 수행은 오직 이것이다. 그냥 놓아두라. 어떤 것도 붙잡지 말라. 변하는 대로 그냥 두라. 다만 그 흐름에 들라.

지금까지 우리들의 삶은 변화를 거부해왔다. 변화를 거부하며 안주와 지속을 바랬다. 흐름에 들지 않았다. 그러나 수행이란 아주 단순하며 명쾌하다. 다만 흐름에 들면 된다. 지금까지의 온갖 집착과 안주에서 벗어나기만 하면 된다. 벗어나면 흐름에 들게 된다. 이렇게 흐름에 든 자가 바로 수행 사과의 첫 번째 과위인 수다원이다.

수다원은 흐름에 든 자다. 그러나 수다원은 제 스스로 흐름에 들었다는 생각이 없다. 흐름에 든다는 것은 대단한 무언가가 아니다. 대단한 무언가를 얻은 것이 아니다. 누구나 아무 일 없이, 그저 편안하게 푹 쉬면 그대로가 수다원이고 흐름에 든 자다. 그 어떤 얻음이나 수행의 결과가 아니다. 다만 어리석은 이들은 애써 붙잡으려 하고, 집착하려 하기 때문에 스스로 무거운 짐을 짊어지고 있을 뿐이다. 붙잡아 둘 수 없고, 멈출 수 없다는 것을 모르기 때문에 자기의 것으로 붙잡아 두려는 어리석음을 일으키고 그로 인해 모든 문제는 시작된 것이다. 그러니 수다원에 드는 것이 더 많은 에너지를 소모하는 일인가, 어리석게 붙잡는 중생의 길을 택하는 것이 더 힘겨운 일인가. 중생은 스스로 붙잡고 붙잡은 것을 내 것으로 만들고자 애를 쓰며 그렇게 되지 않기 때문에 괴로워한다. 공연히 스스로 괴로움을 만들고 스스로 만든 괴로움에 스스로 빠져서 헤어나지 못하고 있다. 그냥 일시에 다 놓아버리기만 하면 즉시로 흐름에 들게 되는데 그것을 놓지 못한다. 수다원이 대단한 것이 아니라, 집착하고 붙잡으려 하는 중생들이 어리석은 것이고 이상한 것이다. 그러니 결국, 첫 번째 수행의 과위인 수다원은 그동안 억지로 붙잡고 있었던 모든 집착과 욕망을 놓아버리고 자연스럽게 흐름에 드는 계위인 것이다.

이처럼 수다원은 전혀 대단한 어떤 것이 아니다. 그냥 평범한 것이다. 그러나 그 평범함 속에 비범함이 있다. 지극한 평범함이야말로 모든 수행자의 길이다. 그러니 흐름에 든 수다원이 스스로를 대단하게 여길 것이 없다. 스스로 '내가 수다원과에 들었노라'고 선언할 것도, 자랑할 것도 없다. 그러한 선언은 스스로를 어리석은 중생이라고 선언하는 것에 다름 아니다. 그러므로 수다원은 '흐름에 든 자'를 말하지만 실은 들어간 바가 없다. 들어가고 나가고 할 일이 없다. 그냥 쉬기만 했을 뿐. 그냥 온전한 변화의 흐름 속에서 다른 어떤 일을 하지 않고 그 흐름을 타기만 했을 뿐이다. 그것은 노력이 필요한 것이 아니다. 아무런 노력이 필요 없다. 수행은 그런 것이다. 깨닫기 위한 노력은 수행이 아니다. 수행이란 그저 쉬는 것일 뿐이다. 그저 푹 쉬었을 때 완전한 법계의 흐름에 동참하게 되기 때문이다.

사실은 이처럼 수행이란 이 세상에서 가장 할 일 없는 쉬운 것이다. 다만 쉬기만 하면 되니 그처럼 쉬운 것이 어디 있단 말인가. 그러나 요즘 사람들에게, 중생들에게 수행이 어렵게 느껴지는 이유는 그동안 애써 쌓아 왔고, 집착해 왔고, 붙잡아 와서 그것을 다시 원래대로 돌려놓는 것이 힘들기 때문이다. 본래 우리는 아무것도 붙잡지 않았고, 쌓아 두지 않았기에 괴로울 것도 없었고, 다시금 놓을 것도 없었다. 그러나 어느 순간부터 붙잡고, 집착하고, 욕망하기 시작하면서 '나', '내 것'이라는 관념을 쌓아왔다. 그러니 아주 단순하게 내 스스로 붙잡아 둔 집착의 덩어리들을 다시금 내려놓기만 하면 되는 것이다. 그저 돌려놓기만 하면 그대로 진리의 흐름을 타게 되는 것이다. 그것이 수다원인 것이다.

"그는 형상에 들지 않았으며, 소리, 냄새, 맛, 감촉, 마음의 대상에 든 것도 아니기에 수다원이라 이름합니다."

수다원은 그 어디에도 머물지 않는다고 했다. 그저 흐를 뿐, 잠시도 멈추는 일이 없다. 그 어떤 대상에도 마음을 빼앗기지 않는다. 그 어떤 대상에도 집착하거나 안주하지 않는다. 항상 새롭게 흐를 뿐이다. 날마다 새로우며, 매 순간순간이 새로움으로 가득 차 있다.

하물며 형상에 머물 것인가. 모양에 머물 것인가. 수다원은 형상에 들지 않는다. 소리나 냄새, 맛, 감촉, 마음의 대상 그 어디에도 들지 않는다. 그 어디에도 물들지 않고, 그 어디에도 머물지 않는다. 이 세상의 모든 흐름에 들지만 들지 않는다. 인연 따라 형상으로도 나타나고, 소리와 냄새, 맛, 감촉, 마음의 대상에도 항상 인연 따라 응한다. 응하여 나툰다. 그러나 그 모든 것이 항상하지 않고 흐른다는 것을 명확하게 알고 있다. 그러므로 인연 따라 나툰 형상을 취하기도 하지만 거기에 물들지 않는다.

부처는 마땅히 화신으로 이 중생계에 내려오기도 한다. 그것이 형상과 소리, 냄새, 맛, 감촉, 마음의 대상에 든 것이다. 그러나 그렇게 눈·귀·코·혀·몸·뜻을 가지고 색성향미촉법이라는 대상과 접촉하며 살아가지만 거기에 머물지 않는다. 거기에 물들지 않고 집착하지 않는다. 그것이 항상하지 않으며 실체가 없는 것을 안다. 그렇기 때문에 흐름에 든 자이지만 흐름에 들지 않는다고 말한다.

우리가 느끼는 괴로움의 주체와 대상은 무엇인가. 주체는 안이비설신의 육근이다. 즉 눈·귀·코·혀·몸·뜻이라는 우리 몸의 감각기관이다. 그 대상은 각각 색성향미촉법이라는 육경이다. 즉 형상과 소리, 냄새, 맛, 감촉, 마음의 대상이 그것이다. 여섯 가지 몸의 감각기관이 여섯 가지 세상의 대상을 만난다. 그러면서 그 둘의 접촉에서 좋고 싫고 그저 그런 느낌이 일어나고, 그 느낌은 연이어 애욕과 집착을 불러온다. 그것은 곧 괴로움이다. 집착하여 머무는 것은 모든 괴로움의 뿌리이다.

그러므로 모든 괴로움을 없애려면 마땅히 그 괴로움의 뿌리를 없애야 한다. 집착을 없애야 한다. 그러나 집착을 없애라고 해도 잘 없어지지 않는다. 그래서 집착의 원인을 찾아야 하는 것이다. 집착의 원인은 무엇인가. 앞서 말했던 육근과 육경의 접촉이다. 다시 말해 우리 몸의 감각기관 인 눈·귀·코·혀·몸·뜻이 형상, 소리, 냄새, 맛, 감촉, 마음의 대상을 만나기 때문에 일어난다. 그러나 육근과 육경이란 어떠한가. 고정된 실체가 있는 것인가. 그렇지 않다. 끊임없이 변화하는 것이다. 눈·귀·코·혀·몸·뜻도 이 세상을 살아가며 끊임없이 변화하고, 또 전생과 후생에 있어 끊임없이 변화하고 상속한다. 그 대상 또한 끊임없이 변화하는 흐름 속에 있다. 육근도 육경도 항상하지 않고 흐른다. 그렇기에 붙잡으려 해서는 안 된다. 집착해서는 안 된다. 다만 변화의 흐름에 들 수 있어야 한다. 들으면서 들지 않을 수 있어야 한다.

눈으로 형상을 보더라도 좋고 나쁜 느낌이 실체가 아닌 줄 알아, 좋은 것을 가지려고 집착하지도 말고, 싫은 것을 버리려고 애쓰지도 말라. 귀로 무슨 말을 들었더라도 그것이 실체가 아닌 줄 알아 칭찬에도 쉬 들뜨지 말고, 비난에도 가라앉을 것이 없다. 칭찬이나 비난이나 어디에도 머물러 있지 말라. 코로 냄새를 맡거나, 혀로 맛을 보거나, 몸으로 감촉을 느끼거나, 뜻으로 마음의 대상을 헤아릴 때에도 그것이 주체건 대상이건 모두가 고정된 실체 없이 항상 변화하는 흐름임을 바로 알아야 한다. 다만 그 흐름에 들 일이지 멈추어 두려고 하지 말라. 붙잡아 두려고 하지 말라. 내 것으로 만들려고 애쓰지 말라. 그렇게 되면 괴로움이 시작된다. 윤회가 시작된다.

이상에서 말한 것이 십이연기에서 말한 생로병사의 원인에 대한 대략의 줄거리다. 즉, 명색(육경) - 육입(육근) - 촉(육근과 육경의 접촉) - 수 (좋고 싫은 느낌) - 애(애욕, 갈애) - 취(집착) - 유(업, 삼계) - 생(태어남) - 노사(늙음과 죽음 등의 괴로움)라는 12연기의 지분인 것이다. 이러한 지분의 원인으로 인해 생과 노사가 생겨나는 것이다. 이 가운데에서도 특히 중요한 것은 육근이 육경을 촉하면서 그 육경에 대해 좋고 싶은 느낌과 애욕과 집착이 연이어 일어나기 때문에 육근이 육경을 만날 때 그 육경이란 대상에 끄달리지 않고 머물지 않는 것이 수행의 핵심이 된다. 쉽게 말해 눈이 대상을 볼 때 대상에 집착하지 말고, 귀로 소리를 들을 때 소리에 집착하지 말며 내지 의식이 어떤 법을 생각할 때 거기에 집착하지 말아야 한다. 그래서 수다원은 '형상에 들지 않았으며, 소리, 냄새, 맛, 감 촉, 마음의 대상에 든 것도 아니기에 수다원이라 이름한다'고 하고 있는 것이다. 이 말은 형상과 소리, 냄새, 맛, 감촉, 마음의 대상 등의 육경에 집착하지 않고 머물지 않는다는 의미다. 마땅히 색성향미촉법에 응해주면서도 머물러 있지는 않는 것이 수다원이다. 그것이 그 흐름에 들면서도 들지 않는 것이다.

"수보리야, 너는 어떻게 생각하느냐? 사다함이 생각하기를 '내가 사다함과를 얻었노라' 하겠느냐?" 수보리가 사뢰었다.

"아닙니다. 세존이시여, 왜냐하면 사다함은 이름이 '한 번 갔다 오는 자'를 말하오나 실은 가고 온다는 생각이 없기에 이름하여 사다함이라 하였을 뿐입니다."

마찬가지 질문이 계속된다.

사다함이란 '한 번 갔다 오는 자'를 말한다. '한 번 갔다 오는 자'는 무엇을 말하는가. 수다원이 되어 진리의 흐름에 들게 되면 더 이상 업(業)을 짓지 않는다. 어디에도 집착하지 않으며, 어디에도 머물지 않기 때문에 이미 십이연기의 '명색-육입-촉-수-애-취'라는 흐름을 끊어버렸다. 그러나 아직 완전히 업을 끊었다고 하기에는 부족하다. 여전히 습(習)에 이끌린 미세한 업은 짓게 된다. 업의 수레를 멈추기 위해 힘을 주기 시작했더라도 지금까지 내달려온 힘을 한순간 멈출 수는 없기 때문이다. 그러나 분명 이때부터는 업의 소멸이 빨라진다. 업이 점차 가벼워진다.

그러나 업이 있는 이상 여전히 윤회의 사슬을 완전히 끊어버릴 수는 없다. 아직도 윤회의 수레바퀴는 돌고 있다. 물론 그 수레는 조금씩 천천히 돌고 있으며 언젠가는 멈춰 서게 될 것이다. 그러더라도 여전히 윤회를 하겠지만, 윤회의 길이 괴롭지만은 않다. 완전히 흐름에 들어온 존재를 흐름에 맡기고 함께 따라 흐르기 때문이다.

점차 업은 솜털처럼 가벼워질 것이다. 이제 계속해서 윤회를 하지 않아도 될 만큼 가벼워졌다. 그런 자를 사다함, 즉 일왕래(一往來)라 한다. 즉 한 번만 더 갔다 오면 된다는 의미다. 이 육도윤회의 사바세계에 이제 한 번만 더 왕래하면 된다. 한 번만 더 다녀오면 두 번 다시 윤회의 굴레 속으로 들어가지 않아도 된다.

그러나 어떠한가. 사다함이 '내가 사다함과를 얻었노라'는 생각이 들겠는가. 내가 이제 한 번만 더 갔다 오면 된다는 생각이 일어나겠는가. 그런 생각이 일어났다면 그는 더 이상 사다함이 아니다. 그런 생각 자체가 어리석은 분별이며, 어리석은 의업을 짓는 것이고, 아상인 것이다. '나'라는 상을 벌써 깨버렸는데, 어디에 사다함과를 얻을 내가 있단 말인가. 사실 사다함과라는 실체는 없다. 실체가 없는데 어찌 얻을 수 있는가. 딱 정해진 것이 있고 그것을 잡을 수 있으며, 얻을 '어떤 것'이 있어야 그것을 얻지 않겠는가. 그러나 얻을 것이 없다.

수다원과도 사다함과도 정해진 어떤 과위가 아니다. 어떤 깨달음의 상태가 아니며, 얻어야 할 목적도 아니다. 편의상 이름을 붙여 수다원이라고 했고, 사다함이라고 했을 뿐이다. 그건 하나의 약속일 뿐이지 실체가 아니다. 도대체 어떤 위치를 수다원이라고 사다함이라고 딱 고정 지어 못 박을 수 있겠는가. 사람의 어떤 상태를, 수행자의 어떤 위치를 그렇게 말할 수 있는가. 그럴 수는 없다. 한 번 왕래한다는 것도 그것이 숫자로서의 1이라기보다는 그만큼 윤회의 원동력이 되는 업이 녹아 이제 더 이상 윤회의 수레바퀴 속에서 계속 돌고 돌지 않을 만큼 가벼워졌다는 것을 의미하는 것이지, 그것이 절대적 수치의 기록인 것은 아니다. 수다원은 내가 수다원이란 생각이 없고, 사다함도 내가 사다함이란 생각이 없으며, 나아가 아라한 또한 스스로 아라한이란 생각이 없다.

"수보리야, 너는 어떻게 생각하느냐? 아나함이 생각하기를 '내가 아나함과를 얻었노라' 하겠느냐?"

수보리가 사뢰었다.

"아닙니다. 세존이시여, 왜냐하면 아나함은 이름이 '돌아오지 않는 자'를 말하오나 실은 돌아오지 않는다는 생각이 없기에 이름하여 아나함이라 하였을 뿐입니다."

아나함과도 마찬가지다. 아나함이란 불래(不來)라고 하여, '돌아오지 않는 자'를 말한다. 더 이상 남아 있는 업이 없다. 남은 여습(餘習)까지도 다 불태워버렸다. 더 이상 윤회할 이유가 소멸돼 버렸다.

그러나 여기에서 주목해야 할 한 가지. 사다함이 수행하고 노력해서 결국에 아나함이 된 것은 아니다. 사다함이란 '한 번 갔다 오는 자'이며, 아나함은 '돌아오지 않는 자'라고 했다. 사다함이 한 번 갔다 오고 나면 이제는 더 이상 다시 오지 않는다. 바로 아나함이 된다. 별다른 뼈를 깎는 수행을 통해 얻어진 결과가 아니란 말이다. 자연스럽게 온다. 깨달음은 이렇듯 자연스럽게 온다. 노력하고 애쓰면서 훈련하는 결과로 얻어지는 것이 아니다.

수다원에서 흐름에 들고 나면 그때부터는 그저 쉬기만 하면 된다. 아무것도 하지 않아도 된다. 아니 무언가를 하려고 하면 다시 중생계로 떨어진다. 깨닫고자 애쓰거나, 그 다음 계위인 사다함, 아나함, 아라한까지 오르기 위해 수행하고자 한다면 그 노력이 시작됨과 동시에 다시금 흐름에서 벗어나고 말 것이다. 너무 조급하게 생각할 것 없다. 빨리 깨닫고자 애쓸 것도 없다. 다만 그냥 편안하게, 평화롭게 푹 쉬기만 하면 된다. 흐름에 들고 나면 더 이상 도달하는 것에는 관심이 없다. 깨닫는다는 관념 자체도 소멸되어 버린다. 다만 그 흐름을 타고 평화롭게 쉴 뿐이다. 완전한 무위(無爲)만이 있다. 함이 없이 행한다. 그 어디에도 머무르지 않고 다만 흐를 뿐이다. 흐른다는 표현도 부적절하다. 어떤 말로도 표현될 수 없다. 그냥 그러하다.

"수보리야, 너는 어떻게 생각하느냐? 아라한이 생각하기를 '내가 아라한도를 얻었노라' 하겠느냐?"

수보리가 사뢰었다.

"아닙니다. 세존이시여, 왜냐하면 진리라고 할 것이 없음을 이름하여 아라한이라 하였기 때문입니다. 세존이시여, 만일 아라한이 생각하기를 '내가 아라한도를 얻었노라' 하면 이는 곧 아상·인상·중생상·수자상에 집착함이 되는 것입니다.

아라한이란 수행 사과 가운데 가장 수승한 경지이다. 부처님 또한 경전에서 자신을 '대아라한'이라고 표현하셨다. 욕계, 색계, 무색계로부터 완전히 벗어나 해탈을 이룩한 경지로 아라한을 불생(不生), 즉 다시는 생을 받게 되지 않는 것으로 표현한다. 이처럼 아라한이란 온갖 깨달음의 경지 가운데 가장 수승한 경지를 말한다.

하물며 수다원, 사다함, 아나함에게도 있지 않은 생각이 아라한에게 있겠는가. 아라한이라는 생각은 오직 중생만이 할 수 있는 생각이다. 아라한은 아라한을 모른다. 아라한은 진리를 모른다. 진리라고 이름 지을 것이 도무지 없는데 애써 진리라는 이름을 내세울 것은 무엇인가. 아라한이란 진리라고 할 것이 없음이다. 일체 모든 것이 진리 그 자체라면 따로 진리라고 이름할 것이 없지 않겠는가. 그렇다고 아라한은 진리를 모른다고 하는 말도 딱 들어맞는 말은 아니다. 아라한은 깨달았는가 깨닫지 못했는가.

이는 참 어려운 물음이다. 깨달았다고 해도 어긋나고 깨닫지 못했다고 해도 어긋난다. 언어라는 것이 얼마나 무기력한 것인가. 오직 침묵만이 그것을 증명해 줄 뿐이다.

만일 아라한이 '내가 아라한도를 얻었노라'고 한다면 이는 곧 아상·인상·중생상·수자상에 집착함이 되는 것이다. '나'는 절대 아라한도를 얻을 수 없다. 아라한에는 '나'가 없기 때문이다. 깨달음은 아, 인, 중생, 수자가 사라졌을 때 온다. 오고 감이 없이 온다.

세존이시여, 부처님께서 저를 무쟁삼매를 얻은 사람 가운데 제일이며, 욕심을 여읜 제일의 아라한이라고 말씀하셨으나 세존이시여, 저는 '나는 욕심을 여읜 아라한이다'라는 생각이 없습니다.

무쟁삼매(無諍三昧)란 무엇인가. 말 그대로 다툼이 없는 삼매를 말한다. 우리 마음속에는 끊임없는 다툼이 일고 있다. 끊임없는 다툼, 끊임없는 싸움, 끊임없는 전쟁이 일어나고 있다. 다툼이란 무엇인가. 다툼이 일어나기 위해서는 둘로 대립되어 있어야 한다. 둘로 대립되면 그 사이에서는 반드시 다툼이 일어나게 마련이다.

행복과 불행이라는 나뉨이 있으면 곧 다툼이 일어난다. 불행한 자는 행복을 위해 끊임없이 노력하고 애쓴다. 그러나 행복은 쉽게 찾아오지 않는다. 이때 다툼이 일어난다. 행복을 구하지만 행복을 얻지 못하는데서 마음은 괴롭다. 마음 안에서 내적인 다툼이 일어나는 것이다. 돈과 명예와 권력과 사랑을 구하지만 그것은 쉽게 찾아오지 않기에 괴롭다. 소유와 무소유 사이에서, 부와 빈곤 사이에서, 사랑과 미움 사이에서, 일체의 모든 나뉨 속에서 무수한 다툼은 일어나게 마련이다.

수행도 마찬가지다. 생사와 열반, 무명과 깨달음, 중생과 부처 사이에서 다툼이 일어난다. 어리석은 중생이 깨달음을 얻고자 애쓰지만 쉽게 얻어지지 않는다. 마음속에는 끊임없는 다툼이 일어난다. 깨닫고자 애쓰는 바로 그 마음이 다툼이다. 중생과 부처를 나누지 말라. 우리는 깨닫지 못해서, 부처가 되지 못해서 괴로운 것이 아니다. 중생과 부처를 둘로 나누어 놓고 이쪽의 중생이 저쪽의 부처로 가지 못하는 현실 때문에 괴로운 것이다. 이쪽저쪽은 없다. 중생과 부처도 없고, 생사와 열반도 없다. 오직 무분별로서, 무차별로서 큰 하나일 뿐이다. 전체로서의 하나일 뿐이다. 나눌 것이 없다. 나누지 않으면 그대로 부처이지만 거기에는 부처라는 생각조차 없다.

어리석게 생각하지 말라. 어리석게 깨닫고자 애쓰지 말라. 깨닫고자 애쓰면 벌써 다툼이 생긴다. 깨닫지 못한 '나'와 깨달음을 얻은 이후의 '나' 사이에 간격이 생겨나고, 차별이 생겨난다. 그때 그 둘은 서로 끊임없이 다투게 된다. 그랬을 때 깨달음은 멀어진다. 깨닫고자 애쓰면 애쓸수록 다툼은 더욱 커져만 간다.

우리들이 크게 착각하고 있는 깨달음에 대한 잘못된 이해가 바로 이것이다. '중생'이 '수행'을 통해 '부처'로 나아간다는 착각. 바로 그 어리석은 착각 때문에 깨달음은 멀어진다. 중생이고 수행이고 부처고 이 모든 나눔과 분별을 다 놓아버렸을 때 깨달음은 향기롭게 피어난다. 그러나 그 깨달음은 중생과 상반되는 부처가 아니다. 중생이 깨쳐서 부처가 되는 것이 아니다. 중생은 없어지고 깨달음을 얻은 부처로 바뀌는 것이 아니다. 오직 텅 빌 뿐이다. 부처도 중생도 다 사라지고 오직 텅 빈 충만이 현현할 뿐이다.

이처럼 둘로 나눔이 있는 곳에는 언제나 무수한 다툼이 일어나게 마련이다. 그러나 우리에게 있어 나눔과 분별은 끊임없이 솟아나고 있다. 그러면 이러한 분별과 다툼은 어디에서 오는가. '나'라는 틀에서 온다. '나'라는 틀을 만들어 놓고 그것을 '안'으로 만들어 놓으니, 자연스럽게 상대적으로 '상대'라는 것이 생기고, '밖'이 생겨나는 것이다. '나'가 있으니 내가 깨닫거나 깨닫지 못하거나 하는 나눔이 있다. '나'

가 있으니 내 소유의 많고 적음, 빈부가 생겨난다. 일체 모든 상대적 분별개념은 모두 '나'라는 틀, 즉 아상에서 온다.

아상이 있는 이상 분별은 계속된다. 그런데 바로 이 아상에서 아집(我執)이 생겨난다. '나'라는 상이 있으니 '내 것'이라는 소유와 집착 그리고 욕심이 생겨나는 것이다. 욕심이 있는 이상 분별은 계속되며 다툼은 계속 된다.

그래서 아상·인상·중생상·수자상이라는 일체 모든 상이 깨지고 나면, 일체의 모든 분별이 타파되고, 일체의 모든 욕심과 집착이 사라지며, 그랬을 때 비로소 '다툼이 없는 삼매' 곧 무쟁삼매를 얻을 수 있다. 그러나 그 무쟁삼매는 얻어지는 어떤 것이 아니다. 번뇌와 삼매를 나누어 놓고 삼매를 얻고자 하면 또다시 어긋난다.

그래서 부처님께서는 수보리에게 '무쟁삼매를 얻은 사람 가운데 제일'이라고 하셨으며, '욕심을 여읜 제일의 아라한'이라고 하셨다. 이 말은 다시 말해 '나'가 사라진 자라는 뜻이고, 무아를 체득한 사람이라는 뜻이며, 이는 또다시 일체 모든 나뉨이 사라지고 욕심이 사라지며 집착과 번뇌가 사라진 사람이란 뜻이다.

그러나 수보리는 스스로 '나는 무쟁삼매를 얻은 사람 가운데 제일'이라는 생각이 없다. 앞서도 말했듯이 무쟁삼매는 얻어지는 어떤 것이 아니기 때문이며, 번뇌와 삼매를 나누어 놓고 삼매를 얻고자 했다면 벌써 무쟁삼매와는 멀어지는 것이기 때문이다. 수보리는 '나'라는 것이 사라졌으며, 번뇌와 삼매라는 분별이 사라졌고, '사람'이라는 분별도, '제일'이라는 분별도 다 끊어졌다. 더 이상 그 어떤 말로도 수보리를 표현할 수는 없다. 오직 묵연한 침묵만이 그를 대변해 줄 뿐이다.

깨달은 자가 스스로 '나는 깨달은 자다'라고 할 수 있겠는가. 그럴 수 없다. 깨달을 주체가 없다. 깨달은 자가 없는데 어찌 '나는 깨달았다'라는 생각이 있을 수 있겠는가. 그래서 '깨달은 자'는 없고, 오직 '깨달음의 행위'만 존재한다고 했다. 즉, 깨달은 자는 매 순간순간 깨어 있는 행위를 할 뿐이지 스스로 '나는 깨달은 자다'라는 생각이 없다. 다만 깨어 있는 행위가 그 모든 것을 대변해 주고 있다.

그러나 다시금 말을 하지 않을 수 없다. 말이라는 방편을 사용하지 않는다면 수많은 중생들을 깨달음으로 이끌 수 없을 것이다. 부득이 하게 말을 사용해야 한다. 그런데 여기서 문제가 생긴다. 말은 온전한 진리를 그대로 풀어내기에는 역부족이다.

깨달은 자가 '나는 깨달았다'라고 말로 표현할 수 있겠는가. 그럴 수 없다. 그렇다면 '나는 깨닫지 못했다'고 표현할 수 있겠는가. 그럴 수 도 없는 노릇이다. 그래서 수보리는 부처님께서 저를 무쟁삼매를 얻은 사람 가운 데 제일이며, 욕심을 버린 아라한이라고 말씀하셨지만 스스로 '나는 욕심을 여읜 아라한이다'라는 생각이 없다고 말한 것이다.

'나는 욕심을 여읜 아라한입니다'라고도 할 수 없으며, '나는 욕심을 여읜 아라한이 아닙니다'라고도 할 수 없다. 다만 '나는 욕심을 여읜 아라한이다'라는 생각이 없다고 말할 수 있을 뿐이다. 그러한 생각이 일어나지 않는다는 말이며, 그러한 분별과 다툼이 일어나지 않는다는 말이다. 어찌 '다툼이 없는 삼매'를 얻은 자가, '나는 아라한이다'라는 어리석은 분별을 일으킬 수 있겠는가. 그렇게 분별한다는 것 자체가 벌써 다툼이기 때문이다.

"세존이시여, 제가 만약 '내가 아라한도를 얻었다'고 생각한다면 세존께서는 '수보리는 아란나행을 즐기는 자'라고 말씀하지 않으셨을 것이지만 실로 아란나행을 한다는 생각이 없기 때문에 '수보리는 아란나행을 즐긴다'고 이르신 것입니다."

만약 수보리가 스스로 '나는 아라한도를 얻었다'고 생각했다면 부처님께서는 '수보리는 아란나행을 즐기는 자'라고 말씀하지 않았을 것이다. 그러한 생각과 분별이 일어났다면 수보리는 더 이상 아라한도를 얻은 자도, 아란나행을 즐기는 자도 아니다. 스스로 '나는 아라한도를 얻었다'는 생각이 사라졌기 때문에 그것이 바로 아라한도를 얻은 증명이 되는 것이다.

아란나란 무엇인가. 이는 범어 아란야(Aranya)의 음역으로, 무쟁처(無諍處) 혹은 적정처(寂靜處), 다툼이 없고 번잡함이 없어 고요한 곳을 말한다. 수행자들이 수행하기 좋은 곳으로 사람들의 왕래가 없는 고요한 숲 같은 곳을 말한다. 그런데 이는 어떤 특정한 장소를 부르기도 하지만, 내면의 아란야를 의미하기도 한다. 즉 마음이 다툼이 없이 고요하여 무쟁삼매를 얻은 그 자리를 무쟁처 혹은 적정처라고 부르는 것이다.

그러니 앞에서 언급했듯이 무쟁처란 그 어떤 시비 분별도 없는 있는 그대로의 텅 빈 본바탕을 말한다. 법신 자성이 그대로 무쟁처요, 아란나라 할 수 있다. 그러니 수보리가 아란나행을 즐긴다는 것은 다시 말해 무쟁삼매에 빠져 본바탕의 법신과 하나 되는 즐거움을 즐긴다는 말로도 표현할 수 있다. 무쟁삼매로써 무쟁처에 이르는 것이 그대로 아란나행을 즐기는 것이 된다. 그러므로 부처님께서는 '수보리는 아란나행을 즐긴다'고 말하셨다. 앞서 말한 '수보리는 무쟁삼매를 얻은 사람 가운데 제일'이라는 말과도 상통하는 말이라 하겠다.

다시 말해 이 말은 수보리가 어떤 성스러운 수행을 하고 있다거나, 위대한 깨달음을 얻었다는 말이 아니다. 성스러운 수행이니, 위대한 깨달음이니 이 모두가 다 어리석은 분별이고 망상일 뿐이다. 그저 푹 쉬고 있을 뿐이다. 억지로 번뇌와 무명을 깨뜨려 진리로 나아가려 하지 않는다. 번뇌와 무명을 깨뜨리려는 것이 바로 다툼이다.

그런 일체의 모든 분별과 나뉨을 다 놓아버리고 푹 쉬고 있는 자리야말로 무쟁삼매의 자리요, 아란나행이다. 이는 그저 아무런 일도 일어나지 않는 자리일 뿐이다. 어떤 위대한 수행을 하고 있는 것이 아니라, 수행할 '나'도 없고, 할 '수행'도 없어진 그저 여여한 자리인 것이다.

그러니 수보리를 위대하다고 생각지 말라. 저런 수보리에 비해 나는 왜 이렇게 초라한가 하고 생각지도 말라. 그 모든 분별을 놓아버려라. 이 세상엔 처음부터 아무 일도 일어나지 않았었고, 지금 이 순간에도 아무 일도 없다. 깨달음을 얻을 '나'도 없으며, 내가 해야 할 그 어떤 '수행'도 없다.

오직 쉬기만 할 뿐이다. 아무것도 할 게 없다. 아무것도 나눌 게 없다. 무쟁삼매의 자리, 아란나행을 즐기는 일은 그렇듯 푹 쉬기만 하면 되는 자리이다. 아니 그 말도 분별이라면 그저 아무것도 하지 말고 침묵할 일이다.

침묵…….

장엄정토분

[정토를 장엄하다]

莊嚴淨土分 第十

佛告 須菩提 於意云何 如來 昔在燃燈佛所 於法 有
所得不 不也 世尊 如來在燃燈佛所 於法 實無所得
須菩提 於意云何 菩薩 莊嚴佛土不 不也 世尊 何以
故 莊嚴佛土者 卽非莊嚴 是名莊嚴 是故 須菩提 諸
菩薩 摩訶薩 應如是生淸淨心 不應住色生心 不應住
聲 香味觸法生心 應無所住 而生其心 須菩提 譬如
有人 身如須彌山王 於意云何 是身 爲大不 須菩提
言 甚大 世尊 何以故 佛說非身 是名大身

부처님께서 수보리에게 말씀하셨다.

"수보리야, 너는 어떻게 생각하느냐? 여래가 옛적에 연등부처님 처소에서 법을 얻은 바가 있느냐?"

"아닙니다. 세존이시여, 여래께서 연등부처님 처소에 계실 적에 어떤 법도 얻으신 바가 없습니다."

"수보리야, 너는 어떻게 생각하느냐? 보살이 불국토를 장엄하느냐?"

"아닙니다. 세존이시여, 왜냐하면 불국토를 장엄한다는 것은 곧 장엄이 아니라 그 이름이 장엄이기 때문입니다."

"그러므로 수보리야, 모든 보살마하살은 마땅히 이와 같이 청정한 마음을 낼지니, 마땅히 형상에 머물지 말고 마음을 낼 것이며, 마땅히 소리와 냄새, 맛, 감촉, 대상에 머물지 말고 마음을 낼지니라. 마땅히 머무는 바 없이 그 마음을 내어라.

수보리야, 비유하건대 마치 어떤 사람의 몸이 수미산만 하다면 네 생각은 어떠한가? 그 몸을 크다고 하겠느냐?"

수보리가 사뢰었다. "매우 큽니다. 세존이시여, 왜냐하면 부처님께서는 몸 아닌 것을 이름하여 큰 몸이라 하셨기 때문입니다."

앞의 일상무상분에서는 깨달음에도 머물러 집착하지 말아야 함을 말하였는데, 이 분 장엄정토분에서는 그러한 가르침을 정토장엄이라는 우리들에게 익숙한 표현을 빌려 다시 한 번 강조하시면서 정토를 장엄한다는 상을 내지 말라고 가르치고 있다. 정토를 장엄한다거나, 불교를 수행한다거나, 중생을 구제한다거나 하는 일체의 상을 깨버릴 것을 강조한다. 깨달음에도, 정토에도, 부처에도, 그 어디에도 머무는 마음을 내면 그것은 온전한 깨달음이 아님을 나타내고 있다. 그래서 눈·귀·코·혀·몸·뜻의 대상인 색성향미촉법 그 어디에도 머무는 바가 없어야 하며 마땅히 머무는 바 없이 마음을 내도록 이끌어 줌으로써 일상생활 속에서 '함이 없이 하는 도리'를 일깨위주고 있다.

부처님께서 수보리에게 말씀하셨다. "수보리야, 너는 어떻게 생각하느냐? 여래가 옛적에 연등부처님 처소에서 법을 얻은 바가 있느냐?"

"아닙니다. 세존이시여, 여래께서 연등부처님 처소에 계실 적에 어떤 법도 얻으신 바가 없습니다."

석가모니 부처님의 전생에 대한 일화들을 다룬 경전에서는 공통적으로 석가모니 부처님께서 과거 인행(因行)의 시기에 연등부처님으로부터 수기(受記)를 받았다고 기록되어 있다. 즉, 연등부처님께서 꽃을 공양하는 선혜 비구에게 장차 사 아승지 십만 겁 후에 석가모니라는 부처가 될 것이라고 예언을 내리셨다고 한다. 이러한 수기로 인해 일반적으로 연등부처님께서 과거에 선혜 비구에게 이미 어떠한 특별한 법을 주었으며 그 법을 얻어 결국 석가모니 부처님이 되셨을 것으로 생각되고 있다. 이러한 석가모니 부처님의 수기는 『불본행집경』, 『자타카』, 『육도집경』, 『본생경』 등에 등장하여 당연한 사실로 받아들여져 왔다.

선혜 비구가 연등부처님으로부터 수기 받는 모습을 『불본행집경』을 통해 잠시 살펴보자.

어느 때 선혜라는 젊은 행자가 있었다. 생사의 진흙 수렁 속에서 방황하는 자신과 세상의 모습을 보고 크게 발심하여, 지극한 정성으로 큰 행원을 일으켰다.

이 세상에서 고통받는 중생들이 끝없이 많사오니
내 부처 되어 마지막 한 생명까지 기어이 건지리라.

젊은 선혜 행자는 부지런히 노동하고 받은 보수를 아껴서 은전 오백 냥을 모았다. 이때 연등부처님께서 이 나라에 오시니, 왕과 백성들이 꽃을 바쳐 공양하려 하였다. 선혜 행자도 이 소식을 듣고 꽃을 구하려 하였으나 구할 수가 없었다. 꽃을 찾아 거리를 헤매다가, 한 궁녀가 푸른 연꽃 일곱 송이를 감추어 가는 것을 보고, 사정사정하여 은전 오백 냥을 주고 다섯 송이를 샀다.

이때 연등부처님께서 거리로 걸어오시니, 선혜 행자도 시민들과 함께 푸른 연꽃을 들어 바치었다. 마침 그때, 연등부처님께서 걸어가시다가 진흙탕에 이르셨다. 이 모습을 본 선혜는 입었던 사슴 가죽옷을 벗어 진흙탕에 깔고 그것으로도 부족하자 엎드려 머리털을 풀어 길을 만들었다.

이때에 연등부처님께서 선혜 행자를 향하여 찬탄하셨다.

"아, 장하다. 선혜여! 그대의 보리심은 참으로 갸륵하구나. 이같이 지극한 공덕으로 그대는 오는 세상에 결정코 부처가 되니, 그 이름을 석가모니라 부르리라."

이렇듯 연등부처님은 선혜 행자에게 석가모니가 되리라는 수기를 주셨다. 그런데 이 경전에서 수보리는 왜 연등부처님 처소에서 어떤 법도 얻은 바가 없다고 말하고 있는가.

『금강경』은 일체의 모든 방편을 파하고 근본을 드러내는 경전이다. 『금강경』 앞에는 일체의 그 어떤 방편도 설 자리가 없다. 깨달음을 전해줄 수 있는가? 깨달음을 얻을 수 있는가? 참된 깨달음은 전해주거나 전해 받는 어떤 것이 아니다. 누군가에게 얻을 수 있는 것이 아니다. 주고받는 것이 아니다. 깨달음은 항상 현존하고 있다. 그대 앞에 항상 참된 모습으로 꽃을 피워내고 있다. 아니 그대의 존재 그 자체가 그대로 깨달음의 증거이며 부처의 현현이다. 우린 이미 완성되어 있다. 이미 깨달아 있다. 더 이상 누군가에게 받을 필요도 없고 얻고자 애쓸 것도 없다. 진리는 항상 그 자리에 있다. 여여부동하게 오고 감이 없이 늘 그 자리에 있다. 그런데 어찌 두 부처님 사이에 법이 오고 갈 수 있단 말인가.

중생과 부처 사이에 법이 오고 갈 수 있는가? 중생과 부처가 따로 나뉠 것이 없다. 부처도 없고 중생도 없으며 오고 갈 법 또한 없다. 그런데 어찌 중생과 부처 사이에, 혹은 부처와 부처 사이에 오고 갈 어떤 법이 있겠는가. 주고받고 할 어떤 수기가 있을 수 있겠는가. 그런 것은 없다.

아무것도 나뉘지 않은 텅 빈 적멸의 세계에서는 그저 부처만 있다. 이름을 부처라고 해서 그렇지 오직 '그것'만 있을 뿐이다. 오직 영원의 침묵만이 있을 뿐이다. 오직 성성적적의 적멸만이 가득 차 있다.

지금 이 글을 읽고 있는 당신은 지금 이 모습 그대로 이미 부처이다. 당신은 과거에 부처님으로부터 수기를 받았는가. 어떤 깨달음을 선물로 받았는가, 받지 않았는가. 주고받을 것이 없는데 어찌 이런 물음이 성립될 수 있겠는가. 나는 부처님께 수기를 받지 않았고, 어떤 특별한 법을 받지도 않았는데, 저 선혜라는 비구는 부처님께 이미 수기를 받았구나 하고 부러워할 것도 없다. 선혜가 수기를 받는 순간 우리 모두는 함께 수기를 받았다. 아니 선혜가 연등부처님께 수기를 받았다는 그 표현 자체가 일체 모든 중생이 수기를 받았다는 방편의 설법일 뿐이다. 우리 모두는 완전한 부처라는 방편의 가르침인 것이다.

그러면 도대체 무엇이 문제란 말인가. 무엇이 문제기에 깨달은 완전한 부처가 이렇게 힘겹게 세상을 살아가고 있는가. 왜 우리는 깨달음을 얻지 못한 채 중생의 삶을 살아가고 있는가. 과연 어떻게 하면 그 사실을, 그 진리를 깨달을 수 있는가. 어찌하면 얻을 수 있는가.

간단하다. 진리는 너무나도 단순한 데 있다. 일체를 가만히 놔두면 저절로 얻어진다. 그냥 놓아두면 된다. 놓아버리는 순간 영원한 대자유가 찾아 온다. 그것은 얻는다는 표현으로는 부족하다. 그냥 본래의 고요를 되찾게 되는 것이다.

우리는 모두 다 깨닫게 되어 있다. 깨닫지 않을 수가 없다. 우리는 이미 부처이기 때문이다. 우리의 내면 깊은 곳은 항상 깨달음으로 충만하기 때문이다. 그렇기에 가만히 놓아두면 누구나 저절로 깨닫는다. 그냥 놓아두기만 하면 된다. 가만히 놔두면 저절로 내면 깊은 곳에서 깨어 있음의 빛이 우리를 반갑게 맞이한다. 생각하고, 애쓰고, 안달하고, 수행하고, 고민하고, 노력하려는 그 모든 '나'의 행위들을 다 놓아버려라. 겉에 드러나 있는 거짓의 '나' 가 행하는 모든 활동들을 멈춰라. 껍데기의 '나'를 놓아버려야 본래의 '나'가 활동을 시작한다. '나'를 가지고 어떻게 해보려고 애쓰지 말라. 깨달음을 얻고자 안달하지 말라. '어떻게' 해보려는, 깨달아 보려는 마음을 푹 쉬기만 하면 된다. 푹 쉬었을 때 이 가짜의 '나'는 활동을 멈추고 내면의 '그것'이 드러난다. '그것'을 한마음이라고 해도 좋고, '참나'라고 해도 좋으며, '부처'라고 해도, '자성'이라고 해도, 그 어떤 표현을 써도 좋지만 거기에 머무르지는 말라. 그 표현에 집착하지 말라. 다만 다 놓아버리고 그 어떤 것도 붙잡지 말며, 그저 푹 쉬기만 하면 된다.

그런데 문제는 많은 사람들이 자꾸만 '나'를 가지고 '어떻게' 해보려고 한다는 데 있다. 그냥 있으면, 그냥 푹 쉬면 저절로 이루어지는데,

공연히 붙잡고, 깨닫고자 애쓰며, 부처가 되려고 노력한다. 모든 문제는 바로 거기에 있다. 그냥 놔두지를 않는 데서 모든 문제가 생긴다. 모든 괴로움이 생기며, 모든 번뇌가 생기고, 모든 욕심과 집착이 들끓는다.

그냥 놓아두라. 애쓰지 말라. 애쓰려는 마음을 놓으면 그냥 얻어진다. 이미 얻어져 있기 때문이다. 또한 본래 얻을 것이 없기 때문이다. '얻을 것'이 생기면 결코 얻을 수 없다. '얻고자 하는 것'이 없을 때 그때 비로소 얻게 된다. 아니 그냥 '얻음'이란 말 자체가 끊어지고 지고한 평화만이 현현한다.

선혜 비구가 연등부처님 처소에서 어떤 법을 얻었다고 생각지 말라. 그때 선혜 비구가 연등부처님께 무언가 얻은 특별한 법이 있었다면 선혜 비구는 석가모니 부처님이 되지 못했을 것이다. 어떤 법도 얻은 바가 없었기 때문에 부처를 이룬 것이다.

"수보리야, 너는 어떻게 생각하느냐? 보살이 불국토를 장엄하느냐?"

"아닙니다. 세존이시여, 왜냐하면 불국토를 장엄한다는 것은 곧 장엄이 아니라 그 이름이 장엄이기 때문입니다."

앞 장에서 수행 사과라는 깨달음의 계위에 대해 언급하면서 그러한 깨달음조차 놓아버려야 함을 언급했다. 수행 사과의 깨달음이라는 것도 본래 얻은 바가 없다고 했다. 그러면서 이 장에서는 과거 연등부처님에게 수기를 받은 선혜 비구 또한 어떤 특별한 법을 얻은 것이 아님을 밝혔다. 이렇듯 모든 보살들이 얻은 깨달음은 깨달음이 아니다. 그러므로 깨달음이다.

　여기에서는 보살의 깨달음의 사회화 과정인 불국토 장엄에 대한 물음이 이어지고 있다. 깨달은 자는 스스로 깨달았다는 생각이 없다. 하물며 깨달은 자가 불국토를 장엄한다는 생각이 있을 수 있겠는가. 깨닫지 못한 중생이나 할 수 있는 것이 불국토의 장엄이다. 깨달은 자는 불국토를 장엄하지 않는다. 장엄하지 않음으로써 장엄하고 있다.

　불국토는 별도로 장엄할 필요가 없다. 불국토는 더없이 완전하다. 더 이상 손댈 곳이 없다. 어떤 장엄이 따로 필요한 곳이라면 그곳은 불국토가 아니다. 스스로 완전한 곳 그곳이 불국토요 정토다. 그러므로 보살은 정토를 장엄하고자 하는 의도가 없다. 장엄할 필요를 느끼지 못한다. 장엄이라는 말 자체가 매우 생소하다. 그런 말이 필요 없다. 그들의 존재 자체가 불국토며 정토이기 때문이다.

　불국토, 정토는 어떤 곳인가. 부처님의 땅이며, 깨끗한 땅이다. 그러나 여기서 말하는 땅이란 어떤 특정한 장소를 의미하지 않는다. 어떤 공간이 아니다. 만약 어떤 특정한 공간을 가지고 정토라고 했다면 그곳은 더 이상 정토가 아니다. 정토는 영역이 정해지지 않은 곳이다. 별도로 경계선을 그을 필요가 없다. 정토의 경계를 긋는 순간 이미 정토는 사라지고 만다. 깨달음에는 시공(時空)의 차별이 없다. 하물며 어떤 특정한 공간을 가지고 정토라고 할 수 있겠는가. 만약 어떤 지역을 정토라고 했다면 그 지역에서 벗어난 곳은 예토(穢土), 즉 더러운 땅이 될 것인데, 그렇게 깨끗하고 더러움을 나누고, 이쪽저쪽을 나누어 놓고 그 가운데 깨끗한 쪽을 택하는 그런 상대적인 곳을 가지고 어찌 정토라고 할 수 있겠는가. 부처는 차별이 없다. 깨달음에는 그 어떤 나눔도 없고, 극단도 없다. 그러니 정토를 장엄한다는 말은 어리석은 중생들이 할 수 있는 말이다.

보살은 정토를 장엄할 이유가 없다. 그들 자체가 그대로 정토이다. 정토를 장엄하지 않음으로써 그들은 온갖 정토를 무한히 장엄하고 있다. 정토의 장엄은 정토의 장엄이 아니다. 그러므로 정토의 장엄이다.

불교를 어느 정도 공부했다는 사람들이 쉽게 빠질 수 있는 함정이 바로 이것이다. 알음알이로 지식을 축적하면 할수록 더욱 깨달음과는 멀어진다. 불교를 많이 공부한 사람들은 주로 자신이 수행을 많이 했고, 경전도 많이 보았으며, 깨달음과도 가깝고, 부처님의 좋은 가르침을 사람들에게 많이 가르쳐 주며, 포교도 많이 한다고 생각한다. 즉 그러한 모든 행위가 정토를 일구는 장엄한 깨달음의 길이요, 포교의 길이라고 여긴다. 스스로 상구보리 하화중생이라는 원을 잘 성취해가고 있다고 생각한다. 그렇기에 다른 사람에 비해 더 앞서가고 있다고 생각한다. 다른 사람들에 비해 복도 더 많이 짓고, 공부도 더 많이 했으니까 지옥에 가는 일은 없을 것이며, 더 빨리 깨달음을 얻어 성불할 것이라고 여긴다.

그러나 그런 생각이 있다면 그 사람은 여전히 깨달음과는 멀다. 오히려 초심자들의 발심보다도 더욱 멀어져 있다. 초발심의 행자들은 하심하며 지극히 겸손하다. 스스로 수행을 많이 했다거나, 불교를 좀 안다거나, 깨달음과 가깝다거나, 포교도 잘한다거나 하는 일체의 상이 없다. 오직 그런 마음을 비우고 하나에서부터, 낮은 마음에서부터 정진할 뿐이다. 초심자의 하심은 고참자의 그것보다 깨달음에 더욱 가깝다. 지식이 많을수록 깨달음과는 멀어진다. '공부했다'는 상에 빠질수록 공부와는 멀어지고 만다.

그래서 수행자의 첫 번째 덕목은 하심이며 겸손이다. 공부를 많이 했다는 말은 공부와 멀어졌다는 말이다. 해도 한 바가 없이 할 수 있어야 한다. 수행을 많이 했다고 말하는 순간 그 사람의 수행은 깨달음과는 정반대로 치닫고 있다. 포교를 했고, 법보시를 했고, 열심히 기도를 했으며, 온갖 불사를 했고, 정토를 일구는 일에 누구보다 열심히 했다고 생각하는 순간 모든 공덕은 사라진다. 그래서 달마는 전국에 온갖 불사를 이루어 놓은 양무제에게 아무런 공덕이 없다고 했다. 『전등록』을 잠시 살펴보자.

"짐이 왕위에 오른 이래, 절을 짓고 경전을 편찬하고 스님을 만든 것이 이루 셀 수 없이 많은데 어떤 공덕이 있습니까?"

"아무 공덕도 없습니다."

"어찌하여 공덕이 없습니까?"

"이것은 인간과 천상의 작은 과보를 받는 유루(有漏)의 원인일 뿐, 마치 그림자가 형상을 따르는 것과 같아서 있는 듯하나 실체가 없습니다."

"어떤 것이 진실한 공덕입니까?"

"청정한 지혜는 묘하고 원만하여 본체가 원래 비고 고요하니, 이러한 공덕은 세상의 법으로는 구하지 못합니다."

"어떤 것이 성스러운 진리의 제일가는 이치입니까?"

"텅 비어 성스러움이란 없습니다."

공덕은 없다. 인간과 천상의 작은 과보를 받을 뿐. 아무리 복을 짓더라도 그것은 천상에 태어나거나, 조건 좋은 인간으로 태어나거나 하는 그런 작은 과보만을 받을 뿐이다. 물론 사람들에게는 그런 과보처럼 크고 좋게 보이는 것이 없을 테니 큰 공덕이라고 좋아하겠지만 그것은 유루(有漏)의 공덕일 뿐, 무루(無漏)의 공덕에 미칠 수 없다. 아무리 천상에 산들, 아무리 조건 좋은 인간으로 태어난들, 설사 잘생기고, 돈 많고, 집 좋고, 가문 좋은 곳에 태어난다고 한들 그것이 그대로 '행복한 삶'인 것은 아니지 않은가. 그런 조건 속에서 괴로움에 허덕이는 이가 얼마나 많은가. 그러나 조건을 뛰어넘어 어떠한 조건이나 상황 속에서도 의연하고, 초연하며, 여여하고, 평화로운 깨어 있는 정신으로 삶을 살아가는 것, 그러한 것에는 미치지 못한다. 아무리 좋은 조건도 실체 없는 그림자요, 헛된 환영일 뿐이다. 돈, 명예, 권력, 지위, 계급, 이 모든 것이 다 환영일 뿐이지 않은가.

그러면 참되고 진실한 공덕은 무엇인가. 청정한 지혜 공덕은 원만하며 고요하고 텅 비어 있다. 비어 있기에 세상의 법으로는 구할 수 없다. 돈이 아무리 많더라도, 지위나 계급이 아무리 높더라도, 청정한 지혜 공덕을 살 수도 얻을 수도 없다. 얻으려는 노력이나 애씀을 통해서도 얻을 수 없다. 세상의 그 어떤 법으로도 구할 수 없다. 모든 것이 텅 비어 있다. 빈 것은 따로 얻을 것이 없다. 이미 빈 그대로 충만하다. 빈 것을 또다시 애써 비울 필요는 없잖은가. 성스러운 진리라는 것도 그와 같다. 성스러운 진리는 맑게 비어 있다고 할 수도, 그렇다고 없다고 할 수도 없다. 성스러운 진리는 성스러운 진리가 아니라 다만 이름이 성스러운 진리인 것이다.

이처럼 진리도, 공덕도 실체가 있는 것은 아니다. 진리를 실천하더라도, 공덕을 짓더라도 진리라는, 공덕이라는 상이 남아 있는 이상 그것은 가짜일 뿐이다. 무엇이든 잘해 놓고 잘했다고 상을 내면 잘한 것이 아니다. 수행을 열심히 해놓고 열심히 수행했노라고 하면 수행한 것이 아니며, 깨달음을 얻었다고 하더라도 깨달음을 얻었노라고 하면 그 깨달음은 가짜가 된다.

아무리 불국토를 장엄하는 일에 온 힘을 쏟았더라도 불국토를 장엄했다는 상을 일으키고 거기에 마음이 머물러 있으면 그것은 참된 장엄이 아니다. 모름지기 함이 없이 할 수 있어야 한다. 머무는 바 없이 할 수 있어야 한다.

그래서 부처님께서는 '마땅히 머무는 바 없이 그 마음을 내어라' 하고 다음과 같이 말씀하고 계신다.

"그러므로 수보리야, 모든 보살마하살은 마땅히 이와 같이 청정한 마음을 낼지니, 마땅히 형상에 머물지 말고 마음을 낼 것이며, 마땅히 소리와 냄새, 맛, 감촉, 대상에 머물지 말고 마음을 낼지니라. 마땅히 머무는 바 없이 그 마음을 내어라."

방하착하라. 일체를 다 놓아버려라. 다 놓아버렸을 때 그대로 진리는 드러난다고 했다. 그러나 어리석은 이는 이 말을 자기 방식대로만 해석을 한다. 다 놓아버려야 하니 아무 일도 할 것이 없고, 아무런 마음도 낼 것이 없으며, 그냥 빈둥빈둥 놀기만 하면 되는구나 하고 생각한다. 또 다 놓아버린다면 저 강가의 돌이나 산의 바윗덩이와 다를 것이 무엇인가 하고 이 가르침을 의심한다.

다 놓아버리라고 하고, 얻을 것도 본래 없다고 하며, 깨닫고자 애쓰지 말고, 정토를 장엄할 것도 없다고 하니까 불교는 도대체 뭘 어쩌라는 거냐고 따질지 모른다. 아마도 많은 이들이 이런 물음을 한번쯤은 던져 보았을 것이다. 이 게송은 바로 그 점에 대한 분명한 답변을 해 주고 있다. 여기에서 모든 의문은 풀어질 것이다.

아무 마음도 내지 말라는 것이 아니다. 마땅히 마음을 내어야 한다. 그러나 어떤 마음을 낼 것인가 또한 어떻게 마음을 낼 것인가가 중요하다. 마땅히 청정한 마음을 내어야 한다. 청정한 마음이란 무엇인가. 그것은 형상에 머물지 말고 마음을 내는 것이며, 소리와 냄새, 맛, 감촉, 대상에 머물지 말고 마음을 내는 것이다. 마땅히 마음을 내되 어디에도, 어떤 바깥의 대상에도 마음이 머물지 않고 마음을 내라는 것이다. 즉 마음을 내되 어디에도 집착함이 없이 마음을 내라는 말이다.

마음을 내고 나면 보통 사람들은 거기에 얽매이고 머물러 집착한다. 착한 일을 행하고도 거기에 마음이 머문다. '선행을 했다'는 상을 남기게 된다. 착한 일을 했다는데 마음이 머물러 상을 남기게 되면 연이어 거기에 대한 보상을 기대하게 된다. 보상을 기대하는 그 어떤 바람도 우리를 괴롭게 할 뿐이다. 기대한다는 것은 무언가를 바란다는 것이고, 바람이 있을 때 그것의 성취 유무에 따라 괴로움과 즐거움이라는 두 가지 극단의 마음이 일어나기 때문이다. 착한 일을 행하지 말라는 말이 아니다. 마땅히 마음을 일으켜 착한 일을 행하되 함이 없이 하라는 말이다. 선행을 하고도 선행을 했다는 상을 버려야 한다. 거기에 마음이 머물러 집착함이 있어서는 안 된다.

세상 모든 일이 마찬가지다. 돈을 열심히 벌지 말라는 말이 아니다.

열심히 돈을 벌되 돈에 집착하는 마음으로, 돈에 머무르는 마음으로 벌면 안 된다. 그것은 곧 괴로움을 가져온다. 돈에 대한 집착으로 돈을 벌면 많이 벌었을 때와 못 벌었을 때 우리의 마음은 두 가지 극단으로 치닫는다. 즐거움과 괴로움 속에서 이리저리 휘둘린다. 즐거움에 휘둘리는 것은 좋은 것인가? 그렇지 않다. 즐거움도 일종의 괴로움이다. 즐거움에 크게 휘둘리는 사람일수록 괴로움에 크게 휘둘리게 마련이다. 즐겁거나 괴롭기보다는 그 양극단을 다 놓아버린 여여한 평화를 찾아야 한다.

수행을 하지 말라는 말이 아니다. 열심히 수행을 하되 마땅히 머무는 바 없이 수행을 할 수 있어야 한다. 수행했다는 상을 내지 말고, 이만큼 수행했으니 곧 결과가 있겠지 하는 바람도 놓아버리고, 수행이라는 그 자체에 머물러 집착하지 말라는 말이다. 수행을 했으니 곧 깨닫겠지, 혹은 이렇게 수행을 했는데도 왜 깨달음은 오지 않을까 하고 탓할 것은 없다. 다만 수행을 할 뿐이지 수행의 결과를 바란다거나, 내가 행한 수행에 대해 바라는 바를 가져선 안 된다. 그것은 집착이며 집착은 괴로움이다. 수행은 오직 지금 이 순간 행하는 것으로써 완성되는 것이지, 그것이 미래의 어떤 깨달음을 위한 준비과정이 되어서는 안 되는 것이다. 오직 할 뿐, 바람을 놓아라. 수행이라는 말 자체가 머물지 않음을 뜻한다. 그것이 함이 없이 하는 도리이다. 머무는 바 없이 마음을 일으키는 법이다. 『금강경』의 모든 구절은 바로 이 뜻을 함축하고 있다. 어디에도 머무는 바 없이 행해야 함을 나타내고 있다.

그러면 우리는 주로 어디에 마음이 머물러 있는가. '나'라는 주관이 만날 수 있는 일체 모든 객관의 '대상'들에 마음이 머물러 있다. 주관은 무엇이고 객관계의 대상은 무엇인가. 불교에서는 이것을 십이처(十二處)로 설명하고 있다. '나'라는 존재는 여섯 가지 기관으로 세상과 접촉하고 대화한다. 그 여섯 가지란 눈, 귀, 코, 혀, 몸, 뜻을 말한다. 눈으로 모든 형상을 바라보고, 귀로 세상의 소리를 들으며, 코로 냄새를 맡고, 혀로 맛보며, 몸으로 감촉하고, 뜻으로 모든 대상들을 분별한다. 이 여섯 가지 말고 또 다른 세상을 접하는 기관이 있는가? 오직 이 여섯 가지가 한다. 바로 이 여섯 가지 우리 몸의 감각기관을 안이비설신의(眼耳鼻舌身意) 육근(六根)이라고 한다. 여섯 가지 내 안의 뿌리라는 뜻이다.

주관인 이 여섯 가지 우리 몸의 감각기관이 각각의 대상을 만나는데 그 대상이 바로 육경(六境)이다. 육근이 만나는 대상이 바로 육경이다. 그것은 각각 형상과 소리, 냄새와 맛, 감촉과 대상이다. 눈이라는 근(眼根)으로 형상이라는 경계(色境)를 접촉하며, 귀라는 근(耳根)으로 소리라는 경계(聲境)를 접촉하게 된다.

이렇듯 육근이 육경을 접촉할 때 바로 그때 일체의 모든 괴로움과 즐거움, 좋고 나쁜 느낌이 일어난다. 그 느낌에 따라 좋은 느낌은 더 많이 느끼기 위해 붙잡아 두려고 집착하고, 싫은 느낌은 느끼지 않기 위해 버리려고 애를 쓰게 된다. 그래서 좋은 느낌을 많이 얻을 때 즐거움을 느끼고, 싫은 느낌을 많이 얻을 때 괴로움을 느낀다. 이렇듯 좋고 싫은 느낌에 따라 모든 집착이 생겨난다. 애욕이 생겨나고 증오가 생겨난다. 좋은 것을 더 갖고 싶은 것도 집착이며, 싫은 것을 버리고자 애쓰는 것도 집착이다.

우리들이 괴로움을 느끼는 이유는 바로 여기에 있다. 육근과 육경이 접촉하고, 연이어 좋고 싫은 느낌이 일어나며, 그에 따라 온갖 집착이 생기기 때문에 괴로운 것이다. 이 집착이 바로 머무름이다. 어떤 경계를 대할 때라도 항상 집착이 생긴다. 눈·귀·코·혀·몸·뜻이 대상을 만날 때면 항상 이렇듯 집착이 생겨나게 마련이다. 즉 형상에 마음이 머물게 마련이고, 소리에 마음이 머물게 마련이며, 냄새와 맛, 감촉과 대상에 마음이 머물러 집착을 일으키게 마련이다. 눈으로 좋은 것을 볼 때 더 보고 싶은 집착이 생겨나고, 칭찬을 받을 때 더 받고 싶은 집착이 일어나며, 좋은 냄새에도, 좋은 맛에도, 좋은 감촉에도 집착이 생겨난다. 이렇듯 모든 대상을 접촉할 때 집착이 생기므로 마음이 머물게 되는 것이다.

모든 수행의 가장 중요한 키워드가 여기에 있다. 바로 이 머무는 마음, 집착을 놓아버려야 한다는 점이다. 머물지 않아야 한다는 점이다. 마음을 내되 머무는 바 없이 마음을 일으키라. 일체 모든 대상을 만나고, 대상과 접촉하면서도 어떤 대상에도 머물러 집착을 일으켜서는 안 된다. 집착이 생겨나면 연이어 일체 모든 괴로움이 시작된다.

『금강경』에서는 이 가르침을 '응무소주 이생기심', 즉 머무는 바 없이 마음을 내라는 말씀으로써 우리에게 안내해 주고 있다. 마땅히 모든 마음을 내되 머무름이 없을 수 있다면 그 어떤 걸림도 있을 수 없는 대자유를 만나게 된다. 우리가 알고 있는, 또 느끼고 있는 일체 모든 괴로움의 원인이 바로 집착과 머무름 여기에 있기 때문이다.

"수보리야, 비유하건대 마치 어떤 사람의 몸이 수미산만 하다면 네 생각은 어떠한가? 그 몸을 크다고 하겠느냐?"

215

수보리가 사뢰었다. "매우 큽니다. 세존이시여, 왜냐하면 부처님께서는 몸 아닌 것을 이름하여 큰 몸이라 하셨기 때문입니다."

앞에서 우리 몸의 감각기관인 육근이 그 대상인 육경을 만나 접촉함으로써 좋고 싫은 느낌이 일어났다고 했다. 그 좋고 싫다는 느낌의 분별에서 온갖 집착이 생겨난다. 육근이 육경을 접촉할 때 그 사이에서 온갖 시비 분별이 생겨나는 것이다. 그러나 주관이 대상을 받아들일 때 그 대상 자체는 과연 분별할 것이 있는 것일까? 형상과 소리 냄새, 맛, 감촉, 뜻의 대상이 과연 좋고 싫다거나, 옳고 그르다거나 하는 차별이 있는가? 그렇지 않다. 모양과 색깔이라는 형상에서 옳고 그른 것이 어디 있고 좋고 싫은 것이 어디에 있는가. 온갖 나무와 꽃들이 있지만 어떤 나무와 어떤 꽃은 옳고 다른 것은 그른 것이라고 할 수 있는가? 그렇지 않다. 이 세상의 일체 모든 형상과 소리, 냄새, 맛, 감촉, 대상은 모두 무분별(無分別), 무차별(無差別)이다. 우리들의 의식에서 차별을 일으키는 것일 뿐이지 이 세상에는 본래부터 나눔이란 없다.

태양과 달과 별, 바다와 시내와 강과 들 이들 가운데 어느 것이 옳고 어느 것이 틀린 것인가. 정치인과 경제인 가운데 누가 옳은가? 서양의 여인과 동양의 여인과 아프리카의 여인 가운데 어느 쪽이 더 아름다운가? 그들은 그저 서로 다를 뿐이지 분별할 수는 없다. 점수를 매겨 줄을 세울 수는 없는 노릇이다. 일체의 모든 차별과 분별로써 세상의 모든 것들을 나누고 차별하고 점수 매기고 등수를 매기는 따위의 나눔은 오직 인간들만이 한다. 이 대자연 법계의 모든 존재와 생명은 오직 전 존재로서 받아들일 따름이다. 인간들만이 세상을 대상으로 차별하고 분별하며 그렇기에 인간들만이 좋고 나쁘며 옳고 그르다는 등의 어리석은 극단을 설정한다. 그리고 그 극단과 나뉨은 곧 부조화와 평화롭지 않은 상태를 가져온다. 그로 인해 인간은 늘 어지럽고 복잡하며 괴롭다.

세상은 다만 변화할 뿐이다. 변화하는 세상에 어리석고 좁은 소견으로 좋다거나 싫다거나 하는 차별을 가하지 말라. 세상은 다만 변화만이 있을 뿐, 좋고 싫은 것은 없다. 봄을 알리는 꽃이나 여름의 우거진 초록이나 가을의 오색 단풍, 또 겨울의 호젓한 눈꽃은 저마다의 아름다움이 있다. 1, 2, 3, 4등 등수를 매길 수는 없다. 어느 계절이 더 좋고 나쁜 것은 없고 다만 변화만 있을 뿐이다. 변화의 과정만이 있을 뿐이다. 그 변화의 어느 한 과정을 붙잡아 옳다느니 그르다느니, 맞다느니 틀리다느니, 아름답다거나 추하다고 차별하지 말라.

소리와 냄새와 맛 그리고 감촉 따위의 것들은 또 어떠한가. 그것들 또한 인언 따라 잠시도 쉼 없이 변화할 뿐이지 차별되어 있지는 않다. 똑같은 말이 어떤 사람에게는 듣기 좋은 말이 되었다가 또 어떤 이에게는 듣기 싫은 말도 될 수 있다. 청국장찌개의 냄새처럼 똑같은 냄새가 어떤 때는 참 좋았다가 또 어떤 때에는 구역질이 날 때도 있는 것이다.

그러니 육경이란 대상에 대한 일체 그 어떤 분별도 다 우리들의 의식이 만들어 내는 거짓일 뿐임을 알아야 한다. 세상은 늘 그 자리에 그대로 있다. 늘 여여(如如)하다. 다만 변화할 뿐 그 어떤 차별도 있지 않다. 본질은 무엇이든 다 부처이며 청정한 것이다. 그러니 어떠한가. 이 세상에 무엇을 차별하고 분별하며 나누겠는가. 무엇을 옳다거니 그르다거니 할 것이며, 무엇을 잘났다거니 못났다거니 할 것인가. 무엇을 크다거니 작다거니 분별할 것인가.

본질에 있어서는 옳고 그름도, 잘나고 못남도, 미추도, 장단도, 대소도, 그 어떤 나눔도 없다. 두 가지로 나누게 되면 거기서부터 질긴 집착과 그로 인한 괴로움의 서막이 오르게 된다. 분별할 것이 없으면 집착할 것도 없고 따라서 괴로울 것도 없다. 그렇기에 머무는 바 없는 마음을 내기 위해서는 어떤 대상도 분별하거나 차별하지 말아야 한다. 양극단을 설정해 놓고 그 가운데 하나를 택해 대상을 분별하지 말아야 한다. 양극단은 세상을 올바로 정견으로 보는 눈이 아니다. 오직 중도(中道)만이 세상을 바로 보게 해준다.

이 모든 것이 둘이 아니다. 머무는 바 없이 마음을 낸다는 말이나, 집착을 놓아야 한다는 말이나, 분별을 버려야 한다는 말이 둘이 아니다. 또한 이러한 말이 그대로 중도의 가르침이며 연기(緣起)의 가르침이고, 제행무상, 제법무아, 일체개고인 삼법인(三法印)의 가르침이다. 육근[육입(六入)]과 육경[명색(名色)]이 접촉[촉(觸)]함으로 느낌[수(受)]이 일어나고, 그에 따라 좋고 싫은 애욕과 증오[애(愛)]가 일어나고, 그럼으로써 집착[취(取)]이 일어나고, 그로 인해 온갖 업[유(有)]을 짓게 되어 생로병사(生老病死)의 괴로움이 시작된다는 십이연기(十二緣起)의 가르침과도 상통하는 것이다.

그래서 응무소주 이생기심이라는, 머무는 바 없이 마음을 내라는 설법에 이어 수미산만 한 사람의 몸을 비유하며 크고 작다는 분별을 비우도록 이끌고 있다. 응무소주 이생기심 하기 위해서는 일체의 모든 차별과 분별을 놓아야 한다. 아니 머무는 바가 없으면 차별하는 마음이 생겨나지 않는다. 그 어떤 마음도 일어날 것이 없다. 바로 그때 일체 모든 분별이 타파되었을 때 비로소 이 세상을 있는 그대로 편견 없이 바라보는 정견의 눈이 열린다.

만약 어떤 사람의 몸이 수미산만 하다면 그 몸이 큰 것인가 하는 부처님의 물음에 수보리는 크다고 답변을 드린다. 방금 설법한 것에 의하면 본래 크고 작을 것이 없어야 하는데 수보리는 왜 크다고 했는가. 이것이 바로 머무는 바 없이 마음을 내는 법이다. 분별과 차별이 없어야 한다고 아무런 마음도 내지 말아야 할 것인가. 아무런 말도 하지 말고, 아무런 행동도 하지 말며, 아무런 마음도 일으키지 말고 그저 저 산의 나무처럼, 저 들의 돌처럼 가만히 있어야만 하는 것인가. 옳다 그르다는 표현도 하지 말고 살아야 하고, 좋다 싫다는 표현도 하지 말고 살아야 하는가. 그렇지 않다. 마땅히 마음을 내야 한다. 그러나 머무는 바 없이 마음을 내야 하는 것이다.

크다는 마음도 내고 작다는 마음도 낼 수 있다. 그러나 크고 작음에 걸려 집착하면 안 된다. 옳고 그른 마음도 낼 수 있어야 한다. 안 그러면 어떻게 세상을 살아갈 수 있겠는가. 불교는 산중에 홀로 들어가 아무런 말도 하지 말고, 아무런 분별도 일으키지 말며 은둔해서만 살아야 하는 그런 종교인 것은 아니다. 큰 것은 크다고 마음을 낼 수 있다. 그러나 거기에 머물러 집착하지 않아야 한다. 좋고 싫다는 마음이 일어나지 않을 수는 없다. 그러나 어느 한쪽에 머물러 집착하는 마음을 키우다 보면 집착이 생기게 마련이다. 마땅히 마음을 내되 머무는 바 없이 마음을 내라.

다시 본문으로 가서, 부처님께서는 색성향미촉법에 머물지 말고 마음을 내라고 하셨다. 그래서 수보리에게 비유로써 물음을 던지신 것이다. 만약 어떤 사람의 몸이 수미산만 하다는 것은 무엇을 말하는가. 형상이 그렇게 크다는 것을 말한다. 수보리에게 부처님은 수미산만큼 큰 사람의 몸이라는 형상에 빗대어 설명하고 있다. 형상에 머물지 않고 마음을 낸다는 것이 무엇을 의미하는지 알려주기 위해서다.

부처님의 물음에 수보리가 사뢰었다. "매우 큽니다. 왜냐하면 부처님께서는 몸 아닌 것을 이름하여 큰 몸이라 하셨기 때문입니다." 몸은 몸이 아니다. 그러므로 몸이다. 큰 몸을 큰 몸이라고 하면 그것은 큰 몸이 아니다. 큰 몸은 큰 몸이 아니라 그랬을 때 큰 몸인 것이다. 큰 몸이라는데 머물러 집착하게 되면 그것은 크다고 할 수 없다. 다만 크고 작다고 방편으로써 말하고 있을 뿐 크다는 데 머물고 작다는 데 머물기 위해 크다고 한 것이 아니기 때문이다. 수보리는 매우 크다고 답변을 드렸지만 그 이유는 큰 몸이라는 데 머물러 있지 않았기에 그렇게 말씀을 드릴 수 있었던 것이다. 큰 몸이라는데 집착을 하여 작은 몸에 상대되는 '큰 몸'으로써 '매우 크다'고 했다면 수보리의 답변은 잘못된 것이다. 그러나 수보리는 부처님의 의도를 정확히 알고 있다. 부처님께서는 몸 아닌 것을 이름하여 큰 몸이라고 하셨다는 점을 잘 알고 있다. 그러므로 크다고 말씀드린 것이다. 형상에 머물러 크다고 답변을 드린 것이 아니라 형상에 머무는 바 없이 크다고 답변을 드린 것이다. 마음을 내되 머무는 바 없이 마음을 내어 대답하고 있는 것이다. 이야말로 응무소주 이생기심의 답변이다.

차별을 넘어선 '법의 몸', 법신(法身)은 어떤가. 그것은 크다, 작다로는 표현될 수 없다. 수미산만 하다고 하더라도 그것은 큰 것이 아니다. 그렇다고 작은 것도 아니다. 법신의 몸은 한 티끌 속에도 포함될 수 있으며, 온 우주법계 전체라는 표현으로도 담아낼 수 없기 때문이다. 법신은 어떤 말로도 표현될 수 없다. 말로써 표현하려고 아무리 애를 써도 말로써는 도저히 표현되지 않는다. 그래서 법신은 항상 침묵으로 우레와 같은 사자후(獅子吼)를 설함 없이 설하고 있다.

그러나 우리의 입장에서는 마음을 내지 않을 수 없다. 말로 표현하지 않을 수 없다. 다만 마음을 내되 머무름 없이 마음을 내어야 한다. 그래서 부처님은 물었고 수보리는 대답했다. 그것은 철저히 머무름 없는 물음이고 머무름 없는 답변이다. 단순히 크다고만 답했다면 그것으로는 부족하다. 단순히 크다고만 했다면 그것은 '이생기심(마음을 낸 것)'이지만, 그 이유를 설명함으로써 '응무소주(머무는 바 없음)'가 설명되었다. 큰 이유는 몸이라는 것은 몸이 아니기에 큰 몸이라고 할 수 있다는 것이다. 다시 말해 큰 몸이라는데 머물지 않고, 집착하지 않기 때문에 큰 몸일 수 있는 것이다.

아래 산스크리트 원문의 답변을 들어 보면 조금 더 깊이 이해할 수 있을 것이다.

"매우 큽니다. 세존이시여, 왜냐하면 세존께서 몸, 몸이라 하는 것은 몸이 아니라고 여래께서는 설하셨습니다. 그래서 말하기를 몸이라고 하는 것입니다. 세존이시여, 참으로 그것은 몸이 아니며, 몸 아님도 아닙니다. 그러므로 몸이라고 합니다."

무위복승분

[무위의 복은 수승하다]

無爲福勝分 第十一

須菩提 如恒河中所有沙數 如是沙等恒河 於意云何

是諸恒河沙 寧爲多不 須菩提言 甚多 世尊 但諸恒

河 尙多無數 何況其沙 須菩提 我今 實言 告汝 若有

善男子 善女人 以七寶 滿爾所恒河沙數 三千大千世

界 以用布施 得福 多不 須菩提言 甚多 世尊 佛告 須

菩提 若善男子 善女人 於此經中 乃至 受持 四句偈

等 爲他人說 而此福德 勝前福德

"수보리야, 항하에 있는 모래 수만큼 많은 항하가 있다면 네 생각은 어떠하냐?
그 모든 항하의 모래가 얼마나 많겠느냐?"

수보리가 사뢰었다.

"매우 많습니다. 세존이시여, 모든 항하의 수만 하여도 셀 수 없이 많겠거늘 하
물며 그 모래이겠습니까."

"수보리야, 내가 이제 진실한 말로 너에게 이르노니, 만약 어떤 선남자 선여인이
칠보로써 저 항하강 모래 수만큼 많은 삼천대천세계를 가득 채워서 보시한다면 그
가 얻는 복덕이 많겠느냐?"

수보리가 사뢰었다.

"매우 많습니다. 세존이시여."

부처님께서 수보리에게 말씀하셨다. "만약 선남자 선여인이 이 경 가운데서 사
구게 하나만이라도 받아 지녀 남을 위해 설해 준다면 이 복덕이 앞에서 말한 복덕
보다 더 뛰어나리라."

무위복승분에서는 함이 없는 무위의 복이 유위의 복덕에 비해 얼마나 뛰어난가를 설명하고 있다. 이『금강경』의 핵심 가르침 하나만이라도 올바로 받아 지니도록 남을 위해 설해 준다면 그 무위의 복덕은 그어떤 세속적이거나 물질적인 복덕보다 더욱 뛰어남을 설하고 있다.

　이 말의 뜻을 잘 알 수 있어야 한다. 무조건『금강경』의 사구게 가운데 하나를 남에게 잘 설명해 주는 것만으로 무위의 복덕이라고 할 수는 없다. 그것만을 가지고 무위의 복이 수승하다고 할 수는 없다. 경전 사구게를 수도 없이 많은 이들에게 알려줬다면 그것만으로 완전한 무위복을 성취한 것인가? 그렇지는 않다. 중요한 것은 내 스스로 받아지니고 그것을 설해줄 수 있어야 한다는 점이다. 스스로 받아 지닌다는 것, 수지한다는 것은 스스로 그 가르침을 실천하고 깨달아 알아야한다는 것을 말한다. 스스로 수지하지 못하고 다만 남을 위해 알려주기만 한다고 그것이 그대로 무위의 복이 될 리는 없다.

　그러면『금강경』의 가르침의 핵심은 무엇인가. 사구게의 핵심은 무엇인가. 그것은 아상을 버려야 한다는 것이며, 그 어떤 집착도 가져선 안 된다는 말이다. 일체 모든 상이 다 허망한 것임을 알아 어디에도 머무는 바 없이 마음을 내야 한다는 가르침이다. 이러한『금강경』의 가르침을 수지한다는 것은 스스로 머무름이 없어야 한다는 말이다.『금강경』의 핵심 가르침을 수지한 사람은 어디에도 머물지 않고, 집착하지 않으며, 아상이 타파되어 있다. 이러한『금강경』의 뜻을 수지한 사람이 어찌 남을 위해 설해 주고도 스스로 설했다는 상에 갇혀 있을 수 있겠는가. 어찌 스스로 남에게 설해 주었다는 데 머무는 마음이 일어날 수 있겠는가. 이렇듯『금강경』사구게의 뜻을 스스로 잘 수지하여 일체의 상이 타파되고, 머무는 바 없이 마음을 낼 수 있는 사람은『금강경』의 게송을 남에게 설해주고도 설해주었다는 상이 남지 않는다. 그렇기에 사구게의 게송을 남을 위해 설해 주는 행위 자체가 무위의 복이 될 수 있는 것이다.

그렇지 않고 스스로 수지하지도 못한 채, 스스로 온전히 깨달아 알지도 못한 채, 아무리 많은 경전이나 사구게를 남을 위해 연설해 준다고 한들 그것이 유위의 복이 되기는 할 지언즉 무위의 수승한 복이 되지는 못한다. 그러나 여기에서『금강경』의 사구게 하나만이라도 스스로 수지하여 남을 위해 연설해 주었을 때는 무위의 수승한 복덕이 된다고 말하는 것은,『금강경』의 사구게 자체가 무위의 행을 설하는 것이기 때문에 무위의 머무는 바 없는 행을 찬탄하는 것이라 하겠다.

"수보리야, 항하에 있는 모래 수만큼 많은 항하가 있다면 네 생각은 어떠하냐? 그 모든 항하의 모래가 얼마나 많겠느냐?" 수보리가 사뢰었다. "매우 많습니다. 세존이시여, 모든 항하의 수만하여도 셀 수 없이 많겠거늘 하물며 그 모래이겠습니까."

"수보리야, 내가 이제 진실한 말로 너에게 이르노니, 만약 어떤 선남자 선여인이 칠보로써 저 항하강 모래 수만큼 많은 삼천대천세계를 가득 채워서 보시한다면 그가 얻는 복덕이 많겠느냐?"

수보리가 사뢰었다. "매우 많습니다. 세존이시여." 부처님께서 수보리에게 말씀하셨다. "만약 선남자 선여인이 이 경 가운데서 사구게 하나만이라도 받아 지녀 남을 위해 설해 준다면 이 복덕이 앞에서 말한 복덕보다 더 뛰어나리라."

이 분에서는 『금강경』의 사구게를 수지하고 위타인설하는 공덕은 일체의 물질적인 유위의 복덕에 비해 더욱 뛰어난 무위의 복이 된다고 말함으로써 법보시의 공덕이 얼마나 수승한 것인가를 밝히고 있다.

여기에서 항하강은 인도의 갠지스 강을 말한다. 항하사란 항하의 모래란 뜻이지만 셀 수 없이 많은 수량을 나타내기 위한 방편으로 사용되고 있다. 갠지스 강의 모래의 수가 얼마나 셀 수 없이 많은가를 설하면서 그렇게 많은 항하강의 모래 수만큼 삼천대천세계를 칠보로써 가득 채워 보시하는 무량한 물질적 보시보다도 『금강경』의 가르침을 스스로 수지하고 위타인설하는 복덕이 더욱 뛰어남을 비유를 통해 말씀하고 계신다.

항하강의 모래 수만큼 셀 수 없이 많은 삼천대천세계를 칠보로써 가득 채운다면 그것이 얼마나 상상할 수 없을 만큼 많은 양의 물질적 보시가 될 것인가. 도저히 우리들의 상상으로는 헤아릴 수 없을 정도의 양이며 복이 될 것이다. 이렇게 많은 양으로 보시한다면 이는 분명 헤아릴 수 없을 정도의 복이 될 것이며, 그 복덕의 결과는 엄청난 양으로써 우리에게 보상을 가져다 줄 것이다. 이것은 엄연한 인과의 법칙이다.

천 원을 보시하면 천 원만큼의 복이 되며, 만 원을 보시하면 만 원만큼의 복이 된다. 백만 원, 천만 원을 보시하면 분명 그만큼의 복이 쌓여 언젠가는 그 결과로써 복된 삶을 보장받게 된다. 그러나 이러한 복은 유위의 복이다. 스스로 백만 원을 보시하고 '백만 원의 보시'란 상이 남게 된다면 그것은 유위의 복이다. 유위의 복은 계산이 철저하다. 백만 원의 보시를 했다면 백 만 원의 결과를 받을 것이다. 그러나 이것이 무위의 행이 되었을 때 그 복덕은 가히 헤아릴 수 없는 결과를 가져온다. 행한 보시는 같은 백만 원이지만 그 복덕의 결과는 무위인가 유위인가에 따라 천차만별로 달라진다.

이 분에서 부처님께서 말씀하시고자 하는 바를 잘 이해할 수 있어야 한다. 그 뜻은 두 가지로 나누어 이해해 볼 수 있을 것이다. 첫째는 무위와 유위의 복에 대한 이해이며, 둘째는 물질적인 복과 법보시의 차이에 대한 이해이다. 그러나 더 중요한 것은 무위와 유위복에 대한 이해이다. 그것을 이 분에서는 무위를 법보시로, 유위를 물질적인 칠보의 보시로 대변시켜 놓았지만 그것이 다는 아니다. 왜 그러한가. 물질적인 보시를 하면서도 무위로써 행할 수 있고,『금강경』사구게를 들려주는 법보시를 하면서도 유위로써 할 수 있기 때문이다. 중요한 것은 무엇을 보시하느냐가 아니라 무위로써 했느냐 하는 점이다.

바로 그 점을 잘 새길 수 있어야 한다. 여기에서 법보시 즉『금강경』사구게의 보시를 내세운 이유는『금강경』사구게 안에 담긴 의미가 바로 '무위'를 담고 있기 때문이다. 그래서『금강경』사구게를 남에게 설하는 것만 중요한 것이 아니라, 내 스스로 수지하여 무위의 참뜻을 이해하는 것이 더욱 중요하다고 말한 것이다.

다시 말해 이 경의 깊은 속뜻을 바로 이해할 수 있어야지 겉으로만 이해해서는 그 참뜻을 놓치기 쉽다는 말이다. 얼핏 들어서는 물질적인 수많은 보시보다 법보시가 더욱 중요하다는 말처럼 들린다. 그래서 사람들은 물질적 보시보다『금강경』을 들려주는 것이 더 중요하다고 느낀다. 그러다보니 역사적으로 수많은 사람들에 의해『금강경』이 배포되었다. 수많은 양의『금강경』이 인쇄되고 사경되었으며 설법되어 내려왔다. 물론 그 자체가 잘못되었다는 말은 아니다.『금강경』의 배포와 위타인설은 물론 큰 복이 된다. 그러나 그것이 유위의 복에 멈춰 서서는 안 된다. 단순히『금강경』을 많이 인쇄하여 배포하고 많은 이들에게 읽히도록 하는 일은 유위의 법보시밖에 되지 않는다. 그러나『금강경』의 한 구절만이라도 스스로 밝게 이해하여 함이 없이 위타인설 할 수 있다면 그 공덕이 앞의 공덕보다 더욱 뛰어나다.『금강경』을 대량으로 인쇄하여 수많은 사람에게 나누어 주는 공덕보다 스스로 올바로 이해하고 수지하여 단 한 사람에게 그 뜻을 나누고 이해시키는 것이 더욱 큰 복덕이 된다는 말이다.

또한 이렇게 무위로써『금강경』을 수지하고 위타인설 할 수 있는 사람이라면 물질적인 보시를 하더라도 그대로 무위의 뛰어난 복덕이 될 수 있다. 그는 칠보가 아닌 그 어떤 것으로써 보시를 행하더라도 무위의 뛰어난 복덕을 성취한다. 문제는 물질적인 보시냐, 법보시냐가 중요한 것이 아니다. 칠보로써 삼천대천세계를 채워 보시하느냐, 게송 하나를 남에게 알려주느냐가 아니다. 그것이 무위가 될 수 있는가 하는 점이다. 그것이 무위가 될 수 있도록 이끌어 주는 것이 바로 『금강경』의 게송'이다. 그렇기에 『금강경』의 게송 하나라도 일러주는 것이 뛰어난 복덕이 된다는 말이다.

사실 『금강경』을 올바로 이해하고 깨달은 자는 따로 보시를 할 것도 없다. 『금강경』의 뜻을 스스로 수지하여 무위의 행을 할 수 있는 사람이라면 그의 존재 자체가 무위의 뛰어난 보시가 된다. 그에게는 보시라는 말 자체도 성립되지 않는다. 보시라는 말은 누군가가 누군가에게 무엇을 주는 행위가 아닌가. 그러나 참된 보시는 '누가'도 없고, '누구에게'도 없으며, '무엇'도 없는 것이다. 무위의 보시는 바로 이러한 삼륜이 청정한 보시이며, 무주상의 보시이다. 어디에도 머무름이 없는 보시이다. 그러나 이러한 보시에는 보시하는 '주체'도 사라지고, 보시를 받는 '대상'도 사라지며, 보시할 '것'도 사라진다. 이 세 가지가 사라진다면 '보시'라는 말 또한 필요 없는 군더더기가 될 뿐이다. 그는 다만 존재할 뿐이다. 그의 존재 자체가 그대로 보시를 대변하고 있으며, 지혜를 대변하고 있고, 깨달음을 대변하고 있다. 그의 존재 자체가 머무름이 없는 무위의 함이 없는 행위이다. 그것이 참된 보시이다.

참된 보시는 이와 같이 바른 지혜가 바탕이 된다. 지혜가 구족되지 않은 보시는 무위의 보시가 아니고, 무위의 복덕이 아니다. 보시가 그대로 지혜이며, 지혜가 그대로 보시이다. 그렇다면 지혜란 무엇인가. 지혜란 『금강경』의 가르침에 대한 온전한 이해이다. 즉 응무소주 이생기심의 지혜이며, 범소유상 개시허망의 지혜이고, 아상 타파에 대한 지혜, 『금강경』 사구게의 지혜이다. 『금강경』의 가르침, 『금강경』의 사구게를 온전히 수지한 이는 그 존재 자체로서 완전한 지혜의 완성이며, 완전한 복덕의 구족이다.

이 분에서는 바로 이 점을 밝히고 있다. 『금강경』 사구게 하나만을 온전히 수지하여 위타인설 할 수 있다면 그것이 그 어떤 유위의 복덕보다 더 수승하다는 점을 밝히고 있는 것이다.

죤듕졍교분

[바른 법을 존중하라]

尊重正教分 第十二

復次 須菩提 隨說是經 乃至四句偈等 當知此處 一
切世間天人阿修羅 皆應供養 如佛塔廟 何況有人 盡
能受持讀誦 須菩提 當知是人 成就最上第一希有之
法 若是經典 所在之處 則爲有佛 若尊重弟子

"또한 수보리야, 이 경이나 내지 이 경의 사구게 하나만이라도 설한다면 마땅히 알라. 이곳은 일체세간의 천인과 사람과 아수라가 마땅히 공양하기를 부처님의 탑묘와 같이 할 것이다. 하물며 사람이 이 경을 받아 지니고 독송함에 있어서이겠는가. 수보리야, 마땅히 알라. 그러한 사람은 최상의 제일가는 희유한 진리를 성취한 것이다. 이 경전이 있는 곳은 부처님이나 존경받는 부처님의 제자가 있는 것과 같으니라."

이 분 존중정교분에서는 『금강경』이라는 이 바른 법이 그대로 부처님이나 부처님의 제자와 다를 것이 없기 때문에 이 경전을 부처님과 바른 제자를 존중하는 것처럼 똑같이 존중하라는 뜻을 담고 있다. 이것이 삼보(三寶)이며, 삼귀의(三歸依)의 정신이다. 부처님과 부처님의 가르침과 부처님의 제자, 불법승(佛法僧), 이 세 가지는 서로 다르지 않다. 부처님을 존중하듯 부처님의 가르침과 부처님의 가르침을 훌륭히 수지 독송하여 희유한 진리를 성취한 제자들 또한 마땅히 똑같은 무게로 존중받아 마땅하다.

이 분에서는 이와 같이 이 경전의 바른 가르침이야말로 부처님과 존경받는 제자가 있는 것과 같음을 밝히면서, 이 경전을 수지 독송하게 되면 천인과 사람, 아수라가 마땅히 부처님 탑묘와 같이 존중할 것이며, 결국 최상의 제일가는 희유한 진리를 성취할 것이라고 말씀하고 있다.

"또한 수보리야, 이 경이나 내지 이 경의 사구게 하나만이라도 설한다면 마땅히 알라. 이곳은 일체세간의 천인과 사람과 아수라가 마땅히 공양하기를 부처님의 탑묘와 같이 할 것이다. 하물며 사람이 이 경을 받아 지니고 독송함에 있어서이겠는 가."

　요즈음도 그렇지만 오래전부터 『금강경』 독송의 신행은 계속되어 왔다. 『금강경』 전체를 독송하거나, 혹은 사구게(四句偈) 하나만이라 도 계속 반복하여 독송하는 수행의 방법은 많은 불자들에게 쉽고 친 근하며 어렵지 않게 실천할 수 있는 수행방법으로 자리 잡고 있다. 유 독 다른 경전에 비해서 『금강경』 독송을 더 많이 선호하며 외우는 이 유는 무엇일까. 그 답이 바로 여기에 있다.

　부처님께서는 수보리에게 명확하게 『금강경』 독경이라는 수행법에 대해 말씀해 주고 계신다. '이 경이나 내지 이 경의 사구게 하나만이라 도 받아 지니고 독송한다면 일체 세간의 천인과 사람과 아수라가 마 땅히 공양하기를 부처님 탑묘처럼 할 것'이라고 말씀하셨다. 『금강경』 독송의 수행은 바로 이 분에서 이렇게 명확히 제시해주고 계신 것이 다.

　탑묘(塔廟)란 부처님의 사리를 모신 탑을 말한다. 부처님께서 열반 하시고 많은 중생들은 부처님을 그리워하고 신앙하게 되었다. 그러한 그리움은 탑이라는 신행대상으로 나타나 부처님을 대신하여 탑을 세 우고 탑 주위에서 기도하며 수행하는 분위기가 형성되어 갔다. 탑묘 는 그대로 부처님을 상징하기 때문이다. 이러한 탑묘에 수많은 사람 들이 찾아오면서 공양하고 찬탄하고 찬양하며 불탑을 중심으로 대승 불교의 신행활동이 시작되었다.

　그런데 이 탑묘를 중심으로 많은 사람들의 공양과 기도행렬이 계속되면서 탑묘는 대승불교의 새로운 구심점이 되었고 이곳을 중심으로 대승의 보살들이 출현하게 되었다. 그러나 탑묘는 일종의 상징이다. 탑이나 사리가 어찌 부처님일 수 있겠는가. 그것을 부처님과 동일시하고 집착하게 된다면 그것도 하나의 상에 빠지는 일일 뿐이다. 그러나 방편으로 하나의 상징으로써 탑묘를 숭배하고 신앙하게 된 것이다. 부처님을 법신으로서 본다면 탑묘뿐 아니라 이 세상의 일체 모든 것들이 부처님의 몸이 될 것이다.

부처님의 계신 곳은 사람뿐 아니라 온갖 불법을 옹호하는 선신들이 함께하게 마련이다. 여기에서 천, 인, 아수라는 바로 그 호법선신들을 대변하고 있다. 모든 존재는 육도를 윤회한다. 육도는 다시 지옥, 아귀, 축생이라는 삼악도(三惡道)와 천, 인, 아수라라는 삼선도(三善道)로 나뉜다. 지옥, 아귀, 축생의 중생들은 자신이 지은 전생의 악업을 받느라고 끊임없는 괴로움과 어리석음 속에서 산다. 그러므로 부처님을 공양한다거나 불법을 옹호하거나 기도하고 수행하는 등의 행위를 하지 못한다. 그러나 천, 인, 아수라는 과거에 지은 선한 업의 결과를 받기 때문에 부처님 도량을 옹호하고 공양한다.

그러면 천, 인, 아수라가 불법을 옹호하기 위해 불탑만을 찾을 것인가. 불탑은 부처님에 대한 하나의 상징일 뿐이다. 불탑이 부처님인 것은 그것이 법신이기 때문이지, 사리이거나 탑이기 때문인 것은 아니다. 그곳이 부처님의 가르침이 있는 곳이며, 가르침이 설하는 곳이기 때문에 공양하는 것이다. 그렇다면 가르침이 있는 곳은 어디든 그곳이 불탑이다.

그렇기에 이 분에서는 사구게 하나만이라도 설한다면 그곳이 불탑이 되어 일체의 천, 인, 아수라가 마땅히 공양하기를 탑묘와도 같이 한다고 했다. 하물며 이『금강경』전체를 받아지니고 독송하는 공덕은 말할 나위도 없다.

산스크리트 경전의 원문에서는『금강경』을 받아 지니고 독송한다는 구마라집 역의 '수지독송'에 대해 좀 더 세심하게 다음과 같이 표현하고 있다.

"하물며 이 법을 완전히 갖추어, 마음에 새기고, 독송하고, 완전히 이해하며, 상세하게 설명하여 줌에 있어서이겠는가."

사실 구마라집 역의『금강경』에 등장하는 '수지독송'이라는 번역은 이러한 표현의 짧은 번역이다. 수지독송의 참된 의미는 이처럼 이 가르침을 완전히 갖추어 마음에 새기고 독송하고 완전히 이해하며 상세하게 남을 위해 설명해 주는 것까지를 포함하는 의미인 것이다. 그러니『금강경』수지독송의 공덕이 크다고 입으로만 외우고 만다면 그것은 참된 의미의 수지독송이 아니며, 위타인설의 공덕이 크다고 타인에게 경전을 유포하기만 한다면 그 또한 수지독송의 참된 의미는 아니다. 참된 수지독송이 되려면『금강경』의 가르침을 완전히 갖추어, 마음에 새겨 완전히 이해할 수 있어야 하고, 그렇게 완전히 이해된『금강경』을 끊임없이 독송함으로써 그 의미를 더욱 깊이 새길 수 있어야 한다. 그렇게 되었을 때 비로소 남에게 상세하게 설명하여 줄 수 있다.

수지독송의 뜻이 이와 같다고 하니 문득 의문이 들 것이다.『금강경』독송의 수행을 하고자 발심한 수행자들이 묻는 질문 중 한 가지는 '『금강경』의 뜻을 잘 모르는데 독송해도 되는가'이다. 여기『금강경』에서 설하고 있는 것은 무작정 독송만 하기보다는 『금강경』의 가르침을 온전히 이해하고 새길 수 있어야 한다는 것을 뜻한다. 그렇다면 과연 『금강경』의 뜻을 모르는 초심자 입장에서 『금강경』 독경은 아무 공덕도 없는 것이며, 할 필요도 없는 것인가? 그렇지 않다.

『금강경』 독경은 두 가지 수행 방편으로 이해될 수 있다. 첫 번째는 『금강경』이라는 방편을 통해서 모든 불교 수행의 핵심인 지관(止觀), 정혜(定慧)에 이르는 것이다. 모든 수행의 핵심은 마음을 비우고 관하는 것이다.

'지(止)'의 수행은 마음을 멈춘다는 것으로, 탐진치 삼독이며, 번뇌, 욕심, 집착, 상념 등 끊임없이 계속되는 마음의 번잡함을 다 멈추고 그저 말끔하게 비우는 것이며, '관(觀)'의 수행은 그렇게 멈춰진 고요한 마음을 있는 그대로 알아차리고 관찰하는 것이다. '멈추고 관한다', '비우고 알아차린다'는 이 두 가지 수행이야말로 불교의 핵심 중에 핵심 수행법이다. 성성적적(惺惺寂寂)이란 표현도 관(觀)수행을 통해 '성성'의 지혜에 이르며, 지(止)수행을 통해 '적적'의 고요함에 이른다는 뜻이다. 모든 수행의 방편, 즉, 이를테면 염불, 참선, 간경, 주력, 간화선, 절, 사경 등 모든 수행이 지관에 이르기 위한 방편이다. 마음을 비워라, 멈춰라 해도 잘 비워지지 않는다고 하고, 그 마음을 관하라, 깨어 있으라 해도 잘 관해지지 않는다고 하니 '관세음보살' 염불이 되었든, 『금강경』 독경이 되었든, '옴 마니 반메훔' 진언이 되었든, 절이 되었든, '화두'가 되었든 그 한 가지를 지관수행의 방편 삼아 붙잡고 정진해 나아가라는 것이다. 그래서 『금강경』 독경을 통해 얻을 수 있는 첫 번째의 수행은 바로 지관, 정혜, 적적성성의 깨달음인 것이다. 이러한 지관의 수행을 위한 방편으로『금강경』을 독경한다면『금강경』은 그야말로 방편일 뿐이다. 『금강경』의 뜻을 굳이 모른다고 하더라도『금강경』을 독경하면서 마음을『금강경』에 집중함으로써 마음을 비우고 독경하는 순간순간 올라오는 잡념 등을 관찰해 나갈 수 있다면 그 또한 훌륭한 수행의 길이 된다. 이처럼『금강경』수행의 첫 번째 공덕은 독경수행을 통해 지관의 수행을 닦아 깨달음에 이르는 것이다.

여기에서 한 가지 많은 이들이 오해하고 있는 점이 있어 밝혀두고자 한다. 지관에 대한 부분인데, 보통 불자들은 이것을 특정한 하나의 수행법이라고 생각한다.

지관은 수행이면서 동시에 수행이 아니다. 지(止)라는 것은 곧 '멈춘다'는 뜻인데, 분별망상을 멈춘다는 것이다. 그런데 이 말은 분별망상을 아예 없애야 한다는 것이 아니다. 분별망상은 없앨 수도 없고, 싸워 이겨야 하는 대상도 아니다. 분별망상이 다 일어나더라도 일어난 바가 없는 것이 참된 '멈춤'이다. 그러니 분별망상과 생각, 번뇌 등을 없애려는 수행을 애써 해야 할 필요는 없다.

관수행도 마찬가지다. 관이란 있는 그대로를 있는 그대로 본다는 것인데, 이것은 억지로 애써서 하는 것이 아니다. 그저 아무런 힘도 들이지 않고, 애쓰지도 않고 그저 보이는대로 보라는 것이다. 그러나 우리는 있는 그대로를 있는 그대로 보지 못하고, 오랜 습관 때문에 있는 그대로의 현재를 자기식대로 해석하고, 분별하고, 판단하면서 오염된 채로 바라본다. 그저 그렇게 분별망상으로 걸러서 바라보던 오랜 습관을 그저 하지 않으면 될 뿐, 또다시 새로운 무언가를 해야 하는 것은 아니다. 그러니 관수행이란 곧 관수행이 아니다. 수행이라고 하면 무언가를 해야 한다는 것이 아닌가? 이 공부는 애써서 해야 하는 유위(有爲)의 공부가 아니라, 하면서도 할 것이 없는 무위(無爲)의 공부다.

『금강경』 독송의 두 번째 공덕은 『금강경』이라는 부처님의 지혜가 담긴 가르침을 공부하고 완전히 갖추어 이해함으로써 얻을 수 있는 경전 공부의 공덕이다. 이 두 번째 공부에 있어서는 『금강경』의 온전한 이해가 반드시 필요하다.

부처님께서 열반하시기 직전 '자등명 법등명(自燈明法燈明)' 하라고 하셨던 가르침을 보면 더욱 분명해진다. 자등명은 자신 스스로를 법의 등불로 삼아 자기 자신의 마음을 비우고 마음을 분별 없이 있는 그대로 관찰함으로써 자기 안에서 깨달음을 얻으란 의미로 자력의 지관 수행을 통해 스스로 깨달음을 얻을 수 있다는 전자의 의미고, 법등명은 그렇게 스스로 자기 자신을 바로 비우고 봄으로써 법을 깨닫기 어렵기 때문에 부처님께서 진리의 가르침이 담긴 경전을 통해 깨달음을 얻을 수 있다는 후자의 의미를 담고 있다.

이처럼 『금강경』 수행은 두 가지로 나누어 볼 수 있지만, 이 두 가지가 서로 다른 것이라 여겨 따로따로 생각해서는 안 된다. 즉, 『금강경』 독경 수행을 하면서도 『금강경』 공부를 통해 바른 이해와 실천이 함께해야 하고, 이와 동시에 『금강경』 독경 수행을 통한 지관의 실천도 뒤따라야 하는 것이다.

그러니 처음 공부하는 초심자가 『금강경』의 뜻을 모른다고 독경 수행은 하지 않겠다거나, 『금강경』 뜻을 다 공부한 뒤에 독경 수행을 하겠다거나 하는 것은 잘못된 생각이다. 또한 『금강경』 독경 수행을 통해 마음을 비우고 관하면 되는 것이지 『금강경』을 꼭 해석하고 이해할 필요가 있는 것이냐고 한다면 그 또한 잘못된 생각이다. 바른 수행자라면 『금강경』 독경을 통해 지관을 닦고, 『금강경』 해석과 공부를 통해 바른 이해와 실천을 함께해 나가야 할 것이다. 불가에서 스님들이 처음 출가해 사미계를 받고 나면 비구계를 받기 전까지 경전공부를 하는 강원이나, 지관의 참선공부를 하는 선원에서 공부를 필히 마쳐야 하는 것 또한 이 두 가지 수행이 그만큼 수레의 두 바퀴처럼 중요하기 때문인 것이다.

"수보리야, 마땅히 알라. 그러한 사람은 최상의 제일가는 희유한 진리를 성취한 것이다. 이 경전이 있는 곳은 부처님이나 존경받는 부처님의 제자가 있는 것과 같으니라."

그렇게 『금강경』을 완전히 갖추어 마음에 새기고 독송하고 완전히 이해하며 상세하게 남을 위해 설명해 준다면 그 사람은 최상의 제일가는 희유한 진리를 성취한 것이다. 단순히 사구게 하나만이라도 설한다면 그곳이 일체 세간의 천인, 아수라가 부처님 탑묘처럼 공양할 것인데, 하물며 이와 같이 『금강경』을 완전히 갖추어 마음에 새기고 독송하고 완전히 이해하며 상세하게 남을 위해 설명해 준다면 그 사람은 최상의 제일가는 희유한 진리를 성취한 것이다. 이러한 가르침이 있는 곳은 그대로 부처님이나 존경받는 부처님의 제자가 있는 것과 같다.

그러니 어떠한가. 가르침이 있는 곳, 그 가르침을 수지독송하는 이가 있는 곳, 그곳이 바로 부처님이 계신 곳이며, 부처님의 존중받는 제자들이 있는 곳과 다름이 없다. 조금 확대 해석한다면『금강경』이 있는 곳이 그대로 법당이며,『금강경』을 수지독송한다면 그 사람이야말로 부처님, 또 부처님의 존경받는 제자들과 다르지 않은 것이다.

『금강경』과 부처님, 부처님의 제자는 둘이 아니기 때문이다. 부처님과 부처님의 가르침, 그리고 부처님의 제자 이 셋은 서로 다르지 않다. 불법승(佛法僧) 삼보(三寶)는 하나다. 부처님의 가르침이 있는 곳이 그대로 부처님이 계신 곳이며 존경받는 제자가 있는 곳이다.

그러니 어떠한가. 꼭 절에 가야지만 부처님이 계신 것이 아니다. 집을 도량으로 만들고, 회사를 도량으로 만들며, 내 몸을 도량으로 만들려면 늘『금강경』을 수지독송하면 된다. 부처님의 가르침[法]이 있는 곳은 언제나 부처님[佛]이 함께하시며, 부처님의 존경받는 제자[僧]들이 함께하는 것과 다름이 없기 때문이다. 사실 승보(僧寶)라는 것이 스님들에 한정된 개념은 아니다. 불법승 삼보 가운데 승보는 부처님과 부처님의 가르침이라는 두 가지 보배를 바로 믿고 이해하며 실천하며 살아가는 바른 수행자를 말하는 것이다. 이러한 수행자에게는 승속의 제한이 없다. 깨달음에 어찌 승속이 별도로 존재할 수 있겠는가. 불교는 일체의 나눔과 차별, 분별을 모두 해체시켜 완전한 무차별로써 평등에 이르는 가르침이다. 사부대중이라는 것도 비구(比丘), 비구니(比丘尼), 우바새(優婆塞), 우바이(優婆夷)로 청정승가란 남녀 스님과 남녀 신도 사부대중을 아우르는 말이다. 그러니 부처님 가르침을 바로 믿고 신행하며 실천하는 불자라면 그 사람이 바로 승보이다. 결국『금강경』을 수지독송하는 이가 바로 수행자요 승보이며 승보는 불보와 법보와 다르지 않은 것이니, 내 안에 불법승 삼보가 모두 구족되어 있는 것이다.

용성 스님께서는 이를 동체삼보(同體三寶)라 하셨다. 즉 '자성연각 즉불보(自性緣覺卽佛寶)요, 자성적멸즉법보(自性寂滅卽法寶)며, 자성청정즉승보(自性淸淨卽僧寶)'라고 하여 '내 마음을 깨달으면 부처님이요, 내 마음이 고요하면 법이며, 내 마음이 청정하면 수행자'라고 말하고 계신다. 내 마음 안에 불법승 삼보가 모두 구족되어 있다는 뜻이다. 그러니 '청정'한 마음으로 『금강경』 수지독송을 통해 '고요'한 마음에 이르면 결국 '깨달음'을 얻게 되는 것이다.

『금강경』을 수지독송하는 공덕은 이와 같이 한량이 없다. 그저 사구게 하나만을 설하기만 하더라도 그 공덕은 한량이 없는데, 스스로 이해하고 독송하며 남을 위해 설해주는 공덕은 말할 나위도 없는 것이다.

제13분

여법수지분

[여법하게 받아 지니라]

如法受持分 第十三

爾時 須菩提 白佛言 世尊 當何名此經 我等 云何奉
持 佛告 須菩提 是經 名爲金剛般若波羅蜜 以是名
字 汝當奉持 所以者何 須菩提 佛說般若波羅蜜 卽
非般若波羅蜜 是名般若波羅蜜 須菩提 於意云何 如
來有 所說法不 須菩提 白佛言 世尊 如來無所說 須
菩提 於意云何 三千大千世界 所有微塵 是爲多不
須菩提言 甚多 世尊 須菩提 諸微塵 如來說 非微塵
是名微塵 如來說世界 非世界 是名世界 須菩提 於
意云何 可以三十二相見 如來不 不也 世尊 不可以
三十二相 得見如來 何以故 如來說 三十二相 卽是
非相 是名三十二相 須菩提 若有善男子 善女人 以
恒河沙等 身命 布施 若復有人 於此經中 乃至 受持
四句偈等 爲他人說 其福甚多

그때 수보리가 부처님께 사뢰었다.

"세존이시여, 마땅히 이 경을 무엇이라 이름하오며, 저희들이 어떻게 받아 지니면 되겠습니까?" 부처님께서 수보리에게 말씀하셨다.

"이 경의 이름은 금강반야바라밀이니 마땅히 이 이름대로 받아 지니라. 그 까닭은 무엇인가. 수보리야, 여래가 설한 반야바라밀은 곧 반야바라밀이 아니라 그 이름이 반야바라밀이기 때문이다. 수보리야, 너는 어떻게 생각하느냐? 여래가 진리를 설한 바가 있느냐?"

수보리가 부처님께 사뢰었다.

"세존이시여, 여래께서는 설하신 바가 없습니다."

"수보리야, 너는 어떻게 생각하느냐? 삼천대천세계에 있는 모든 미진(微塵)을 많다고 하겠느냐?"

"아주 많사옵니다. 세존이시여."

"수보리야, 이 모든 미진을 여래는 미진이 아니라고 말하나니 이것은 이름이 미진일 뿐이다. 여래가 말하는 세계 또한 그것이 세계가 아니고 그 이름이 세계일뿐이다. 수보리야, 너는 어떻게 생각하느냐? 32상으로써 여래를 볼 수 있겠느냐?"

"아닙니다. 세존이시여, 가히 32상으로써 여래를 볼 수 없습니다. 왜냐하면 여래께서 말씀하신 32상이란 곧 상이 아니라 그 이름이 32상이기 때문입니다."

"수보리야, 만약 어떤 선남자 선여인이 항하의 모래 수와 같은 목숨을 바쳐 보시했다 할지라도 만약 어떤 사람이 있어 이 경의 사구게 하나만이라도 받아 지녀 남을 위해 설해 준다면 그 복이 더 많으니라."

여법수지분은 이 경의 이름과 이 경을 어떻게 여법하게 수지할 수 있는가에 대한 부처님의 답변으로 이루어져 있다. 경의 이름을 밝혀 주셨지만 그 이름에도 집착하지 말아야 할 것을 언급하시면서, 이 세상의 가장 작은 미진에서부터 이 세상에 이르기까지 또한 나아가 부처님의 거룩한 상호에 이르기까지 그 모든 것은 다 집착할 것이 없고, 머무를 것이 없음을 설함으로써 다시 한 번 『금강경』의 무집착의 가르침을 설하고 있다. 이렇듯 금강반야바라밀경의 가르침은 일체의 모든 상을 타파하는 가르침이기 때문에 그 어떤 티끌도, 세상도, 부처도, 경전의 이름도 거기에 얽매여 집착하는 것을 허용하지 않는다. 그러한 일체 상의 완전한 타파의 자리에 깨달음은 드러남 없이 드러난다. 여기에 이 경의 위대함이 있다. 그래서 세세생생 모래 수와 같은 수의 목숨을 바쳐 보시하는 것보다 이 가르침 하나만을 받아 지녀 설하는 것이 더욱 큰 공덕이 됨을 설하고 있는 것이다.

　그때 수보리가 부처님께 사뢰었다. "세존이시여, 마땅히 이 경을 무엇이라 이름하오며, 저희들이 어떻게 받아 지니면 되겠습니까?" 부처님께서 수보리에게 말씀하셨다. "이 경의 이름은 금강반야바라밀이니 마땅히 이 이름대로 받아 지니라."

　지금까지 들어온 이러한 가르침을 듣고 수보리는 한없는 감동과 환희에 휩싸였다. 어찌 그러지 않을 수 있단 말인가. 어찌 이러한 말 없는 위대한 말을 듣고 수보리와 같은 깊은 제자가 큰 감동을 받지 않을 수 있겠는가. 『금강경』은 참으로 위대하다. 그러나 『금강경』을 이렇게 표현했을 때 그 표현은 위대하지 못하다. 그 표현으로서 위대한 것이 아니라 가르침이 담고 있는 그 깨우침의 깊이는 말이 가져다주는 의미를 초월하여 위대하지 않을 수 없다.

　이에 수보리는 이러한 가르침을 어떻게 이름 지으면 좋을지 묻고 있다. 일체의 모양을 타파하고, 상을 버리도록 이끄는 이러한 가르침, 일체의 그 어떤 이름에도 집착함이 없도록 일깨워주는 이러한 가르침에 도리어 또 다른 이름을 짓는다는 것이 얼핏 생각했을 때는 모순되는 것처럼 보인다. 이름을 타파하도록 이끄는 이 가르침을 어떻게 이름 지을 것인가 하는 물음이 얼마나 아이러니한가. 이름을 깨라는 가르침을 어떻게 이름 지을 수 있단 말인가. 그러나 그 모순 속에는 무한한 '방편'과 '자비'가 녹아 있다.

　앞서도 누누이 언급하고 있지만 말이란 그 자체가 모순이다. 부처님 말씀도 논리적으로 따지려 들거나, 말 그 자체를 가지고 옳고 그른 진위를 가리려고 한다면 한마디 말도 빼놓지 않고 전부 다 모순이고 잘못일 수 있다. 그렇듯 말이란 온전하지 못하다. 그렇다면 말을 하지 말 것인가? 아무런 언어도 사용하지 말고 오직 침묵하기만 할 것인가. 그렇다. 그렇게 하면 된다. 그러나 그 방법은 이미 단 한순간도 끊어지지 않고 항상 사용되어 오고 있다. 본연의 침묵의 가르침은 항상 법계에 가득하다. 다만 그 침묵의 소리 없는 소리를 우리가 듣지 못할 뿐, 침묵의 법문이 사라진 적은 없다. 그러한 침묵의 말 없는 가르침은 항상하고 있지만 어리석은 이들은 듣지 못한다. 어리석은 우리들은 침묵을 이해하지 못한다. 우리는 단지 말을 들을 수 있고, 언어를 이해할 수 있을 뿐이다.

혹자는 그러한 침묵의 가르침이면 되었지 왜 애써 어리석은 이들을 일깨우고자 하는가 하고 묻는다. 그것은 바로 '자비' 때문이다. 지혜의 본질은 자비에 있다. 아니 지혜와 자비는 둘이 아니다. 지혜가 충만하면 자비 또한 똑같이 충만하다. 그러니 자비를 베풀지 않을 수 없다. 깨달음을 얻은 이는 당연하게 자비를 실천하게 된다. 고통받는 어리석은 중생들을 일깨우지 않을 수 없다. 그렇다면 결론은 나왔다. 아직 깨닫지 못한 어리석은 이들을 위해 법을 설하는 자비를 베풀어야 하고, 그러기 위해서는 어쩔 수 없이 '말'이라는, '언어'라는 방편을 사용할 수밖에 없다.

그래서 수보리는 질문을 하고 있다. 부처님께 '자비'와 '방편'을 열어 줄 것을 요청하고 있는 것이다. 이에 부처님은 마땅히 자비와 방편으로써 답을 하고 계신다. 이름을 타파하고 깨뜨려야 한다는 이 가르침에 금강반야바라밀이라는 이름을 붙여주고 계신다. 이러한 부처님의 모순은 자비에서 나온 것이다. 그 수단으로, 그 방편으로 사용된 것이 우리들 중생들이 좋아하고 이해하기 쉬워하는 '말'이고 '언어'인 것이다.

"그 까닭은 무엇인가. 수보리야, 여래가 설한 반야바라밀은 곧 반야바라밀이 아니라 그 이름이 반야바라밀이기 때문이다."

부처님께서 자비와 방편으로 이름 붙여 준 이 경전의 제목은 '금강반야바라밀'이다. 즉, 금강과도 같은 반야바라밀을 설한 경이란 의미다. 금강과도 같이 견고하여 깨어지지 않는 '반야바라밀'을 설한 가르침이 바로 『금강경』이다. 이렇게 방편과 자비로 반야바라밀이라고 이름을 붙여 주셨지만 어리석은 많은 중생들은 또다시 '반야바라밀'이라는 경의 이름에 집착하고 얽매일지 모른다. 그래서 부처님께서는 반야바라밀이라고 말씀해주시고는 그것이 방편이라는 것을 분명하게 설해 주고 계신다. 다시 말해 반야바라밀이라는 이 이름에도 집착해서는 안 된다는 말씀이다. 반야바라밀은 반야바라밀이 아니며 다만 그 이름이 반야바라밀이다. 산스크리트 원문에 '반야바라밀이라고 여래가 설한 것은 반야바라밀이 아니라고 여래는 다시 설한다. 그래서 말하기를 반야바라밀이라고 하기 때문이다'라고 되어 있다.

반야바라밀이라는 이름에 속지 말라. 반야바라밀이라는 그 말속에, 반야바라밀경이라는 그 경전 속에만 어떤 특정한 진리가 담겨 있다고 생각하지 말라. 몸으로는 나쁜 짓을 하면서 입으로 반야바라밀이라고 외운다고 해서 나쁜 업을 받지 않을 것이라는 기대는 어리석은 것이다. 반야바라밀을 신격화하지 말라. 반야바라밀이라는 이 단어에 어떤 특별한 기운이 있고 신비로운 힘이 있을 것이라는 생각은 전혀 지혜롭지 못한, 반야바라밀답지 못한 이해다. 반야바라밀이란 이 이름에도 얽매이거나 집착하면 안 된다.

『금강경』을 독송하는 많은 『금강경』 수행자들이 특히 눈여겨볼 말씀이 아닐 수 없다. 『금강경』을 독송하는 이들은 다만 『금강경』 독송을 마음을 쉬기 위한 방편으로 행하고 있다는 것을 알아야 한다. 『금강경』이라는 이 경전 자체에, 이 글귀 자체에 그 어떤 신비로운 힘이나, 수행력 같은 것이 담겨 있기 때문에 『금강경』 독송만 하면 그 어떤 특별한 경지에 이를 것이라고 믿는다면 이는 『금강경』을 전혀 이해하지 못한 사람이다. 『금강경』이기 때문에 『금강경』을 독송하고 공부해서는 안 된다. 우리가 『금강경』을 공부하고 독송하는 이유는 그것이 진리를 담고 있기 때문이지, 그것이 『금강경』이기 때문인 것은 아니다. 이 말은 흡사 '우리가 불교를 공부하는 이유는 그것이 진리의 가르침이기 때문이지 그것이 불교이기 때문인 것은 아니다'는 말과 같다. 불교 그 자체에도 집착해서는 안 되고, 『금강경』 그 자체에도 집착해서는 안 된다.

　『금강경』은 그 어떤 진리라도, 부처라도, 고정되게 집착하는 순간 그것은 진리로서의 기능을 잃고 만다는 완전한 무집착의 가르침이다. 그래서 옛 스님들께서는 염불을 하든, 다라니를 하든, 어떤 경전을 독송하든, 아니면 하늘천 따지를 하든, 가나다라마바사를 하든 마음만 집중하고 비우며 그 순간 깨어 있을 수 있다면 아무 상관이 없다고 하셨다. 중요한 것은 방편이 아니라 본질이라는 준엄한 말씀이시다. 중요한 것은 『금강경』 그 자체가 아니라, 『금강경』을 통해 이를 수 있는 진리 그 자체인 것이다. 혹 스승들께서 어떤 분은 '아미타불 염불'이 최고라고 하시고, 또 어떤 스님은 『금강경』 독송'이 최고라고 하시고, 또 어떤 분은 '간화선'만이 우리를 진리로 이끈다고 하시고, 또 다른 스승은 '위빠싸나'가 최고라고 했다면 그것은 모두 자비와 방편으로 행한 말씀이란 것을 알아야 한다. 그 한 가지 수행법이 절대적인 것이니 그것만이 중요한 것이고, 그것에만 집착하라고 그런 말씀을 하신 것이 아니다. 다만 그 한 가지 수행을 하는 사람들에게 퇴전심이나 분별심을 일으키지 말고 자신이 택한 그 수행법에 대한 굳은 믿음을 가지고 끊임없이 정진해 나가라는 경책인 것이다. 그러니 『금강경』 그 자체에도, 반야바라밀 그 자체에도 집착해서는 안 된다.

경문의 말씀처럼, 반야바라밀이라고 말하면서 반야바라밀이 아님을 온전히 알게 될 때, 그때 비로소 반야바라밀이 될 수 있다. 반야바라밀이란 어떤 틀에도 얽매이지 않는 지혜이며, 어떤 이름에도 얽매이지 않는 지혜이고, 일체의 모든 고정된 집착에서 벗어난 지혜이기 때문이다. 반야바라밀은 반야바라밀이 아니기에 진정으로 반야바라밀이 될 수 있는 것이다.

"수보리야, 너는 어떻게 생각하느냐? 여래가 진리를 설한 바가 있느냐?" 수보리가 부처님께 사뢰었다. "세존이시여, 여래께서는 설하신 바가 없습니다."

이렇듯 부처님께서는 가르침을 설하셨고, 그 가르침을 금강반야바라밀경이라고 이름 지어 주셨다. 그러나 그 이름에도 집착하지 말 것을 주문하고 있다. 나아가 여기에서는 '진리를 설했다'는 상마저도 버리도록 이끌고 있다.

부처님께서 진리를 설했다고 생각하지 말라는 것이다. 부처님께서 설하신 바 진리가 있다고 한다면 우리는 벌써 '부처님께서 설하신 진리'에 갇히게 되고 만다. 부처님께서 행하신 수많은 설법은 설법이 아니다. 그렇기에 설법일 수 있는 것이다. 부처님께서는 진리를 설하셨지만 단 하나의 진리도 설하신 바가 없다. 함이 없이 행한 것이다. 진리를 설하고도 그 설한 진리에 얽매이지 않는다.

어리석은 중생은 실천해야 할 계율이 있고, 들어야 할 설법이 있지만 깨달은 여래는 행하는 바가 그대로 계율이고, 설하는 말이 그대로 진리가 된다. 여래는 스스로 법을 설한다는 생각이 없다. 그저 함이 없이 행하고 있을 뿐이다. 인연 따라 이렇게 설하기도 하고 저렇게 설하기도 한다. 사람들의 근기에 따라 선(善)을 행하도록 이끌기도 하고, 선악을 다 놓도록 이끄시기도 한다. 때로는 공(空)을 설하고, 또 때로는 유(有)를 설할 수도 있다. 아무런 걸림 없이, 아무런 분별 없이 이렇게도 행하시고, 저렇게도 행하시지만 그것은 그대로 진리의 행이다.

그러나 어리석은 이들의 입장에서 일부는 선을 행하라는 설법을 하셨다고 생각하고, 다른 일부는 선악을 다 놓으라는 설법을 하셨다고 생각한다. 그렇게 되면 한쪽에서는 선을 애써 행하게 되고, 다른 한쪽에서는 선을 행하는 것도 아니라고 고집하면서 선악도 다 버려야 한다고 고집한다. 그것이 사람들의 어리석은 분별지(分別智)다. 사람들은 그것을 설법이라고 이름 붙인다. 부처님께서 설해주신 법문이고 그것이 경전이라고 이름 붙인다. 그러고 나서 이 경전이 더 좋은 경전이네, 저 경전이 더 좋은 경전이네 하고 다툰다. 이 법문이 옳으니 저 법문이 옳으니 하고 분별한다.

부처님께서는 누구에게나 불성(佛性)이 있다고 말씀하셨지만 한편으로는 그 어떤 종류의 실체도 있을 수 없는 무아(無我)라고 말씀하셨다. 무아와 진아(眞我), '나 없음'과 '참나', 얼핏 보기에는 이 둘 사이에는 엄청난 모순이 있다. 그러나 이 두 가지는 전혀 모순되지 않는다. 불성에 어떤 모양을 정해 두거나, 실체화시키거나, 상을 가지게 된다면 그것은 불성을 잘못 알고 있는 것이다. 그랬을 때 불성은 없다. 그러나 불성이 불성이 아님을 바로 알았을 때 그때 온전한 불성은 드러난다. 모든 존재는 불성이 있다. 그러나 무아이다. 고정된 실체로서의 '나'가 없다. '나'가 없는데 어찌 불성이 있는가. '나'가 없기 때문에 불성, 즉 '참나'가 있을 수 있다. '참나'를 '나'와 같은 어떤 존재로, 어떤 모양으로, 어떤 실체로 인식한다면 그것은 참나가 아니기 때문이다.

참나에 집착하지 않았을 때 참나는 있다. 불성에 집착하지 않는 이에게 불성은 있다. 즉 불성이 불성이 아닐 수 있을 때 참된 불성이 드러난다. 그러나 불성에 집착하게 되면 더 이상 불성은 없다. 그것은 불성이 아니다. 윤회하는 주체 또한 고정된 실체가 아닌 끊임없이 변화하는 것일 뿐이다. 그래서 무아이다. 윤회하지만 무아인 것이다. 여기에 무슨 모순이 있는가. 참나와 무아 사이에 그 어떤 모순이 있는가.

이름에 집착하지 않았을 때는 그 어떤 혼란도, 그 어떤 모순도 있을 수 없다. 그러나 거기에 집착하게 되면 온통 모순 덩어리다. 불교의 역사가 3000여 년을 이어져 내려오면서 아직까지 논쟁의 불씨가 되는 것이 바로 윤회와 무아의 문제이다. 이 두 가지가 도대체 왜 문제가 되어야 하는가. 그것은 말에 얽매이고 있기 때문이다. 윤회는 윤회가 아니기에 윤회이고, 무아는 무아가 아니기에 무아라는 그 깊은 의미를 모르기 때문에 일어나는 일이다. 말에 속지 말라. 윤회가 옳은 것인가, 무아가 옳은 것인가 하고 다투지 말라. 어리석은 이에게는 다 틀리지만 충분히 지혜롭다면 그것은 아무런 논쟁거리가 되지 못한다.

그러니 어떠한가. 어리석은 사람들에게는 법도 법이 아니지만, 깨달은 이의 입장에서는 법 아닌 것도 그대로 법이 된다.

부처님의 가르침을 법 혹은 '진리'의 테두리에 가두지 말라. 어떤 말로든 그 '언어' 속에 가두지 말라. 언어 속에 가두게 되면 끊임없는 논쟁과 다툼만을 만들게 될 뿐이다. 그래서 부처님께서는 '설한 바 없다'고 말씀하셨다. 부처님께서는 열반하실 때까지 끊임없이 법문을 들려주셨지만 단 한마디 말도 설한 바가 없다. 설했지만 설한 바가 없다.

어리석은 이는 설했다고 하겠지만, 그것은 설한 것이 아니다. 그저 물 흐르듯 흘렀을 뿐이다. 봄이 오면 꽃이 피고, 여름이 오면 초록이 물오르고, 가을에는 단풍이 지며, 겨울이 되어 호젓하게 잎을 떨어뜨릴 뿐이다. 계절은 끊임없이 설법하고 있고, 대자연은 끊임없이 설법하고 있지만 그것은 말로 표현될 수 없다. 그것이 말로 표현되면 논쟁을 낳는다. 그 무한한 설법 속에서도 설한 법이 없기 때문에 그것이 참된 설법일 수 있는 것이다.

이처럼 본래 설해질 진리가 없다. '진리'라고 이름 붙일 그 어떤 것도 없다. 그런데 어찌 진리를 설할 수 있단 말인가. 설해질 진리도 없으며, 그 진리가 설 땅도 없다. 이 세상이라는 곳 또한 완전히 텅 빈 공화(호華)일 뿐이다. 이 세상은 텅 빈 한 송이 꽃이다. 또한 그 세상을 이루고 있는 모든 요소들, 세포들, 미진들, 티끌들 또한 모두가 텅 비어 있다. 어떤 이름도 붙일 수 없고, 어떤 말로 설해질 수도 없다. 진리도 없고, 세상도 없으며, 미진도 없다. 그것이 바로 법이고 진리인 것이다. 법도 없고 진리도 없는 것이 법이고 진리이다. 그래서 다음 게송에서는 삼천대천의 세계와 미진 또한 텅 빈 공일 뿐, 그 이름이 세계이고 미진일 뿐, 그 어떤 실체도 없다는 설법이 이어지고 있다.

"수보리야, 너는 어떻게 생각하느냐? 삼천대천세계에 있는 모든 미진(微塵)을 많다고 하겠느냐."

수보리가 사뢰었다.

"아주 많사옵니다. 세존이시여."

"수보리야, 이 모든 미진을 여래는 미진이 아니라고 말하나니 이것은 이름이 미진일 뿐이다. 여래가 말하는 세계 또한 그것이 세계가 아니고 그 이름이 세계일 뿐이다."

삼천대천세계가 텅 빈 공이고, 그 세계를 구성하고 있는 수많은 티끌들, 미진들이 실체가 없는 텅 빈 공일 뿐이다. 다만 그 이름이 미진이고, 그 이름이 세계일 뿐 그 실체는 없다. 그러니 그 세계의 진리 또한 텅 빈 것이며, 이름이 진리일 뿐인 것이다.

삼천대천세계란 이 우주를 말하는 것이고, 미진이란 그 우주를 구성하고 있는 가장 작은 단위의 티끌을 말하는 것이다. 즉 가장 크고 가장 작은 그 모든 존재계가 다 텅 빈 공일 뿐임을 밝히고 있다. 다만 이름이 미진이고 이름이 세계일 뿐, 그 어디에도 고정된 실체가 있지 않다.

그렇다면 이렇게 우리 눈에 보이는 세계는 도대체 무엇이란 말인

가. 그것은 꿈과 같고 신기루와 같고 물거품과 같은 가유(假有)에 불과할 뿐이다. 거짓으로 존재한다는 말이다. 거짓으로 존재한다는 말은 인연 따라 잠시 일어났다가 인연이 다하면 사라질 뿐이라는 말이다. 이 세상은 인연으로 말미암아 생겨났고, 인연으로 말미암아 소멸된다.

이 세상 속의 '나'라는 존재 또한 실제 내가 아니다. 나를 나라고 생각하지 말라. 나는 내가 아니다. 그러므로 나인 것이다. '나'라는 존재 또한 인연 따라 잠시 만들어진 가유일 뿐이다. 내 몸뚱이 또한 내가 지은 인연, 즉 업에 의해 이번 생에 잠시 이렇게 인연 화합되어 만들어졌을 뿐이다. 이 모든 것이 인연의 나툼일 뿐, 고정된 실체는 없다.

이번 생에 많이 베풀고 살았다면 부자의 인연을 받아 태어날 것이고, 술을 많이 먹고 지혜의 종자를 끊어버린 사람이라면 다음 생에 어리석은 바보가 되어 태어날 것이며, 입으로 욕이나 거짓말을 많이 한 사람은 목소리가 나쁘게 태어나게 될 것 아닌가. 그렇듯 인연 따라 이런 모습으로도 저런 모습으로도 나투는 것이지, 어떤 한 과정이 '나'의 실체인 것은 아닌 것이다. 물을 한 모금 먹으면 물이 나로써 나투게 되고, 땀을 많이 흘리면 땀으로 빠져 나가게 마련이고, 그것은 또다시 수증기로도 강물로도 무엇으로도 나툴 수 있는 것일 뿐이다.

이 삼라만상의 삼천대천세계가 모두 그와 같다. 그러니 무엇을 가지고 '미진'이라고, '세계'라고, '나'라고 이름 지을 것인가. 나아가 무엇을 가지고 '깨달음'이라고, '진리'라고, '여래'라고 이름 지을 것인가. 이 모든 것이 다 꿈이고, 신기루일 뿐이다. 하물며 여래의 32상호를 가지고 여래라고 이름 지을 수 있겠는가?

"수보리야, 너는 어떻게 생각하느냐? 32상으로써 여래를 볼 수 있겠느냐?" "아닙니다. 세존이시여, 가히 32상으로써 여래를 볼 수 없습니다. 왜냐하면 여래께서 말씀하신 32상이란 곧 상이 아니라 그 이름이 32상이기 때문입니다."

이 세상도, 이 세상을 구성하는 가장 최소의 단위인 미진도, 나도, 모든 것들이 다 고정된 실체가 없는 공한 것일진대, 부처라는 것이 어디에 붙을 수 있겠는가.

32상이란 부처의 거룩한 모습의 특성을 말한다. 그러나 겉으로 드러난 부처의 모습을 가지고 부처라고 할 수 있는가? 그럴 수는 없다. 부처는 상 없음을 이름한다. 깨달음에는 그 어떤 모양도 이름도 실체도 없다. 그럴진대 어찌 부처에게 32상이란 특별한 상호가 있을 수 있겠는가. 육신으로써 부처를 볼 수는 없다.

부처를 어떤 특정한 모습이라거나, 특정한 성격이라거나, 특별한 무엇이라고 정의 내리고자 하지 말라. 사람들은 보통 '부처님은 이럴 것이다, 큰스님은 이럴 것이다'라고 하는 자신만의 고정관념을 가지고 있다. 그러나 깨달음은 그런 모양에 있지 않고, 성격에 있지도 않다. 어떤 모양에, 어떤 외모에, 어떤 성격에 부처님을 가두지 말라. 그 어떤 틀에도 가두지 말라. 틀에 갇힌 것은 더 이상 진리일 수 없다.

부처는 남자일 수도 있고, 여자일 수도 있으며, 사람 같을 수도 있고, 짐승 같을 수도 있으며, 산일 수도 있고, 바다일 수도 있고, 티끌일 수도 있으며, 하늘일 수도 있다. 그 어떤 가능성도 활짝 열어두라. 어디에도 가두려 하지 말라. 갇힌 것은 부처가 아니다. 깨달음이 아니다.

큰스님들을 보더라도 어떤 분은 한없이 자비로우시지만, 또 어떤 분은 사천왕처럼 엄하고 무섭기도 하지 않은가. 말이 많을 수도 있고, 말이 적을 수도 있으며, 걸음이 빠를 수도 있고, 느릴 수도 있다. 어떤 특정한 모습이 수행자의 참모습일 것이라고 스스로의 틀을 만들어 두지 말라. 그렇게 되면 갇히는 건 자기 자신이다. 부처는 중생이 만들어 놓은 틀에 갇히지 않는다. 다만 갇히는 것은 나 자신이다.

그래서 참된 수행자란 누구를 닮고자 하는 이가 아니다. 부처를 닮고자 하거나, 큰스님을 닮고자 하거나 하는 그런 이가 아니다. 참된 수행자는 '자기답게', '나 자신'으로서 살아가는 자다. 자기 자신답게 사는 것이 가장 자연스러운 것이고, 가장 자연스러운 것이야말로 가장 진리답게 사는 길이다. '누구처럼' 살고자 하면 그렇게 되어야 하는 목표치가 있고, 아직 그렇게 되지 못한 내가 있기 때문에, 그 간격만큼 마음은 괴롭고 무겁게 마련이다.

오직 나 자신으로 살 수 있어야 '지금 여기'에서 살아갈 수 있다. '다른 사람처럼' 살고자 한다면 그것은 미래의 일이다. 바로 지금 이 자리에서 완전한 만족이 있을 때 깨어 있을 수 있고 그 깨어 있음이란 '자기답게' 사는 방식 속에서 나온다. 그것은 어떻게 정해진 길이 아니다. '이렇게' 살아야 한다거나, '저렇게' 살아야 한다거나 하는 길이 있으면 '그렇게' 살아가기 위해서 온갖 노력을 해야 하고, 그렇게 되지 않았을 때 괴로움이 동반된다. 그러나 나답게 사는 것은 아무런 노력이 필요치 않으며 매우 자유롭고 걸림이 없다.

'부처님처럼' 사는 것이 부처님처럼 사는 것이 아니다. '나 자신처럼' 사는 것이야말로 가장 부처님처럼 사는 길이 될 수 있다. '부처님'처럼 살지 말고 '나' 자신으로서 살아가면 된다.

그러니 어떠한가. 부처님의 외형적인 모습인 32상 80종호를 닮고
자 애쓸 일이 무엇인가. 32상 80종호가 부처인 것은 아니다. 부처님
은 32상으로 모습을 바꾸고자 애쓴 분이 아니다. 피나는 노력 끝에 32
상으로 모습을 바꾼 것이 아니다. 부처는 부처라는 상도 없고, 32상이
라는 상도 없다. 다만 32상이란 우리 중생들이 부처를 바라보고 스스
로 상을 만들어 놓은 것에 불과하다. 32상이란 중생들의 시선이지 부
처의 시선이 아니다. 부처가 32상을 갖추게 된 것은 그것이 갖춘 것이
아니라 그저 아무런 걸림 없이 '자기답게' 산 결과다.

부처님은 그저 자신의 길을 걸었을 뿐이다. 애써 32상을 갖추고자
애쓴 적도 없고 또한 특별한 상을 버리려고 애쓴 적도 없다. 그저 아
무런 상에도 걸리지 않고 자유롭게 살았을 뿐이다.

그래서 참된 부처님의 모습은 법신(法身)이라고 하는 것이다. 법신
이란 어떤 특정한 모습이 아니다. 특정한 모습 없음을 일러 법신이라
부른다. 내 모습도 법신이며, 산과 들도, 하늘과 바람도, 짐승이며 하
늘사람도 모두가 법신이다. 저마다 자기 자신의 모습으로써 완전하게
살고 있다면 그것이 모두 법신이다. 온 우주법계에 법신 아닌 것이 없
다.

그런데 단 하나, 사람들만이 '남들처럼' 살고자 애쓴다. 자기 자신
의 모습으로써 나툰 법신 부처님을 버리고 다른 사람처럼 살려고 애
를 쓴다. 그래서 사람들만이 열등감과 우월감, 잘나고 못난 분별로 인
해 괴로운 것이다. 나무가 꽃을 닮지 못했다고 열등감을 느끼지 않으
며, 하늘이 땅을 보고 우월감을 느끼지도 않는다. 다만 사람들만이 어

리석은 분별심으로 비교, 판단에서 오는 괴로움을 감당하고 산다.

지금 이 자리에서 법신이 되라. 어리석은 중생으로 살 것인가. 누구든 '나답게' 사는 사람은 법신불로 사는 것이다. 법신부처님이 나로써 온전하게 나툴 수 있도록 나의 모든 것을 몽땅 부처님께 맡기고 가라. 완전하게 내맡기고, 완전하게 바치며, 완전히 놓아버렸을 때 비로소 법신부처님의 향기가 내 안에서 피어오른다.

"수보리야, 만약 어떤 선남자 선여인이 항하의 모래 수와 같은 목숨을 바쳐 보시했다 할지라도 만약 어떤 사람이 있어 이 경의 사구게 하나만이라도 받아 지녀 남을 위해 설해 준다면 그 복이 더 많으니라."

일체는 텅 비어 있다. 세계도, 미진도, 나도, 부처도 다 이름일 뿐, 고정된 실체로서 존재하지 않는다. 세계가 나타나고 사라짐도 다만 인연에 따를 뿐이고, 미진도 나도 부처도 모두가 인연의 가합에 의해 이루어지고 사라질 뿐이다. 그 어떤 것도 다만 이름일 뿐 고정된 실체로서 존재하지는 않는다. 그러한 사실을 이름하여 진리라고 하고, 그러한 진리를 깨달은 자를 부처라 한다.

나라는 존재가 나고 죽는 것 또한 인연이 일어나고 사라지는 자연스러운 현상일 뿐이지, 그것이 괴롭다거나 슬프다거나 하는 것은 아니다. 그 슬프고 괴로운 마음은 어리석은 우리의 마음이 만들어 낸 허상일 뿐이다.

봄이 와 꽃이 피다가 꽃이 지고 여름이 온다고 해서 봄은 죽고 여름이 살아났다고 할 것인가? 봄이 죽어서 괴롭고 여름이 태어나서 즐겁다고 할 것인가? 강물이 바다로 흘러가면서 강물은 죽고 바다는 살았다고 할 것인가? 아니면 강물이 바다로 윤회했다고 할 것인가? 그런 것들은 다 이름일 뿐이고 모양일 뿐이다. 어떻게 이름 지어도 좋지만, 어떻게 이름 짓더라도 옳다고 할 수도 그르다고 할 수도 없다. 그것은 이름일 뿐이기 때문이다. '이렇다'라고 고정 지을 수 없기 때문이다. 어디에도 집착할 것이 없고, 머무를 것이 없기 때문이다.

어떤 사람이 항하의 모래 수와 같이 많은 수의 목숨을 나고 죽고 반복하면서 목숨으로써 보시했다고 한다면 그 복덕은 어떠한가. 내 소유의 물질로써 보시하더라도 그 복덕은 많을 것인데, 하물며 내 목숨을 바쳐 보시하였다면 그 복덕은 무량할 것이다. 앞서 말했던 칠보로써 보시하는 복덕보다 더 많을 것이다. 그러나 목숨으로써 보시한다는 것은 벌써 나고 죽는다는 분별 속에서의 보시이다. 내 삶을 바침으로써 보시한다는 것은 생사법에 빠져 있는 보시이다. 그것은 참된 무위의 함이 없는 보시가 되지 못한다. 본래 생사가 둘이 아니라면 생을 사로 바꿈으로써 보시할 것이 무엇인가.

차라리 생사가 본래 둘이 아니라는 사실을 깨닫는 그것이야말로 참된 보시가 될 수 있다. 세상도 없고, 미진도 없으며, 나도 없고, 부처도 없다면, 열반도 없고, 생사도 없다. 바로 그 사실을 깨닫는 것이 가장 온전한 보시이다. 본래 보시할 것이 없음을 깨닫는 것이야말로 참된 무주상보시가 된다. 그 사실을 깨닫는 지혜야말로 복덕과 둘이 아니기 때문이다. 지혜와 복덕은 하나다. 지혜가 복덕이고 복덕이 지혜다.

그런데 바로 이 사실을 알려주는 게송이 바로 이 『금강경』의 사구게이다. 그러한 지혜로 우리를 안내하는 게송이 바로 『금강경』의 가르침이다. 왜 애써 항하의 모래 수와 같은 수의 목숨을 바쳐 보시해야 하는가. 그 공덕은 유위의 공덕이 될 뿐이다. 그러나 생사가 본래 없으며, 보시할 것도, 보시할 사람도, 보시 받을 사람도 본래 없다는 것을 깨닫게 된다면 그것이야말로 무량한 복덕이 될 수 있다.

생사가 중요한 것이 아니다. 단 한 가르침이라도 올바로 이해하고 깨닫는 것이 중요하다. 나고 죽고 나고 죽고 수도 없이 많은 생을 윤회하였다는 그 사실이 중요한 것이 아니다. 나이만 많이 먹었다는 것이 중요한 것이 아니다. 시간을 많이 흘려보냈다는 사실이 그대로 나를 보다 더 깊이 깨닫게 해준다는 것을 의미하지는 않는다. 수도 없이 윤회하며 생사를 반복했다고 하더라도 깨달음은커녕 업만 자꾸 쌓아왔다면 그 사람은 수도 없이 많은 억겁의 세월을 허비하며 지낸 것이다. 그 사람에게 깨달음의 빛은 날로 줄어갈 것이다.

단 하루를 살더라도, 단 한 가르침이라도 올바로 믿고 받아 지녀 남을 위해 연설해 준다면 그 공덕이 더욱 수승하다. 수도 없이 많은 생을 목숨 바쳐 보시하고, 수많은 물질로써 보시하고, 칠보로써 쌓아 보시한들 그것은 단 한 가르침을 올바로 수지하며 남을 위해 연설해 주는 공덕에는 미치지 못한다. 유위의 복은 쌓는 공부지만, 무위의 공부는 놓아가는 공부이기 때문이다. 아무리 좋은 선이라도, 아무리 많은 복이라도 쌓는 것보다는 놓아버리는 것에 미치지 못하는 법이다.

선을 쌓고자 애쓰지 말라. 복을 짓고자 애쓰지 말라. 아무리 선을 행하고 복을 지어 봐야 유위의 복이고, 유위의 업일 뿐이기에 그것은 결국 채우는 공부밖에 되지 못한다. 아무리 선이라 할지라도 채우는 것은 근본이 아니다. 중요한 것은 놓아버리는 것이다. 본래 공한 줄 알고, 본래 실체가 없는 줄 알며, 본래 그 어떤 상도 상이 아닌 줄 알아 다 놓아버릴 수 있어야 한다. 놓는 공부는 복덕이라는 유위를 뛰어넘 는 무량복덕이 되는 것이다.

이상적멸분

[상을 떠나면 적멸이다]

離相寂滅分 第十四

爾時 須菩提 聞說是經 深解義趣 涕淚悲泣 而白佛
言 希有 世尊 佛說 如是甚深經典 我從昔來 所得 慧
眼 未曾得聞如是之經 世尊 若復有人 得聞是經 信
心 淸淨 卽生實相 當知是人 成就第一 希有功德 世
尊 是 實相者 卽是非相 是故 如來說名實相 世尊 我
今 得聞 如是經典 信解受持 不足爲難 若當來世 後
五百歲 其有衆生 得聞是經 信解受持 是人 卽爲第
一希有 何以故 此人 無我相 無人相 無衆生相 無壽
者相 所以者何 我相 卽是非相 人相 衆生相 壽者相
卽是非相 何以故 離一切諸相 卽名諸佛 佛告 須菩
提 如是如是 若復有人 得聞是經 不驚不怖不畏 當
知是人 甚爲希有 何以故 須菩提 如來說 第一波羅
蜜 卽非第一波羅蜜 是名第一波羅蜜 須菩提 忍辱波
羅蜜 如來說 非忍辱波羅蜜 是名忍辱波羅蜜 何以故

須菩提 如我昔爲歌利王 割截身體 我於爾時 無我相 無人相 無衆生

相 無壽者相 何以故 我於往昔 節節支解時 若有我相 人相 衆生相 壽

者相 應生瞋恨 須菩提 又念過去於 五百世 作忍辱仙人 於爾所世 無

我相 無人相 無衆生相 無壽者相 是故 須菩提 菩薩 應離一切相 發

阿耨多羅三三菩提心 不應住色生心 不應住聲香味觸法生心 應生

無所住心 若心有住 卽爲非住 是故佛說菩薩心 不應住色布施 須菩

提 菩薩 爲利益一切衆生 應如是布施 如來說 一切諸相 卽是非相 又

說一切衆生 卽非衆生 須菩提 如來 是 眞語者 實語者 如語者 不誑語

者 不異語者 須菩提 如來所得法此法 無實無虛 須菩提 若菩薩 心住

於法 而行布施 如人 入闇 卽無所見 若菩薩 心不住法 而行布施 如人

有目 日光 明照 見 種種色 須菩提 當來之世 若有善男子 善女人 能

於此經 受持讀誦 卽爲如來 以佛智慧 悉知是人 悉見是人 皆得成就

無量無邊功德

그때 수보리가 이 경의 말씀을 듣고 그 뜻을 깊이 깨달아 눈물을 흘리면서 부처님께 사뢰었다.

"희유하시옵니다. 세존이시여, 부처님께서 말씀하신 이렇게 깊고 깊은 경전은 제가 예로부터 얻은 바 혜안(慧眼)으로는 일찍이 얻어 듣지 못한 경전입니다. 세존이시여, 만일 어떤 사람이 이 경을 얻어 듣고 믿는 마음이 청정해지면 곧 실상(實相)을 깨달을 것이니 이 사람은 마땅히 제일의 희유한 공덕을 성취한 것임을 알겠습니다. 세존이시여, 이 실상이라는 것은 곧 상이 아니기 때문에 여래께서는 실상이라고 이름하셨습니다. 세존이시여, 제가 이제 이 같은 경전을 듣고 믿어 이해하고 받아 지니는 것은 어렵지 않사오나, 만일 오는 세상 후오백세에 어떤 중생이 이 경을 듣고서 믿어 이해하고 받아 지닌다면 이 사람이야말로 제일 희유한 사람이라 할 것입니다. 그 사람은 아상이 없으며 인상도 없고, 중생상과 수자상 또한 없기 때문입니다. 아상은 곧 상이 아니고, 인상·중생상·수자상도 곧 상이 아니며, 일체 모든 상을 떠난 것을 부처님이라 이름하기 때문입니다."

부처님께서 수보리에게 말씀하셨다.

"그러하고 그러하다. 만일 다시 어떤 사람이 이 경을 듣고 놀라지 않고 겁내지 않으며 두려워하지 않으면, 마땅히 알라, 이 사람이야말로 참으로 희유한 사람이 될 것이다. 왜냐하면 수보리야, 여래가 말한 제일바라밀은 곧 제일바라밀이 아니라 그 이름이 제일바라밀일 뿐이기 때문이다. 수보리야, 여래는 인욕바라밀도 인욕바라밀이 아니라고 말하나니 그 이름이 인욕바라밀일 뿐이다. 왜냐하면 수보리야, 내가 옛날 가리왕에게 몸을 베이고 잘림을 당했을 적에 내게는 아상이 없었고, 인상도 없었으며, 중생상과 수자상도 없었다. 만약에 내가 옛적에 사지를 마디마디 베이고 잘렸을 때 만일 아상·인상·중생상·수자상이 있었으면 응당 성내고 원망하는 마음을 내었을 것이다. 수보리야, 또 여래가 과거에 오백 생애 동안 인욕 성인이 되었을 때를 기억해 보더라도 아상이 없었고, 인상도 없었으며, 중생상도 수자상도 없었다. 그러므로 수보리야, 보살은 마땅히 일체의 상을 떠나서 아뇩다라 삼먁삼보리의 마음을 일으킬지니, 마땅히 색에 머물러 마음을 내지 말며, 성향미촉법에 머물러 마음을 내지 말고, 법에 머무는 마음을 내지 말며, 비법에 머무는 마음도 내지 말아야 하니, 마땅히 머무는 바 없이 그 마음을 내어야 한다. 마음에 머무름이 있다는 것도 즉 머무름 아님이 된다. 그러므로 여래는 '보살은 응당히 색에 머물러 보시하지 않는다'고 설했던 것이다. 수보리야, 보살은 일체중생을 이익되게 하기 위하여 응당 이와 같이 보시한다. 여래는 일체의 모든 상도 곧 상이 아니며, 또한 일체중생도 곧 중생이 아니라고 설한다.

　수보리야, 여래는 참다운 말을 하는 이고, 실다운 말을 하는 이며, 여법한 말을 하는 이고, 거짓말을 하지 않는 이며, 다른 말을 하지 않는 이다. 수보리야, 여래가 얻은 바 진리는 실다움도 없고 헛됨도 없다. 수보리야, 만약 보살이 마음이 어떤 법에 머물러 보시하면 마치 사람이 어두운데 들어가면 아무것도 볼 수 없는 것과 같고, 만약 보살의 마음이 어떤 법에 머물지 않고 보시하면 마치 사람이 햇빛이 비침에 밝은 눈으로 가지가지 사물을 보는 것과 같다. 수보리야, 다음 세상에서 만약 어떤 선남자 선여인이 능히 이 경을 받아 지녀 읽고 외우면, 여래는 부처의 지혜로써 이 사람을 다 알며 이 사람을 다 보나니, 헤아릴 수 없고 가없는 공덕을 성취하게 될 것이다."

이상적멸은 말 그대로 상을 떠난 바로 그 자리가 적멸의 자리라는 뜻이다. 상을 깨는 것이 적멸 즉 실상이며 깨달음의 자리라는 말이다. 사실 부처님 가르침이 무량하며 그 방편이 무한하다고는 하지만 쉽게 한 마디로 표현하자면 '상을 깨라'는 한 가르침이라고 해도 과언이 아니다. 물론 진리는 다양하게 표현될 수 있다. 다양한 관점에서, 다양한 방편으로 표현될 수 있다. 그러나 『금강경』에서는 상을 여읨으로써 깨달음 즉 적멸에 이르는 방편의 가르침으로 일관하고 있다.

이 분에서는 지금까지 제13분까지 이어오며 설해 왔던 가르침에 대한 일종의 정리와도 같은 느낌이 드는 부분이라 할 수 있다. 이상적멸분으로써 그동안의 가르침을 정리해 보자.

그때 수보리가 이 경의 말씀을 듣고 그 뜻을 깊이 깨달아 눈물을 흘리면서 부처님께 사뢰었다. "희유하시옵니다. 세존이시여, 부처님께서 말씀하신 이렇게 깊고 깊은 경전은 제가 예로부터 얻은 바 혜안(慧眼)으로는 일찍이 얻어 듣지 못한 경전입니다."

불교 공부를 해오던 분들 가운데는 여기 이렇게 수보리가 흘린 눈물의 의미를 아주 조금은 이해할 수 있는 사람이 있을 것이다. 수보리뿐이 아니다. 누구든 어둡고 막연했던 삶에 대해 어리석었다가 밝은 진리의 가르침을 듣고 나면 환희의 눈물을 흘리지 않을 수 없을 것이다.

　보통 눈물이라는 것이 슬플 때나 기쁠 때 나오기도 하지만, 진리의 감동에 젖어 온몸으로 흘리는 눈물은 그보다 더 깊은 곳에서 흘러나온다. 그동안 온통 상에 물들어 세상을 왜곡해서 보고, 분별·판단·시비하여 걸러 보다 보니 우리 마음에 온갖 때가 끼고 녹이 슬어 좀처럼 상 이전의 맑고 순수한 본래심을 보지 못한다. 그렇게 어리석게 살다가 상을 여읜 진리의 자리에 대한 법문을 듣고 난다면 누구든 상 이전의 본래 자리에서부터 감로가 샘솟듯 온몸의 감동이 눈물로써 나오곤 하는 법이다.

　또한 법문을 들었을 때와 마찬가지로 수행을 하고 기도를 할 때, 마음이 텅 빈 상태에서 모든 상이 잠시 떨어져 나가고 고요해지면서 온통 상으로 둘러싸였던 탁한 마음이 잠시 적적한 세계를 맛보게 되는 순간 우리는 온 존재로써 감동하지 않을 수 없고, 그 감동은 눈물로써 표현되곤 한다.

　그런 눈물은 애써 감출 것이 아니다. 법문을 들을 때건, 수행을 할 때건, 내면의 깊은 곳에서 눈물이 흘러나올 때는 오직 그 눈물에 내 온 존재를 맡기고 온 존재로 눈물을 흘려라. 눈물의 의미가 무엇인가를 생각할 것도 없고, 눈물을 억지로 닦으려고 할 필요도 없다. 그저 몸과 마음의 떨림과 흐르는 눈물과 하나가 되어 함께 흐르라. 눈물이 스스로 멈출 때까지 이 상황에 대해 어떻게 해보려는 의도를 버리고 그저 눈물과 하나가 되어 흘리기만 하라.

그 눈물은 눈이 흘리는 눈물이 아니다. 인연에 따라 흘리는 눈물이 아니다. 인연 따라 흘리는 눈물은 실체가 없어 공하다. 인연이 다하고 나면 눈물도 메말라 버린다. 기쁜 일이 가고 일상으로 되돌아오면 눈물은 멎는다.

그러나 진리의 눈물은 다르다. 그것은 내면의 깊은 곳으로부터 나오며, 진리가 온 존재로써 일치되는 작은 경험이다. 그것은 이를테면 업장(業障)이 소멸되는 눈물이며, 진리의 발견에 대한 귀의(歸依)의 눈물이고, 본래의 존재로 회귀하려는 귀향(歸鄕)의 눈물이다.

그렇다고 그 눈물을 붙잡아 두려 할 것은 없다. 그냥 내버려 두라. 흐르는 눈물에 또 다른 의미를 덧씌우거나 붙잡고자 하면 그것은 또 다른 어리석은 상을 만드는 것밖에 되지 않는다. 그러한 눈물을 흘리고 난 뒤에 오는 그 선명함과 가볍고 적멸한 느낌을 애써 반복하여 경험하고자 하는 집착을 버려라. 눈물을 흘리고 난 뒤에 오는 그 맑은 느낌도 스스로 맑다느니, 업장 소멸의 느낌이라느니 하고 분별을 붙이고 나면 되레 어두워지게 될 것이다. 그저 아무런 분별도 붙이지 말고, 스스로 대견하다고 느끼지도 말고, 좋아하면서 붙잡고자 하지도 말고, 왜 이럴까 무슨 문제가 있는 건 아닐까 하고 의심을 품지도 말고, 다만 그냥 내버려 두고 지켜보라. 다만 그 눈물과 하나가 되어 흘리기만 하라.

또한 왜 난 눈물이 흐르지 않는 것일까, 왜 난 깊은 체험을 하지 못하는 것일까, 혹은 왜 난 수행 중에 온갖 경계를 한 번도 만나지 못하는 것일까 하는 등의 분별 또한 턱 놓아버릴 일이다. 어떤 사람은 수행을 조금만 해도 금방 삼매에 든다고 하는데, 어떤 사람은 조금만 기도를 해도 금세 눈물이 흘러나오며 깊은 감동을 느낀다는데, 나는 아무리 기도하고 수행을 하더라도 눈물은커녕 그 어떤 감각적인 느낌도 없고, 환희심도 나지 않는다고 하더라도 거기에 연연할 필요는 없다. 어떤 것이 좋고 나쁜 것이 아니다. 다만 서로 다를 뿐이다. 수행 중에 눈물을 많이 흘리는 것이 좋고, 눈물을 흘리지 않는 것은 나쁘다거나 하는 것은 있을 수 없다. 그러니 눈물을 탓하지 말라. 눈물을 많이 흘리고, 정진 속에서 부처님을 본다거나 아름다운 환상을 본다고 하더라도 그것은 다만 놓아버릴 뿐 거기에 집착하게 되면 그것이 그대로 마장이 될 뿐이다.

지금까지 이렇게 『금강경』 법문을 듣고 나니 수보리의 온 존재는 저 깊은 곳에서부터 눈물이 흘러내리지 않을 수 없었다. 도무지 이런 법문이 있다는 것 자체가, 이러한 진리를 들었다는 그 사실이 수보리의 온 존재를 강렬한 눈물로써 휘감고 있다. 어떠한가. 당신의 존재에서도 눈물이 흐르는가. 앞의 제13분 동안에 정진해왔던 『금강경』의 가르침이 눈물이 되어 흐르고 있는가.

우리는 그동안 온갖 상에 얽매여 맑은 눈이 가려져 버렸다. 본래의 텅 빈 시선에 온갖 어둡고 탁한 것들이 잔뜩 끼어 버렸다. 수보리는 그동안 얻어 들었던 가르침으로 인해 지혜의 눈이 열렸지만, 수보리의 혜안으로 보더라도 지금의 이 가르침은 희유하고 희유하지 않을 수가 없다. 어찌 찬탄하지 않을 수 있겠는가.

진리의 가르침을 만나거든 수보리와 같이 찬탄하고 또 찬탄하라.

마음 깊은 곳에서부터 찬탄의 연주가 온 우주법계에까지 울려 퍼지게 하라. 찬탄하는 것 자체가 그대로 중요한 수행이 된다. 찬탄은 법계를 울리고, 또한 내 안의 본래 자성을 일깨운다. 찬탄의 소리는 그대로 진언이 되고, 다라니가 되어 안팎을 진리의 향기로 수놓을 것이다.

여기서 수보리가 지금까지 얻어 듣지 못한 가르침이었다고 표현하고 있는 것은 역사적인 관점에서 보았을 때, 그간 소승의 견해에서 벗어나 부처님의 대승의 가르침을 이제야 비로소 바로 보게 되었음을 뜻하는 것이다. '일찍이 얻어 듣지 못한 가르침'이라는 의미는 이『금강경』의 가르침만이 가장 수승하며 소승의 다른 가르침은 그렇지 못하다는 뜻이 아니다.

당시 시대적 상황에서 오랜 기간 동안 석가모니 부처님의 가르침이 올곧게 전해져 내려오다가 부파불교를 거치면서 왜곡되고 퇴락해가는 기존 불교의 삿된 부분을 타파하고자 하는 파사현정(破邪顯正)의 의미로 이해할 수 있어야 할 것이다.

그만큼 무언가 새로운 것을 갈망하고 있었다. 즉 소승불교의 잘못된 점을 바로잡아 줄 수 있는 새로운 가르침, 즉 '일찍이 얻어 듣지 못한 가르침'을 원하는 대중의 소망이 컸음을 나타낸다고 할 수 있다. 바로 그러한 점, 삿된 점을 파하고 바른 진리를 드러내고자 하는 의미가 바로 대승이며, 대승의 기본이 되는 경전이『반야경』인 것이다. 물론 이『금강경』은『반야경』속의 작은 경전이며, 동시에『반야경』의 내용을 함축하고 있는 경전임은 재론의 여지가 없다.

"세존이시여, 만일 어떤 사람이 이 경을 얻어 듣고 믿는 마음이 청정해지면 곧 실상(實相)을 깨달을 것이니 이 사람은 마땅히 제일의 희유한 공덕을 성취한 것임을 알겠습니다. 세존이시여, 이 실상이라는 것은 곧 상이 아니기 때문에 여래께서는 실상이라고 이름하셨습니다."

만일 지금까지 부처님께서 설해오신 이 가르침을 얻어 듣고 그 가르침을 믿는 마음이 청정해진다면 그 사람은 곧 실상을 깨달을 것이며, 이 사람은 제일의 희유한 공덕을 성취한 것이라고 했다. 이 가르침, 즉 사상을 비롯한 일체의 상을 여의는 이 가르침을 듣고 그 가르침에 대한 믿음이 맑아지면 곧 실상을 깨닫는다.

그 이유는 무엇인가. 일체 상을 여의게 되면 좋다 싫다거나, 옳고 그르다거나 하는 등의 일체 모든 시비분별을 쉬게 된다. 시비분별이 없다면 좋다고 더 집착하여 잡으려 할 것도 없고, 싫다고 미워하여 버리려 할 것도 없게 된다. 일체의 모든 상에 대해 잡으려 하지도 않고 버리려 하지도 않는다면 그 사람의 마음은 한없이 고요한 적멸이 된다.

이 세상의 모든 사람들은 좋은 것을 더 붙잡아 두려고 하고, 그래서 그것을 '내 것'으로 만들려고 한다. 그 원인은 '나'라는 것이 있기 때문이다. 내가 있으니 '내 것'을 더 늘리고 싶고, '내 것'을 더 늘리려다 보니 집착하게 되는 것이다. 그러한 집착이 일체의 모든 괴로움의 원인이 된다. 이러한 과정 때문에 사람들은 괴로움에 허덕이고 아파하는 것이다. 그러니 반대로 그 모든 근본 원인이 된 '나'라는 '아상'만 여의게 된다면 일체 모든 괴로움은 소멸되고 만다. '나'라는 아상이 없어지면 '내 것'을 늘리려는 마음을 여의게 되고, '내 것'을 늘리려는 마음을 여의게 되면 자연스레 '집착'도 사라지며, 모든 집착이 사라지면 자연스레 좋고 싫다거나, 옳고 그르다거나 하는 분별심도 사라지게 된다. 그랬을 때 어느 한 가지 상도 내세울 수 없는 실상이 드러나는 것이다.

여기에서 '실상'을 깨달을 것이라고 했는데, 실상을 깨닫는다는 말은 따로 실상이라는 것이 있어 그것을 깨닫는다는 뜻이 아니다. 상이 본래 상이 아님을 깨닫게 되면 그것이 바로 실상이다. 상을 여의게 되면 일체 그 어떤 상도 남지 않게 되는데 그것을 이름 붙여 실상이라고 방편으로 표현했을 뿐인 것이다. 그래서 '실상이라는 것은 곧 상이 아니기 때문에 여래께서는 실상이라고 이름하셨습니다'라고 했다.

다시 말해 실상이라는 것이 따로 없다는 말이다. 실상이라는 표현에 어떤 모양을 짓고 상을 짓는다면 그것은 벌써 실상에서 벗어나 있다. 실상은 그 어떤 상도 아니기에 실상일 수 있는 것이다. 흡사 이 말은, 불성은 그 어떤 상도 아니기에 불성일 수 있다는 말과도 같다. 보통 사람들은 불성이 도대체 어떻게 생겼느냐고 질문을 하곤 한다. 그 질문에는 '내가 머릿속에 그릴 수 있는' 어떤 불성이라는 모양을 만들고자 하는 의도를 포함하고 있다. 그랬을 때는 그 어떤 답도 내려줄 수 없다. 불성은 허공과 같다거나, 거울과 같다거나 억지로 방편으로 그렇게 표현은 해줄 수 있겠지만 어찌 불성을 어떤 모양, 어떤 상으로 설명할 수 있단 말인가. 불성이란 일체의 상을 여의었을 때 드러나는 것이기 때문이다. 상 없는 자리가 바로 불성이며 실상이기 때문이다. 깨달음이 어떤 모양이냐고 묻는다면 도무지 대답할 수 없는 일 아닌가. 모양 없는 모양을 어찌 모양으로 표현할 수 있겠는가.

그러니 어떠한가. 실상을 깨달았을 때 희유한 공덕을 성취할 것이라고 했는데, 사실은 이 말도 방편일 뿐이다. 실상을 깨달아, 일체 모든 상을 여의었다면 공덕이라는 것도 방편의 말일 뿐이지, 별도로 공덕이 있을 리 없다. 일체의 상을 여읜 마당에 어찌 공덕이라는 또 다른 상이 붙을 수가 있겠는가. 그래서 무량한 공덕이라거나 하지 않고, '희유한 공덕'이라고 했다. 공덕은 공덕인데 그것이 어떤 모양으로 나타나거나, 어떤 보상이나 대가로써 나타나는 것이 아니기 때문이다. 우리가 생각하듯 억만장자가 되는 보상이 따른다거나, 능력과 외모, 성격 등이 출중해진다거나 하는 그런 공덕이 아니기 때문이다.

일체의 상을 여의어 실상이 밝게 드러나면 그 어떤 공덕도 없다. 아니 공덕이라는 방편을 쓸 필요조차 없어진다. 그냥 여여부동하며 성성적적하여 어떠한 법도 일으킬 것이 없어지고, 어떠한 말조차 붙일 틈이 없어진다. 그야말로 텅 비어 충만할 뿐이다. 그렇기에 공덕이라는 말의 표현을 빌릴 필요도 없다는 말이다. 그것이 바로 '희유한 공덕'이다. 아무런 시비를 붙일 것도 없고, 아무런 비교나 판단이나 집착이나 욕망도 일어나지 않으며, 나와 너를 나눌 것도 없고, 잘살고 못산다거나, 잘나고 못났다거나, 아름답고 추하다거나, 좋고 나쁘다거나, 행복하고 불행하다거나 하는 일체의 모든 분별상들을 다 비워버렸기 때문에 둘 중 어떤 한 가지 좋은 쪽을 택해 많이 얻게 되는 그런 공덕은 하나도 없는 것이다. 그러나 좋고 나쁜, 양극단을 초월한 절대의 평화만이 있음도 없이 있을 뿐이다. 좋다거나, 잘났다거나, 아름답다거나, 행복하다거나 하는 그런 상대를 가진 좋은 쪽의 공덕이 아닌 그러한 일체 모든 양극단을 뛰어넘은 '희유한 공덕'이 있다는 말이다.

"세존이시여, 제가 이제 이 같은 경전을 듣고 믿어 이해하고 받아 지니는 것은 어렵지 않사오나, 만일 오는 세상 후오백세에 어떤 중생이 이 경을 듣고서 믿어 이해하고 받아 지닌다면 이 사람이야말로 제일 희유한 사람이라 할 것입니다. 그 사람은 아상이 없으며 인상도 없고, 중생상과 수자상 또한 없기 때문입니다. 아상은 곧 상이 아니고, 인상·중생상·수자상도 곧 상이 아니며, 일체 모든 상을 떠난 것을 부처님이라 이름하기 때문입니다."

부처님께서 이렇게 살아계실 때라면 직접 부처님으로부터 진리의 가르침을 받아 듣고 지닐 수 있겠지만 오는 세상 후오백세에 어떤 중생이 이 같은 경을 신해수지(信解受持) 할 수 있겠는가. 부처님 당시에도, 부처님께 진리의 말씀을 들었던 제자들 중에서도 아라한이 되지 못한 자는 수도 없이 많았거늘 어찌 오는 세상 미래세에 이러한 희유한 가르침을 믿어 이해하고 받아 지니는 사람이 있을 것인가. 지금 부처님의 가르침을 듣고 신해수지 하는 것도 희유할진대 미래세에 이러한 가르침을 듣고 믿어 이해하고 받아 지니는 사람이 있다면 이 얼마나 희유한 사람일 것인가.

앞서 부처님께서 말씀하셨듯이 그렇더라도 물론 올바로 믿어 이해하고 받아 지니는 희유한 사람은 있게 마련이다. 그 사람은 한 부처님이나 두 부처님만을 인연 지은 것이 아니라 수억겁 동안 수많은 부처님께 선근을 지으며 가르침을 듣고 공부하여 실천한 까닭이다.

이러한 가르침을 듣고 신해수지 하는 희유한 사람은 아상·인상·중생상·수자상이 있을 수 없다. 그러한 사람에게 아상은 더 이상 아상이 아니며, 인상·중생상·수자상 또한 상이 아니기 때문이다.

상을 여의는 이 가르침에 있어 깨달음이란 오직 '상을 여의는 것'이며, 부처님이라는 것은 오직 '상을 떠난 것'을 말하는 것이다. 적멸(寂滅)이란 이상(離相)을 말하는 것이다. 이 말씀이야말로 아주 중요한 이 경의 핵심 가운데 하나라고 할 수 있다. '일체 모든 상을 떠난 것을 부처라 이름한다', 부처님 가르침의 핵심이 이것이다. 오직 상을 떠나는 것, 오직 아상·인상·중생상·수자상이라는 일체의 모든 상을 떠나는 것이야말로 부처님인 것이다. 이것이 바로『금강경』이 우리에게 주는 화두요, 깨우침이다.

일상 속에서 우린 얼마나 상에 얽매여 살고 있는가. '나'라는 것이 본래 없는데 다만 인연 따라 거짓으로 만들어진 육신을 보고, 또한 눈·귀·코·혀·몸·뜻을 보고 그것이 '나'라고 얼마나 고집하며 얽매여 살고 있는가. 상을 떠난 관점에서 보면 '나'와 '너'를 가를 것도 없으며, 인간과 자연을, 신과 인간을, 인간과 우주를 나눌 것도 없는데, 왜 우리는 이렇게 '나'라는 상을 짓고, '너'라는 상을 지으며, '우주'라는, '자연'이라는, '신'이라는 상을 만들어 놓고 거기에 빠져 헤어나오지 못하고 있는 것인가. 왜 나와 너를 갈라놓고 내가 너보다 더 부자가 되려고, 내가 너보다 더 유명해지려고, 내가 너보다 더 높은 자리에 올라가려고 하는가. 왜 부와 가난이라는 상을 만들어 놓았으며, 높고 낮음을 만들어 놓았으며, 아름답고 추함을 만들어 놓고 스스로 거기에 빠져 괴로워하고 있는가.

꽃은 꽃대로 완전한 진리의 나툼이며, 나무는 나무대로, 하늘은 하늘대로, 바다는 바다대로, 공기는 공기대로 저마다 온전한 진리의 인연에 따른 나툼임을 모르고, 그들을 갈라놓고 등수를 매기며, 좋고 나

뿐 것을 골라내야만 하는가. 사람 또한 너는 너대로, 나는 나대로, 농부는 농부대로, 정치가는 정치가대로, 부자는 부자대로, 가난한 이는 가난한 이대로 저마다 온전한 자신으로써의 나툼이 있건만 스스로 너와 나를 비교하고 분별하며, 비교 우위와 비교 열등에 목숨 걸고 소중한 인생을 낭비해야 하는가.

그렇게 만들어 놓은 상에 스스로 얽매여, 좋다거니 싫다거니 개념을 붙여 놓고, 옳다거니 그르다거니 개념을 만들어 놓고, 스스로 그렇게 만든 개념에 빠져 좋은 것은 더 못 가져서 안달하고, 싫은 것은 떼어내지 못해서 안달하는 이런 어리석은 일을 왜 계속해서 하고 있는 것인가.

이 모든 문제는 오직 '상을 여의었을 때' 끝난다. 상을 여의었을 때 실상이 드러난다. 상을 여읜 것이 바로 적멸이며, 일체 모든 상을 떠난 것을 부처님이라 이름하기 때문이다.

부처님께서 수보리에게 말씀하셨다. "그러하고 그러하다. 만일 다시 어떤 사람이 이 경을 듣고 놀라지 않고 겁내지 않으며 두려워하지 않으면, 마땅히 알라, 이 사람이야말로 참으로 희유한 사람이 될 것이다."

어찌 이 경을 듣고 놀라지 않을 수 있겠는가. 어찌 겁내지 않으며 두려워하지 않을 수 있겠는가. 이 경에서 말씀하고 있는 가르침은 그동안 우리가 배워왔고 익혀왔던 세상의 가르침과는 거꾸로 가고 있는 듯 보인다. 우리는 세상을 살아가는 삶의 의미를 보다 많이 소유하고, 보다 많이 배워 익히며, 보다 '내 것'을 많이 쌓는 것에서 찾아 왔다.

'나'라는 상을 만들어놓고 '내 것'을 많이 채우는 것이야말로, '나'를 드러내는 것이야말로, 최고의 행복이며 삶의 의미라고 생각해 왔다.

세상 모든 사람이 그렇게 살아가고 있다. '나'를 드러내고자 돈을 벌고, 명예를 높이며, 학벌과 재력과 권력을 쌓아간다. 그렇게 함으로써 '나'라는 이름 석 자를 더 많이 알릴 수 있고, 나는 더 유명해질 수 있으며, 나는 더 높아질 수 있고, 결국 그러한 '나'라는 아상이 강화될수록 우리는 더욱더 행복해질 수 있다고 굳게 믿어왔다. 그것이야말로 내 행복의 조건이고, 진리에 입각한 삶이라고 여겨왔다.

그렇게 아상을 높이려는 내 삶의 목적을 향해 끊임없이 앞만 보고 달려왔다. 잠시 쉴 새도 없이 달려오기만 했다. 잠시 앉아 쉬려고 하면 주변의 사람들이 계속해서 달려가고 있는 것이 보인다. 나만 쉬는 것 같아 도무지 쉴 수가 없다. 쉬다 보면 남보다 뒤처질 것 같고, 남보다 더 적게 소유할 것 같다. 그렇게 되면 나는 남들보다 더 못난 사람이 될 것이고, 더 뒤처진 사람이 될 것이며, 더 불행하게 될 것이다. 그렇기 때문에 잠시도 쉴 수가 없 다. 나는 늘 바쁘다. 인생이란 그런 것이다. 늘 바쁘고, 남들을 이기기 위해서는 한숨도 쉴 수 없는 것 그것이 인생이라고 자위하며 살아왔다.

그런데 그렇게 내 삶의 전부를 걸고 달려왔던 이 길, 이 길만이 나를 행복으로 이끌어 줄 수 있다고 생각했던 이 길. 지금 이 길을 정면으로 반대하는 가르침과 만난 것이다. 『금강경』은 그 길을 거부하고 있다. 그 길은 참된 진리가 아니며, 우리를 영원한 행복으로 데려다 줄 수 없다고 말하고 있다.

『금강경』에서는 '나'라는 것은 본래 없고, 다만 인연 따라 생겨난 것이기에 텅 빈 것이라고 말하고 있다. '나다'라고 할 만한 실체가 없으며, 그렇기에 '내 것이다'라고 할 만한 소유도 실제는 내 소유가 아니고, '내가 옳다'고 여겨왔던 내 사상, 견해, 생각에 대한 것 또한 고정된 실체가 있는 것이 아니라고 말하고 있다. 지금까지 내가 목숨 걸고 가지려고 애써왔던 그 모든 소유의 일들이 모두 헛된 것이라고 말하고 있다.

'나'라고 할 만한 것이 없는 마당에 '내 것'이 어디에 있을 수 있겠는가. 범소유상 개시허망이라고 말하고 있다. 모양 있는 바 모든 것은 다 허망한 것이라고 말하고 있다. 그러므로 상이 상이 아니라는 것을 올바로 볼 수 있을 때 여래를 볼 것이라고 말하고 있다.

내가 지금까지 살아왔던, 내 삶의 목적으로 알고 살아왔던, 내 삶의 참된 행복을 가져다 줄 것이라고 굳게 믿으며 달려왔던 이 모든 것이 다 텅 빈 것이라고 말하고 있다. 이 얼마나 놀라고 까무러칠 일인가. 언뜻 들어보면 이 얼마나 두려운 일이고, 놀랄 만한 일이며, 겁나는 일인가. 지금 『금강경』의 이 가르침은 내가 걸어온 모든 길을 정면으로 반박하고 있다.

'나'라는 상을 높이려고 살아왔던 나의 삶 자체를 모두 놓아버리라고 말하고 있다. 내가 소유하고 있는, 내가 집착하고 있는 일체 모든 것이 다 실체가 없으니 다 놓아버리라고 말하고 있다. 일체를 다 놓아버리라고 말하고 있다. 다 비우라고 말하고 있다. 이 얼마나 당황스런 말인가. 그동안 쌓고 쌓느라 얼마나 많은 생을 소비해 왔는데, 얼마나 애써 왔는데, 이제 와서 다 놓아버리라니, 다 비워버리라니 이게 무슨 날벼락 같은 소리인가.

그래서 보통 사람이 처음 이『금강경』의 가르침을 들으면 놀라고 두려워하며 겁내지 않을 수 없다. 어찌 놀라고 겁내지 않을 수 있겠는가.

내 삶에서 가장 소중하다고 생각했던, 실체라고 생각했던 것을 이제 와서 다 비워버리라니, 다 허망한 것이라니 얼마나 억울하고 두려운 일인가.

그런데 이러한『금강경』의 가르침을 듣고도 놀라지 않고 두려워하지 않으며 겁내지 않는 사람이 있다면 이 얼마나 희유한 사람이겠는가. 그 사람은 한 부처님이나 두 부처님이니 셋, 넷, 다섯 부처님에게만 선근 인연을 지으며 공부한 것이 아니라, 이미 한량없는 천만 부처님께 수많은 선근을 심어 놓았고 수행을 해왔기 때문에 이렇게 한 번 이『금강경』의 가르침을 듣는 것만으로도 놀라지 않고 두려워하지 않으며 겁내지 않을 수 있는 것이다.

"왜냐하면 수보리야, 여래가 말한 제일바라밀은 곧 제일바라밀이 아니라 그 이름이 제일바라밀일 뿐이기 때문이다."

제일바라밀이란 무엇인가. 구마라집은 제일바라밀(第一波羅蜜)이라 번역했고, 현장은 최승바라밀(最勝波羅蜜)이라 번역을 했다. 일반적으로 제일바라밀은 육바라밀 가운데 첫 번째인 보시바라밀이라고 번역하고 있다. 이는 구마라집 번역의 제일바라밀이 첫 번째 바라밀이라는 생각에서 그렇게 번역을 하고 있는 것인데, 산스크리트 원전을 직접 번역하신 각묵 스님은 이것이 구마라집 번역의 한문 해석만을 보았기 때문에 그런 잘못된 해석이 나온 것이라고 말하고 있다. 현장은 최승바라밀은 다름 아닌 반야바라밀이라고 부연설명하고 있으며(如來說最勝波羅蜜多 謂般若波羅蜜多), 각묵 스님은 '산냐를 극복하라는 이 가르침이야말로 최초기부터 세존께서 고구 정녕히 설하신 것이고 그 정신을 바로 전해 받은 이 경이야말로 최고의 바라밀, 최고의 가르침, 불교의 핵심이라는 말로 이해한다'고 함으로써 제일바라밀을 '최고의 바라밀' 즉 '최고의 가르침', '불교의 핵심' 정도로 이해하고 있다.

『금강경』에서 말하는 최고의 가르침은 바로 '상을 깨는' 즉, 아상·인상·중생상·수자상을 타파하고자 하는 가르침이다. 그리고 이 가르침이야말로 반야바라밀이다. 즉 상이 상이 아님을 바로 보아야 한다는 (약견제상비상) 이 가르침이야말로 반야바라밀, 즉 지혜로써 저 깨달음의 언덕에 이르는 궁극의 깨달음을 설하는 가르침인 것이다. 그러니 각묵 스님의 최고의 바라밀이라는 의미나 현장 스님의 반야바라밀이라는 의미나 크게 다를 것은 없다고 본다.

또한 구마라집 번역의 보시바라밀에 대해서도 마찬가지로 넓은 의미로 보자면 동일 선상에서 해석해 볼 수 있다. 즉『금강경』에서는 상을 타파하는 것이 주된 가르침으로 등장하고 있는데, 설법의 대상이 주로 보살을 대상으로 하고 있다고 앞서 말한 적이 있다. 그렇기 때문에 보살의 주된 서원인 '상구보리와 하화중생' 그중에서도 하화중생의 관점에서 일체중생을 교화하고 이롭게 하는 보시를 예를 들어 상을 타파할 것을 설하고 있다.

즉 보살이 일체중생을 교화하고자 원을 세워 실천하지만, 보살에게 '내가 중생을 교화한다'거나, '내가 중생에게 가르침으로써 베풀고 있다', '나는 법보시를 행하고 있다'는 등의 '내가 보시한다'는 아상이 있다면 그는 『금강경』의 가르침을 실천하는 것이 아니다. 그는 여전히 '아상'의 틀을 깨고 나오지 못한 것일 뿐이다. 이렇게 보았을 때 이 문장의 제일바라밀을 반야바라밀이라 해석하거나, 최고의 바라밀이라 해석하거나, 혹 보시바라밀이라 해석하더라도 큰 『금강경』의 문맥에서는 벗어나지 않는다는 점은 분명하다.

그러면 다시 경전으로 돌아가 보자. 앞서 '이 경을 듣고도 놀라지 않고 겁내지 않으며 두려워하지 않으면 그 사람이야말로 참으로 희유한 사람'이라고 했는데, 그 이유는 그 사람은 일체의 상을 타파한 사람이기 때문이다. 일체의 상을 타파했기 때문에 '제일바라밀은 곧 제일바라밀이 아니라 그 이름이 제일바라밀이다'라는 것을 명확히 깨닫고 있는 것이다. 즉 제일바라밀이라는 것, 혹은 최상의 바라밀, 반야바라밀, 보시바라밀이라는 것에도 집착하지 않을 수 있기 때문에 그 사람은 이 경을 듣고도 놀라지 않고 겁내지 않으며 두려워하지 않을 수 있는 것이다.

"수보리야, 여래는 인욕바라밀도 인욕바라밀이 아니라고 말하나니 그 이름이 인욕바라밀일 뿐이다. 왜냐하면 수보리야, 내가 옛날 가리왕에게 몸을 베이고 잘림을 당했을 적에 내게는 아상이 없었고, 인상도 없었으며, 중생상과 수자상도 없었다. 만약에 내가 옛적에 사지를 마디마디 베이고 잘렸을 때 만일 아상·인상·중생상·수자상이 있었으면 응당 성내고 원망하는 마음을 내었을 것이다. 수보리야, 또 여래가 과거에 오백 생애 동안 인욕 성인이 되었을 때를 기억해 보더라도 아상이 없었고, 인상도 없었으며, 중생상도 수자상도 없었다."

이 경을 듣고도 놀라지 않고 겁내지 않으며 두려워하지 않는 이는 일체의 상을 타파한 사람이다. 일체의 상을 타파했으므로 이러한 가르침에 두려워하지 않는다. 그 사람은 더 이상 반야바라밀에도 집착하지 않고 보시바라밀에도 집착하지 않으며, 인욕바라밀에도, 육바라밀에도, 나아가 부처님의 그 어떤 가르침에도 집착하지 않는다. 집착하지 않지만 그 모든 가르침을 집착함이 없이 다 받아들이고 실천하고 있다. 여기에서는 또 제일바라밀에 이어 또 하나의 비유로써 인욕바라밀을 들고 계신다.

인욕(忍辱)이란 어떤 괴로움이라도 잘 참는 것을 말한다. 그러나 우리가 생각하는 것처럼 억지로 참는다거나, 마음속에 꾹꾹 눌러 놓고 쌓아두는 것을 말하는 것이 아니다. 『금강경』에서 말하는 참된 인욕이란 참되 참는다는 생각마저도 다 소멸된 참음이다. 참는다는 생각이 있다면 그것은 '참는 나'가 있다는 말이다. 즉 '나'라는 아상이 그대로 남아 있는 참음이 아니라 '나'라는 것이 완전히 소멸되고, 일체의 상 또한 모두 소멸된 가운데 참는 것을 말한다.

인욕바라밀도 인욕바라밀이 아니라고 말하나니 그 이름이 인욕바라밀일 뿐이라고 했다. 인욕바라밀이라고 말하면서 인욕바라밀을 행한다고 한다면 그 사람은 인욕바라밀을 행하고 있는 것이 아니다. 참된 인욕바라밀을 행하는 자는 '내가 인욕바라밀을 행한다'는 상이 없다. 그러한 수행자에게 인욕바라밀은 인욕바라밀이 아니다. 다만 그 이름이 인욕바라밀일 뿐인 것이다.

석가모니 부처님께서 전생에 인욕선인(忍辱仙人)으로 계실 때, 고요한 숲속 나무 아래 앉아 명상에 잠겨 있었는데, 마침 그 나라의 왕인 가리왕(歌利王)이 사냥을 나와 있었다. 가리왕이 산중에서 사냥을 하다가 잠을 자고 깨어 보니 함께 온 시녀들이 보이지 않았다. 그때 함께 온 시녀들은 나무 밑에 앉아 선정에 들어 있는 인욕선인을 발견하고는 그 모습이 너무나 청정하고 고귀해 보여 친견하고 예를 올리고 있던 차였다. 이 광경을 본 가리왕은 질투심으로 화가 머리끝까지 치밀어 올라 말하기를, "어찌 방자하게 남의 여색을 탐하는가"라고 하니, 선인은 답하기를 "나는 여색을 탐하지 않습니다. 나는 인욕을 닦는 수행자입니다"라고 대답하였다. 왕은 '얼마나 인욕을 잘 하는가 두고 보자' 싶은 마음에 인욕선인의 코를 베고, 팔을 베고, 다리를 베면서 사지를 갈기갈기 잘라 놓고는 "네놈이 이래도 화가 나거나, 원망하는 생각 없이 참을 수 있단 말이냐?" 하고 물었다.

이에 인욕선인은 "나라고 할 만한 것이 없거늘 어찌 화를 내거나 원망할 수 있겠습니까"라고 답하였다. 인욕선인은 육신이 '나'가 아니라는 깨달음이 있었기 때문에 육신이 베이고 잘림을 당하였지만 원망하는 마음이 없었던 것이다. 억지로 참아 가슴속에 화를 담아 둔 것이 아니라 청정한 인욕바라밀을 실천할 수 있었다. 그것은 화를 낼 '나'가 없으며, 원망할 '나'가 없다는 도리를 깨달았기 때문이다.

석가모니 부처님께서 전생의 인욕선인으로 사지를 찢기고 베일 때 만약 아상·인상·중생상·수자상이 있었다면 응당 성내고 원망하는 마음을 내었을 것이지만, 부처님은 아상·인상·중생상·수자상이 없었기 때문에 성내거나 원망하지 않을 수 있었던 것이다.

육신이란 다만 인연의 모임에 불과한 것이다. 밥과 반찬이 내 앞에 있을 때 우리가 그것을 먹는다는 인연에 따라 밥과 반찬이 인연 따라 내가 된 것일 뿐이다. 밥과 반찬이 나로써 윤회를 한 것이다. 그러나 다시금 대소변으로 빠져나가거나, 땀으로 빠져나갔다면 그것은 다시금 인연 따라 대지로 돌아간 것이다. 이와 같이 일체의 모든 모양 있는 것들은 인연 따라 잠시 우리 몸으로도 변했다가, 흙으로도 변했다가, 나무로도 변하고, 꽃으로도 변하는 것일 뿐, 어느 한 모습을 가지고 '나'라고 할 만한 고정된 실체가 없는 것이다.

사과 하나가 있을 때 그것을 칼로 자르면 우리는 화를 내지 않는다. 사과는 그저 사과일 뿐이기 때문이다. 그러나 사과를 내가 먹고 사과가 우리 몸의 살로 변했다고 치자. 그랬을 때 칼로 살을 자르면 우리는 화를 내고 원망할 것이다. 그것은 '내 몸'이기 때문이다. 그러나 어찌 그 몸이 '내 것'일 수 있단 말인가. 그것은 다만 사과가 변한 것에 불과하다. 내가 먹은 것이 내 몸으로 잠시 변화하여 인연 따라 나툰 것에 불과한 것이다. 만약 내 몸을 칼로 그었을 때 괴롭거나 화를 내려거든, 사과를 칼로 자르거나, 나무를 칼로 자를 때도 똑같이 화를 내고 원망해야 할 것 아닌가.

어디 인욕선인 뿐이겠는가. 우리가 공부하고 있는 이 『금강경』을 번역하신 구마라집의 문하에 승조(僧肇)라는 스님의 이야기를 들어보자. 승조 스님은 워낙 명성이 뛰어나 불교계뿐 아니라 세간에서 또한 크게 숭상을 받았는데 그러다보니 많은 이들의 모함도 받게 되었고 왕이 부하로 만들려고 협박을 하기도 했다. 특히 이 승조 스님을 탐낸 진나라 왕의희는 스님을 퇴속시켜 자신의 부하로 만들려고 갖은 회유와 협박을 다 하였다.

"스님께서 속인으로 돌아와 재상이 되면 천하의 백성을 위해 좋은 일을 더욱 많이 할 수 있을 것이니 부디 짐의 청을 저버리지 마시오.”

그러나 스님은 “재상이 다 무엇이고 천하가 다 무엇이겠습니까. 부처님 법에서 볼 때는 모두가 부질없는 꿈속의 일일뿐입니다. 나는 무상대도를 얻어 만 중생을 이익 되게 할 것입니다”라며 단번에 거절해 버렸다. 이 말을 듣고 화가 난 진왕은 승조 스님을 사형에 처하라고 명령을 내린다. 하지만 승조 스님은 눈 하나 깜짝 하지 않고 사형이 집행되기 전 칠일 동안 팔만대장경의 핵심을 꿰뚫은『보장론』을 저술하며 죽음을 앞에 두고도 부처님 가르침을 공부하고 번역하는데 몰두하였다. 곧 형틀에 올라 칼로 목을 베이는 참수형을 맞이하게 되었는데 태연하게 게송 하나를 읊었다고 하니 다음과 같다.

“사대로 이루어진 몸뚱이는 원래 주인이 없고(四大元無主) 다섯 가지로 모여진 이 몸은 본래부터 비었도다(五陰本來空). 장차 흰 칼날이 내 목을 자를 것이나(將頭臨白刀), 이는 마치 봄바람을 베는 것과 같을 뿐이다(猶似斬春風).”

마치 봄바람을 칼로 베는 것과 무엇이 다를 것인가. 아! 이『금강경』의 가르침이야말로 감히 범인으로서는 범접하기 어려운 광대한 기상과 깨달음을 담고 있는가.

이처럼 세상의 모든 모양 있는 것들은 다만 인연 따라 끊임없이 모양을 변화시킬 뿐, 어디에도 고정된 실체가 있지 않다. 내가 죽어 다음 생에 개나 돼지로 태어났다고 치자. 그러면 이번 생의 내가 나인가, 다음 생의 개나 돼지가 나인가. 또 그 다음 생에는 천상에도 태어날 것이고, 또 그 다음 생에는 지옥으로도 태어날 것이며, 어떤 생에는 여자 몸을 받았다가 또 어떤 생에는 남자 몸을 받게 될 것인데, 어느 한때를 콕 집어 '나'라고 고정 지어 말할 수 있겠는가. 어느 것도 '나'가 아니다. 다만 인연 따라 변화하기만 할 뿐.

이와 같이 부처님께서는 과거 오백생 동안 인욕선인이 되었을 때에도, 수없는 생을 윤회하고 육신의 변화를 겪으면서도 한 번도 아상이 없었고, 인상이 없었으며, 중생상도 수자상도 없었다.

"그러므로 수보리야, 보살은 마땅히 일체의 상을 떠나서 아뇩다라삼먁삼보리의 마음을 일으킬지니."

그러므로 보살은 마땅히 일체의 상을 떠나서 무상정등정각의 마음을 일으켜야 한다. 마땅히 위없는 깨달음을 이루겠다는 보리심을 일으키되 일체의 상을 떠나서 일으켜야 한다. 일체의 어떤 상에도 얽매임 없이, 집착함 없이, 머무름 없이 보리심을 일으켜야 한다.

많은 사람들이 보리심을 일으킨다. 수많은 이들이 다 깨달음을 추구하며, 위없는 대 보리를 증득하고자 수행하고 정진하며 또 보시하고 있다. 지혜와 복덕을 얻고자 애쓰고 있다. 그러나 일반적으로 보리심을 일으킨 수행자라 할지라도 그 이면에는 상에 머무는 보리심을 일으키는 경우가 많다.

깨닫고자 하는 보리심을 일으키긴 하는데, 거기에 또 '나'를 내세우게 된다. '내가 깨닫겠다', '내가 보리를 이루겠다' 하는 아상에 머물러 깨달음을 추고하곤 한다. '내가 깨달아서 다른 사람들보다 더 큰 행복을 이루겠다'거나, '내가 깨달아서 많은 중생을 구제하겠다'거나 하는 등 깨닫고자 하는 주체를 '나'라는 상에 꽁꽁 묶어 두곤 한다.

혹은 부처라는 상을 만들어 두고, 진리라는 모양을 만들어 두고, 내가 깨달아 가야 할 이상향을 마음속에 설정하여 모양을 만들어 두고는 그 길로 향해 나아가려고 한다. 그러나 그런 진리는 없다. 그런 부처는 없다. 어떤 모양을 가진 진리, 어떤 상을 가진 부처는 없다. 모양을 짓고, 개념을 붙이며, 생각하는 그 속에는 결코 진리도, 부처도 있지 않다.

그 모든 것들이 다 상에 머물러 보리의 마음을 일으키는 것일 뿐이다. 아뇩다라삼먁삼보리를 일으키되, 그 어떤 상에 머물러 보리심을 일으킨다면 그것은 참된 구도자의 길이 아니다. 수행자는 일체 모든 상을 다 타파할 수 있어야 한다. '나'라는 상도, 부처라는 상도, 진리라는 상도, 참나라거나, 불성이라거나, 주인공, 진아, 본래자성, 본래불 그 어떤 말을 가져다 붙일지라도 그것이 다 방편인 줄 알아야지 거기에 얽매여 집착하고 머물러서는 안 된다. 보살은 마땅히 일체의 상을 떠나서 아뇩다라삼먁삼보리를 일으켜야 한다.

"마땅히 색에 머물러 마음을 내지 말며, 성향미촉법에 머물러 마음을 내지 말고,"

색성향미촉법에 머물러 마음을 내지 말라고 했는데, 색성향미촉법이란 우리 인간의 여섯 가지 감각기관인 안이비설신의 육근의 대상, 즉 빛과 소리, 냄새, 맛, 감촉, 법을 말한다고 했다. 다시 말해 '나'라는 주관이 접촉하여 만날 수 있는 일체의 외계 대상을 말한다. 바로 이 육근과 육경의 가르침은 근본불교에서부터 줄곧 중요한 생활 법문으로 이어져 온 중요한 가르침이기에 다시 한 번 좀 더 자세히 살펴볼 필요가 있다.

우리는 일반적으로 내 몸의 여섯 가지 감각기관인 육근의 대상에 머물러 마음을 내게 마련이다. 색에 머물러 마음을 내고, 성향미촉법에 머물러 마음을 내는 것이 일상이다.

색이란 눈에 보이는 대상인 빛깔과 모양이 있는 모든 것을 말한다. 즉, 우리는 바깥 대상이 어떻게 생겼는지, 어떤 모양을 가지고 있는지에 마음이 머물길 좋아한다. 사람을 만나더라도 예쁘고 잘생긴 사람을 좋아하고, 못난 사람을 싫어하는 마음이 생기지 않는가. 그래서 좋은 사람은 내 사람으로 만들려고 애쓰고 집착하면서 싫은 사람과는 떨어지지 못해 안달한다. 그렇게 색에 머물러 마음을 내는 것이 사람들의 일상이다. 그러나 몸이라는 것도 어떤가. 사람의 몸은 그저 똥주머니일 뿐이라는 선지식의 말씀이 있다. 그야말로 이 몸이라는 것은 온갖 오물 같은 오장육부와 모든 것들을 집어넣어 놓은 똥주머니일 뿐이다. 좀 비위 상하는 말일지 모르겠지만 몸속의 모든 내장기관들을 다 끄집어내 보라. 그것이 어디 예쁘고 좋을 것이 있겠는가. 얼굴이 예쁘다는 것도 눈·코·입 중 어느 하나가 조금만 살짝 옆으로 옮겨 달렸더라면 못난 얼굴이 되지 않았겠는가. 이 몸뚱이라는 것, 외모라는 것도 다 인연 따라 잠시 그렇게 몸을 받은 것일 뿐이다. 어떻게 마음을 쓰는가에 따라 이 똥주머니의 생김새도 달라지는 것일 뿐이다. 그러니 몸에 집착할 것이 무엇인가. 100년도 못 살다가 대지의 지수화풍으로 돌아갈 육신이거늘 어디에 집착해 내 것이라고 단정 짓고 소유할 수 있겠는가. 색에 머물러 마음을 낸다는 것이 이처럼 어리석은 일이다.

마찬가지로 성향미촉법에 머물러 마음을 낸다. 칭찬이나 비난을 들을 때 울고 웃으면서 우리는 그 소리(聲)에 많이 휘둘린다. 칭찬을 들으면 좋아하고 비난을 들으면 싫어하기 때문에, 칭찬은 더 듣고 싶어 안달이고, 비난은 듣기 싫어 안달이다. 그러나 칭찬과 비난이라는 소리 또한 얼마나 공허한 것인가. 다만 소리일 뿐이지 않는가. 인연 따라 잠시 칭찬도 들을 수 있고 비난도 들을 수 있는 일인 것이지, 칭찬을 들었다고 내가 정말 칭찬 받을 만한 실체적인 무엇이 되는 것도 아니고, 비난을 들었다고 스스로가 비하되거나 못난 사람이 되는 것도 아니다. 말에, 소리에 휘둘리지 않을 수 있어야 한다. 사람들의 말에 휘둘린다는 것이 얼마나 짐승스러운가.

또한 냄새에, 맛에, 감촉에, 생각의 대상인 법에 우리는 늘 휘둘리면서 산다. 늘 그러한 육근의 대상에 이끌려 자기중심을 잡지 못한 채 좋고 나쁜 것을 분별하고, 그중 좋은데 탐심(貪心)을 내며 집착하고, 싫은 것에는 진심(瞋心)을 내며 미워하곤 한다. 그러나 좋고 나쁜 것이 본래 없다. 그 어떤 육근의 대상도, 그 어떤 색성향미촉법이란 대상도 고정된 실체로써 존재하지 않는다. 다만 인연 따라 잠시 그렇게 꿈처럼 나툴 뿐이다. 우리가 집착할 그 어떤 실체도 아닌 것이다. 그 사실을 모르니 치심(癡心)이 들끓어 마음을 머물게 되는 것이다. 여기에서 바로 탐심, 진심, 치심이란 삼독심(三毒心) 생겨나는 것이다.

색성향미촉법이 본래 텅 비어 공하다는 사실을 깨닫는 것 그것이 바로 지혜다. 바른 지혜만이 탐진치 삼독심을 끊을 수 있다. 그것은 바로 일체의 상을 타파하는 길이다. 일체의 상이 타파될 때 삼독심이 소멸하며 그 어떤 집착의 대상도 없게 된다. 그래야 자유롭다. 어디에도 걸림 없이, 어디에도 머무는 바 없고 집착할 것 없이 자유롭게 휘적휘적 삶의 길을 내딛게 될 수 있다.

여기서 이와 관련된 달마 스님의 『파상론』의 말씀을 좀 더 들어보자.

"수행을 성취하자면 여섯 가지 도적을 쫓아버려야 하는데, 눈의 도둑을 쫓아버리자면 물질적 대상에 집착하지 않아야 하고, 귀의 도둑을 억제하자면 들리는 소리에 좌우되지 않아야 하며, 코의 도적을 항복시키자면 향기에 대하여 분별하지 않아야 하고, 입의 도둑을 제압하자면 맛에 탐미하지 않으며, 법다운 말만 해야 하고, 몸의 도적을 항복받자면 모든 감촉에 좌우되지 않아야 하고, 마음의 도적을 조절하자면 무지를 극복하고 지혜를 닦아야 한다."

달마 스님은 여섯 가지 우리 몸의 감각기관인 눈·귀·코·혀·몸·뜻으로 들어오는 그 각각의 대상인 색성향미촉법이 가장 큰 도둑이며, 도적이라고 하고 있다. 눈으로 보고, 귀로 듣고, 코로 향기 맡고 입으로 맛보고, 몸으로 감촉하며, 마음으로 분별하는 등 이 모든 우리 몸의 기관들은 바깥의 대상들 즉 육경, 색성향미촉법을 끊임없이 얻어 가지려고 이리 기웃 저리 기웃 한시도 평화로울 날이 없이 대상을 탐하기 때문이다. 눈으로 물질(色)을 탐하고, 귀로 좋은 말(聲) 듣기를 원하며, 코로 좋은 향기(香) 맡기를 바라고, 혀로 맛(味)에 탐닉하고, 몸으로 좋은 감촉(觸)을 탐하며, 마음으로 온갖 분별을 일으켜 생각(法)을 지어내기 때문이다.

그리하여 여섯 도둑 때문에 우리는 늘 고요하지 못하고 탐내며 성내고 어리석은 것이다. 여섯 기관으로 좋은 것을 탐내다가(貪心) 얻지 못하였을 때 화(瞋心)를 낸다. 이처럼 여섯 기관의 도적에 휘둘려 여섯 대상이 텅 비어 공한 것임을 알지 못하고 탐심과 진심을 일으키는 그 마음이 바로 어리석음(癡心)인 것이다. 모름지기 수행자는 이 여섯 가지 도적들을 잘 항복받을 수 있어야 한다. 그러자면 육근에서 들어오고 나가는 것들을 잘 관(觀)하여 들고 나는 그 어떤 경계에도 집착하는 바가 없어야 할 것이다.

눈의 도둑을 몰아내려면 눈에 보이는 모든 물질적 대상에 집착하지 않아야 한다. 눈에 보이는 대상에 좋고 나쁜 분별을 짓고 좋으면 애착하여 붙잡으려 하고, 싫으면 증오하여 버리려고 애를 쓰니 색이라는 경계에 휘둘려 마음을 번뇌로 몰아가는 것이다. 귀의 도둑을 억제하자면 귀로 들려오는 그 어떤 소리에도 흔들리지 않아서 칭찬이든 비난이든 그 어떤 좋고 나쁜 소리에 좌우되지 않아야 한다. 칭찬에 집착하여 자꾸 듣고자 애쓰지도 말고 칭찬을 들었다고 쉬 들뜰 것도 없으며, 비난을 들었다고 번뇌에 휩싸여 내 중심을 잃고 헤매여서도 안 된다. 코의 도적을 항복시키자면 향기에 대하여 분별하지 않아야 한다. 향기에 분별하면 곧장 눈·귀·코와 몸·뜻도 함께 분별을 일으켜 온갖 집착을 만들어 낸다. 입의 도둑을 제압하자면 먼저, 맛에 탐미하여 음식을 섭취하지 않아야 한다. 맛에 탐함이 많으면 때를 구분하지 못하여 시도 때도 없이 먹게 되고, 그리하여 그 탐심이 배 속을 채우게 되어 몸을 어지럽히고 그로 인해 정신이 혼미해져 마음에도 해를 입힌다. 또한 입을 잘 관하여 법다운 말만을 해야지 생각난다고 다 입 밖으로 내놓게 되면 사람이 실없어지고 공허해진다. 늘 입을 잘 다스려 침묵을 지킬 일이고 말을 할 때라면 몇 번이고 관하여 법다운 말을 어렵게 꺼낼 일이다. 몸의 도적을 항복받자면 모든 감촉에 좌우되지 않아야 한다. 자칫 감촉에 집착을 하게 되면 음탕한 행과 삿된 행으로 온갖 신업을 짓게 된다. 몸의 행동을 늘 잘 관하여 어떤 행동에도 감촉의 욕망에 휘둘리는 일이 없어야 한다. 마음의 도적을 잘 조절하자면 수행을 통해 어리석은 마음을 잘 극복하고, 관 수행을 통해 지혜를 닦아야 한다. 늘 경계 따라 올라오는 마음을 잘 관하여 그 마음이 신구의(身口意)로 어떻게 퍼져 나가는지 잘 살펴야 한다.

앞서도 잠시 살펴보았지만, 이러한 과정을 십이연기에서는 '명색 - 육입 - 촉 - 수 - 애 - 취'라는 지분으로 설명하고 있다. 명색(名色)이란 색성향미촉법 육경(六境)을 말하며, 육입(六入)이란 안이비설신의 육근(六根)을 말한다. 육입이 명색을 촉(觸)할 때 수(受)가 일어나고 수는 곧 애(愛)를 불러오며 애는 취(取)라는 결과를 가져온다. 촉이란 육근과 육경이 접촉하는 것을 말하며, 수는 느낌과 감정을, 애는 애욕, 취는 집착을 말한다. 이렇게 어려운 용어를 써서 그렇지 쉽게 말하면, 눈·귀·코·혀·몸·뜻이라는 여섯 가지 우리 몸의 감각기관이 각각 눈으로는 빛과 모양을, 귀로는 소리를, 코로는 냄새를, 혀로는 맛을, 몸으로는 감촉을, 뜻으로는 뜻의 대상인 법을 만날 때(촉) 좋고 싫은 느낌을 가져오고 그 느낌의 결과 애욕(애)을 일으키며 그것이 결국 집착(취), 취착이라는 결과를 가져온다는 말이다. 즉 위에서 말한 비유에서와 같이, 사람이 육근 중 안근인 눈(육근)으로 예쁜 사람(육경)을 볼 때(촉) 좋은 느낌(수)이 일어나고 연이어 애욕이 생겨나고(애) 그 결과 그 사람에게 집착(취)하려는 마음이 생겨난다는 말이다. 이런 집착이야말로 모든 괴로움의 원인이라는 것은 두말할 나위가 없다. 그 괴로움이 생겨나는 원인이 이와 같은 육근과 육입의 접촉으로 인해 생긴다는 말이다.

그러니 『금강경』에서는 육근을 가지고 육경을 접촉하되, 육경에 머물러 집착하지 말라는 말씀을 하고 있는 것이다. 육근이 있는 이상 육경을 접촉하지 않을 수 없고 접촉하게 되면 느낌과 애욕, 집착이 연이어 일어나지 않을 수 없다. 그러나 육근이 육경을 접촉할 때 육경에 머물러 집착하지 않을 수 있다면 십이연기의 중간 단계에서 괴로움의 원인이 되는 요소를 제거할 수 있게 되는 것이다.

그러면 조금 더 쉽고 실천적인 부분으로 나아가서, 어떻게 하면 육근이 육경을 접촉할 때 수, 애, 취를 일으키지 않을 수 있겠는가. 어떻게 하면 안이비설신의 육근이 색성향미촉법 육경을 만날 때 색에도 머물지 않고, 성향미촉법에도 머물지 않고 마음을 낼 수 있겠는가.

그 해답을 부처님께서는 정념(正念)에 두셨다. 즉 잘 관찰하고 지켜보아야 한다는 것이다. 육근이 육경을 접촉할 때는 바로 깨어 있는 마음으로 잘 관찰해야 육경에 머물지 않을 수 있는 길이 열린다. 눈이 대상을 볼 때, 귀로 소리를 들을 때, 코로 냄새를 맡을 때, 혀로 맛을 볼 때, 몸으로 접촉할 때, 뜻으로 헤아릴 때 항시 육근과 육경을 또 육근과 육경의 접촉을, 그 접촉에서 오는 느낌을, 그 느낌에서 오는 애욕과 집착을 마음을 모아 관(觀) 할 수 있어야 한다.

그래서 근본불교의 사념처(四念處)에서는 신수심법(身受心法) 네 곳을 잘 관하라고 하고 있다. 즉 육근이 머물러 있는 신념처, 즉 우리의 몸과 몸의 감각기관을 잘 관하라는 것이 첫째이고, 둘째로 육근과 육경이 만날 때 일어나는 수념처, 즉 느낌, 감정을 잘 관하라는 것이다. 셋째로 마음에서 일어나는 일체 모든 경계를 관하며, 넷째로 법에 대한 관찰을 말하고 있다. 이와 같이 깨어 있는 비춤으로 관하게 되었을 때, 색에도 성향미촉법에도 머물지 않고 마음을 낼 수 있게 된다.

결론적으로 이 여섯 가지 도적인 육경을 잘 경계하여 이 도적들이 침범하는 것을 막기 위해서는 우리 몸의 이 여섯 가지 기관, 육근을 잘 지켜볼 수 있어야 한다. 성의 외곽이 튼튼하고 병사들이 두 눈 뜨고 깨어 있게 되면 함부로 도적들이 성을 뛰어넘을 수 없지만, 병사들이 잠을 자느라 깨어 있지 못하게 되면 쉽사리 도적이 성을 침범하듯, 우리 몸의 여섯 기관을 잘 관하여 깨어 있는 마음으로 지켜봄으로써 여섯 가지 대상이 여섯 기관을 침범하지 않도록 해야 하는 것이다. 그래서 달마 스님께서도 여섯 도적을 항복받기 위해서는 다음과 같이 하라고 연이어 법문하고 계신다.

"만약 마음을 거두어 내면을 관찰하고 밖의 대상의 일을 밝게 깨달아 잘 관조할 수 있다면 탐진치 삼독심을 완전히 끊을 수 있고, 밖에서 들어오는 여섯 가지 도적들을 잘 막을 수 있다. 그러면 많은 공덕과 갖가지 장엄이 저절로 이루어질 것이요. 진리에 이르는 많은 길을 낱낱이 성취할 것이다. 그렇게 수행하는 사람은 머지않아 부처를 증득하게 되리라."

여섯 도적을 잘 관조함으로써 삼독심을 끊고 온갖 공덕을 성취하며 머지않아 부처를 증득하게 되리라고 말하고 있다. 수행의 관건은 바로 이 여섯 감각기관인 여섯 개의 문을 잘 관조함으로써 여섯 도둑들이 들어오는 것을 잘 막아내는데 있다고 할 것이다.

"법에 머무는 마음을 내지 말며, 비법에 머무는 마음도 내지 말아야 하니, 마땅히 머무는 바 없이 그 마음을 내어야 한다."

구마라집의 해석본에는 없지만 연이어 산스크리트 원본에서는 법에 머무는 마음을 내지 말며, 비법에 머무는 마음도 내지 말라고 하고 있다.

일반적으로 불교의 경전에서는 법을 진리 혹은 존재로 번역하고 있다. 제법무아에서의 법은 존재를, 삼법인에서 법은 진리를 나타내는 표현이다. 그 어떤 법이라도 마찬가지다. 제법무아에서 보듯이 일체 모든 존재는 고정된 실체가 없어 무아이고 텅 비어 있는 공 그 자체이다. 그러니 일체 그 어떤 존재에도 마음이 머물러 있어서는 안 된다. 또한 비존재에도 마음이 머물러 있을 것은 없다. 마찬가지로 진리에도 진리가 아닌 것에도 마음이 머물러 있어서는 안 된다. 어디에든 마음이 머물 곳을 정해 두면 그것은 집착이고 상에 얽매이는 것일 뿐이다. 진리에도 머물면 안 되고, 부처에도 머물면 안 된다.

그래서 수행자는 일체 그 어떤 것에도 머무는 마음을 내지 않아야 한다. 마땅히 머무는 바 없이 그 마음을 내야 한다. 그 어디에도 집착함이 없이 마음을 내야 하는 것이다. 우리는 무엇을 하든 간에 이 마음은 집착에서 벗어날 길이 없다. 집착에서만 벗어날 수 있다면 우리는 대자유를 경험할 수 있다. 모든 부처님의 가르침이 바로 여기, 무집착에 있다. 『금강경』에서 상을 타파하라는 것도 상에 얽매여 집착하는 것을 경계하고 있기 때문이며, 근본 불교에서 제법무아, 제행무상, 일체개고의 삼법인을 설한 것, 사성제를 설한 것 또한 집착을 타파토록 하기 위함이다. 선불교에서 방하착(放下着) 하라는 말 또한 집착을 놓으라는 말이고, 인류의 모든 성인들이 공통적으로 하는 말인 '마음을 비우라'는 것 또한 일체 모든 애착과 집착을 비우라는 말인 것이다. 집착이 없으면 어디에도 마음이 걸리지 않아 자유롭다. 집착이 없으면 나와 너를 나누는 분별도 사라지며, 내 것과 네 것을 나누는 분별도 사라진다. 집착이 없으면 베풀어도 베풀었다는 상이 생겨날 수가 없다. 모든 부처님의 가르침이 바로 집착 없음에 있다. 즉 마음을 내되 어디에도 머물지 않는 마음을 내는 것 그것이 모든 불교 수행의 핵심이다.

"마음에 머무름이 있다는 것도 즉 머무름 아님이 된다."

마음이 어디에도 머물러 있지 말라고 했는데, 사실 마음이 머물러 있다는 것도 사실은 머무름이 아니다. 본래적인 진리의 입장에서 본다면, 어디에 머무를 수 있겠는가. 그 어떤 것도 실체가 없고, 머물 주체가 없으며, 머물 곳이 없거늘, 어디에 머무를 수 있겠는가. 머물러 집착한다고 하지만, 사실은 집착할 만한 것도 없다. 집착이라는 것 또한 허망한 것이기 때문이다.

꿈속에서 꿈에 집착한다고 하지만 실은 꿈을 깨고 보면 집착이 아닌 것처럼, 우리는 집착한다고 생각하지만 환상으로 환상에 집착하고 있는 것에 불과한 것이다. 그러나 환상은 환상일 뿐 실체가 될 수 없다. 꿈속에서 집착하고 아파할 수는 있지만, 그래서 그 꿈속에서는 죽을 것 같고 아파 미치겠지만 꿈을 깨고 보면 그것이 실체가 아니었다는 것을 금방 깨달을 수 있는 것과 같다. 집착했지만 사실은 집착이 아닌 것이다.

연극의 주인공은 사랑하고 아파하며 집착하고 그 연극 속에서 필요한 모든 마음을 다 일으킨다. 그러나 그것은 연극일 뿐 실제가 아닌 줄 알기 때문에, 사랑하고 아파하며 집착하지만 마음이 거기에 머물러 있지 않다. 집착 없이 집착하고 집착 없이 사랑하며, 집착 없이 아파하고 즐거워하고 있을 뿐이다. 머물지 않고 마음을 낼 뿐이다.

사실은 이와 같이 우리 모두는 집착 없이 살고 있다. 머물러 있다고 하지만 사실은 머무름 없이 살고 있다. 그렇기에 선지식 큰스님들께서는 깨닫고 보니 깨달을 것이 없고, 닦을 것이 없으며, 집착을 버릴 것도 없고, 무언가 끊어낼 번뇌가 없다고 하셨다. 이미 다 이룬 부처라는 것이다. 우리 모두는 생로병사에 얽매여 고통받고 있지만, 사실은 고통받고 있는 것이 아니라 그 모두가 꿈속에서 일어나는 것처럼 환상이고 꿈이며 신기루와 같은 것임을 보신 것이다. 그러니 무엇을 이룰 것이 있는가. 우리는 이 자체로서 이미 다 이룬 부처이며, 진리 그 자체인 것이다.

진리를 깨달은 입장에서 본다면, 더 이상 깨달을 것도 없고, 무언가를 구할 것도 없으며, 수행해서 진리를 깨닫겠다는 것도 다 허망한 말일 뿐이다. 깨닫고자 노력하고 애쓰는 그 자체가 벌써 어긋나 있는 것일 뿐이다.

이미 우리는 본래부터 부처였으며, 본래 다 깨달아 있던 것이다. 본래부터 어디에도 머무르지 않고 마음을 내고 있었으며, 집착 없이 살아가고 있다.

우리가 머무름에 있다는 것도 사실은 머무름 아닌 것일 뿐이다.

"그러므로 여래는 '보살은 응당히 색에 머물러 보시하지 않는다'고 설했던 것이다. 수보리야, 보살은 일체중생을 이익 되게 하기 위하여 응당 이와 같이 보시한다."

그렇기 때문에 보살의 보시도 색에 머물러 보시하지 않는 것이며, 성향미촉법에 머물러 보시하지 않는 것이다. 어찌 보살이 색성향미촉법에 머물러 보시할 수 있겠는가. 보살은 보살도를 실천하며, 일체중생을 깨달음으로 이끌기 위해 하화중생하지만, 스스로 보시한다는 생각이 없다. 스스로 보시를 하면서도 보시한다는데 머물러 집착하지 않는다.

이 몸(색)에 집착하여 이 몸을 더 편히 하겠다는 생각이라거나, 이 몸이 깨달음을 이루자거나, 내가 널리 보시하여 일체중생을 구함으로써 큰 복덕을 누리자거나 하는 그런 색에 머무는 보시를 하지 않는다. '나'에 집착하고, 육신에 머물러 집착하지 않는다.

마찬가지로 보살은 성향미촉법에 머물러 보시하지도 않는다. 그 어떤 일체 육근의 대상에도 집착하거나 머무름이 없다. 보다 좋은 소리를 듣겠다거나, 보다 좋은 향기와 맛과 감촉이나 법에도 집착하거나 머무름이 없다.

보살은 이와 같이 보시함으로써 일체중생을 이익 되게 하고 있다. 그러나 보살 스스로는 일체중생을 이익 되게 하기 위해 보시하겠다는 상이 없다. 나와 너라는 상대 개념이 없으며, 좋고 싫다는 분별도 없고, 중생과 부처라는 차별이 없고, 생사와 열반이라는 생각 또한 텅 비어 공적할 뿐이다.

보살은 어떠한 생각도 일지 않는다. 무심(無心)일 뿐이다. 마음으로 무언가를 행하거나, 마음으로 깨닫고자 하거나, 마음으로 무언가를 하려고 애쓰지 않는다. 마음 자체가 없다. 일으킬 마음도 없고, 닦을 마음도 없으며, 깨달을 마음 또한 완전히 텅 비어 있다. 이와 같은 것이 바로 보살의 광대무변하고 원만한 일체중생을 향한 무분별의 보시이다.

"여래는 일체의 모든 상도 곧 상이 아니며, 또한 일체중생도 곧 중생이 아니라고 설한다."

상을 타파하라고 했고, 아상·인상·중생상·수자상 등 일체 모든 상이 개시허망이므로 상이 상이 아님을 바로 보라고 했다. 그러나 그렇게 말할 것도 없다. 타파할 상이 없다. 상이라고 할 만한 것이 아무것도 없다. 그러나 공연히 아무것도 없는 텅 빈 가운데, 중생들이 홀연히 꿈처럼 망상을 일으켜 상을 만들어 냈을 뿐이다. 그러나 그렇게 만들어낸 상 또한 상이 아니다. 상이라고 분별을 일으켰을 뿐이지 그것은 상이 아니다. 상을 스스로 만들어 내어 스스로 그 상에 빠지고 걸리며 집착을 일으킴으로써 울고 웃고 해왔지만 여전히 상은 생겨난 적도 없고 소멸된 적도 없다.

다만 저 혼자서 상을 만들고 깨고 그러면서 상을 만들었을 때는 중생이라고 생각하며, 상을 깨는 수행을 해야 한다고 생각하고, 상을 깨버린 상태를 깨달음이라고 이름 짓고 있는 것에 불과하다. 중생이 수행을 통해 열반을 성취해야 한다는 것 자체가 어리석음이 만들어 낸 공일뿐이고, 망상일 뿐이다. 그래서 『화엄경』에서는 중생도 마음도 부처도 이 셋은 서로 차별이 없다고 했다. '중생'이 '마음'을 닦는 과정을 통해 '부처'를 이룬다는 것 자체가 공한 것이다. 그러니 무엇이 중생이고 무엇이 마음이며 무엇이 수행이고 무엇이 부처인가. 다 꿈속의 일일 뿐이다. 다 신기루이고 물거품이며 환상에 불과한 것이다.

중생이 따로 없고 부처가 따로 없다. 부처님께서 지금까지 설하신 상이라는 것, 중생이라는 것은 다만 방편일 뿐이다. 홀연히 상을 만들어 내, 그 상에 갇히고 집착해 있는 자신을 중생이라고 하여 얽매이니까 '그게 아니다. 상이 상이 아니다. 무릇 모든 상이 다 허망한 것이다. 상이 상이 아님을 볼 때 부처를 볼 것이다. 중생도 중생이 아니며 부처도 부처가 아니다'라고 설하고 있을 뿐이다.

여래는 일체의 모든 상도 곧 상이 아니며, 또한 일체중생도 곧 중생이 아니라고 설한다.

"수보리야, 여래는 참다운 말을 하는 이고, 실다운 말을 하는 이며, 여법한 말을 하는 이고, 거짓말을 하지 않는 이며, 다른 말을 하지 않는 이다."

이렇게 부처님께서 법을 설하고 있지만 도무지 오리무중일 것이다. 우리가 스스로 만들어 놓은 상이 그렇게 많고 두터우며 지중하다. 온갖 망상과 번뇌가 하늘을 찌르며 수미산을 덮는다. 그러니 어찌 이러한 부처님 말씀에 금방 신심을 일으키고 알아들을 수 있겠는가.

가만히 부처님 말씀을 듣고 있다 보면 도대체 무슨 말씀을 하고 계신지 도무지 이해가 되지 않는다. 언제는 상을 타파해야 한다고 했다가 또 상도 상이 아니라고 하시고, 중생이 수행을 통해 부처가 되어야 한다고 했다가 중생도 중생이 아니며 부처도 부처가 아니라고 하시니 도무지 알아들을 수가 없다.

이쯤 되니 번뇌가 깊고, 두터운 상에 얽매여 있는 사람들은 의심이 든다. 부처님 말씀에 대한 의문이 들고 의심이 든다. 도대체 저 말이 참말이란 말인가. 실다운 말이며 여법한 말인가. 거짓말을 하고 계신 것은 아닌가. 왜 저렇게 이랬다 저랬다 하시면서 서로 다른 말씀을 하고 계시는가. 온갖 부처님 말씀에 대한 의심이 들 것이다.

그래서 부처님께서는 그 마음을 보고 말씀하신다. '여래는 참다운 말을 하는 이고, 실다운 말을 하는 이며, 여법한 말을 하는 이고, 거짓말을 하지 않는 이며, 다른 말을 하지 않는 이다.'

여래는 참된 말만을 하는 이다. 거짓된 말을 하지 않는다. 또한 실없이 이유 없이 말씀하지 않는다. 꼭 필요한 말씀만을 하신다. 온갖 다양한 상에 얽매여 있는 복잡다단한 중생들에게 얽매여 있는 다양한 상을 깨뜨려 주기 위해 그 사람에게 꼭 필요한 말씀만을 하실 뿐이다. 그 부처님의 모든 말씀은 여법하다. 법에 합당하며, 진리로 이끄는 말씀만을 하고 계신다. 그렇기에 거짓된 말일 수가 없다.

우리 생각에는 이 사람에게는 이 말을 하시고, 저 사람에게는 저 말을 하는 듯 보이지만, 그것은 부처님께서 서로 다른 말을 하는 것이 아니다. 이 사람에게는 이 말이 필요했고, 저 사람에게는 저 말이 필요했기 때문이다. 공(空)에, 무(無)에 치우쳐 있는 이에게는 유(有)로써 법문했고, 유에 치우쳐 집착해 있는 이에게는 공의 가르침을 설한 것일 뿐이다.

보살이 스스로 하화중생을 하며 중생을 구제하면서 아주 작게나마 '내가 중생을 구제한다', '내가 보시한다'는 상을 내고 있음을 보시고, 그에 응해 상에 머물러 보시하지 말며, 보시한다는 마음을 일으킴도 없이 보시해야 함을 설하고 있는 것이다.

언뜻 『금강경』의 설법을 보면 도무지 종잡을 수 없어 보인다. 이 말씀을 했다가 갑자기 저 말씀을 하는 듯 보이고, 이 설법을 하시다가 왜 갑자기 다른 말씀을 하시는가 싶기도 할 것이다. 그것은 부처님의 설법이 응병여약(應病與藥)의 대기설법(對機說法)이기 때문이다. 대중의 근기에 맞춰, 온갖 중생의 근기에 맞춰 그때그때 필요한, 그때그때 그 사람의 마음상태와 근기, 상황과 일어난 온갖 생각들을 비추어 보시고 그에 합당한 여법한 법문을 하고 계신 것이다.

그렇기 때문에 언뜻 보면 앞뒤가 맞지 않아 보일지 모르지만, 마음을 모아 『금강경』에 집중하여 공부해 보면 위없는 부처님의 지혜에 그만 깊이 빠져들지 않을 수 없다. 공양하고 공경하며 존중하고 찬탄하지 않을 수 없다.

"수보리야, 여래가 얻은 바 진리는 실다움도 없고 헛됨도 없다."

이상에서와 같이 설법을 하고 나면 이즈음에서 사람들은 두 가지의 극단에 치우치게 될 것이다. 왜냐하면 사람들은 옳고 그르다거나, 좋고 싫다거나, 이것 아니면 저것이라는 등 두 가지 중 하나를 선택하는

데 익숙해져 있다. 그러나 어찌 전적으로 옳거나 그를 수 있는가. 어떻게 절대적으로 좋거나 싫을 수 있단 말인가. 삶의 그 어떤 모습도 맞을 수도 틀릴 수도 있는 것이다. 삶에는 정답이 없다. 정답일 수도 오답일 수도 있다. 그런데도 사람들은 두 가지 중 하나를 선택하는 것에 익숙하다. 그렇게 분별하고 시비하는 데 익숙하다. 중도의 길보다는 어느 한쪽으로 치우친 길이 더 편하다.

그러다보니 부처님말씀도 어느 쪽이 맞느냐 하고 둘 중 하나를 골라 그 하나를 불법이라고 못 박으라고 독촉하곤 한다. 이렇기도 하고 저렇기도 하다는 말을 도무지 이해할 수 없다. 불생불멸이고 불구부정이며 부증불감이라고 하면 도무지 받아들이지를 않는다. 생이면 생이고 멸이면 멸이지, 또 불생이면 불생이고 불멸이면 불멸이지 불생불멸은 무엇인가 하고 따지고 든다. 그러나 어느 한쪽이 옳다고 말해놓으면 어찌할 것인가. 그 사람은 그 옳다고 배운 한쪽에 집착하게 될 것이다. 그것만이 옳다고 느끼며 상대는 틀리다고 몰아붙일 것이다. 나는 옳고 상대는 틀리다고 느끼기 때문에, 상대와 다툴 일이 생기고 싸울 일이 생겨난다. 이에 따라 나 또한 괴롭다. 어느 한쪽에 고집함은 결국 고통을 부를 뿐이다. 그런데도 왜 애써 둘을 서로 나누어놓고 그중 하나만을 고집하고 집착하려고 애쓰는가.

왜 불자라는 틀을 만들어 놓고, 그 속에 빠져 불교만이 진리라고 고집하는가. 불교만이 진리고 불교만이 참된 종교라는 틀에 빠지면 타종교 신자와 싸울 수밖에 없고 그로 인해 나는 고통당할 수밖에 없다. 다행히도 부처님의 이런 열린 가르침이 불법을 수행하는 이들에게는 비교적 바르게 받아들여지다 보니 불법으로 인해 전쟁이 일어나는 일은 거의 없지만, 어떤 한 종교에 집착하여 맹목적으로 믿는 이들로 인해 인류 역사는 얼마나 많은 종교전쟁을 겪어야 했는가.

이 종교만이 진리라고 고집하고 집착한다면 그것은 곧 옳고 그른 것을 가져오고 그러한 시비는 다툼과 전쟁을 불러오며, 그로 인해 우리는 고통을 감당해야 한다. 인류의 전쟁 가운데 상당한 부분이 종교로 인한 전쟁이었음을 상기해 보라. 그렇다면 답은 나왔다. 내 것만이 옳고, '이것만이 진리다'라고 주장하는 종교는 참된 종교도 참된 진리도 될 수 없다. 참된 진리가 아닐 뿐 아니라 그것은 전쟁을 부르고, 살상을 부를 뿐이다. 이제 올바로 볼 수 있어야 한다. 그 원인이 무엇인지 올바로 볼 정견의 지혜의 안목이 있어야 그 원인을 제거함으로써 온전한 평화를 되찾을 수 있을 것 아닌가.

불교는 그런 종교이다. 어디에도 치우치지 않는 종교. 어디에도 고집하지 않는 종교. 불교 그 자체에도 고집하거나 집착하지 않는 종교이다. 진리에도, 법에도, 부처에도, 깨달음에도 집착하지 않는다. 어디에도 집착하거나 머물러 있지 않기 때문에 그 어디에도 갈 수 있고, 그 어떤 종교와도 열린 대화를 나눌 수 있으며, 그 어떤 진리의 모습들도 다 감싸 안고 받아들일 수 있다. 혹 외도들과도 마땅히 대자비심이 바탕이 된 대화를 나눌 수 있다. 그것은 불교 그 자체에도 고집하지 않을 수 있기 때문이다. 그것이 바로 불법의 위대함이다. 불법의 치우침 없는 진리성을 대변하고 있다.

부처님께서는 말하고 있다. '여래가 얻은 진리는 실다움도 없고 헛됨도 없다.' 이 얼마나 광대무변한 걸림 없는 대자유의 설법인가. 도무지 이런 말은 진리 아니면 할 수 없는 말이다.

우리는 그동안 『금강경』을 통해 부처님의 가르침을 들어왔다. 그러면서 많은 사람들은 그동안의 분별, 시비하는 습관 때문에 부처님 가르침에 대해서도 어느 한쪽에 기울고 말 것이다. '역시 『금강경』의 가르침은 참된 것이구나', '이 진리야말로 실다운 것이구나' 하고 감동하거나, 혹 또 다른 사람은 '도무지 『금강경』은 알 수가 없구나', '실다운 것이 아닌 헛된 것 아닌가' 하고 생각할 것이다. 혹은 일체 모든 상도 상이 아니라 하고 모두 허망한 것이라고 하니 '불법은 다 허망한 것이구나', '불법이란 다 헛된 것이구나' 하고 생각을 일으킬 것이다.

그러나 부처님께서는 그 두 가지 차별에서 벗어나라고 말하고 있다. 실답다고 생각하는 그 치우친 생각에서 벗어나라고 말하고 있으며, 동시에 헛되다고 생각하는 그 치우친 생각에서도 벗어나라고 말하고 있다. 『금강경』의 가르침, 불법을 실답다고 생각하면 그 외의 다른 것은 실답지 않다고 여길 것이다. 불법이 실답다는 그 견해에 머물고 말 것이다. 그러한 견해는 곧 옳다는 편견을 불러오고, 그것은 집착을, 또한 그 가르침에 대한 집착은 다툼과 고통을 불러오게 될 것이다. 헛되다는 치우친 생각 또한 그르다는 편견을 불러옴으로써 그릇된다는 집착과 편견으로 인해 다툼과 고통을 불러오게 될 것이다. 이것은 불을 보듯 뻔한 일이다. 두 가지 모두 치우친 견해일 뿐이고, 고통을 불러오게 될 뿐이다.

또한 선악(善惡)도 마찬가지다. 우리는 보통 선악을 나누어 놓고 선은 좋은 것이니까 취해도 좋고 악은 나쁜 것이니까 마땅히 버려야 한다고 알고 있다. 그러나 그것은 어디까지나 방편의 설법일 뿐이다. 본질에서 본다면 선악이 서로 나뉘지 않는다. 그렇기에 선에 치우치더라도 고통받고 악에 치우치더라도 고통받게 된다는 그 끝은 변함이 없다. 선에도 머물지 말고 악에도 머물지 않을 수 있어야 선악을 초월해 대자유의 길을 걸을 수 있다.

그러므로 부처님께서는 실답다는 데 머무르지도 말 것이며, 헛되다는 데 머무르지도 말라고 당부하고 계신 것이다.

"수보리야, 만약 보살의 마음이 어떤 법에 머물러 보시하면 마치 사람이 어두운 데 들어가면 아무것도 볼 수 없는 것과 같고, 만약 보살의 마음이 어떤 법에 머물지 않고 보시하면 마치 사람이 햇빛이 비침에 밝은 눈으로 가지가지 사물을 보는 것과 같다."

부처님께서는 『금강경』을 통해 끊임없이 보살의 보시에 대한 상을 놓아버릴 것을 요구하고 있다. 대승의 보살은 거의 깨달음에 가까운 존재들이다. 이제 보살에게는 그 어떤 번뇌도 그 어떤 괴로움도 거의 다 사라졌다. 업(業)이 거의 다 소멸되었다. 그렇기에 보살은 업에 의해 태어나지 않고 원(願)에 의해 태어난다. 업생이 아닌 원생이다. 깨달음에 들기를 잠시 뒤로 미루고 일체중생을 구원하겠다는 하화중생의 원이 모든 보살을 보살이게 만드는 원동력이다. 그렇기에 보살은 깨달음을 구하고자 하는 마음보다는 중생을 교화하여 열반에 들고자 하는 마음이 더 크다. 아니 거의 깨달음의 입구까지 왔기 때문에 이제 더 이상 깨달음을 위한 수행은 필요가 없다. 언제든지 열반에 들 수 있다. 그러나 단 한 가지, 일체중생을 교화해야 한다는 대비중생의 원력만이 보살을 지금 이 중생계에 묶어 두고 있을 뿐이다.

그러다 보니 보살에게는 오직 하나의 서원 '일체중생을 구제하겠다', '일체중생을 깨달음으로 이끌겠다', '일체중생에게 보시하겠다'는 한 가지 서원밖에 없다. 그러나 서원 또한 일종의 욕심이다. 그러나 그 욕심은 중생들의 욕심처럼 '나' 자신을 위한 이기적인 욕심이 아닌 일체중생을 향한 이타의 승화된 욕심이다. 승화된 욕심이지만 여전히 중생계에 남는 이유가 되는 욕심이다. 여전히 부처는 아닌 것이다. 그렇기 때문에 자칫 잘못하면 언제든지 다시금 중생계로 떨어질 수 있다. 자칫 잘못하면 다시금 시비 분별의 세계에 물들 수가 있는 것이다.

그렇기 때문에 부처님께서는 보살들을 염려하고 있는 것이다. 자칫 보살들의 이타적인 서원이 이기적인 욕심으로 바뀌지 않을까를 염려하는 것이다. 그래서『금강경』전체에 걸쳐 부처님께서는 보살들에게 설법하고 있다. 어떤 법에도 머물러 보시하지 말라고 당부하고 있다. 중생을 구제하고 중생을 위해 보시하면서도 내가 보시한다는 상을 일으키지 말라는 당부는 계속 이어지고 있다. 이것이 부처님의 자비심이다. 한두 번 하고 끝나는 것이 아닌 부모님께서 어린 자식을 위해 끊임없이 타이르고 똑같은 말을 반복하여 이야기하듯 부처님께서도 보살에게 똑같은 법을 계속해서 설하고 있다.

만약 보살의 마음이 어떤 법에 머물러 보시하면, 마치 사람이 어두운 데 들어가 아무것도 볼 수 없는 것과 같이 일순간 어두워질 것이다. 밝은 깨달음의 마음이 소멸하고 곧장 어두운 무명(無明)의 어리석음으로 떨어질 것이다. 보살이 일체중생을 위해 교화하고 보시하지만 자칫 보시한다는 한 생각에 머물러 집착하게 되면 보살은 곧장 어두

313

워질 것이다. 곧장 무명, 치심(癡心)에 물들게 될 것이다. 어리석은 중생계로 떨어지게 될 것이다. 부처님께서는 바로 이 점을 염려하고 계신다.

그러나 만약 보살의 마음이 어떤 법에 머물지 않고 보시하면 마치 사람이 햇빛이 비침에 밝은 눈으로 가지가지 사물을 보는 것과 같이 그 밝음은 유지될 것이다. 그 광명은 한없이 중생계에 빛을 놓을 것이다.

"수보리야, 다음 세상에서 만약 어떤 선남자 선여인이 능히 이 경을 받아 지녀 읽고 외우면, 여래는 부처의 지혜로써 이 사람을 다 알며 이 사람을 다 보나니, 헤아릴 수 없고 가없는 공덕을 성취하게 될 것이다."

다음 세상에 만약 어떤 선남자 선여인이 능히 이 『금강경』의 가르침을 받아 지녀 읽고 외운다면 여래는 부처의 지혜로써 이 사람을 다 알며 이 사람을 다 볼 것이다. 부처님은 인격적인 존재가 아닌 진리 그 자체, 진리의 당체인 법신이기 때문이다. 내 마음이 법을 향하고 있을 때 부처님께서는 법으로써 우리 안에 거하시게 된다. 우리 마음 안의 진리를 다 알고 다 보시게 될 것이다.

또한 그 사람은 헤아릴 수 없고 가없는 공덕을 성취하게 될 것이다. 그러나 이 경을 받아 지녀 읽고 외운 사람은 스스로 공덕을 성취한다는 상에 머물지 않는다. 그렇기 때문에 헤아릴 수 없고 가없는 공덕을 성취하는 것이다. 만약 이 경을 받아 지녀 읽고 외우더라도 스스로 헤아릴 수 없고 가없는 공덕을 바라는 마음으로 경전을 읽고 외운다면 그 사람에게는 공덕이 없다.

앞서 언급했던, 달마대사가 양무제에게 그 많은 절을 짓고 불전에 보시를 했더라도 그것은 어떤 공덕도 있지 않다고 했던 말과 같다. 스스로 절을 짓고 보시했다는 상에 얽매이고 머물러 있는 한 그것은 어떤 공덕도 없다. 그러나 일체 모든 공덕을 놓아버릴 때 일체 모든 공덕을 성취하게 될 것이다. 일체 모든 것을 다 놓아버릴 때 일체 모든 것이 다 잡힌다. 깨닫고자 하는 마음을 완전히 놓아버릴 때 깨달음이 오며, 갖고자 하는 일체 모든 소유욕을 포기할 때 일체 모든 것을 소유할 수 있다. '나'라는 울타리를 완전히 비우고 놓아버릴 때 완전한 나, 전체의 나는 빛을 발하게 될 것이다.

제15분

지경공덕분

[경을 지니는 공덕]

持經功德分 第十五

須菩提 若有善男子 善女人 初日分 以恒河沙等身
布施 中日分 復以恒河沙等身 布施 後日分 亦以恒
河沙等身 布施 如是無量 百千萬億劫 以身布施 若
復有人 聞此經典 信心不逆 其福勝彼 何況書寫 受
持讀誦 爲人解說 須菩提 以要言之 是經 有不可思
議 不可稱量 無邊功德 如來 爲發大乘者說 爲發最
上乘者說 若有人 能受持讀誦 廣爲人說 如來 悉知
是人 悉見是人 皆得成就 不可量 不可稱 無有邊 不
可思議功德 如是人等 即爲荷擔 如來 阿耨多羅
三藐三菩提 何以故 須菩提 若樂小法者 着 我見 人
見 衆生見 壽者見 即於此經 不能聽受讀誦 爲人解
說 須菩提 在在處處 若有此經 一切世間 天人 阿修
羅 所應供養 當知 此處 即爲是塔 皆應恭敬 作禮圍
繞 以諸華香 而散其處

"수보리야, 어떤 선남자 선여인이 아침에 항하강 모래알 수만큼의 몸으로 보시하고, 낮에 다시 항하강 모래알 수만큼의 몸으로 보시하며, 저녁에 또한 항하강 모래알 수만큼의 몸으로 보시하여, 이와 같이 백천만억 겁 동안 몸으로써 보시하더라도, 어떤 사람이 이 경전을 듣고 진심으로 믿어 거스르지 아니하면 그 복이 앞의 것보다 수승할진대, 하물며 이 경을 사경하고 수지독송하며 남을 위해 자세히 설명해 준다면 그 복은 얼마나 크겠느냐. 수보리야, 한마디로 말하면 이 경에는 생각할 수도 없고, 헤아릴 수도 없는 가없는 공덕이 있으니, 여래는 대승을 발한 이를 위해 이 경을 설한 것이며, 최상승을 발한 이를 위해 이 경을 설한 것이다. 만약 어떤 사람이 능히 수지독송하여 널리 남을 위해 설한다면 여래는 이 사람을 다 알고 이 사람을 다 볼 것이니, 모두가 헤아릴 수 없고 말할 수 없으며 가없고 생각할 수도 없는 공덕을 성취하게 될 것이다. 이와 같은 사람들은 곧 여래의 아뇩다라삼먁삼보리를 짊어진 것과 같다.

왜냐하면 수보리야, 만약 소소한 법을 즐기는 자는 아견, 인견, 중생견, 수자견에 집착하는 것이므로 이 경을 능히 알아듣고 독송하며 남을 위해 설명하지 못할 것이기 때문이다. 수보리야, 어떤 곳이든 이 경이 있으면 일체 세간의 하늘과 사람과 아수라가 응당 공양하리니 마땅히 알라. 이곳은 곧 탑을 모신 곳처럼 여겨질 것이니 모두가 기꺼이 공경하고 절하며 에워싸고 돌면서 가지가지 꽃과 향을 그곳에 뿌릴 것이다."

이 분에서는 경을 베껴 사경하고 수지독송하며 남을 위해 연설해
주는 데 대한 공덕을 설하고 있다. 경의 말씀을 아무리 설명해 주고
설해 주었더라도 훗날 경을 공부하는 수행자가 경전을 참되게 수지
독송하지 못한다면 그 경전은 별 의미가 없을 것이다. 그렇기 때문에
부처님께서는 이 경전이 얼마나 헤아릴 수 없고 생각할 수 없는 공덕
이 있는 경인가를 거듭 설명하시면서 진리의 길을 걷는 수행자들에게
이 경을 사경하고 수지독송하며 남을 위해 설해 줄 것을 요청하고 계
신 것이다.

　이 분에서 말씀하고 계신『금강경』수행법은 첫째, 서사(書寫)이고
둘째, 수지독송(受持讀誦)이며 셋째, 위인해설(爲人解說)이다. 다시 말
해 첫째는 사경이며, 둘째는 독송이고, 셋째는 설법이요 법보시인 것
이다. 이 세 가지『금강경』수행을 통해『금강경』의 깊은 의미를 더욱
깨닫게 되고 실천할 수 있게 된다. 진리를 글로 베껴 씀으로써 하나하
나의 의미를 더욱 면밀히 공부하며 공경하게 되고, 입으로 독송함으
로써 잊지 않고 끊임없이 생각하게 되며, 법을 전하는 설법과 법보시
를 통해 진리가 널리 일체중생에게 회향될 수 있도록 하는 수행이다.

"수보리야, 어떤 선남자 선여인이 아침에 항하강 모래알 수만큼의 몸으로 보시하고, 낮에 다시 항하강 모래알 수만큼의 몸으로 보시하며, 저녁에 또한 항하강 모래알 수만큼의 몸으로 보시하여, 이와 같이 백천만억 겁 동안 몸으로써 보시하더라도, 어떤 사람이 이 경전을 듣고 진심으로 믿어 거스르지 아니하면 그 복이 앞의 것보다 수승할진대,"

만약 어떤 선남자 선여인 수행자가 있어 수도 없는 몸으로써 나고 죽고를 반복하며 백천만억 겁을 윤회하면서 끊임없이 보시하기를 매일같이 한다 하더라도 이 경전을 듣고 진심으로 믿어 거스르지 않는다면 그 복이 더욱 수승하다. 하물며 이 경전을 사경하고 수지독송하며 남을 위해 설법해 준다면 그 복은 얼마나 크겠는가.

항하강 모래알 수만큼의 몸으로써 아침과 낮 또 저녁으로 보시하기를 백천만억 겁 동안 하더라도, 아니 그 이상의 엄청난 보시를 행하더라도 자신의 성품을 보지 못하고 깨닫지 못한다면 그것은 여전히 유위(有爲)의 공덕이 될 뿐이다. 즉 '내가 했다'는 상이 남아 있는 이상 그 어떤 보시를 행할지라도 그것은 여전히 어리석은 중생의 유위복일 뿐이다.

내가 무엇을 얼마만큼 누구에게 보시했다는 그러한 일체의 상을 다 놓아버리지 않는 이상 아무리 셀 수 없는 무량한 보시를 했더라도 그것은 깨달은 자가 숨 한 번 쉬는 공덕에 미치지 못한다. 일체의 상을 여의고 본래 성품을 깨닫게 된다면 그 자체가 무량한 복덕이고 공덕이 된다. 일체의 상을 여의게 되면 내가 곧 우주이고 우주법계가 그대로 내가 되기 때문이다. 더 이상 베풀 내가 없으며 베풀어 줄 대상도 없고 베풀 것도 없다. 베풀 주체인 '나'도, 베풀어 줄 대상인 '상대'도, 또한 베풀어 줄 '것'도 전부 공(空)했으며, 전부가 그대로 나와 둘이 아니게 되기 때문이다. 전체가 둘이 아닌 하나로써 그대로 나이고 그대로 우주인데, 주고받을 일이 무엇인가. 보시라는 말 자체가 성립될 수도 없는 것이다. 그러니 공덕이란 말 또한 텅 비어 사라지고 만다.

그랬을 때, 본래 성품을 깨닫게 되었을 때, 존재 자체가 그대로 공덕이 되고, 보시가 되며, 지혜가 된다. 아니 그렇기 때문에 그 어떤 언설로도, 그 어떤 표현으로도 설명할 수 없는 텅 빈 공 그 자체가 되는 것이다. 그러할진대 어찌 물질적인 보시로써 상을 타파한 깨달음의 세계와 견줄 수 있겠는가. 우리가 언설로써 표현할 수 있는 최대한의 양만큼 보시를 한다고 표현할지라도 그것은 유위복밖에 되지 못할 뿐이다.

유위복은 아무리 많더라도 그 양이 정해져 있을 뿐이지만, 무위복은 그 양이 없다. 그 양이 전체이기 때문에 있다고 할 수도 없다고 할 수도 없는 것이다. 그야말로 복 그 자체가 되는 것이다. 그것이 바로 일체의 상을 타파한 공덕이며, 『금강경』에서 설하고 있는 깨달음의 세계이다. 그러니 『금강경』을 올바로 수지하는 공덕은 도무지 그 양을 셀 수 없는 것이다. 『금강경』에 담긴 진리의 크기를 어찌 유위의 양으로써 셀 수 있겠는가.

그렇기 때문에 『금강경』의 가르침을 서사하고 수지독송하며 위인해설하는 공덕은 도무지 셀 수 없는 것이다. 몸으로써 백천만억 겁을 보시하는 것은 아무리 하더라도 유위의 공덕에 머물 뿐이지만, 『금강경』의 가르침을 깨닫는 공덕은 무위의 공덕이기 때문이다. 유위의 공덕을 아무리 많이 쌓더라도 그 결과 육도 윤회 가운데 천상세계를 갈 수는 있겠지만, 육도 윤회 그 자체를 떠날 수는 없다. 그러나 『금강경』을 깨닫는 공부를 무위라고 하는 이유는 이 공부로써 윤회의 수레바퀴 자체에서 벗어날 수 있기 때문이다. 백천만억 겁을 몸으로 보시하더라도 그 결과는 고작 육도 가운데 천상세계에 조금 더 오래 머무는 것이지만, 『금강경』의 가르침을 깨닫는 공덕은 육도 윤회 자체를 벗어나 대해탈을 이룰 수 있기 때문이다.

"하물며 이 경을 사경하고 수지독송하며 남을 위해 자세히 설명해 준다면 그 복은 얼마나 크겠느냐."

그러면 『금강경』의 가르침을 깨닫는 공덕을 얻고자 한다면 어떻게 『금강경』을 배우고 수행해야 하는가. 『금강경』의 가르침을 깨달아 윤회의 수레바퀴에서 벗어나 대해탈을 얻고자 한다면 구체적으로 어떤 수행을 통해 이를 수 있겠는가. 『금강경』에서는 서사와 수지독송 그리고 위인해설이라는 세 가지 수행법을 알려주고 있다.

지금까지 이렇게 『금강경』을 공부해 오고 있지만 여전히 머리로써는 언뜻 이해될 수 있을지 모르지만 아직 내 안에서 『금강경』이 춤을 추고 흘러 들어오고 흘러나오지 못할 것이다. 아직은 내가 『금강경』 자체가 되지 못하고 있을 것이다. 『금강경』의 가르침이 내 삶에 완전히 녹아들지 못할 것이다. 아상을 타파하고, 일체의 상을 타파한다는 것이 말로써는 그래야 한다는 것을 알면서도 실제 우리의 삶 속에서는 얼마나 어려운 일인가. 얼마나 어려운 실천인가.

그래서 이 경에서는 『금강경』의 가르침을 우리 삶 속에서 끊임없이 체험되도록 하고 깨닫도록 하기 위해 세 가지 실천법을 설하고 있다. 그러면 이 세 가지 실천 수행법을 하나하나 알아보자.

첫째, 서사(書寫)라는 것은 베껴 쓴다는 말로 다시 말해 우리가 잘 알고 있는 사경(寫經) 수행을 말하는 것이다. 경전의 가르침을 하나하나 베껴 쓴다는 것은 그만큼 그 가르침에 집중하고 몰두할 수 있는 방법이다. 보통 사람들은 경전을 보더라도 소설책을 읽듯이 그저 읽어 내려가곤 한다. 그러나 경전은 그렇게 읽는 것이 아니다. 경전은 단순히 읽어 아는 것이 아니라 그것과 하나가 되는 작업이다.

경전의 가르침과 하나가 되고자 한다면 온 마음으로써 그것을 받아들여야 한다. 내 생각이나 판단, 혹은 이전에 배워온 것들로써 경전을 해석하고 판단해서는 안 된다. 그저 있는 그대로 하나도 남김없이 베껴야 하는 것이다. 책을 베낀다는 것은 똑같이 다시 쓴다는 말이다. 그처럼 우리가 경전을 볼 때도 마음에 똑같이 베껴야 한다. 내 안의 생각이나 판단, 관념들로써 걸러 들어서도 안 되고, 내가 원하는 부분만을 가려 읽어서도 안 된다. 그것은 부처님의 가르침을 올바로 듣는 방법이 아니다. 그것은 다만 내 생각이며 편견들을 경전에 비춰 보다 견고히 하는 아견을 증장시키는 일밖에 되지 못한다.

경전을 볼 때는 반드시 사경을 해야 한다. 스승의 가르침을 들을 때도 사경을 해야 한다. 사경이란 '있는 그대로' 받아들이고 베끼는 작업이다. 의심하지 말고, 해석하지 말고, 판단하지 말라. 다만 있는 그대로 내 안에 베껴야 한다. 그래서 그 가르침이 그대로 내가 되도록 해야 한다. 내 식대로 가르침을 취사선택해서는 안 된다. 있는 그대로

글자 하나 빼놓지 말고 받아들일 수 있어야 한다. 그것이 사경 수행을 하는 이유다.

다만 관로써 베끼고 쓰는 것만이 사경인 것은 아니다. 마음 안에 베낄 수 있어야 한다는 말이다. 내 견해를 다 놓아버리고, 맑고 텅 비게 한 다음 아무런 시비 분별이나 판단 없이 다만 경전을 내 안에 베껴 새겨라. 경전을 올바로 사경할 때 그 사경은 그 어떤 고정된 견해가 아니다. 그대로 베꼈을 때 자유롭다. 내 견해로써 색안경으로 투사한 것을 베꼈을 때는 내 견해 속에 스스로 빠지게 되지만, 완전히 베끼고 사경했을 때 그 가르침은 물처럼 유연하며 허공처럼 활짝 열려 있는, 그 어디에도 걸리지 않는 대자유의 가르침으로 물결 친다.

『화엄경』 보현행원품에서는 사경 수행을 어떻게 해야 하는지 부처님께서 몸소 행하셨던 사경을 설해 주고 계신다.

"선남자여, 항상 부처님을 본받아 배운다는 것은 무엇인가. 이 사바세계에 오시기까지 법신(法身)인 부처님께서 처음 발심한 때로부터 정진하여 물러나지 않으시고 수없이 많은 몸과 목숨을 보시하고, 살갗을 벗겨 종이를 삼고 뼈를 쪼개 붓을 삼고 피를 뽑아 먹물을 삼아서 경전 사경하기를 수미산만큼 하셨다. 부처님께서는 법을 소중히 여기셨기 때문에 사경을 위해 이렇게 목숨도 아끼지 않으셨거늘 하물며 왕의 자리나 궁전, 정원 등의 일체 소유와 갖가지 어려운 고행이 무슨 장애가 될 수 있었겠느냐."

살갗을 벗겨 종이를 삼고 뼈를 쪼개 붓을 삼고 피를 뽑아 먹물을 삼아서 경전 사경하기를 수미산만큼 하셨으며, 그만큼 법을 소중히 여기셨기 때문에 사경을 위해 목숨도 아끼지 않으셨다. 목숨은 유위이며 다만 인연 따라 오고 가는 것일 뿐이지만, 부처님의 법을 지니고 사경하는 공덕은 무위이며 일체 윤회와 고통에서 벗어나게 하기 때문이다.

둘째로 수지독송(受持讀誦)을 말씀하셨다. 수지독송은 말 그대로 잘 받아 지니고 독송한다는 말이다. 서사하고 사경함으로써 내 안에 법이 있는 그대로 편견 없이 받아들여지고 나더라도 그것을 그대로 실천하기는 어렵다. 그래서 잘 받아 지닌 것을 독송함으로써 항상 잊지 않아야 한다. 신구의 세 가지로써 업을 짓고 사는 우리들은 몸과 말과 생각을 통해 이 세상을 만들어 간다. 수행 또한 이 세 가지를 방편으로 행할 수 있는 것이다. 몸으로써 서사하며 마음으로써 수지하며 말로써 독송할 수 있어야 한다. 이렇듯 몸과 말과 뜻으로 끊임없이 반복함으로써 신구의(身口意) 삼업(三業)이 맑게 정화되고 진리로써 하나 될 수 있게 되는 것이다.

『금강경』을 수지하고 독송하는 공덕은 유위가 아닌 무위이다. 그렇다고 수지하지 않고 독송하기만 한다면 그것은 유위의 공덕에 머물고 만다. 즉, 내 안에 그 참뜻을 올바로 받아들여 내 것으로 만들지 못한다면 아무리 많은 나날 동안 『금강경』을 독송한다고 하더라도, 그것은 흡사 이해하지도 못하는 책을 입으로만 외워대는 것과 무슨 차이가 있겠는가. 그것은 참된 수지독송이 아니다. 그래서 독송에는 꼭 수지라는 말이 함께 따른다. 마음으로 온전히 그 뜻을 받아들이고 이해할 수 있어야 한다는 말이다. 참된 앎과 이해, 즉 경전에 대한 밝은 지혜 없이 입으로만 독송한다 한들 그것이 어찌 무위의 공덕이 될 수 있을 것인가.

이러한『금강경』의 수지독송 수행법 때문에 오래도록 불가에서는 『금강경』독송을 주요한 수행법으로 알고 실천해왔다. 매 예불과 기도 때마다 1독, 3독, 7독, 혹은 21독에서 108독씩 늘 독송하며 정진해 왔다. 그러나 그렇게 오래도록『금강경』독송 수행이 내려져 오다 보니, 자칫『금강경』수행이 독송 그 자체에 그 어떤 공덕이 있고 영험이 있는 것인 줄 착각하게 되는 경우가 있다.『금강경』의 뜻을 전혀 모르더라도 매일 3독, 7독을 하면 그 자체에 엄청난 공덕이 쌓인다고 굳게 믿는 사람들이 있다. 물론 그 뜻을 모르고서라도 마음을 맑게 비우고 또한 밝게 비추면서『금강경』을 독송하게 된다면 지관(止觀) 수행의 공덕이 있다. 그러나『금강경』에서 말하는 수지독송이란『금강경』의 참뜻을 올바로 깨닫도록 하기 위해 독송 수행을 방편으로 말씀하신 것이라는 사실을 새겨볼 필요가 있다.

혹『금강경』독송만 매일 하면 무조건 업장이 소멸된다거나, 밝아진다면서『금강경』독송 그 자체에 그 어떤 상을 가져다 붙이고 있지는 않은가 비추어 볼 일이다. 또한 다른 그 어떤 경전보다도『금강경』독송만이 더 큰 영험이 있다거나, 다른 경전보다『금강경』이 더 좋다거나 하는 그런 상을 낸 적은 없는가. 그것은『금강경』에 또 다른 상을 부여하는 일이다. 일체의 상을 타파하도록 이끄는『금강경』의 가르침에 또 다른 상을 가져다 붙이는 어리석음을 범해서는 안 될 것이다.

셋째로 위인해설(爲人解說)의 수행법이다. 이것은 서사와 수지독송으로 우리 안에『금강경』이 물결 치고 꽃피우는 것을 일체 모든 중생들을 위해 회향(回向)하도록 이끄는 수행방법이다. 진리가 우리 안에 꽃피어날 때 저절로 우리 안에는 일체중생을 향한 대자비의 동체대비심이 함께 꽃피게 된다. 지혜는 곧 자비와 한 몸이기 때문이다.『금강경』수행을 통해 일체의 상이 타파되면, '나'와 '너'를 나누는 분별이 사라지고, 일체는 모두가 '전체로서의 하나'가 된다. 그러니 그 이전에는 내가 배고플 때만 나에게 먹을 것을 주었는데, 전체가 그대로 내 몸이 되다 보니 그 어떤 중생이 배고플 때 그것이 그대로 나의 일이 되며, 일체중생이 어리석을 때 그것이 그대로 나의 어리석음이 되는 것이다. 그러니 어찌 동체대비심(同體大悲心)이 일지 않을 수 있겠는가. 동체대비심이란 말 그대로 동체, 즉 같은 몸이라는 자각에서 나오는 대자비의 마음이다. 동체대비심은 일체의 상이 타파되는『금강경』의 실천에서 나온다.

완전히『금강경』을 깨닫게 된다면 물론 위인해설이라는 수행법을 따로 만들어 둘 필요도 없다. 동체대비가 성숙해지면 남을 위해 연설하고자 하는 마음은 저절로 따른다. 완전히 깨닫고 난 뒤에 남을 위해 설법해 주면 된다는 생각은 어리석은 분별일 뿐이다. 완전히 깨닫고 난 뒤에는 그런 생각을 따로 할 필요가 없다. 그러나 아직 서사와 수지독송이 완전해지지 않은 중생들에게는 위인해설로써 동체대비심을 기르는 연습이 필요하다.

지금 이 순간이 바로 그때다. 지금 이 순간 내 앞에 있는 자가 바로 나의 위인해설의 대상이다. 일체중생에게 법을 설해주겠다거나, 법보시를 하겠다거나 하는 생각도 다 부질없는 어리석음일 뿐이다. 다만 지금 이 자리에 나와 가장 가까이에 있는 이가 바로 내 전법(傳法)의 대상이다. 유위의 세상에서는 유위의 공덕이 뒤따른다. 남에게 설법을 많이 해주는 공덕을 짓는다면 설사 그 사람이 아직 깨닫지 못한 중생일지라도 유위의 공덕은 뒤따른다. 위인해설과 법보시, 전법의 공덕은 대선지식을 스승으로 삼을 수 있는 공덕이 뒤따른다. 내가 알고 있는 대로, 부족하면 부족한 대로 법을 전하라. 법보시의 공덕은 스승을 얻는 공덕을 얻고 나아가 깨달음의 공덕이 된다. 저 많은 수행자들이 스승이 없어 깨달음을 얻지 못하는 것을 보라. 인류의 수많은 수행자들의 공통된 소망은 바로 참스승을 찾는 일이었다. 참스승을 바로 찾게 되면 애써 돌아가지 않고도 바로 성품을 볼 수 있지만, 스승 없이 깨달음의 길은 멀고도 험하다. 내가 누군가에게 법보시로써 작은 스승이 되어줄 때 그 유위의 공덕이 무르익는 어느 날, 저 인도의 석가모니와 같은 부처님을 나의 스승으로 모실 수 있는 열매가 열릴 것이다.

어쩌면 앞서 『금강경』 제1분에서 『금강경』의 설법은 이미 끝마쳐졌다. 또한 구구절절한 설명 또한 제14분까지 오면서 이미 다 설해 마쳤다. 지금부터의 『금강경』 강의는 앞서 했던 말씀에 대한 보충설명 정도이거나 부처님의 자비심에 의한 되풀이 되는 법문이다. 그러나 여전히 우리는 깨달음과는 거리가 멀다. 지금까지 공부해온 독자 수행자들에게 『금강경』의 가르침은 저 깊은 심연에서의 어떤 나직한 떨림 혹은 아직 활짝 피지 않은 봉우리로써 꽃피울 날을 기다리고 있을 것이다. 그것은 분명하다. 아직 피어나지 않은 꽃봉우리가 우리 가슴속에 몽우리져 있다. 물론 그것은 『금강경』을 공부하기 전에도 그랬고 우리가 태어나기 이전에도 그랬으며, 우리뿐 아니라 온 우주 삼라만상 생명 있고 없는 모든 존재가 다 그러하다. 그러나 『금강경』을 공부하는 모든 이들에게 그 꽃봉우리는 더욱 선연한 봄을 맞이할 준비를 하고 있을 것이다. 이제부터가 중요하다.

그렇기 때문에 『금강경』에서는 이 중요한 지금의 시점에서 『금강경』을 우리 안에서 완전히 꽃피우도록 할 이상의 세 가지 수행법을 제시해 주고 계신 것이다. 이제 앞으로 남은 『금강경』의 가르침을 주시하면서 한편으로 더 중요한 것은 그 가르침이 우리 안에서 고동칠 수 있도록 이 세 가지 수행법을 실천하는 일이 남아 있다.

"수보리야, 한마디로 말하면 이 경에는 생각할 수도 없고, 헤아릴 수도 없는 가없는 공덕이 있으니, 여래는 대승을 발한 이를 위해 이 경을 설한 것이며, 최상승을 발한 이를 위해 이 경을 설한 것이다."

이 경은 우리의 생각으로는 도무지 헤아리거나 생각으로 따져볼 수 없는 가르침이다. 이 경전을 머리로써 이해하고 생각하며 분석함으로써 깨닫게 될 수 있다고 생각하지 말라. 머리로써는 도무지 담을 수 없다. 머리로써 다 이해했다고 생각할지라도 그것은 이해했다는 생각에 불과하다. 그 이해는 생각의 틀을 넘어서지 못한다. 또한 이 가르침의 공덕이 얼마나 큰 것인지, 아상 타파의 공덕이 얼마나 큰 것인지, 대해탈의 깨달음이 얼마나 큰 것인지를 헤아리려 하지 말라. 그 헤아림은 절대 내 경험과 생각의 틀을 벗어날 수 없다.

현대인들의 가장 큰 특징은 무엇이든 따지려 들거나 연구하고 분석하고 생각하여 정리하려는 습관이다. 그런 과학적인 연구 분석을 통해 무엇이든지 다 체계화할 수 있다고 확신하고 있다. 어떤 거사님께서 말씀하시길 불교가 상당히 과학적인 듯하여 10년을 넘게 생각해보고 연구해 보았는데 도무지 확연해지질 않는다고 답답해 하셨다.

도무지 알 수 없을 뿐 확연한 답이 나오지 않는다고 신경질적으로 말씀하시면서 도대체 해탈이 무엇이고, 불성이 무엇인지, 공이 무엇인지, 아상 타파가 무엇인지를 확실하게 알 수 있도록 가르쳐 달라는 말만 되풀이하셨다. 10년 동안 도무지 모르겠고 답답해서 유명한 스님들은 다 찾아가 물어보고 했지만 머릿속에서 확실하게 정리시켜 줄 사람을 찾지 못했다고 했다. 그런 생각과 정리, 분석과 연구로써는 언제까지고 그 답을 알아낼 수 없으니 '지금 거사님께서 도무지 모르겠고 답답한' 그 속으로 들어가서 '답답해 미치겠는' 그것과 하나가 되시라고 말씀드린 적이 있다. 도무지 모르겠는, 그래서 막막하여 오리무중인 그것이 바로 화두다. 그 화두를 따지거나 분석하는 것으로 풀고자 한다면 앞으로도 10년이 아닌 100년을 두고도 그 답은 얻을 수 없겠지만, '오직 모르는' 그 속으로 들어가 다른 그 무엇도 생각하지 말고 '오직 모르기만 할 때' 그때 완전히 알게 되는 수가 있을 것이니 그것이 화두인 것이다. 수행이 뒷받침되지 않고 머리로만 헤아리려 하고 생각하려 한다면 더욱더 멀어질 뿐이다.

이렇듯 이 경에는 생각할 수 없고 헤아릴 수 없는 가없는 공덕이 있으므로 여래는 대승을 발한 이에게, 또 최상승을 발한 이에게 이 경을 설하신 것이다. '대승을 발한 이'는 사사로운 아상에 갇혀 '나'라는 틀 속에서 이기심으로 깨달음을 이루고자 하는 사람이 아닌 진정 일체중생을 위한 동체대비의 마음을 발한 이를 말하며, '최상승을 발한 이'는 소소하게 공덕을 키우겠다거나 복을 많이 짓고 착한 일을 많이 하겠다는 등의 이유로 수행하는 사람이 아닌 걸림 없는 대자유와 대해탈의 열반을 얻고자 발심한 이를 말한다.

대승을 발한다는 것과 최상승을 발한다는 것은 수행자에게 있어 아주 중요한 발심의 요소가 된다. 조금 더 자세히 살펴보자.

우선 첫째, 대승을 발심한다는 말은 무엇인가. 보통 수행자라면 누구나 깨달음을 추구하게 마련인데, 그것이 자칫 이기적인 마음에서, 아상에 갇혀 있는 마음에서 발심을 하게 되는 경우가 많이 있다. 즉, '내가 깨닫겠다', '내가 깨달아 부처가 되겠다', '내가 깨달아서 많은 사람의 존경을 받겠다'는 아상이 생길 수 있다는 말이다. 이 마음은 어찌 보면 아주 미세하게 일어나는 아상이기 때문에 자칫 놓치기 쉽고, 스스로 '나는 일체중생을 위해 깨닫겠다'고 생각하기 때문에 아상이 아니라고 착각하는 경우가 많다. 그러나 아상이 있는 중생인 이상 '내가 깨닫는다'고 하는 상은 언제까지고 따라다니게 마련이다. 그것이 없어야 한다는 것이 아니다. 그러한 아상이 없다면 발심할 필요가 없다. 아상이 없다면 이미 깨달았다는 말이기 때문이다. 그러니 그러한 아상을 끊임없이 놓치지 않고 주시할 수 있어야 하며, 원(願)을 세울 때 자칫 아상에 물들지 않을 수 있도록 가장 순수한 마음으로 일체중생을 위한 동체대비심을 바탕으로 하는 대승의 원을 세울 수 있어야 한다는 말이다. 자신의 마음을 예민하게 돌이켜 비춰보라. '깨닫겠다'는 원 아래에는 '내가'라고 하는 아상과 이기가 바탕이 되어 있다. 끊임없이 올라오는 그 아상을 비추어 보고 놓아버림으로써 일체중생과 일체 만 생명을 구제하겠다는 마음이야말로 동체대비의 대승의 원을 발하는 것이다.

둘째, 최상승을 발한다는 말은, 자칫 수행자가 복이나 짓고 착한 일이나 함으로써 선한 곳에 태어나길 바라기만 해서는 안 되며 윤회의 사슬에서 벗어나 대자유, 대해탈을 성취하고자 하는 원을 세워야 한다는 말이라고 했다. 사실 사람들의 발심이 이처럼 투철한 최상승의 발심이 되는 경우는 그리 많지 않다. 물론 원칙적으로, 또 표면적으로는 최상승의 깨달음을 이루겠다는 발심이라고 생각할지 모르지만, 현실에 있어서는 선을 행하고 복을 지음으로써 천상에 나겠다는 이유로 수행을 하는 이들도 많다.

다시 말해 내 몸 편하고, 내 마음 즐거우며, 좋은 곳에 나고, 좋은 인연 만나며, 다만 이 생이나 다음 생에서 행복하고 편하게 살고자 하는 마음으로 기복적으로 기도하고, 유위의 복만을 짓고자 수행하는 이들이 많다는 것이다. 실제로 절에 다니는 신도님들 가운데 최상승의 원을 발한 사람이 얼마나 되겠는가. 일반적으로는 보다 부자가 되길 바라고, 보다 높은 자리에 오르길 바라며, 보다 안정적인 월급과 노후를 바라고, 적당히 복도 짓고 수행도 해서 편안하게 살길 바라며, 가족이 행복하게 살기를 바란다거나 하는 등의 지극히 세속적이고 작은 안락에만 만족하여 수행하는 이가 많다. 대해탈을 위해 깨달음을 얻겠다는 최상승의 발심을 하였는가 스스로 돌이켜 볼 수 있어야 한다.

"만약 어떤 사람이 능히 수지독송하여 널리 남을 위해 설한다면 여래는 이 사람을 다 알고 이 사람을 다 볼 것이니, 모두가 헤아릴 수 없고 말할 수 없으며 가없고 생각할 수도 없는 공덕을 성취하게 될 것이다. 이와 같은 사람들은 곧 여래의 아뇩다라삼먁삼보리를 짊어진 것과 같다."

이상에서와 같은 『금강경』 설법을 듣고 능히 『금강경』을 수지독송하며 남을 위해 설한다면 여래는 이 사람을 다 알고 이 사람을 다 본다. 여래는 인격적인 존재가 아니다. 우리 안에 깊은 심연에 자리하고 있는 본래의 성품이며 참마음이다. 우리가 마음 내어 발심했다면 그 순간 이미 여래의 마음에도 전해지게 마련이다. 여래는 이 사람을 다 알고 다 본다.

또한 이 사람은 헤아릴 수 없고 말할 수 없으며 가없고 생각할 수도 없는 공덕을 성취하게 될 것이다. '헤아릴 수 없고, 말할 수 없으며, 가없고, 생각할 수도 없는' 공덕이란 바로 무위의 공덕을 말하는 것이다. 무위의 공덕을 말로써는 도무지 설명할 수 없기에 이렇게 긴 수식으로 방편을 써서 풀고 있는 것이다.

이와 같은 사람은 여래의 아뇩다라삼먁삼보리를 짊어진 것이다. 즉, 이처럼 『금강경』을 수지독송하며 전법하는 것이야말로 여래의 깨달음을 짊어지고 있다는 것이다.

사실 여래의 깨달음이란 누구나 항상 지니고 있다. 우리 깊은 마음자리에는 누구라도 여래의 깨달음을 간직하고 있다. 이미 우리는 깨달아 있다. 다만 미혹할 뿐이다. 다만 모를 뿐이다. 미혹하여 스스로 착각하고 있다. 미혹 즉, 어리석음이 우리를 스스로 아상이라는 감옥에 가둔다. 그렇게 스스로 만든 아상이라는 감옥 때문에 괴로워하고 있다. 그러나 그 감옥은 누가 만들어 놓은 것도 아니고, 누가 가둬 놓은 것도 아니다. 스스로 실체 없는 감옥을 만들어 놓고 스스로 그 감옥에 가둬 놓았으며 그로 인해 스스로 아파하고 고통당할 뿐인 것이다.

그래서 『금강경』에서는 그 사실을 일깨워주고 계신 것이다. 스스로 만든 상이기 때문에 스스로 그 상을 깨고 나올 수 있도록 끊임없이 법을 설해주고 계신다. 스스로 그 상을 깨고 나올 수 있는 수행법을 알려 주신다. 그렇기 때문에 그 수행법대로 수행하는 이가 바로 여래의 깨달음을 짊어지고 있다고 말씀하신 것이다. 이미 깨달아 있지만 그 사실을 모르기 때문에 수행법을 알려주셨고, 그 수행법대로 실천하는 자야말로 여래의 깨달음을 짊어지고 있다는 것이다. 이미 짊어지고 있다면 다시 찾을 필요가 없다. 그렇게 『금강경』을 수행하는 이는 이미 짊어지고 있다는 사실을 알기 때문에 다시 찾을 필요가 없는 것이다. 이미 깨달아 있다는 사실을 확연히 알고 있다. 그것이 바로 아뇩다라삼먁삼보리를 짊어진다는 의미이다.

"왜냐하면 수보리야, 만약 소소한 법을 즐기는 자는 아견·인견·중생견·수자견에 집착하는 것이므로 이 경을 능히 알아듣고 독송하며 남을 위해 설명하지 못할 것이기 때문이다."

소소한 법을 즐기며 따르지 말라. 작은 법에 머물러 기뻐함으로써 대승의 원을 발하지 못하거나, 소소한 선과 복을 따르는 법에 집착함으로써 최 상승의 원을 발하지 못하게 된다면 그는 아견·인견·중생견·수자견에 집착하는 것이 된다. 참으로 『금강경』을 알아듣고 독송하며 전법하는 자라면 대승의 원을 발해야 하며, 최상승의 원을 발해야 하기 때문이다.

아견·인견·중생견·수자견이란 앞서도 설명했듯이 전부 '아견'을 말한다고 할 수 있다. 아견에 대한 다른 표현이고 서술방식이기 때문이다. 즉 '나라는 견해'에 집착하는 사람은 나를 즐겁게 해주는 법을 즐긴다. 다시 말해, 아견을 강화시키는 법, 나를 내세울 수 있는 법, 소승의 원과 선과 복을 짓는 소소한 법을 즐기게 된다. 대승과 최상승이 아닌 법이 바로 소소한 법이다. 그런 소소한 법을 즐기는 자는 곧 '나라는 견해'에 빠지게 되는 것이다. 이런 사람은 결코 이『금강경』의 가르침을 능히 알아듣고 독송하며 남을 위해 설명하지 못할 것이다.

"수보리야, 어떤 곳이든 이 경이 있으면 일체 세간의 하늘과 사람과 아수라가 응당 공양하리니 마땅히 알라. 이곳은 곧 탑을 모신 곳처럼 여겨질 것이니 모두가 기꺼이 공경하고 절하며 에워싸고 돌면서 가지가지 꽃과 향을 그곳에 뿌릴 것이다."

어떤 곳이든 이 경이 있으면 일체 세간의 하늘과 사람과 아수라가 응당 공양할 것이다. 이 경이 있는 곳은 곧 진리가 살아 숨 쉬는 곳이다. 진리의 향기가 그윽하게 피어오를 것이다. 진리가 있는 곳에는 늘 공양과 공경, 찬탄과 예배가 있다. 인간이 삼보에 예배하고 공양 공경하듯 일체 세간의 모든 존재들 또한 응당 공양 공경하며 찬탄 찬양하게 될 것이다. 마땅히 이곳은 탑을 모신 곳처럼 여겨질 것이니 모두가 기꺼이 공경하고 절하며 에워싸고 돌면서 가지가지 꽃과 향을 그곳에 뿌릴 것이다.

진리는 항상 청정한 수행자로 장엄된다. 진리가 있는 곳은 늘 청정한 수행자의 공양과 공경 그리고 찬탄과 예배가 항상 한다. 내 안에 진리가 살아 숨 쉬게 하라. 이 경전을 서사하고 수지독송하며 위타연설하게 되면 곧 내 안에 이 경전이 꽃을 피운다. 또한 그곳은 탑을 모

신 곳처럼 여겨질 것이니 모두가 공경 공양하며 에워싸고 돌면서 꽃
과 향을 뿌릴 것이다.

능정업장분

[업장을 깨끗이 맑힘]

能淨業障分 第一六

復次 須菩提 善男子 善女人 受持讀誦此經 若爲人

輕賤 是人 先世罪業 應墮惡道 以今世人 輕賤故 先

世罪業 卽爲消滅 當得阿耨多羅三藐三菩提 須菩提

我念 過去 無量阿僧祇劫 於燃燈佛前 得値八百四千

萬億 那由他諸佛 悉皆供養承事 無空過者 若復有人

於後末世 能受持讀誦此經 所得功德 於我所供養 諸

佛功德 百分 不及一 千萬億分 乃至 算數譬喩 所不

能及 須菩提 若善男子 善女人 於後末世 有受持讀

誦此經 所得功德 我若具說者 或有人聞 心卽狂亂

狐疑不信 須菩提 當知 是經義 不可思議 果報 亦 不

可思議

"또 수보리야, 선남자 선여인이 이 경을 수지독송하는데도 만일 다른 사람에게 업신여김을 당한다면 그 이유는 응당히 악도에 떨어질 만한 전생의 죄업 때문일 것이다. 그러나 이제 이렇게 사람들로부터 업신여김을 당했기 때문에 전생의 죄업은 곧 소멸될 것이고, 따라서 마땅히 아뇩다라삼먁삼보리를 얻을 것이다. 수보리야, 내가 과거 무량 아승지 겁 전의 과거를 생각해 보니 연등부처님을 뵙기 전에도 팔만사천만억 나유타 수의 여러 부처님을 만나 뵙고 모두 다 공양하고 받들어 섬기어 헛되이 지냄이 없었다. 만일 어떤 사람이 앞으로 오는 말세에 능히 이 경을 수지독송하면 그가 얻는 공덕은 내가 여러 부처님께 공양한 공덕으로는 백분의 일도 미치지 못하며 천만억분과 내지 어떤 산술적 비유로도 능히 미치지 못할 것이다.

수보리야, 만일 선남자 선여인이 앞으로 오는 말세에 이 경을 수지독송하여 얻는 공덕을 내가 다 말한다면 어떤 사람은 그 말을 듣고 마음이 몹시 혼란하여 의심하고 믿지 않을 것이다. 수보리야, 마땅히 알라. 이 경은 뜻도 가히 헤아릴 수 없으며, 과보도 또한 가히 헤아릴 수 없다."

업을 깨끗이 맑히는 법을 설해 놓은 이 분이야말로 일상생활 속에서 어떻게 마음을 쓰고 살아야 하는지를 인과(因果)와 업보(業報)의 관점에서 쉽게 설해주고 있다.

우리가 이렇게 수행을 하고 『금강경』 공부를 하고는 있지만 그것으로 이미 나는 깨끗해졌고 맑아졌으며 모든 괴로움이 끝날 것이라고 생각지 말라. 수행과 기도를 하며, 절에도 다니고, 경전 공부도 하니까 나에게는 괴로움이 오지 않을 것이라고 착각하지 말라는 말이다. 이제 막 수행을 시작해 놓고, 혹은 이제 겨우 몇 년에서 몇 십 년 마음공부를 실천해 놓고 '이제 나는 행복해질 것이다'라고 바라지 말아야 한다. 절에 다니니까 나쁜 일은 모두 사라질 것이고 좋은 일만 올 것이라고 믿고 있지는 않은가? 오늘은 새벽에 기도를 하고 출근했으니 오늘 하루 재앙은 말끔히 소멸할 것이라고 생각하고 있지는 않은가?

기도 수행이란 그런 것이 아니다. 진리란 그렇게 단편적이지 않다. 물론 지금 이 순간이 중요하다. 지금 이 순간 수행하고 있고, 마음을 관(觀)하고 있으며, 순간순간 깨어 있을 수 있다면 그 순간 우리는 영락없는 깨달음의 향기 속에 살고 있다. 그러나 그것을 어느 한쪽으로 고정 지으면 안 된다. 내가 바라는 쪽으로, 좋은 일만 있겠지 하는 마음으로, 수행 잘하고, 마음 관찰 잘하면 좋은 일만 있을 것이라는 쪽으로 고정을 지으면 그 어리석은 마음으로 인해 깨어 있음의 향기는 곧 사라지고 만다.

지금 이 순간 깨어 있더라도 업(業)의 문제는 여전히 남아 있다. 업이란 과거 우리가 몸과 말과 뜻으로 지어온 온갖 행위이기 때문에 그 업의 힘은 여전히 남아서 우리의 현실을 투영하게 될 것이다. 지금 이 순간 최선을 다해 마음을 비추어 보고, 수행하고, 기도를 한다고 하더라도 업의 문제까지 다 소멸시킬 수 있는 부분은 아닌 것이다.

경전을 통해 조금 더 깊이 살펴보자.

"또 수보리야, 선남자 선여인이 이 경을 수지독송하는데도 만일 다른 사람에게 업신여김을 당한다면 그 이유는 응당히 악도에 떨어질 만한 전생의 죄업 때문일 것이다. 그러나 이제 이렇게 사람들로부터 업신여김을 당했기 때문에 전생의 죄업은 곧 소멸될 것이고, 따라서 마땅히 아뇩다라삼먁삼보리를 얻을 것이다.

만약 어떤 선남자 선여인이 열심히 수행을 하고 있다고 하자. 이 『금강경』을 열심히 서사하고 수지독송하며 위인해설한다고 하자. 『금강경』을 늘 수지독송하며 깨어 있는 마음을 유지하고 있다. 분명 이 사람은 지금 이 순간 진리 속에서 숨 쉬고 있으며, 진리 안에서 환희심과 기쁨에 넘쳐 있을 것이다. 매일 『금강경』을 사경하고 7독씩 독경하면서 그 누구보다도 열심히 『금강경』을 공부하고 수행하며 남을 위해 해설해 주고 있다.

일반적으로 이런 경우 사람들은 '내가 『금강경』 수행을 열심히 하니까 좋은 일들만 많이 생길 것이다'라거나, '이렇게 열심히 수행하는데 나쁜 일이 설마 일어나겠어?'라는 생각을 하곤 한다. 내가 이만큼 수행하니까 그만한 보상은 따라 주어야 한다는 생각이 뒤따른다. 그리고 그 보상은 내 관점에서 내가 좋은 쪽의 일들이 많이 일어나 주고, 나에게 나쁜 일들은 일어나지 않고 비켜가기를 바랄 것이다.

그러나 그 '좋은 일', '나쁜 일'이라는 것은 '내 생각'일 뿐이다. 내 생각에 좋은 일이고 나쁜 일일 뿐이지 법계(法界)의 생각이거나, 진리의 생각이 아니다. 내 생각에는 돈도 잘 벌리고, 남들에게 칭찬도 많이 들으며, 하는 일마다 잘되는 것을 생각하고 있을지 모른다. 그러나 진리의 견해가 항상 '내 생각'과 일치해야 한다고 생각지 말라. 진리의 생각은 다를지 모른다. 물론 진리 또한 그러한 내 생각과 일치된 견해를 가지고 내가 원하는 방향으로 좋은 일들이 많이 일어나게 도울 수도 있다. 그리고 물론 때때로 기꺼이 그렇게 해주곤 한다. 기도하는 자의 밝고도 간절한 서원(誓願)은 법계를 감동시킬 수 있기 때문에 분명 진리의 세계에서는 수행하는 자의 원을 듣고 움직이기 시작할 것이다. 그러나 법계의 견해는 당장에 '내 생각'과 다를 수도 있다는 말이다. 왜냐하면 '내 생각'이란 당장에 눈앞에 보이는 것만을 생각하기 쉬우며, 좋고 나쁜 두 가지를 나누어 놓고 그 가운데 좋은 것을 선택하는 데에만 익숙하기 때문이다. 그러나 법계에서는 좋고 나쁨이 없는 대긍정만이 있을 뿐이다. 그러므로 법계에서 수행하는 자의 원을 들어주는 방식은 우리가 생각하기에 좋은 쪽일 수도 있지만 나쁜 쪽일 수도 있다는 말이다. 겉으로 보기에는 나쁜 일이 일어나고 있다고 생각할지 모르지만 분명 그것은 대긍정을 위한 일시적인 나쁨이란 말이다. 법계란 늘 좋고 나쁨을 뛰어넘는 무분별(無分別)의 진리만을 나투고 있기 때문이다.

이를테면 경전을 독송하고 『금강경』 수행을 열심히 하는 사람이라도 '나쁜' 일이 일어날 수 있다. 열심히 수행하는데도 불구하고 다른 사람들이 나를 업신여기며 미워하고 심지어 욕을 할 수도 있다. 그러면 보통 사람들은 '왜 이렇게 열심히 수행하는데도 불구하고 사람들이 나를 업신여길까?' 하고 괴로워할 것이다. '수행을 제대로 하지 못해 그런가' 싶기도 할 것이고, '수행을 해도 별 소용없구나' 싶기도 할 것이며, 때때로 '이 수행이, 이 부처님의 가르침이 잘못된 것은 아닐까' 하고 생각할지도 모른다. 그것이 어리석은 중생들의 마음이다. 어리석은 중생들은 당장에 좋은 일이 일어나는 것만 좋은 일인 줄 알기 때문이다.

그러나 법계의 입장은 다르다. 당장에 눈앞에 보이는 좋은 일이 다가 아니란 것을 알고 있다. 인과응보의 이치, 업보의 이치를 전체적으로 관통하고 있다. 그렇기 때문에 좀 더 근원적인 '좋은 일' 다시 말해 좋고 나쁨을 뛰어넘는 대긍정의 진리를 나투고 있는 것이다. 쉽게 말해 수행을 열심히 하는데도 사람들이 업신여긴다면 그것은 전생의 업에 대한 결과일 수 있는 것이다. 전생에 내가 지은 업을 언젠가는 받아야 할 터인데, 『금강경』 수행을 열심히 할 때 받음으로써 그 업은 『금강경』의 밝은 광명에 녹아 없어질 수 있는 것이다. 그러니 어떠한가. 『금강경』 독경을 열심히 하는데도 업신여김을 당한다면 그것은 업이 녹느라고 그러는 것이다. 업장이 소멸되느라 그러는 것이란 말이다.

　수행하지 않고 그냥 놔두었다면 마땅히 악도에 떨어지는 과보를 받아야 할 것인데, 다행히도『금강경』을 수지독송하는 수행공덕으로 가볍게 남의 업신여김을 당하는 정도에서 그칠 수 있는 것이다. 악도에 떨어질 만한 업장을 과거에 지어 놓았다면 그 결과를 받지 않을 수는 없다. 업이란 반드시 그 과보를 받아야 녹아 없어지기 때문이다. 그러니 수행을 하는 사람이라고 업보를 받지 않을 것이라고 기대할 수는 없다. 수행하는 사람은 업보를 받지도 않고 나쁜 일은 일어나지도 않을 것이라는 기대는 인과응보를 모르는 어리석은 이의 얄팍한 이기심이 아니고 무엇이겠는가.

　그러나 악도에 떨어질 만한 악업을 지었어도, 이렇게『금강경』밝은 가르침을 얻어 듣고 수지독송하게 되면 남에게 업신여김을 당하는 정도로 그 과보를 받음으로써 업장을 말끔히 소멸시킬 수도 있는 것이다. 업신여김을 당했기 때문에 전생의 죄업은 소멸될 것이고 전생의 죄업이 모두 소멸되어야 비로소 아뇩다라삼먁삼보리, 즉 무상정등정각의 깨달음을 얻을 수 있는 것이다. 업장이 무겁게 남아 있는데 어찌 깨달음과 가까워질 수 있겠는가.

　이처럼 진리는 항상 무량수 무량광의 시공간을 뛰어넘는 절대 긍정의 차원에서 모든 일을 진행시킨다. 당장에는 욕을 얻어먹거나, 남의 업신여김을 당하거나, 나쁜 일이 일어나는 듯해 보여도 사실은 그것이 '능히 내 업을 맑히는', '능정업장(能淨業障)'의 길임을 이 분에서는 설하고 있는 것이다.

　이것이『금강경』수지독송의 공덕이다. 일반적으로 수행을 하고 기도를 열심히 하면 좋은 일이 많이 일어난다고는 하지만, 어떤 경우에는 수행을 시작하면서 더욱 마장(魔障)도 많이 생겨나고 자꾸만 나쁜 일이 일어나는 경우도 있다. 그러나 그것은 능정업장, 업장을 능히 맑히기 위한 법계의 배려라는 것을 알아야 한다. 100일 기도를 시작했는데 오히려 기도하지 않을 때보다 더 좋지 않은 일들이 자꾸만 생긴다면 그것이야말로 기도의 힘으로 업장을 녹일 수 있는 좋은 기회가 되는 셈이다. 가만히 놔둔다면 지옥에 떨어질지 모르는 업장을 기도 중에 오는 온갖 마장을 받아들이고 내 안에서 기도로 녹임으로써 맑게 해탈시킬 수 있는 것이다.

그러니 수행자는 일체 모든 것을 맡기고 당당히 가야 할 길만을 걸어갈 수 있어야 한다. 사사로이 눈앞의 좋고 나쁨을 따져 좋은 일만 생기기를 바란다면 대장부의 걸림 없는 지혜의 길이라 할 수 없다. 참된 지혜는 좋고 나쁨을 초월해 있다. 그렇기 때문에 수행하는 구도자는 굳게 믿고 갈 수 있어야 한다. 지금 내 앞에 펼쳐지고 있는 좋고 나쁜 그 모든 일이 모두 다 진리의 길이며, 부처님께서 우리를 진리로 이끌기 위한 길이라는 것을 굳게 믿고 갈 수 있어야 한다. 그러면 당당해진다. 완전히 내맡기면 자유로우며 걸림이 없다.

사사로운 '나'를 놓아버리고, 내 안의 참나, 내 안의 자성 부처님께 일체 모든 것을 완전히 내맡기고 살아간다면 우리 앞에 놓인 그 어떤 경계나 그 어떤 역경과 괴로움조차도 즐거운 대긍정의 마음으로 받아들이며 당당하게 살아갈 수 있을 것이다. 수행자의 힘은 이와 같은 마음에서 온다. 이 같은 대긍정의 마음, 대수용의 마음, 대신심의 마음에서 오며, 나를 놓아버리고 내 안의 본래자리에 완전히 믿고 맡기는 데서 오는 것이다.

이 정도의 마음이 수행자의 안에 뿌리내리고 있다면 얼마나 걸림 없고 자유로울 것인가. 그 어떤 일이 우리를 휘두를 수 있으며, 우리를 괴롭힐 수 있겠는가. 이처럼 『금강경』 수행자의 길은 당당하고 훤칠하며 걸림 없는 지혜의 길이다.

"수보리야, 내가 과거 무량 아승지 겁 전의 과거를 생각해 보니 연등 부처님 뵙기 전에도 팔만사천만억 나유타 수의 여러 부처님을 만나 뵙고 모두 다 공양하고 받들어 섬기어 헛되이 지냄이 없었다. 만일 어떤 사람이 앞으로 오는 말세에 능히 이 경을 수지독송하면 그가 얻는 공덕은 내가 여러 부처님께 공양한 공덕으로는 백분의 일도 미치지 못하며 천만억분과 내지 어떤 산술적 비유로도 능히 미치지 못할 것이다."

아승지(阿僧祇)란 도무지 산수(算數)로써는 표현할 수 없는 한량없이 많은 수를 뜻하며, 겁(劫)이란 마찬가지로 도무지 헤아릴 수 없는 무량한 시간을 말한다. 나유타(那由他) 또한 우리가 헤아릴 수 있는 숫자 개념으로 이해할 수 없는 아승지처럼 무량한 수를 의미한다고 보면 된다.

다시 말해 부처님께서는 과거 연등부처님뿐 아니라 그 이전에도 무량한 시간 동안 무량한 수의 부처님을 만나 뵙고 모두 다 공양하고 받들어 섬기되 헛되이 보내지 않았을 만큼 그 공덕이 무량하신 분이다. 한 부처님께만 공양하고 받들어 섬기더라도 그 공덕이 한량없을 터인데, 무량한 세월 동안 무량한 부처님께 공양하고 받들어 섬기었으니 그 공덕이 얼마나 셀 수 없이 많을 것인가. 이 비유는 그만큼 부처님의 공덕이 많음을 나타내고 있다.

그러나 만일 어떤 사람이 앞으로 오는 말세에 능히 이 경을 수지독송하면 그가 얻는 공덕은 부처님께서 한량없는 세월동안 한량없는 부처님을 공양하고 받들어 섬긴 그 공덕으로는 백분의 일에도 미치지 못하며 산술적인 비유로도 능히 미치지 못할 만큼의 더욱 무량한 공덕이 있다는 말씀이시다. 다시 말해 이 경을 수지독송하는 공덕이야말로 도무지 말이나 그 어떤 산수의 비유로도 헤아릴 수 없을 만큼 크다는 말이다.

다시 한 번 말하지만, 이렇게 『금강경』 수지독송의 공덕을 크게 말씀하시고 찬탄하는 이유는 『금강경』이라는 경전에 그 어떤 상을 두고 절대시하거나 『금강경』만 독송하면 모든 공덕을 다 얻는다는 등의 그런 단편적인 말씀이 아니라는 점을 잊지 말아야 한다. 『금강경』이란 '아상을 타파하는 가르침'이며, '완전히 아상을 깨고 참나를 발견하는 가르침'인 것이다. 불법의 대의가 고스란히 담겨있는 이 가르침을 수지하고 독송해야 한다는 말이다. 수지란 완전히 체득하여 그 가르침의 지혜를 깨닫는 것이며, 독송이란 그러한 깨달음의 바탕 위에서 그 가르침을 끊임없이 읽고 외움으로써 보다 완전히 체득하며 깨달아야 한다는 말이다. 이처럼 『금강경』을 수지독송하는 일은 곧 우리를 깨달음에 이르게 하는 것이다.

이 세상에 그 어떤 유위의 공덕도 깨달음이라는 무위의 공덕에는 미치지 못하는 것이다. 그러니 아무리 무궁무진한 산술적인 비유로 그 공덕을 표현하더라도 그것이 유위의 공덕인 이상 그 어떤 수학자의 비유라도 무위의 공덕에는 미치지 못하는 법이다.

"수보리야, 만일 선남자 선여인이 앞으로 오는 말세에 이 경을 수지독송하여 얻는 공덕을 내가 다 말한다면 어떤 사람은 그 말을 듣고 마음이 몹시 혼란하여 의심하고 믿지 않을 것이다. 수보리야, 마땅히 알라. 이 경은 뜻도 가히 헤아릴 수 없으며, 과보도 또한 가히 헤아릴 수 없다."

아마도 『금강경』을 처음 공부하는 이들은 이와 같은 『금강경』의 표현을 보고 마음이 몹시 혼란하여 의심하고 믿지 않을 것이다. 어떻게 『금강경』을 수지독송하는 것이 한량없는 세월동안 한량없는 부처님을 공양하고 받들어 섬기는 것에 천만억분의 일에도 미치지 못한다고 하는가. 또 앞서 말했듯, 형상에 머물지 않고 보시하는 공덕이 동서남북과 네 간방과 위아래의 가히 생각할 수 없는 허공과도 같이 셀 수 없다고 하시는가. 처음 『금강경』을 공부하는 이들은 똑같이 하는 말이 너무 어렵고 이해가 되지 않는다고 한다.

그뿐인가. 『금강경』에서는 지금까지 살아온 삶의 원동력이 되었던 '나'를 놓아버리라고 말하고 있다. 또 내가 살아가는 목적이 되었던 욕심과 집착을 다 버리고 일체중생을 위해 보시하라고 말하고 있다. 지금까지 우리가 살아왔던 삶과는 전혀 다른 방향으로 가라고 말씀하고 계신다. 이러한 가르침에 어찌 마음이 혼란하지 않을 수 있겠는가. 마음이 몹시 혼란하여 의심하고 믿지 않는 것은 당연할 것이다.

하지만 부처님은 말씀하고 계신다. 위에서 이 경을 수지독송하는 공덕을 말씀하셨지만, 아직도 모자란 것이 있으신 것이다. 그렇기에

347

만약 이 경을 수지독송하는 공덕을 전부 다 말한다면 아마도 믿지 않을 것이라고 말씀하고 계신다. 부처님께서는 말이라는 것이 진리를 전부 담을 수 없음을 잘 알고 계신다. 그렇기에 그렇게까지 말로써 수지독송의 공덕을 표현하시고도 '수지독송하는 공덕을 다 말한다면'이라는 표현으로 여전히 말로써는 다할 수 없음을 나타내고 계신다. 무위(無爲)는 어디까지나 말 그대로 '함이 없는' 무위이기 때문에 말로써 표현할 수 없다. 말로써 표현하는 순간 벌써 어긋나고 말기 때문이다. 그러나 중생들에게 다가가기 위해서는 언어라는 방편을 빌리지 않을 수 없기에 어쩔 수 없이 이렇게 표현하고 계시는 것이다.

계속해서 부처님의 당부는 이어진다. 마땅히 알라. 이 경은 뜻도 가히 헤아릴 수 없으며, 과보도 또한 헤아릴 수 없다. 이렇게 『금강경』을 해설하고는 있지만 이 해설이 전부라고 생각하면 안 된다. 이 해설 속에 『금강경』의 뜻이 잘 담겨 있다고 생각한다면 벌써 어긋나고 만다. 이 경은 그 뜻을 가히 헤아릴 수 없기 때문이다. 이 경은 머릿속으로 헤아린다고 헤아려지는 것이 아니다. 오직 수지독송이라는 수행을 통해, 즉 완전한 내적인 깨달음으로써 수지하고, 그리고 나서도 끊임없이 독송함으로써 완전히 가르침이 나와 하나가 될 수 있을 때만이 그저 체험되어지고, 하나 되는 것이지, 이 경은 뜻을 헤아린다고 헤아려지는 것이 아니다. 오직 실천과 수행만이 그 뜻과 하나 될 수 있게 한다.

다시 말해, 완전히 나를 놓아버리고 이상이 하나도 남아있지 않음으로써 내가 곧 전체가 되었을 때 그때 이 뜻이 그대로 내가 되고 전체가 되는 것이다. 이처럼 이 뜻을 헤아릴 '나'라는 주체가 완전히 소멸해야지만 이 뜻은 전체로써 하나가 되는 것이다. 그러니 어찌 이 뜻을 가히 헤아릴 수 있겠는가. 이 뜻을 헤아리는 '나'가 있는 이상, 이 뜻은 여전히 이해되지 못한다.

과보(果報)도 마찬가지다. 이 경을 수지독송하는 과보는 없다. 우리가 생각하는 수지독송의 과보는 깨달음이라거나, 무량한 복덕이라거나 하는 등의 원인과 결과로써의 어떤 과보를 생각하겠지만 이 경을 수지독송하는 과보는 완전한 무(無)이다. 완전히 무이기 때문에 완전히 전체일 수 있는 것이다. 하나도 없기 때문에 한량없이 많을 수 있는 것이다. 과보가 있다면 그것은 셀 수 있는 것이며, 있고 없음의 틀 안에 갇힌 과보일 뿐인 것이다. 그것은 여전히 유위를 벗어나지 못한다. 그러나 이 경을 수지독송하는 과보는 도무지 헤아릴 수 없다. 과보를 헤아리는 순간 이미 그 과보는 참된 과보일 수가 없다.

과보를 받을 '나'가 없어졌을 때, 내가 받을 '과보'는 완전히 공(空) 하다. '나'가 없다면 내가 받을 과보 또한 어디에 붙여 둘 것인가. '나'만 사라진다면 이 세상은 항상 무량한 과보로써, 무량한 복덕으로써 충만한 곳이다. 이 세상은 항상 부처님의 무량한 광명으로 충만한 곳이며, 무량한 복덕이 넘치는 곳이다. 아니 광명 그 자체이며, 복덕 그 자체이고, 부처 그 자체인 것이다. 다만 거기에 광명을 받으려는 내가 있고, 복덕을 누리려는 내가 있으며, 부처가 되려는 내가 있는 이상 참된 광명도 복덕도 부처도 사라지고 말 것이다.

아상을 완전히 타파했을 때, 그 자리가 『금강경』 수지의 자리가 되며, 그때 헤아릴 수 없는 뜻도, 헤아릴 수 없는 과보도 그대로 하나로 어우러져 광대한 법해(法海)를 이룰 것이다.

구경무아분

[구경에 내가 사라지다]

究竟無我分 第十七

爾時 須菩提 白佛言 世尊 善男子善女人 發阿耨多
羅三藐三菩提心 云何應住 云何降伏其心 佛告須菩
提 若善男子善女人 發阿耨多羅三藐三菩提心者 當
生如是心 我應滅度一切衆生 滅度一切衆生已 而無
有一衆生 實滅度者 何以故 須菩提 若菩薩 有我相
人相衆生相壽者相 卽非菩薩 所以者何 須菩提 實無
有法 發阿耨多羅三藐三菩提心者 須菩提 於意云何
如來於燃燈佛所 有法 得阿耨多羅三藐三菩提不 不
也 世尊 如我解佛所說義 佛於燃燈佛所 無有法得
阿耨多羅三藐三菩提 佛言 如是如是 須菩提 實無
有法 如來得阿耨多羅三藐三菩提 須菩提 若有法 如
來得阿耨多羅三藐三菩提者 燃燈佛 卽不與我授記
汝於來世 當得作佛 號釋迦牟尼 以實無有 法得
阿耨多羅三藐三菩提 是故 燃燈佛 與我授記 作是言
汝於來世 當得作佛 號釋迦牟尼 何以故 如來者 卽

諸法如義 若有人言 如來得阿 多羅三 三菩提 須菩提 實無有法
佛得阿 多羅三 三菩提 須菩提 如來所得阿 多羅三 三菩提 於
是中 無實無虛 是故 如來說一切法 皆是佛法 須菩提 所言一切法者
即非一切法 是故 名一切法 須菩提 譬如人身長大 須菩提言 世尊 如
來說 人身長大 即爲非大身 是名大身 須菩提 菩薩亦如是 若作是言
我當滅度無量衆生 即不名菩薩 何以故 須菩提 實無有法 名爲菩薩
是故 佛說一切法 無我無人無衆生 無壽者 須菩提 若菩薩 作是言我
當莊嚴佛土 是不名菩薩 何以故 如來說莊嚴佛土者 即非莊嚴 是名
莊嚴 須菩提 若菩薩 通達無我法者 如來說名眞是菩薩

그때 수보리가 부처님께 사뢰었다.

"세존이시여, 아뇩다라삼먁삼보리를 발한 선남자와 선여인들은 그 마음을 어떻게 머물러야 하고, 어떻게 수행해 나가야 하며, 어떻게 그 마음을 다스려야 합니까?"

부처님께서 수보리에게 말씀하셨다.

"만약 선남자 선여인으로서 아뇩다라삼먁삼보리심을 일으켰다면 마땅히 다음과 같이 마음을 내라. '내가 마땅히 일체중생을 멸도에 들게 하리라. 그러나 이렇게 일체중생을 다 멸도에 들게 하였지만 실로 한 중생도 제도한 바가 없다'라고. 왜냐하면 수보리야, 만약 보살이 아상·인상·중생상·수자상이 있으면 곧 보살이 아니기 때문이다. 또한 수보리야, 그 까닭은 아뇩다라삼먁삼보리를 일으킬 어떤 한 법도 있지 않기 때문이다. 수보리야, 너는 어떻게 생각하느냐? 여래가 연등부처님 처소에서 아뇩다라삼먁삼보리를 얻었다고 할 만한 어떤 법이 있느냐?"

"아닙니다. 세존이시여, 제가 부처님 말씀의 뜻을 이해하기에는 부처님께서 연등부처님 처소에서 아뇩다라삼먁삼보리를 얻었다고 할 만한 어떤 법도 없습니다."

부처님께서 말씀하셨다.

"그렇다 그렇다 수보리여, 실로 아뇩다라삼먁삼보리를 얻었다고 할 만한 어떤 법도 있지 않다. 수보리야, 만약 어떤 법이 있어서 여래가 아뇩다라삼먁삼보리를 얻은 것이라면 연등부처님께서 나에게 수기하시기를 '네가 다음 세상에 마땅히 부처를 이루어 석가모니라 하리라'고 하시지 않으셨을 것이지만, 실로 어떤 법이 있지 않은 경계에서 아뇩다라삼먁삼보리를 얻었기에 연등부처님께서 나에게 '네가 다음 세상에 마땅히 부처를 이루어 석가모니라 하리라'고 수기하셨느니라. 왜냐하면 여래라 함은 모든 법에 여여하다는 뜻이기 때문이다.

만일 어떤 사람이 '여래가 아뇩다라삼먁삼보리를 얻었다'고 한다면 수보리야, 그는 거짓을 말하는 것이며, 사실이 아닌 것에 집착하여 나를 비방하는 것과 같다. 왜냐하면 여래가 아뇩다라삼먁삼보리를 깨달았다고 할 그 어떤 법도 없기 때문이다. 수보리야, 여래가 얻은 바 아뇩다라삼먁삼보리는 실다움도 없고 헛됨도 없다. 그러므로 여래는 '일체법이 다 불법'이라고 설한 것이다. 수보리야, 이른바 일체법이라 함은 곧 일체법이 아니니, 그 까닭에 이름이 일체법인 것이다. 수보리야, 예컨대 몸집이 아주 큰 사람의 비유와 같다."

수보리가 사뢰었다. "세존이시여, 여래께서 말씀하신 사람의 몸이 아주 크다는 것도 실은 큰 몸이 아니라 그 이름이 큰 몸일 뿐입니다."

"수보리야, 보살도 또한 이와 같아서 만약 '내가 마땅히 한량없는 중생을 멸도에 들게 했다'고 한다면 이는 보살이라 이름할 수 없다. 왜냐하면 수보리야, 실로 어떤 법에도 집착하지 않는 이를 보살이라 이름하기 때문이다. 그러므로 여래는 '일체법은 아도 인도 중생도 수자도 없다'고 한 것이다. 수보리야, 만일 보살이 '내가 마땅히 불국토를 장엄하리라'고 한다면 이는 보살이라 할 수 없다. 왜냐하면 여래가 설한 불국토의 장엄은 곧 장엄이 아니라 그 이름이 장엄이기 때문이다. 수보리야, 만일 어떤 보살이 무아의 법에 통달하였다면 여래는 이 사람을 진실로 보살이라고 부를 것이다."

구경무아분은 『금강경』의 가르침이 구경에는 무아에 이르게 하는 가르침임을 지금까지 앞서 설했던 예들을 들어가며 설하고 있다. 발심한 보살들은 마음을 항복받고 수행하며 일체중생을 제도할 때에도 '나'라는 상에 머물지 말아야 하며, 아뇩다라삼먁삼보리를 얻었다고 하더라도 한 법도 얻은 것이 없음을 알아야 하고, 불국토를 장엄했다는 것도 실은 장엄이 아니라 이름이 장엄일 뿐임을 알아야 한다는 비유를 들어가면서 그 어떤 경계에도 마음이 머물러서는 안 되고, '나'라는 상에 갇혀서는 안 된다는 것을 설하고 있다. 여래는 '무아법' 즉 '내가 없다'는 법에 완전히 통달하였을 때 그 사람을 보살이라 부르고 있다.

그렇지 않고서 '내가 중생을 제도한다'거나, '내가 깨달았다' 혹은 '내가 법을 얻었다'거나, '내가 불국토를 장엄한다'고 하는 등 일체의 '내가'라고 하는 감옥에 갇히지 않아야 한다는 것을 이 분에서 끊임없이 설하고 계신다. 그리하여 '내가 한다'는 아상·인상·중생상·수자상에서 완전히 해방되었을 때 비로소 보살이라 부를 수 있게 되는 것이다.

사실 『금강경』에서 지금까지 설해 온 가르침은 오직 한 가지로 귀결된다. 아상을 타파하라는 그 한 가지의 가르침에 다름 아니다. 아상을 타파해야 하는 이유는, '나'라는 것이 고정된 실체가 아니며 항상 변화하는 것이기 때문이다. 만약 나라는 것이 항상 하고 실체가 있다면 우리는 그것을 따를 수 있을 것이고, 그것을 위해 온 존재를 바칠 수도 있을 것이다. 그러나 '나'라는 것은 실체적인 것이 아니며 항상 하지 않는다. 즉 무아(無我)이며 무상(無常)이다. 그러므로 '나'라는 것에 집착하는 것은 곧 괴로움을 동반한다. 다시 말해 '나'의 실체는 제행무상(諸行無常), 제법무아(諸法無我), 일체개고(一切皆苦)라는 삼법인(三法印)의 법칙을 따른다. 나는 항상 하지 않고(諸行無常), 고정된 실체로서의 자아가 없으며(諸法無我), 그렇기에 나라는 것은 곧 괴로움(一切皆苦)인 것이다. 우리의 모든 괴로움은 바로 '나'라고 하는 집착에서 오는 것이다.

물론 '나' 이외의 것들에서 괴로움이 올 수도 있다. 그러나 그것 또한 '나'를 근원으로 하고 있다. '나'라는 집착에서 '너'라는 상대가 나올 수 있기 때문이다. 결국 '나'라는 주관의 성품이 삼법인으로 공(空)하기 때문에, '너'라는 상대 또한 삼법인의 성품으로 똑같이 공한 것일 뿐이다. '나'도 삼법인이며, '너'도 삼법인이고, '일체제법', '삼라만상', '우주' 전체가 모두 항상하지 않고 고정된 실체가 없으며 괴로움인 삼법인의 성품을 동반하는 것이다. 이처럼 '나'라는 주관도, '상대'라는 객관도 모두 삼법인으로 항상 하지 않고 고정된 실체가 없다. 그렇기에 '나'에 집착하는 것도 결국엔 괴로움을 가져오며, '상대'에 집착하는 것도 괴로움을 가져온다. 돈이나 명예, 지위, 권력, 이성, 사랑, 학벌, 소유물 등 그 어떤 것이라도 집착하는 것은 곧 괴로움을 의미한다. 이 세상 그 어떤 것도 항상 하거나 실체적인 것이 없다. 그렇기 때문에 그 어떤 것에도 집착해서는 안 된다.

심지어 깨달음, 멸도, 해탈, 그리고 불국토를 장엄하는 일까지도 고정된 실체가 있는 것이 아니다. 즉 '내가 수행한다'거나, '내가 깨달았다'거나, '내가 중생을 제도한다'거나, '내가 법을 얻었다'거나, '내가 불국토를 장엄한다'거나 하는 등의 말에도 '내가'라고 하는 아상이 전제되어 있는 한 그것은 완전한 깨달음이 아니며 무아법의 통달이 아니다. 무아법에는 그 어떤 '내가'라는 상도 붙어서는 안 된다.

결국에는 부처님 가르침의 핵심은 '무아(無我)'라는 진리를 깨닫는 데 있다. 무아의 진리를 깨닫는다는 말은 삼법인을 깨닫는다는 말이며, 공성(空性)을 깨닫는다는 말이고, 연기법, 중도(中道)를 깨닫는다는 말과도 같다. 또한 『반야심경』의 '조견오온개공(照見五蘊皆空)', '무소득(無所得)'을 깨닫는다는 말이기도 하며, 『화엄경』의 '응관법계성 일체유심조(應觀法界性 一切唯心造)', 『법화경』의 '제법종본래 상자적멸상(諸法從本來 常自寂滅相)', 『열반경』의 '제행무상 시생멸법 생멸멸이 적멸위락(諸行無常 是生滅法 生滅滅已 寂滅爲樂)'의 가르침과도 같으며, 조주 스님의 '방하착(放下着)'이나, 무소유(無所有), 무분별(無分別), 무자성(無自性), 무소득(無所得)의 가르침이기도 한 것이다. 또한 이것은 『금강경』의 '범소유상 개시허망 약견제상비상 즉견여래'의 가르침, '응무소주 이생기심', '약이색견아 이음성구아 시인행사도 불능견여래', '일체유위법 여몽환포영 여로역여전 응작여시관' 등의 사구게의 가르침이기도 한 것이다.

앞서 언급하였지만 이 부분이야말로 불교의 핵심을 관통하고 있는 가르침들이므로 다시 한 번 이 말을 간단히 풀어보자. 항상하지 않고 실체적인 것이 없으며 그렇기에 일체가 괴로움이라는 삼법인의 가르침 때문에 무아인 것이고, 공인 것이다. '나'와 '세상'을 비롯한 일체의 삼라만상(森羅萬象) 오온(五蘊)이 결국에는 다 항상 하지 않고 실체가 없는 무아이고 공이다(照見五蘊皆空). '나'라는 실체가 있으려면 항상해야 하고 고정되어 있어야 할 것인데 그러지 못하니 '나'가 아닌 '나 없음' 즉 무아(無我)인 것이다. 항상하고 실체적인 것이 없으니 집착할 것이 없고(無執着, 放下着), 얻을 것이 없으며(無所得), 언제까지고 영원히 소유할 수 있는 것은 없다(無所有). 집착이란 언제까지고 항상하길 바라는 마음인데 존재의 본질이 제행무상이고 제법무아이니 집착은 결국 괴로움을 부를 뿐이다.

그러면 그렇게 일체가 다 공이고, 무아라고 한다면 도대체 이렇게 움직이는 '나'는 무엇이고, 눈에 보이는 '대상'들은 다 무엇이란 말인가. 무아라면 내가 없다는 말인데, 분명 우리 눈앞에는 내가 있고 상대가 있지 않은가. 그것은 다 인연(연기법)의 나툼일 뿐이다. 수많은 크고 작은 인연들로 인해 잠시 '나'도 만들어지고, '대상'도 만들어진 것에 불과하다. 그렇기 때문에 인연이 다 하면 누구든 사라지고 또한 다시 인연이 모이면 태어나게 되는 것이다. 즉, 내 눈앞에 펼쳐지는 생사와 윤회 또 이 모든 존재들과 그 존재들 사이에서 일어나는 일들은 모두가 꿈과 같고 신기루와 같으며 환영과 같은 것일 뿐이다(일체유위법 여몽환포영 여로역여전 응작여시관). 일체 모든 상이 있는 것은 다 허망한 것이다(범소유상 개시허망). 앞서 말했듯 그 허망한 상이 여러 모양으로 나투는 법칙이 바로 연기법, 인연법, 인과응보인 것이다.

바로 이 점, 일체 모든 존재는 다 환영과 같이 허망한 상으로 이루어져 있음을 아는 것, 그것을 바로 관하는 것이 바로 수행의 핵심이 되는 것이다. 즉 모든 상이 허망하며 무아이고 공하여 상이 아니라는 것을 바로 보면 바로 여래를 보는 것이다(약견제상비상 즉견여래).

이와 같이 다만 우리 눈에 보이는 모든 것은 신기루처럼 인연 따라 잠시 모였다가 흩어질 뿐이다. 고정된 것은 어디에도 없다. 인연 따라 많이 베풀었다면 부자로 태어나는 것이고 인색하게 살았다면 가난하게 태어나는 것이다. 인연 따라 생사가 벌어지고, 아름다움과 추함, 크고 작음, 옳고 그름이 생겨날 뿐이다. 그것은 고정된 실체가 아니다. 아름다움도 영원하지 않고 추함도 영원하지 않다. 크고 작다는 것도 옳고 그르다는 것도 다만 인연 따라 그렇게 보일 뿐이지 고정된 것은 없다. 그렇기에 연기법의 세계, 무아의 세계에서는 어떤 것도 분별할 것이 없다(無分別). 그렇기에 어느 한쪽으로 고정 짓는 극단은 존재하지 않는다. 옳다거나 그르다거나, 크다거나 작다거나, 잘났다거나 못났다거나 하는 극단은 어리석은 견해일 뿐이다. 그렇기에 연기법, 무아의 세계에서는 어디에도 치우쳐서는 안 된다. 오직 중도만이 지혜를 전해줄 뿐이다(中道).

나고 죽는 것 또한 인연 따라 잠시 변화하는 것뿐이지 영원한 마지막과 시작을 의미하는 것은 아니다. 그래서 생사가 있는 것처럼 보이지만 사실은 생사가 고정된 것이 아니다. 생사는 껍데기의 변화에 불과하다. 그 본질에는 변하지 않고 움직이지 않으며 나고 죽지 않는 영원한 안식처가 있다(생사즉열반). 일체 모든 존재는 본래부터 적멸의 모습이다(제법종본래 상자적멸상). 그렇기에 생멸에 집착함을 놓으면 곧 고요한 열반의 경지에 이른다(생멸멸이 적멸위락). 바다는 항상 고요하지만 물결은 날씨에 따라 항상 변화하는 것처럼, 우리의 본질에는 대열반의 적요가 있지만 우리의 껍데기는 항상 울고 웃고 변화한다. 우리의 심연에 있는, 바다와 같이 고요한 그것을 열반이라고도 하고 해탈이라고도 하며 적멸, 혹은 깨달음이라고도 하는 것이다. 즉 삼법인이지만 그 본질, 근원에는 무상, 무아, 고를 완전히 여읜 대열반의 적멸이 있는 것이다(열반적정). 바다의 물결은 인연 따라 거세게 몰아쳤다가 잔잔해지기를 반복한다. 마치 우리의 삶과 같이 인연 따라 울고 웃고, 행복하고 불행하고를 반복하고 있다. 그러나 물결도 결국에는 바다 그 자체인 것이다. 마찬가지로 우리도 울고 웃으며 중생으로써 살고 있는 듯 보여도 사실은 지금 이 모습 그대로가 바로 참부처인 것이다(자성불). 본래부터 부처인 것이다. 물결이 바다가 되려고 애쓸 필요가 없이 물결도 본래는 바다와 하나이듯, 우리도 중생이니 부처가 되겠다고 애쓸 것 없는 본래부처인 것이다(본래불). 그런데 전도된 몽상(전도몽상) 때문에 우리는 물결의 움직임에 울고 웃는다. 그러면 어떻게 해야 물결이 곧 바다인 것을, 중생이 바로 부처이며, 생사가 곧 열반인 것을 깨달을 수 있겠는가. 그 방법은 오직 잘 지켜보는 길(관)밖에 없다. 물결이 바다가 되겠다고 자꾸만 애쓰고 고생하고 노력할 것이 아니라, 다만 물결 스스로 자신의 성품을 잘 관찰해 보기만 하면 된다. 있는 그대로 인연 따라 변화하는 자신의 모습을 잘 관찰했을 때 결국 잠시도 가만 있지 않고 끊임없이 변화하는 그 이면에는 본래부터 고요했던 대적멸의 자리가 있다는 것을 깨닫게 된다. 물결이 곧 바다였음을 알게 되는 것이다.

이처럼 우리 눈에 보이는 일체 모든 존재들은 대적멸이라는 본바탕 위에 잠시 인연 따라 나고 죽고, 울고 웃으며, 온갖 행복과 불행의 연장인 변화를 겪고 있는 것이다. 인연에 따른 변화가 있을 뿐인 것이다. 그렇기 때문에 변화에 순응해야지 머물러서는 안 된다. 마음을 내되 머무는 바가 있어서는 안 된다(응무소주 이생기심). 즉 집착해서는 안 된다는 말이다(무집착, 방하착). 그렇기 때문에 그 변화를 타고 흘러야 한다. 그 흐름을 타야 한다(수다원). 변화(제행무상)야말로 이 세상을 움직이는 법칙인 것이다. 그러니 그 인연의 변화에 일체를 내맡길 수 있어야 하고 순응하며 받아들일 수 있어야 한다(섭수). 일체의 인연을 받아들이면서 어떤 곳에도 집착하지 않아야 하며(방하착), 오직 순간순간 비추어 보고(관조), '나' 라는 고정된 집착을 놓아버려 본래 자성부처를 찾을 수 있어야 한다(자성불).

이상에서 간단하게나마 가르침과 경전의 핵심 경구들을 유기적으로 풀어 보았는데, 이처럼 부처님의 가르침은 어떤 경전이든, 어떤 교리든, 또 어떤 선지식의 말씀이건 모두가 하나로 회통되는 가르침이다. 수많은 불교교리가 다 따로따로 떨어져 다른 가르침이거나, 팔만사천의 수많은 경전이 다 다른 가르침이거나, 스님들의 온갖 다양한 방편설법이 다 다른 것이 아니라, 결국에는 하나로 회통되는 가르침인 것이다. 다만 이러한 수많은 방편과 경전과 교리가 나오게 된 것은 모두가 수많은 사람들의 다양한 근기와 다양한 수준에 맞게 방편의 설법을 하다 보니 그렇게 복잡다단해지게 된 것에 불과하다. 그러니 불교가 복잡하고 어렵다고 할 것이 아니라 사람들이 삶과 생각이 복잡하고 어렵다는 것을 바로 보아야 한다. 불교는 아주 단순한데 사람들이 너무 복잡하고 정신없으며 어렵게 살다 보니, 부처님 가르침도 그 복잡한 사람들의 근기에 일일이 맞추어 법을 설하시다 보니 불교가 어렵게 보이는 것일 뿐이다. 그러니 어쨌거나 불교를 공부하는 수행자는 단순하고도 명확하게 잘 회통할 줄 알아야 한다. 어떤 한 가지 가르침을 붙잡고 그 안에서 일체 모든 경전과 교리가 다 나온 것인 줄 알아야 한다. 그러니 이 경전이 더 좋으냐 저 경전이 좋으냐라고 따진다거나, 이 교리가 더 훌륭한지 저 교리가 더 훌륭한지를 따진다거나 할 필요가 없는 것이다. 마찬가지로 이 수행법이 더 좋은가 저 수행법이 더 좋은가를 따질 것도 없다. 모든 수행법도 다 방편일 뿐 결국에는 그 궁극의 한곳으로 가는 수많은 길일 뿐이다.

이 분에서는 그 가운데에도 '무아법'을 가지고 지금까지 설했던 『금강경』의 가르침을 회통시키고 있다. '무아', 이 하나에서 일체 모든 가르침을 볼 수 있는 것이다. 그러면 본문으로 들어가 보자.

그때 수보리가 부처님께 사뢰었다.

"세존이시여, 아뇩다라삼먁삼보리를 발한 선남자와 선여인들은 그 마음을 어떻게 머물러야 하고, 어떻게 수행해 나가야 하며, 어떻게 그 마음을 다스려야 합니까?"

부처님께서 수보리에게 말씀하셨다.

"만약 선남자 선여인으로서 아뇩다라삼먁삼보리심을 일으켰다면 마땅히 다음과 같이 마음을 내라. '내가 마땅히 일체중생을 멸도에 들게 하리라. 그러나 이렇게 일체중생을 다 멸도에 들게 하였지만 실로 한 중생도 제도한 바가 없다'라고. 왜냐하면 수보리야, 만약 보살이 아상·인상·중생상·수자상이 있으면 곧 보살이 아니기 때문이다."

이 내용은 앞서 본문에서 나온 바이다. 앞서 『금강경』의 가르침을 통해 말씀하신 무아의 도리를 펴기 위해 수보리의 이심전심 염화미소의 질문이 시작되었고, 그 질문에 부처님께서는 앞서 설했던 가르침 가운데 몇 가지의 비유로써 무아의 가르침을 펴고 계신다.

『금강경』의 가르침은 상을 타파하는 가르침이라고 했다. 상을 타파해야 하는 이유는 본래 고정된 상이란 없기 때문이다. 즉 무상이기 때문에 상에 얽매이고 집착해서는 안 된다는 말이다. 그런데 일체 상의 근본은 바로 '나다' 하는 아상에서 시작된다. 그래서 『금강경』은 끊임없이 아상 타파를 위한 법문을 내리고 있다. 아상을 타파해야 하는 이유는 무아이기 때문이다. 본래 고정된 실체로서의 '나'라는 것이 없기 때문이다. 조금이라도 '나'라는 상이 생겨난다면 그 사람은 여전히 보살이 되기에는 거리가 멀다.

이 분에서 부처님께서는 3가지 비유로써 무아를 통달하도록 이끌고 있다. 첫 번째 비유는 수보리의 질문으로부터 시작된다. 수보리가 처음과 같은 질문을 하고 있는 데는 바로 이러한 이유가 있다.

똑같은 말이 두 번 반복된다면 그것은 그저 무의미한 말의 반복일 뿐인가? 그렇지 않다. 같은 말을 열 번, 아니 스무 번, 백천만 번을 반복한다고 하더라도 그것은 절대 같은 말의 반복이 아니다. 말은 같은 말일지 몰라도 그 의미는 전혀 다른 것이다. 그것은 새로운 말이다. 내 안에 과거가 꼭 들어차 있고, 과거의 기억과 판단이 꼭 들어차 있는 사람에게 그것은 다만 같은 말의 반복에 불과할 것이다. 같은 말을 듣는 순간 벌써 내 안의 과거는 말할 것이다. '저 말은 이미 들었던 말이야. 나도 다 아는 말이야.' 그러나 과거의 견해나 분별로써 지금의 말을 판단하려 들지 말라. 지금의 말은 '지금 여기'라는 시공에서 일어나고 있는 전혀 새로운 경험이고 설법이다. 이유가 있고 제 몫을 가지고 그 말들은 반복된다. 그러나 내 안이 과거의 분별로 꽉 차 있다면 그 말의 이유를 한 치도 알 수 없을 것이다.

이렇게 3가지 비유가 이 분에서 똑같이 반복되는 이유는 무아법의 깨달음을 위함이다.

아뇩다라삼먁삼보리를 일으킨 선남자 선여인은 '일체중생을 멸도에 들게 하지만 한 명도 제도한 자가 없다'는 마음을 일으켜야 한다고 답하고 있다. 왜냐하면 참된 아뇩다라삼먁삼보리를 일으킨 보살은 아상·인상·중생상·수자상이 없기 때문이다. 만약 스스로 '내가 제도한다'는 상이 있게 되면 그것은 벌써 아상·인상·중생상·수자상에 머물러 있다는 반증이다. 보리심을 발한 수행자에게 일어날 수 있는 가장 큰 상이 바로 '내가 제도한다'는 상이다. 어리석은 중생들을 내가 제도하여 멸도에 들게 하겠다는 생각이다. 그러나 참된 수행자는 일체중생을 다 제도하면서도 스스로 제도한다는 생각이 없다. 일어나더라도 있는 그대로 지켜볼 수 있는 수행력이 있어야 한다. 우리들 또한 제도하고 포교하며 주변 사람들을 부처님 가르침으로 이끌더라도 '내가 포교한다', '내가 제도한다', '내가 복을 짓는다', '내가 보시했다'는 상을 잘 지켜볼 수 있어야 한다. 만약 스스로 '나는 수행한다'거나, '나는 깨달았다'거나, '내가 제도한다', '내가 보시한다'거나 하는 등의 '내가 한다'는 상을 내고 있다면 그 사람은 전혀 『금강경』의 가르침을 실천하지 못하고 있는 것이다. 무아의 가르침에 통달하지 못한 것이다.

요즈음은 스스로 견성을 했다거나 깨달았다는 사람도 많이 등장하고, 또 어떤 단체에서는 돈 얼마를 내면 며칠 안에 부처의 깨달음을 얻을 수 있고 거기서 더 나아가 얼마를 더 내면 부처 이상의 깨달음을 얻을 수 있다고 유혹하는 곳도 있는 것으로 안다. 그러나 이번 생에 한 번 얼핏 자신의 성품을 본 사람, 그것을 초견성이라고 하거나 수다원이라고 하거나, 견도라고 하거나 그렇게 어떤 이름을 지어 놓고 스스로 그 지위의 깨달음을 얻었다고 하는 사람이 있다면 그 사람은 이번 생 공부의 진척은 더 나아가기 어렵다는 옛말이 있다. 그 이유는 스스로 '나는 견성을 했다'거나, '나는 이만큼의 깨달음을 얻었다'거나, 혹은 '나는 이만큼 깨달았는데 너는 그렇지 못하구나' 하는 등의 스스로를 높이고 상대를 낮추는 분별심이 작용을 하기 때문이다. '내가 돈이 많다', '내가 잘났다', '내가 높은 자리에 올랐다'는 것도 매혹적인 큰 상일진데, '내가 깨달았다'고 하는 아상은 얼마나 유혹적이고 매력적인 목표인가. 그러나 '내가 깨달았다'는 미세한 아상은 곧 상대방과의 차별을 가져오고 그 차별은 나를 더욱 어리석은 아상의 나락으로 몰고 갈 것이다. '나는 어리석다' 는 아상이나, '나는 깨달았다'는 아상은 아무런 차이가 없다. 여전히 아상임에는 변화가 없다. 그러나 어쩌면 '나는 깨달았다'는 아상이 더 큰 장애를 가져올 수도 있다. 수보리의 질문과 이어지는 부처님의 답변은 바로 이 점을 지적하고 있다.

스스로 아뇩다라삼먁삼보리를 얻었다고 생각한다면 그 사람은 여전히 아상에 갇혀 있는 것이다. 그것이 아무리 미세한 마음이라도 그 마음은 여전히 아뇩다라삼먁삼보리와는 거리가 먼 사람이라는 반증일 뿐이다. '내가', '깨달을', '아뇩다라삼먁삼보리'는 없다. '내가'도 없고, '깨달을' 것도 없으며, '아뇩다라삼먁삼보리'도 없다. 아뇩다라삼먁삼보리를 얻었다고 하지만 얻을 그 어떤 법도 없다. 얻을 깨달음도 없으며, 얻을 주체인 '나' 또한 없다. 완전한 무아, 완전한 텅 빔, 완전한 공만이 있음과 없음을 초월해서 있다. 보통 사람들은 깨달음을 얻고 못 얻고 하는 어떤 법으로 착각을 하곤 한다. 법을 깨닫고 못 깨닫고 하는 이분법으로 진리를 나누고 있다. 그 어떤 나뉨도, 그 어떤 이분법도 진리에는 발 디딜 틈이 없다.

깨달았다고 달라질 것은 없다. '깨달은 나'에 대한 환상은 쓰레기통에 집어넣는 편이 나을 것이다. '나는 깨달았다'는 말은 도무지 성립할 수 없는 말이다. 깨달음에는 '나'가 없다. 깨달을 '나'가 없었을 때, 얻어야 할 어떤 '깨달음'이 없었을 때 참된 깨달음은 드러남도 없이 드러난다. 깨달음을 얻는다는 환상을 버려라. 이것이 첫 번째 부처님의 무아 법문이다.

그래서 부처님께서는 마땅히 일체중생을 멸도에 들게 하리라고 서원하며 실천해야겠지만 일체중생을 다 멸도에 들게 했더라도 실로 한 중생도 제도한 바가 없어야 한다고 설하신 것이다. 일체중생을 멸도에 들어 깨달음에 이르게 했으면서도 한 중생도 제도한 바가 없어야 한다는 말이다.

아마도 수행을 하는 많은 이들은 '내가 깨달았다' 정도까지는 아닐지라도, '나는 수행자다', '나는 이렇게 수행하는 사람이다', '나는 수행력이 높다', '나는 수행하지 않는 다른 이들에 비해 우월하다' 하는 등의 비교, 판단, 분별이 끊임없이 고개를 치켜들고 올라오는 것을 볼 것이다. 그런 생각이 일어나는 것을 탓할 것은 없다. 다만 그런 생각에 스스로 빠지는 것을 경계할 일이다. 그런 생각이 일어나는 것은 자연스런 모습이다. 다만 그런 생각이 일어났음을 놓치는 것을 경계해야 한다. 그런 생각에 휘둘리지 말라. 다만 깨어 있는 정신으로 그런 생각을 잘 살피라. 그러한 생각이 일어나고 있음을 있는 그대로 다만 잘 살피기만 하라. 잘 살피고 관해야 거기에 속지 않을 수 있다. 스스로 그 우월감에 기뻐하거나, 열등감에 고개 숙이고 있지는 않은지 잘 살필 일이다.

지금 이 순간 이렇게 『금강경』을 공부하며 자문해 보자. 스스로 '나는 『금강경』을 공부했다', '불법의 지혜를 요달했다'고 하는 등 의상을 가지고 있지는 않은가. '내가 『금강경』을 좀 안다'고 생각한다면 전혀 『금강경』의 핵심에 접근하지 못하고 있는 것이다. 말로만 관로써만 받아들일 뿐 내 안에 그 의미가 온 존재로서 와닿지 못하고 있는 것이다.

"또한 수보리야, 그 까닭은 아뇩다라삼먁삼보리를 일으킬 어떤 한 법도 있지 않기 때문이다."

이 세상은 오직 불성밖에 없다. 모든 것이 부처님 마음의 나툼일 뿐이다. 불성이라고 이름 짓는 것도 그저 이름을 붙이자니 그렇게 붙여놓은 것일 뿐이지, 불성이라는 말 또한 어디에 붙을 데가 없다. 깨달음이라는 것도 어떤 실체적인 '깨달음'의 모양이 있어서 깨달음이란 말이 나온 것이 아니다. 깨달은 사람은 어떤 모습일까? 부처님은 어떻게 생기셨을까? 또 깨달았다고 하는 큰스님들은 어떤 모습을 하고 계실까? 남자일까 여자일까? 잘생겼을까 못생겼을까? 마른 체형일까 아니면 통통하실까? 눈은 어떤 모습이고, 귀와 코, 입은 어떻게 생겼을까? 키는 클까 작을까? 몇 cm 정도가 되실까? 옷은 어떤 옷을 입으시고, 신발은 어떤 메이커의 신발을 신고 다니실까? 밥은 무엇을 드실까? 햄버거나 콜라, 커피도 드실까? 과연 어떤 모습이 우리가 생각하고 있는 깨달은 자의 모습인가?

정답은 없다. '어떤' 모습일 거라고 모양을 만들어 두고 있다면 그것은 우리의 상일뿐이다. 우리의 바람일 뿐이다. 어떤 모양도 없기 때문에, 어떤 형식이나 틀에도 얽매임이 없기 때문에 그 어떤 모습으로도 나투실 수 있고, 자유자재하게 나투실 수 있는 것이다. '깨달은 자'를 어떤 성격일 거라고 규정짓지 말라. 어떤 외모일 거라고 규정짓지 말라. 남자 혹은 여자일 거라고 고정 짓지 말라. 그것은 깨달음의 본모습이 아니다. 깨달음은 어떤 것에도 고정되게 담기지 않는다. 그러므로 그 어떤 것에도 담길 수 있는 것이다.

'스님'은 어때야 한다고 고정 짓지 말라. 점잖아야 한다거나, 말도 느려야 한다거나, 외모가 자비롭게 생겨야 한다거나, 화도 내면 안 된다거나 하는 등의 고정된 관념으로 '스님'이라는 관념을 내 안에 만들어 두지 말라. 그것은 스님이 아니다. 어떤 틀에 갇힌 정형화된 스님은 스님이 아니다. 참된 수행자는 어떤 틀에 갇히지 않는다. 그렇기 때문에 그 어떤 틀에도 담길 수 있는 것이다. 수행자란 '수행자다운' 어떤 틀에 잘 들어맞는 사람이 아니라, '자기 자신다운' 사람이다. 이 세상에 하나밖에 없는 독자적이고, 창조적인 '자기 자신'만의 특성을 있는 그대로 드러내는 사람이야말로 참된 수행자다. 획일적이지 않은 자기 자신의 길을 가는 자가 수행자다. 그러한 자기 자신의 길은 어디에도 갇히지 않은 자유로운 길이다.

모든 사람들이 마찬가지다. 자기 자신을 어떤 '틀'에 가두지 말라. '누구'처럼 살아야 한다고 강요하거나, '부처님'처럼 살려고 애쓴다거나, '누구'처럼 돈 벌려고, 좋은 차 살려고, 좋은 직장에 다니려고, 혹은 '누구'처럼 예뻐지려고 온갖 노력을 쏟지 말라. 그것은 참된 법을 모르는 어리석은 행동이다. 법은 '어떤 틀' 속에 갇히지 않는다. 어떤 한 법도 없는 것이 참된 법이다. 어디에도 갇히지 않았을 때 우리는 비로소 '나 자신'이 되는 것이고, 그랬을 때 우리 안에 있는 본래불의 모습은 비로소 빛을 발하게 된다. 나 자신으로 사는 것이야말로 법신불로서 살아가는 것이다.

그래서 법신불이라는 말이 나온 것이다. 법신불이 무엇인가. 산도 부처요, 강도 부처요, 나무며 풀에서부터 태양과 바람과 구름과 시냇물과 짐승과 곤충과 사람에 이르기까지 심지어 살인자에게도 부처의 본래 모습은 원만하게 구족되어 있다. 다시 말해 부처는 그 어떤 모습으로도 나툴 수 있는 것이다. 그것은 어떤 한 법도 없기 때문이다. 즉 어떻게 규정짓는다거나, 어떤 모습으로 만든다거나, 어떤 법으로 정한다거나 할 수 있는 것이 아니라는 말이다.

즉 부처는 어떤 한 법도 있지 않은 경계를 말한다. 그러니 깨닫겠다는 마음을 일으킬 그 어떤 법도 없다. 아뇩다라삼먁삼보리를 일으킨다는 것도 표현이고 말일 뿐 아뇩다라삼먁삼보리를 일으킬 어떤 정해진 법이 있는 것이 아니다. 정해진 법이 있지 않기 때문에 그 어떤 한 법도 있지 않은 경계에서 그 모든 일체법을 다 나툴 수 있는 것이다.

정해지지 않아야 그 어떤 것도 될 수 있는 것이다. 물은 그 모양이 정해지지 않았다 보니 둥근 그릇에 담기면 둥글어지고, 네모 그릇에 담기면 네모가 되며, 날이 추워지면 얼고, 너무 더워지면 수증기로 날아가지 않는가. 물의 모양이 이미 어떻게 정해져 있다면 그렇게 나툴 수가 없었을 것이다. 사람도 마찬가지다. 법도 마찬가지다. 깨달음도 마찬가지다. 사람이 어떤 모습을 가지고 '나'라고 정할 것인가. 이번 생에 사람이었다가 다음 생에 짐승으로 윤회를 했다면 짐승이 고정된 '나'인가, 아니면 사람이 고정된 '나'의 실체인가. 어떤 것도 고정된 것은 없다. '나'가 없기 때문이다. '나'라는 그 어떤 법도 없기 때문에 나는 사람도 될 수 있고, 동물도 될 수 있고, 바람도, 구름도 될 수 있는 것이다. 그것이 바로 무아다. 무아이기 때문에 그 어떤 것도 될 수 있는 것이다. 인연 따라 그 어떤 것으로도 나툴 수 있는 것이다. 그것이 바로 무아법이 말해주는 '정한 바 없는 법'이고, '한 법도 없는 법'이다.

"수보리야, 너는 어떻게 생각하느냐? 여래가 연등 부처님 처소에서 아뇩다라삼먁삼보리를 얻었다고 할 만한 어떤 법이 있느냐?"

"아닙니다. 세존이시여, 제가 부처님 말씀의 뜻을 이해하기에는 부처님께서 연등부처님 처소에서 아뇩다라삼먁삼보리를 얻었다고 할 만한 어떤 법도 없습니다."

부처님께서 말씀하셨다.

"그렇다 그렇다 수보리여, 실로 아뇩다라삼먁삼보리를 얻었다고 할 만한 어떤 법도 있지 않다. 수보리야, 만약 어떤 법이 있어서 여래가 아뇩다라삼먁삼보리를 얻은 것이라면 연등부처님께서 나에게 수기하시기를 '네가 다음 세상에 마땅히 부처를 이루어 석가모니라 하리라'고 하시지 않으셨을 것이지만, 실로 어떤 법이 있지 않은 경계에서 아뇩다라삼먁삼보리를 얻었기에 연등부처님께서 나에게 '네가 다음 세상에 마땅히 부처를 이루어 석가모니라 하리라'고 수기하셨느니라. 왜냐하면 여래라 함은 모든 법에 여여하다는 뜻이기 때문이다."

부처님의 과거 인행시에, 연등부처님께서는 미래세에 아뇩다라삼먁삼보리라는 깨달음의 법을 얻어 석가모니라는 부처가 될 것이라고 수기하셨다. 연등부처님은 과연 석가모니부처님께 어떤 법을 전해 주셨던 것일까?

또 어떤 법을 전해 주었기에 미래에 깨달을 것을 그 먼 과거에 미리 알고 수기를 내려 주셨던 것일까? 그 '법'은 과연 무엇인가?

여기에서 부처님께서는 그 답을 주고 계신다. 석가모니 부처님께서 연등부처님께 법을 받으셨다고 알고 있었지만 이제 부처님께서는 '아뇩다라삼먁삼보리를 얻을 만한 어떤 법도 받지 않았다'고 말하고 계신다. 나아가 아뇩다라삼먁삼보리를 얻었다고 할 만한 어떤 법도 받지 않았기 때문에 참으로 아뇩다라삼먁삼보리의 법을 받은 것이라고 말하고 있다. 즉 어떤 법이 있지 않은 경계에서 아뇩다라삼먁삼보리를 받았기 때문에 다음 세상에 석가모니 부처가 되리라고 수기하셨다는 것이다. 즉 석가모니 부처님이 스스로 '아뇩다라삼먁삼보리의 법'을 얻었다고 생각하거나, '아뇩다라삼먁삼보리의 법'이라고 생각할 만한 '어떤 법'을 생각하거나, 그 법에 갇혀 있었다면 연등부처님은 석가모니 부처님께 수기하지 않으셨을 것이다. 석가모니 부처님께서 '어떤 한 법도 있지 않은', '어떤 아뇩다라삼먁삼보리도 있지 않은' 경계에서 '법 아닌 법을 받음 없이 받으셨기에' 훗날 석가모니 부처님이 되리라고 수기하신 것이다.

부처님께서 말씀하신 법은 무엇인가. 과연 부처님께서는 우리에게 무슨 법을 말씀하신 것인가. 부처님께서는 수많은 법문을 설해 주셨다. 사성제, 삼법인, 연기법, 십이연기, 사념처 등 수도 헤아릴 수 없이 많은 법을 설해 주셨다. 일평생 수많은 설법을 하시면서 수많은 중생에게 법을 설해 주셨다. 그러나 부처님께서는 열반에 드실 때 '나는 단 한 법도 설하지 않았다'고 말씀하셨다. 평생 중생을 위해 법을 설하셨지만 '단 한 법도 설하지 않았다'고 하신 바는 무엇인가. 부처님께서 설하신 법에도 집착해서는 안 된다는 말이다. '어떤 한 법'이라고 할 만한, '이것이 진리다'라고 할 만한 그 어떤 고정된 법도 존재하지 않는다는 사실이 바로 부처님께서 말씀하신 '진리'다. 그런데 어떤 것을 진리라고, 법이라고 고정 지을 것인가. 고정 지을 것이 하나도 없다는 것, 항상 하는 것이 하나도 없다는 것, 고정된 실체로서의 자아가 없다는 것, 그렇기에 그 어디에도 집착할 것이 없다는 것, 그것이 부처님 말씀이고 법일진대, '고정 지을 것이 없다'는 진리를 고정화할 것인가, '항상 하는 것이 없다'는 진리를 항상 하는 법으로 받아들일 것인가, 자아가 없다는 무아법을 받아들이는 '나'를 내세울 것인가, 그 어디에도 집착할 것이 없다는 말씀에 집착할 것인가. 그 어디에도 집착하고, 머물고, 고정 짓고, '진리'라고 이름 짓고, '한 법'이라고 말할 수 없다. 집착하지 말라는 말에 집착해서도 안 되고, '나다' 하고 고정 지을 내가 없다는 사실을 받아들이는 나를 내세워서도 안 된다. 그렇기 때문에 부처님께서는 그 어떤 법도, 그 어떤 '진리'도, 그 어떤 '아뇩다라삼먁삼보리'도 내세우거나, 집착하거나, 머물지 않는다. 그 어떤 '법'에도 집착하지 않는 것이야말로 참된 '법'이기 때문이다.

아뇩다라삼먁삼보리를 얻었다고 하는 자가 있다면 그 자는 결코 아뇩다라삼먁삼보리를 얻지 못했다. 얻을 아뇩다라삼먁삼보리가 없는데, 또 그 아뇩다라삼먁삼보리를 얻을 내가 없는데, 어찌 아뇩다라삼먁삼보리를 얻을 수가 있겠는가. 아뇩다라삼먁삼보리를 얻었다고 할 만한 그 어떤 법도 있지 않음을 바로 깨달았기 때문에 석가모니부처님은 아뇩다라삼먁삼보리를 얻어 수기를 받을 수 있었던 것이다.

만약 석가모니 부처님께서 연등부처님께 '제가 아뇩다라삼먁삼보리를 얻었습니다'라고 했다면 연등부처님은 '네가 다음 세상에 마땅히 부처를 이루어 석가모니라 하리라'고 하시지 않으셨을 것이다. 그러나 실로 어떤 법이 있지 않은 경계에서 아뇩다라삼먁삼보리를 얻었기 때문에, 즉 아뇩다라삼먁삼보리라고 이름할 그 어떤 법도 있지 않다는 것을 알았기 때문에 연등부처님께서 '네가 다음 세상에 마땅히 부처를 이루어 석가모니라 하리라'고 수기하실 수 있었던 것이다.

"왜냐하면 여래라 함은 모든 법에 여여하다는 뜻이기 때문이다."

여래라 하는 것은, 부처라 하는 것은 모든 법에 있어 여여(如如)한 것을 말한다. 여여하다는 것은 어떤 법에도 집착함이 없고, 어떤 법에도 머물지 않지만 그 모든 법을 나투고 그 어떤 법도 자유자재하게 거할 수 있다는 것을 말한다. 나툰 모습은 이렇게도 저렇게도 나툴 수 있지만, 늘 한결같이 본래의 바탕자리를 잃지 않는다는 뜻이다.

우리의 본바탕은 늘 여여하다. 여여한 불성 그대로이다. 우리 자신이 그대로 부처요, 자성불이며, 법신불인 것이다. 여래로서 늘 여여한 본래 그대로의 성품을 가지고 있다. 모든 법에 있어 늘 여여하다. 어떤 모습에서도, 어떤 곳에서도, 어떤 법에서도 본바탕에서는 늘 한결같은 여여한 성품을 잃지 않는다.

어리석은 중생이 언젠가 수행을 통해 깨달아 여여한 부처를 이루는 것이 아니다. 지금 이 모습 그대로 여여한 부처인 것이다. 본래불이고, 본래 자성이 청정하니 사실은 수행도 필요 없고, 깨달음으로 나아가고자 하는 그 어떤 노력도 할 필요가 없다. 그런데 왜 불가에서는 수많은 수행 방편을 이야기하면서, 참선, 염불, 간경, 주력, 절 등의 수행을 이야기하고 있는가. 본래불이라면 수행할 필요도 없고, 깨달을 것도 없지 않은가.

그러나 사람들은 스스로가 본래부터 부처인 것을 모르고 있다. 스스로가 여여한 여래라는 사실을 모르고 있다. 그러면서 스스로 번뇌를 만들고, 욕심을 만들어 그 욕심과 번뇌에 스스로 얽매이는 이 어리석은 짓을 하고 있다. 스스로 '나'라는 허상을 만들어 놓고, 스스로 만들어 놓은 '나'라는 허상에 얽매여 '내가 잘나고 싶고', '내가 돈 벌고 싶고', '내가 유명해지고 싶고', '내가 깨닫고 싶다'는 등의 온갖 욕심을 만들고 있는 것이다. 스스로 '나'라는 허상만 만들지 않는다면 '내 욕심'이 어디 붙을 자리가 있겠는가. '나'만 완전히 놓아버려 무아법을 깨닫고 나면 본래 여여한 여래가 목전에 당도해 있다. 지금 이 모습 그대로 부처이고 여래라는 사실을 '나'라는 아상 때문에 깨닫지 못하고 있는 것이다. 그러니 구경무아분에서 계속해서 강조하고 있는 것처럼 무아법을 구경에 바로 보게 되는 순간 '내가 깨닫는' 것이 아니라, 본래 여여한 여래였음을 알게 되는 것이다.

스스로 이렇게 '나'에 얽매여 괴로워하고 아파하고 있다 보니 부처님께서도 방편을 써서 '나'에 얽매여 괴로워하고 있는 데서 벗어나도록 도와주고자 하는 것이다. 그것이 부처님의 팔만사천 법문이며, '나'를 벗어나도록 하는 실천행을 일러주시니 그것이 수행이다. 본래부처라는 것을 완전히 깨달은 사람이라면 수행도 필요 없고, 설법도 필요 없지만, 우리는 여전히 '나'에 갇혀 있고, 괴로워하고 있으며, 삶에 아파하고 있지 않은가. 그러니 수행이 필요한 것이고, 법문이 필요한 것이다. 괴롭지 않다면, 한없이 자유롭고 평화로우며 어떤 법에도 걸림이 없다면 불교도 필요 없고, 수행도 필요 없으며, 아뇩다라삼먁삼보리도 다 쓸모없는 말일 뿐이다. 그 어떤 한 법도 붙을 자리가 없는 것이다.

구경에 무아법을 깨닫게 되면 모든 법에 여여한 여래임을 바로 보게 된다.

"만일 어떤 사람이 '여래가 아뇩다라삼먁삼보리를 얻었다'고 한다면 수보리야, 그는 거짓을 말하는 것이며, 사실이 아닌 것에 집착하여 나를 비방하는 것과 같다. 왜냐하면 여래가 아뇩다라삼먁삼보리를 깨달았다고 할 그 어떤 법도 없기 때문이다. 수보리야, 여래가 얻은 바 아뇩다라삼먁삼보리는 실다움도 없고 헛됨도 없다. 그러므로 여래는 '일체법이 다 불법'이라고 설한 것이다. 수보리야, 이른바 일체법이라 함은 곧 일체법이 아니니, 그 까닭에 이름이 일체법인 것이다. 수보리야, 예컨 대 몸집이 아주 큰 사람의 비유와 같다."

수보리가 사뢰었다. "세존이시여, 여래께서 말씀하신 사람의 몸이 아주 크다는 것도 실은 큰 몸이 아니라 그 이름이 큰 몸일 뿐입니다."

사람들은 말할 것이다. '부처님은 깨달음을 얻으신 분이다'라고. 여 래가 아뇩다라삼먁삼보리를 얻었다고 말할 것이다. 물론 그것은 맞는 말이다. 일반적으로 우리는 그렇게 생각하고 있다. 그러나 여기『금 강경』을 보라.『금강경』에서는 이 당연한 말까지도 부정을 하고 있다. 『금강경』이야말로 일체 모든 방편을 거두어 들여 온전한 진리로 이르 게 하는 가르침이다. 조금이라도 참 진리와 어긋나는 것이 있다면 전 부 부정하고 파하여 진리를 드러나게 하는 파사현정의 가르침이다. 우리가 지금까지 당연하게 받아들이고 사용하던 말, '부처님은 깨달음 을 얻으신 분이다'라는 명제를 생각해 보자. 이 말은 어디까지나 방편 일 뿐이다. 부처님에 대해 설명하고 표현하며 사람들에게 어떤 분이 신지 알려주려다 보니까 그렇게 표현했을 뿐이다. 언어라는 것의 조 악함 때문에 이렇게밖에 표현할 수 없었던 것이다.

그러나 방편을 버리고 진리의 편에서 이 명제를 관찰해 보자. '부처 님은 깨달음을 얻으신 분'이라거나 '여래는 아뇩다라삼먁삼보리를 얻 었다'는 말에 어떤 모순이 있는가. 과연 여래는 깨달음을 얻으신 분인 가. 그렇지 않다. 깨달음을 얻을 '여래', '부처'가 없다. 깨달음을 얻은 '나'가 있다거나, 깨달음을 얻은 '부처'가 있다고 한다면 그건 벌써 상 대성에 빠진 생각이다. 깨달은 부처가 있고 깨닫지 못한 중생이 있어서 어리석은 중생이 깨달은 불세계로 나가기 위해 수행한다는 생각은 벌써 부처와 중생을 둘로 나누어 놓은 생각이다. 부처는 그 어떤 분별의 세계에도 몸을 담고 있지 않다. 생사와 열반, 중생과 부처라는 두 가지 극단 어디에도 부처는 없다. 부처는 '어디에' 있어야 한다거나, '어떤 상태로' 있어야 한다거나 하는 그런 '존재'가 아니다. 깨달은 '자'라는 어떤 존재적인 틀에 부처를 가둘 수는 없다.

부처는 '깨달은 자'를 의미하는 것이 아니라, '깨어 있음'을 의미한다. 깨달았다는 것은 완전히 무아를 깨달았다는 뜻이다. 즉 '내가 없음'을 온전히 자각한 것, 구경무아인 것이다. 무아가 곧 깨달음일진대, 어디에 깨달은 '나'를 붙일 수 있을 것인가. '나'가 없는데, 어디에 깨달은 '나'를 내세울 수 있는가. 깨달음이라는 것은 어떤 존재에게 오고 말고 하는 문제가 아니다. 누구든 깨어 있는 순간 바로 부처인 것이다. 깨어 있는 순간, 오직 깨어 있음의 빛만이 있을 뿐 나와 너라는 상대개념도 사라지고 생사, 중생과 부처라는 분별 또한 사라진다. 바로 그것, 깨어 있음, 그것이 바로 부처다.

만약 스스로 '나는 깨달음을 얻었다'고 한다면 그는 깨달음을 얻은 '나'에 갇혀 있기 때문에 깨달았다고 할 수 없다. '나'는 깨달음을 얻을 수 없다. 아(我)는 깨닫지 못한다. 무아(無我)만이 깨달음을 얻을 수 있다. 그러나 무아는 말 그대로 무아, 내가 없음이며 텅 비어 있음이고 무상과 무아, 무자성과 공이기 때문에 주체를 내세울 수 없는 것이다. 그러니 '나는 깨달았다'는 말이 얼마나 큰 모순인가. 깨달을 내가 없음을 아는 것이 깨달음일진대 스스로를 깨달음의 주체로 생각한다는 것은 얼마나 어리석은 일인가. 그것은 스스로의 무명을 드러내는 일일 뿐이다.

그러니 어떤 사람이 '여래가 아뇩다라삼먁삼보리를 얻었다'고 한다면 그는 거짓을 말하는 것이다. 여래는 아뇩다라삼먁삼보리를 얻을 수 없다. 여래라는 주체가 아뇩다라삼먁삼보리라는 그 어떤 깨달음의 상태를 얻어 가질 수는 없는 일이다. '여래'도 '아뇩다라삼먁삼보리'도 '얻음'도 없다.

그렇기에 '여래가 아뇩다라삼먁삼보리를 얻었다'는 말은 완전한 거짓이다. 언어 자체에 큰 모순이 담겨 있는 표현이다. 그렇게 말한 사람이 있다면 그는 '깨달음'에 집착하고 있는 것이며, '깨달은 자'에 집착해 있는 것이고, '얻음'에 집착해 있는 것이다. 그는 사실이 아닌 것에 집착하여 여래를 비방하는 것과 같다.

'아뇩다라삼먁삼보리'를 얻은 어떤 '자'가 있다면 그는 여래가 아니다. 그런데 만약 어떤 사람이 '여래는 아뇩다라삼먁삼보리를 얻었다'고 한다면 그것이야말로 여래를 비방하는 것이 아니고 무엇이겠는가. 그런 여래는 없다. 또한 여래가 얻을 아뇩다라삼먁삼보리라는 그 어떤 '법'도 없다. 아뇩다라삼먁삼보리는 어떤 특정한 '법'이 아니다. 여래가 아뇩다라삼먁삼보리를 얻었다고 할 만한 그 어떤 '법'이 없다. 여래가 얻은 법이라는 것은 실다움도 없고 헛됨도 없는 것이다. 여래가 어떤 '법'을 얻었다면 그것이 참된 것, 실다운 것이라는 말인데, 여래가 얻은 법은 실다운 것이 아니다. 그렇다고 헛된 것 또한 아니다. 실다운 법에 집착해도 안 되고, 헛된 법에 집착해도 안 된다.

우린 누구나 말할 것이다. '부처님은 깨달음을 얻으신 분'이라고. 그러나 얻을 깨달음이 없다. 깨달음이라는 것을 어떤 실체적인 것, 진리

379

다운 어떤 것으로 생각지 말라. '어떤 것'으로 고정 지어 생각하는 순간 그것은 더 이상 깨달음이 아니며 진리도 아니다. 그 어떤 '법'이 아니다. 도대체 무슨 이유에서인가. 왜 법이 아니라고 말하는 것일까. 깨달았다고 할 어떤 법도 없다고 말하는 것인가. 그것은 바로 '일체법이 곧 불법'이기 때문이다. 일체 모든 것이 불법이 아니고 어떤 특정한 것만이 불법이라면 어떤 깨달을 '법'이 있다고 말할 수 있을 것이지만, 일체 모든 법이 다 불법이라면 거기에 어떤 것만을 정하고 택해 깨달아야 한다고 할 특정한 '법'이 없지 않겠는가. 진리 아닌 것이 따로 있고 진리가 따로 있다거나, 99%는 진리가 아니고 1%가 진리라고 한다면 그 1%의 진리를 깨닫기 위해 애써야 하고 노력해야 하겠지만, 100% 전부가 다 진리이고 불법이라면 어떤 특정한 1%를 깨닫고 얻기 위해 노력할 필요가 없지 않겠는가. 불법이란 그와 같다. 일체 모든 법이 다 불법이기 때문에 별도로 실다운 법과 헛된 법을 나눌 수가 없다. 100% 모두가 그대로 불법이다. 100% 모두가 그대로 실다운 법이다. 그러니 거기에 몇 %를 실답다고 나누고, 몇 %를 헛되다고 나누어 놓고 그 가운데 실다운 것을 찾는 노력은 필요치 않은 것이다.

그러니 '여래가 아뇩다라삼먁삼보리를 얻었다'는 말이 불필요한 것이다. 아뇩다라삼먁삼보리를 얻을 주체가 없으며, 여래가 얻을 '아뇩다라삼먁삼보리'라고 하는 그 어떤 특정한 '법'이 없다면 어찌 여래가 아뇩다라삼먁삼보리를 얻을 수 있겠는가.

이렇게 말하고 나면 분명 다시 '일체법'에 집착하는 이가 생겨날 것이다. '일체법이 다 불법'이라고 하니 그 '일체법'에 집착을 하는 것이다. 이렇게 다시 일체법에 집착하는 사람들을 위해 부처님께서는 또

다시 일체법에 대한 집착을 타파하도록 이끌고 있다. 일체법에 집착해서도 안 되는 이유는 일체법이라는 것은 일체법이 아니며, 그 이름이 일체법이기 때문이다.

그것은 마치 몸집이 아주 큰 사람의 비유와도 같다. 몸집이 큰 사람이라는 것은 크고 작은 둘을 나누어서 그 가운데 큰 쪽을 택한 큰 몸을 이야기하는 것이 아니다. 여기서 몸집이 큰 사람이라는 것은 크고 작은 것을 초월한 절대 큰 몸집을 말하고 있는 것이다. 그것은 곧 어떤 한 몸을 말하는 것이 아니다. 어떤 한 사람의 몸집을 말한다면 그것은 분명 크고 작은 분별이 생겨난다. 그러나 어떤 한 사람의 육신이 아닌, 온 우주법계를 다 담아낼 수 있는 삼라만상의 당체인 법신의 몸에서는 그 어떤 크고 작은 분별도 다 사라지고 만다. 온 우주의 어떤 한 부분을 차지하는 몸집을 가졌다면 크고 작다는 분별이 생기고 따라서 '어떤 한 몸', '큰 몸집'이라고 말할 수 있겠지만 온 우주법계 그대로인 법신의 몸집은 따로 떼어 내어 얼마만 한 몸의 법신이라고 말할 것이 없다.

우주법계의 크기를 100이라고 보았을 때, 그 가운데 몸집이 1이나 2 정도의 크기라면 그것은 크다 작다고 말할 수 있겠지만 법신의 몸은 그대로 우주법계의 크기인 100이기 때문에 크다 작다고 분별할 수 없으며 별도로 얼마만큼 크냐 작으냐를 논할 수 없다. 어떤 한 큰 몸이 아니라 법신은 전체를 말하는 것이기 때문이다. 그래서 일체법이 곧 불법이라는 말처럼, 일체 모든 법계가 그대로 법신으로서의 큰 몸이 되는 것이다. 그러니 큰 몸이라는 것도 이름을 큰 몸이라 이름 붙였을 뿐 따로 큰 몸이 있는 것이 아니다. 참된 큰 몸은 큰 몸이라고 이름 붙일 수 없기 때문에 큰 몸일 수 있는 것이다. 작은 몸, 큰 몸 하고 나누어 놓고 그 가운데 큰 몸을 택하는 큰 몸은 참된 큰 몸일 수 없다. 그것은 상대적인 큰 것일 뿐, 절대로서의 큰 몸은 될 수 없는 것이다.

"수보리야, 보살도 또한 이와 같아서 만약 '내가 마땅히 한량없는 중생을 멸도에 들게 했다'고 한다면 이는 보살이라 이름할 수 없다. 왜냐하면 수보리야, 실로 어떤 법에도 집착하지 않는 이를 보살이라 이름하기 때문이다. 그러므로 여래가 '일체 법은 아도 인도 중생도 수자도 없다'고 한 것이다. 수보리야, 만일 보살이 '내가 마땅히 불국토를 장엄하리라'고 한다면 이는 보살이라 할 수 없다. 왜냐하면 여래가 설한 불국토의 장엄은 곧 장엄이 아니라 그 이름이 장엄이기 때문이다."

무아의 설법은 계속되고 있다. 보살이라고 하더라도 스스로 '내가 중생을 멸도에 들게 했다'거나 '내가 깨달았다'거나 '내가 중생을 깨닫게 했다'거나 하는 등의 '내가'라는 아상에 빠져 있다면 그는 보살이라 이름할 수 없다. 보살은 '중생을 멸도에 들게 할' 주체가 없다. '나'라는 것이 완전히 사라졌는데 어찌 중생을 멸도에 들게 할 내가 생겨날 수 있겠는가.

보살은 한없이 중생을 멸도에 들게 하지만 단 한 명의 중생도 멸도에 들게 한 적이 없다. 보살이란 어떤 한 법에도 머물러 집착하지 않는 자를 이름하기 때문이다. 스스로 '멸도에 들게 했다'라는 상에 갇혀 있다면, '중생을 구제했다'는 법에 집착해 있다면 그는 보살일 수가 없는 것이다.

아직 깨닫지 못한 어리석은 중생에게는 부처와 중생이 나누어져 있고, 생사와 열반이 나누어져 있지만 이미 무아법을 깨달은 보살에게는 그 어떤 종류의 나눔도 없다. 부처와 중생도 없으며, 생사와 열반도 다 헛된 꿈에 불과하다. 이 세상은 이미 활짝 핀 한 송이 연꽃이다. 모든 사람에게 깨달음의 씨앗 불성이 있으나 아직 발현되지 못했기 때문에 그 불성을 싹 틔워야 한다는 말은 다 방편일 뿐이다. 무아법을 깨달은 보살에게는 중생도 없고 부처도 없다. 깨달음에 이르게 할 중생도 없으며, 이미 깨달음에 이른 부처도 없다. 그것이 바로 무아법의 증득이 가져다주는 대해탈, 대자유의 깨달음이다. 내가 없다는 무아의 가르침은 나와 남, 인간과 자연, 인간과 신, 중생과 부처, 생사와 열반, 삶과 죽음 등의 그 어떤 나눔도 용납하지 않는 진리를 대변한다. 그렇기에 무아법을 체득한 보살은 스스로 중생을 구제한다는 상을 가질 수가 없다. 구제할 중생이 없고, 구제할 내가 없기에 구제라는 말도 사라지기 때문이다.

그렇기에 보살은 '깨달음'에도 집착하지 않으며, 깨달음의 회향인 '중생구제'에도 집착하지 않는다. 상구보리에도 머물지 않고 하화중생에도 머물러 있는 않는 이가 보살이다. 상구보리 하화중생에 머물러 있지 않으면서 상구보리 하화중생을 실천하는 이가 바로 보살이기 때문이다. 앞에서 일체법이 곧 불법이라고 했는데 일체법, 즉 불법에는 아상·인상·중생상·수자상 그 어떤 상도 용납되지 않는다. 즉 그 어떤 '나다'라고 하는 상도 용납하지 않는다는 말이다. 깨달을 '나'도 없고, 중생을 구제할 '나'도 없다. 지혜를 증득할 '나'도 없으며, 자비를 베풀 '나'도 없다. 상구보리할 내가 없으며 하화중생할 내가 없는 이가 바로 보살이다. 일체법은 한 치의 아상도 인상도 중생상도 수자상도 용납하지 않기 때문이다.

마찬가지로, 보살이 '내가 불국토를 장엄한다'고 한다면 그는 보살일 수가 없다. '내가 불국토를 장엄하리라'고 하는 말이 그대로 스스로 보살이 아님을 대변하는 말일 뿐이다. 내가 없고, 장엄할 불국토가 없으며, 장엄할 것도 없는데 어찌 '내가 불국토를 장엄한다'는 상에 머무를 수 있단 말인가. 무아법을 깨달았다는 것은 '내가 없음'을 깨달았다는 말이기도 하지만, 일체 모든 법, 일체 모든 존재에 고정된 실체적인 관념이 없다는 것을 깨달았다는 말이다. 그 어떤 것도 실체적인 존재가 아니다. 나도 너도 없으며, 중생과 부처도 없고, 예토와 정토도 없다. 오염된 예토인 중생의 국토가 없고, 장엄된 불국토가 따로 없다. 무아법에는 그 어떤 차별도 분별도 용납하지 않는다. 그것이 바로 보살의 깨달음일진데, 어찌 '내가 불국토를 장엄한다'는 말을 할 수 있겠는가.

다만 여래가 불국토를 장엄한다고 했던 말은 어디까지나 방편일 뿐이다. 여래가 설한 불국토의 장엄은 실질적인 그 어떤 장엄이 아니라 이름이 장엄일 뿐이다. 불국토의 장엄은 곧 장엄이 아니다. 그러므로 장엄인 것이다.

"수보리야, 만일 어떤 보살이 무아의 법에 통달하였다면 여래는 이 사람을 진실로 보살이라고 부를 것이다."

이것이 바로 구경무아분의 핵심이며, 나아가 『금강경』의 핵심이 되는 구절이다. 무아법의 통달이 바로 『금강경』에서 줄기차게 말하고 있는 가르침의 핵심이다. 아상·인상·중생상·수자상의 타파가 바로 무아법의 이해를 위한 설명이며, 범소유상 개시허망 약견제상비상 즉견여래라는 게송 또한 무아법의 통달을 위한 사구게다.

반야지혜를 증득한다는 말이 바로 무아법을 깨닫는다는 말이며, 무아법이 바로 무자성, 공, 중도, 연기법의 다른 표현인 것이다. 이 세상에 펼쳐져 있는 이 모든 존재와 현상들은 모두 다만 인연 따라 잠시 그렇게 모습을 보인 것일 뿐, 고정된 실체로써 있는 것이 아니다. 그것들은 내 눈앞에 있는 것처럼, 고정된 실체적인 존재처럼 보이지만 그 안을 깊이 살펴보면 어디까지나 연기적인 현상으로 잠시 꿈과도 같이, 환영과도 같이, 그림자와도 같이 나타나고 있을 뿐이다.

어떻게 인연을 만났느냐에 따라 물이 소를 만나면 우유를 이루고, 독사를 만나면 독을 만들듯 그렇게 인연 따라 겉모습이 끊임없이 변화될 뿐이지 결코 고정된 실체인 것은 아니다. 또한 물은 계곡에서 시내로 강으로 바다로 흘렀다가 수증기로 변하고 구름으로 변하고 또한 인연을 만나 비로도 우박으로도 눈으로도 내리는 것이다. 그렇게 내린 눈비가 또다시 계곡을 지나면서 나무도 되었다가 식물도 되었다가 사람 몸으로도 변했다가 또다시 시내로 계곡으로 강으로 흘러 흘러가는 것일 뿐이다. 그럴진대 어떤 하나를 선택하여 '이것이 실체다'고 고집할 수 있겠는가. 다만 연기법에 따라 겉모습을 바꿀 뿐이다. 그렇기 때문에 모든 것은 무아법이라고 하는 것이다. 고정된 실체로서의 '자아'가 없다는 말이다.

그러니 어디에 집착할 것인가. 고정된 실체가 없고 다만 꿈처럼 신기루처럼 몸을 바꾸며 끊임없이 변화하며 흐를 뿐인데, 어떤 하나를 붙잡고 집착하고 '내 것'으로 만들려고 아집을 부릴 수 있겠는가. '나다'라고 고집하여 내 몸에 혹은 내 생각에 집착할 것인가.

내 몸도 끊임없이 변화하는 지수화풍의 변화의 한 모습일 뿐이다. 이 몸의 지수화풍의 구성원들은 흘러 흘러 바다도 되고 강물도 되고 산도 되었다가 나무도 풀도 되고, 또한 짐승도 되고 풀벌레도 되고 바람도 구름도 될 수 있는 것이다. 그러니 어찌 내 몸에 집착할 것인가.

내 생각이라는 것도 가만히 살펴보면 고정된 실체로써 존재하지 않는다는 것을 쉽게 알 수 있다. 어떤 생각을 '불변하지 않는 내 생각'이라고 할 것인가. 모든 생각은 변화한다. 흐를 뿐이다. 이 생각을 선택할 수도 있고, 저 생각을 선택할 수도 있다. 이러한 가치관을 선택할 수도 있고 저러한 가치관을 선택할 수도 있다. 그러나 중요한 것은 그 어떤 생각도 관념도 가치관도 고정된 실체로써 '내 것'은 아니라는 말이다.

이 세상에는 어디에도 '내 것'이라고 고집할 만한 것이 없다. 내 돈도, 명예도, 권력도, 지위도, 학벌도, 배경도, 사랑도, 가족도, 결국에는 내 것이 아니다. 그러니 어디에 머물러 집착할 것인가. 집착은 곧 괴로움을 불러올 뿐이다. 돈에 집착하면 돈으로 인해 괴롭고, 명예나 권력에 집착하면 그로 인해 괴로울 뿐, 결국에는 괴로움을 가져올 뿐이다.

'나'라는 것이 없는데, 어디에 '내 것'을 붙일 것이며, 집착할 것인가. 이 구경무아분에서는 바로 이 점을 설하고 있다. 구경에는 모든 것이 무아라는 것이다. 무아이기 때문에 비관적으로 살라는 말이 아니라, 무아이기 때문에 어디에도 집착함이 없이 자유롭게 살라는 것이다.

어떤 물질에도, 어떤 존재에도, 어떤 깨달음에도, 어떤 생각에도, 어떤 사상에도 얽매임 없이 자유롭게 살라는 말이다.

한평생 잠시 왔다가 갈 뿐이다. 인연 따라 잠시 어떤 한 몸으로 왔다가갈 뿐이다. 죽는다고 끝나는 것도 아니고 산다고 영원히 사는 것도 아니다. 다만 인연 따라 끊임없이 몸을 바꿀 뿐이다. 그러니 어디에 집착하며 살겠는가. 집착할 것이 하나도 없는데 과연 어디에 집착하며 살 것인가. 다만 인연 따라 법계의 몸을 잘 쓰다가 법계로 잘 돌려줘야 할 일이고, 인연 따라 법계의 돈도 잘 쓰다가 법계로 잘 회향시켜줘야 할 일이다. 내가 가져갈 수 있는 것은 하나도 없다. 돈도 명예도 권력도 지위도 사랑도 모두가 잠시 인연 따라 응해줬다가 인연이 다 하면 자연스럽게 사라지고 말 것이다.

집착하지 않을 수 있어야 인연이 다해 사라질 때 자연스럽게 놓아줄 수 있다. 붙잡고 조마조마하며 살 것인가, 놓아버리고 자유롭게 살 것인가. 자유롭게 사는 방법이 바로 무아법의 터득이다.

제18분

일체동관분

[일체를 하나로 관하라]

一切同觀分 第十八

須菩提 於意云何 如來有肉眼不 如是 世尊 如來有
肉眼 須菩提 於意云何 如來有天眼不 如是 世尊 如
來有天眼 須菩提 於意云何 如來有慧眼不 如是 世
尊 如來有慧眼 須菩提 於意云何 如來有法眼不 如
是 世尊 如來有法眼 須菩提 於意云何 如來有佛眼
不 如是 世尊 如來有佛眼 須菩提 於意云何 如恒河
中所有沙 佛說是沙不 如是 世尊 如來說是沙 須菩
提 於意云何 如一恒河中所有沙 有如是沙等恒河 是
諸恒河 所有沙數 佛世界 如是 寧爲多不 甚多 世尊
佛告須菩提 爾所國土中 所有衆生 若干種心 如來悉
知 何以故 如來說諸心 皆爲非心 是名爲心 所以者
何 須菩提 過去心 不可得 現在心 不可得 未來心 不
可得

"수보리야, 너는 어떻게 생각하느냐? 여래에게 육안(肉眼)이 있느냐?"

"그렇습니다. 세존이시여. 여래께는 육안이 있습니다."

"수보리야, 너는 어떻게 생각하느냐? 여래에게 천안(天眼)이 있느냐?"

"그렇습니다. 세존이시여. 여래께는 천안이 있습니다."

"수보리야, 너는 어떻게 생각하느냐? 여래에게 혜안(慧眼)이 있느냐?"

"그렇습니다. 세존이시여. 여래께는 혜안이 있습니다."

"수보리야, 너는 어떻게 생각하느냐? 여래에게 법안(法眼)이 있느냐?"

"그렇습니다. 세존이시여. 여래께는 법안이 있습니다."

"수보리야, 너는 어떻게 생각하느냐? 여래에게 불안(佛眼)이 있느냐?"

"그렇습니다. 세존이시여. 여래께는 불안이 있습니다."

"수보리야, 너는 어떻게 생각하느냐? 저 항하 가운데 있는 모래에 대해 여래가 말한 적이 있느냐?"

"그렇습니다. 세존이시여. 여래는 항하의 모래에 대해 말씀하신 적이 있습니다."

"수보리야, 너는 어떻게 생각하느냐? 저 하나의 항하 가운데 있는 모래의 수만큼 많은 항하가 있고, 그 모든 항하의 모래 수만큼의 부처님 세계가 있다면 그 세계를 얼마나 많다 하겠느냐?"

"매우 많습니다. 세존이시여." 부처님께서 수보리에게 말씀하셨다. "저 많은 국토 가운데 있는 모든 중생의 갖가지 마음을 여래는 다 아느니라. 왜냐하면 여래가 말하는 모든 마음은 마음이 아니라 그 이름이 마음이기 때문이다. 그 까닭은 수보리야, 과거의 마음도 가히 얻을 수 없고, 현재의 마음도 가히 얻을 수 없으며, 미래의 마음도 가히 얻을 수 없기 때문이다."

일체동관(一切同觀)이란 삼라만상 일체 모든 것을 둘로 나누지 않고 한 성품으로 관찰하여 본다는 뜻이다. 그렇게 차별하여 나누지 않고 한 성품으로, 한바탕으로 보는 눈이 바로 부처님의 오안(五眼)이다. 부처님께서는 바로 이 오안으로 보기 때문에 모든 중생들을, 또 중생들의 마음을 차별하여 나누어 보지 않고 한바탕, 한 생명으로 볼 수 있다. 이렇듯 오안으로 일체를 동관하여 알 수 있는 이유는, 항하의 모래알 수만큼의 세계에 있는 모든 중생의 갖가지 마음이 실체가 있는 것이 아니라 그 이름이 마음이기 때문이며, 그것은 과거나 현재나 미래라는 삼세의 어떤 마음도 고정된 실체가 없어 얻을 수 없기 때문이다. 그렇기에 부처님은 오안의 눈으로 일체를 동관함으로써 모든 중생의 마음을 다 알 수 있는 것이다.

"수보리야, 너는 어떻게 생각하느냐? 여래에게 육안(肉眼)이 있느냐?"
"그렇습니다. 세존이시여. 여래께는 육안이 있습니다."

　육안이란 말 그대로 모든 사람들이 가지고 있는 육신의 눈을 말한다. 육신의 눈으로는 과거나 미래의 것도 보지 못하고, 공간적으로 다른 장소의 것 또한 보지 못하며, 눈을 가리기만 해도 보지 못한다. 육신의 눈으로는 다만 빛의 도움을 통해 내 눈앞 사물의 모양과 색깔만을 볼 수 있을 뿐이다. 우리들 평범한 중생이 가지고 있는 눈은 오안 가운데 바로 첫 번째 눈인 이 육안뿐이다. 그렇기에 우리는 눈에 보이는 그 이상의 것을 보지 못한다. 여기에서 모든 갈등과 시비와 어리석음 등의 번뇌가 생겨나곤 한다. 그러나 여래에게는 이 육안뿐 아니라 천안, 혜안, 법안, 불안 등의 또 다른 것들을 볼 수 있는 눈이 있다.

여기에서는 오안 가운데 첫 번째인 육안을 모든 중생들처럼 부처님 또한 가지고 있음을 말해주고 있다.

"수보리야, 너는 어떻게 생각하느냐? 여래에게 천안(天眼)이 있느냐?" "그렇습니다. 세존이시여. 여래께는 천안이 있습니다."

두 번째 눈, 천안에서부터는 평범한 인간계의 사람이나 축생들이 가지지 않고 있는 눈이다. 천안은 말 그대로 하늘의 눈, 천상세계 신들의 눈으로 인간의 육안을 넘어 시공을 초월하는 눈의 기능이 있다. 천상 신들은 육신이 없기 때문에 육신에 걸리지 않는다. 육신에 걸리지 않기 때문에 공간적으로 막힘이 없다. 그러니 천안이란 공간에 걸림이 없는 눈이며, 이곳에서 어느 곳이든 볼 수 있는 눈을 말한다. 또한 천상 신들은 그 종류에 따라 인간계의 몇 백 년이 그 하늘의 하루인 경우가 있는 것처럼 시간적으로도 인간계에서와 같은 틀에 갇혀 있지 않다. 그렇기에 천안은 시간적으로도 걸림이 없어 과거와 미래에 있을 생사의 모양을 미리 알 수 있는 눈이기도 하다.

『지도론』에서는 '천안으로 보면 땅에서부터 하지(下地)의 육도와 중생 제물(諸物)을 본다. 가까운 것이나 먼 것이나 큰 것이나 작은 것 등 모든 사물이 보이지 않는 것이 없다'고 하였다. 또한 이 천안에는 두 가지 종류가 있는데, 그 하나는 수행(修)에 따라 얻어지는 것으로 인간계에 태어나 선정을 닦고 수행을 행함으로써 얻어지는 천안이 있고, 다른 하나는 과보(報)에 따라 얻어지는 것으로 색계의 하늘에 태어나 스스로 천안을 얻는 경우가 있다고 했다.

"수보리야, 너는 어떻게 생각하느냐? 여래에게 혜안(慧眼)이 있느냐?"
"그렇습니다. 세존이시여. 여래께는 혜안이 있습니다."
"수보리야, 너는 어떻게 생각하느냐? 여래에게 법안(法眼)이 있느냐?"
"그렇습니다. 세존이시여. 여래께는 법안이 있습니다."

세 번째는 혜안으로 말 그대로 지혜의 눈을 말한다. 그러나 여기서 말하는 '지혜'의 의미를 잘 알아야 한다. 혜안은 지혜의 눈이고, 법안은 법의 눈이며, 불안은 부처님의 눈이라고 한다면 간단하게 끝나겠지만 그렇게 해서는 도무지 어떤 차이가 있는지 종잡을 수 없을 것이다. 여기서 말하는 지혜는 일체 모든 존재의 본바탕에 있는 본질, 불성, 참성품을 깨달아 아는 지혜로, 삼독심 등 일체 모든 번뇌가 사라져 근본불교에서 말했던 무상, 무아, 고, 중도, 연기의 이치를 밝게 아는 지혜를 말한다. 이 눈은 성문(聲聞)과 연각(緣覺) 같은 근본불교 아라한들이 지니고 있는 눈이다.

성문은 부처님께서 가르치는 음성을 듣고 수행하는 수행자를 뜻하며, 스스로 깨닫기보다는 부처님의 설법을 듣고서야 비로소 수행할 수 있는 제자를 말한다. 이에 비해 연각은 독각(獨覺)이라고도 하며, 성문과는 달리 자신의 노력만으로 깨달음을 얻은 자를 말한다. 이 두 수행자의 공통점은 모두 자신의 깨달음을 추구한다는 점이다. 이에 비해서 대승불교에서 강조되고 있는 보살은 자리이타의 정신으로 자신의 깨달음보다 중생구제에 더 큰 원력을 세움으로써 원력이 성취되기 전까지는 성불도 뒤로 미룰 정도의 굳은 서원을 가진 수행자를 말한다.

　혜안은 바로 성문과 연각 수행자, 즉 자신의 깨달음을 중시하는 이들의 지혜의 눈을 말하고, 법안은 보살 수행자, 즉 자신의 깨달음보다는 중생구제에 원력을 세운 이들의 눈을 말한다. 대승불교에서는 그동안 성문과 연각 등 혜안을 구족한 아라한을 소승이라고 폄하하면서 법안을 구족한 대승의 보살승을 완전한 이상적 수행자상으로 생각해 왔다. 그러나 불교의 근본 사상이 나와 너를 나누지 않고, 생사와 열반을 나누지 않으며, 중생과 부처를 차별하여 나누지 않는 가르침을 볼 때 자신의 깨달음을 성취하고자 수행하여 깨달음에 이른 아라한을 소승이라고 폄하할 필요는 없다고 본다. 아라한의 입장에서는 나의 깨달음이 곧 온 우주법계의 깨달음과 둘이 아니다. 나라는 한 생명은 곧 온 우주법계의 전체 생명과 둘이 아니다. 하나가 곧 일체이고 일체가 곧 하나이며(一卽一切多卽一), 한 티끌 속에서도 시방세계를 담을 수 있다(一微塵中含十方)고 한 법성게(法性偈)의 게송을 생각해 보라. 한 사람이 깨달음을 얻어 아라한이 되었다는 것은 한 소승이 자신만의 깨달음을 위해 수행한 것에서 그치는 것이 아니다. 그것은 전체 법계의 깨달음이며, 전체 생명이 함께 깨달은 것과 다르지 않다.

이러한 관점에서 보았을 때 혜안을 구족한 아라한은 자신의 깨달음을 통해 모든 생명의 모든 중생의 깨달음을 실현해 보인 사람이다. 아라한의 지혜인 혜안을 통해 일체 모든 생명과 존재를 깨닫게 하는 사람이다. 그래서 육조 스님도 『금강경』 해설에서 '반야바라밀의 진리가 능히 삼세의 일체법을 낸다고 여기는 것을 혜안이라 한다'고 했다. 즉 하나의 진리가 삼세의 일체법을 내기 때문에 애써 삼세 일체법을 다 깨닫겠다고 나설 것이 아니라 자신 안에 있는 진리 그 하나를 깨닫게 되면 일체 모든 법을 깨닫겠다는 것을 아는 것, 그것이 바로 혜안이다.

이것은 다시 말해 혜안이란, 지혜의 눈으로써, 진리의 세계에서 모든 중생들이 결국 하나임을 보는 것이며, 무분별의 세계에서 모든 분별상들을 하나로 회통하는 것이고, 하나가 곧 전체임을 깨닫는 것이며(一卽一切), 이치가 곧 현상계와 둘이 아니게 걸림 없음을 깨닫는 것이고(理事無碍法界), 공의 세계에서 색이 하나임(空不異色)을 일체동관하는 눈인 것이다.

반대로 법안을 구족한 대자대비의 보살은 일체 모든 중생들의 깨달음을 통해 자신 또한 깨달음에 이르고자 하는 사람이다. 일체 모든 중생들이 깨닫지 못한다면 곧 내가 깨닫지 못한 것과 다를 것이 없으며, 일체 모든 중생이 깨달음에 이르렀을 때 비로소 자신도 완전한 깨달음의 향기에 다다를 수 있는 것이다. 즉 보살은 법안을 통해 일체 모든 존재의 깨달음이 곧 나의 깨달음임을 실천하는 수행자인 것이다.

육조 스님의 해설에 보면 '일체 불법이 본래 스스로 갖추어져 있다고 여기는 것을 법안이라고 한다'고 했다. 즉 일체 불법은 모든 생명과 모든 존재들 내면에 본래 갖추어져 있기 때문에 보살은 그 모든 중생들의 본래 갖추어진 불법을 일깨워 깨달음에 이르도록 하는 대자대비의 법안을 구족하고 있는 것이다.

다시 말해, 법안은 자비의 눈으로써, 모든 중생들의 깨달음에서 곧 진리를 보는 것이며, 분별상의 세계에서 무분별의 진리를 보는 것이고, 전체가 곧 하나임을 깨닫는 것이며(多卽一), 현상계와 현상계가 둘이 아니게 걸림 없음을 깨닫는 것이고(事事無碍法界), 색의 세계에서 공이 하나임(色不異空)을 일체동관하는 눈인 것이다.

"수보리야, 너는 어떻게 생각하느냐? 여래에게 불안(佛眼)이 있느냐?"
"그렇습니다. 세존이시여. 여래께는 불안이 있습니다."

불안은 말 그대로 부처님의 눈이다. 부처님의 눈은 소승에도 대승에도 치우침이 없으며, 하나에도 전체에도 치우치지 않고, 부처에도 중생에도, 아라한과 보살에도, 생사에도 열반에도, 색에도 공에도 치우침이 없는 완전한 무차별, 무분별의 눈이다.

불안은 모든 중생들 개개인 속에서도 깨달음을 보며 깨달음 속에서 다시 중생들의 삶을 본다. 그렇기에 깨달아 부처가 되어도 구제할 중생이 없고, 중생을 다 구제하면서도 하나도 구제하는 바가 없다. 차별상 속에 무차별이 있고, 또한 무차별 속에 차별로써 무한히 나툴 수 있다. 전체가 곧 하나이며 하나가 다시 전체를 품고, 현상계와 진리계라는 나뉨을 뛰어넘었다. 색이 공과 다르지 않으며 공이 색과 다르지 않고, 색이 곧 공이며 공이 곧 색임을 동관한다. 일체 모든 나뉨들을 거두어들여 동관하는 눈이 바로 일체동관의 부처님의 눈, 불안인 것이다.

"수보리야, 너는 어떻게 생각하느냐? 저 항하 가운데 있는 모래에 대해 여래가 말한 적이 있느냐?"

"그렇습니다. 세존이시여. 여래는 항하의 모래에 대해 말씀하신 적이 있습니다."

"수보리야, 너는 어떻게 생각하느냐? 저 하나의 항하 가운데 있는 모래의 수만큼 많은 항하가 있고, 그 모든 항하의 모래 수만큼의 부처님 세계가 있다면 그 세계를 얼마나 많다 하겠느냐?"

"매우 많습니다. 세존이시여."

부처님께서 수보리에게 말씀하셨다.

"저 많은 국토 가운데 있는 모든 중생의 갖가지 마음을 여래는 다 아느니라. 왜냐하면 여래가 말하는 모든 마음은 마음이 아니라 그 이름이 마음이기 때문이다."

항하의 모래 비유는 법계의 세계가 한량없이 많으며, 그 많은 국토 가운데 있는 그 많은 중생들의 갖가지 마음을 여래가 다 안다는 것을 설명하기 위해 비유로 드신 것이다.

여래는 모든 국토의 모든 중생들의 갖가지 마음을 다 안다. 어찌 모를 수 있겠는가. 그 모든 중생들과 그 많은 중생들의 마음은 어디에서 나왔는가. 바로 부처에서 나왔다. 그래서 『화엄경』에서는 '부처와 마음과 중생이 셋은 다르지 않다'라고 한 것이다. 그 나온 곳이 서로 다

르지 않다. 일체를 한 성품으로, 한바탕으로 관해 본다는 것, 일체동
관한다는 것이 바로 그 의미다. 일체가 둘로 셋으로 천으로 만으로 갖
가지로 나누어 볼 수 없으며, 돌이켜 관해 보면 한 성품으로 볼 수 있
는 것이다.

세상 사람들은 한량없이 많고, 그 많은 사람들이 쓰고 사는 마음 또
한 팔만사천을 넘을 것이지만 그 모든 마음, 그 모든 중생은 모두 한바
탕에서 나왔다. 나뭇가지며 잎사귀들은 한없이 많고 다양하지만 결국
그 모든 것은 다 뿌리가 근원이 되어 나왔듯이, 이 세상의 모든 중생과
중생의 마음 또한 나온 곳은 하나다. 그 하나를 이름하여 부처라고도
하고, 불성, 신성, 하늘, 주인공, 일심, 본래면목, 어머니 대지, 도, 깨달
음이라고도 하는 것일 뿐, 그러나 어느 하나를 고정 지어 이름을 명명
해주는 순간 그것은 더 이상 그것이 아니다. 그러나 중요한 한 가지는
그 모든 곳은 하나에서 나왔다는 사실이다.

중생들의 마음이야 얼마나 많고 다양하고 복잡하며 상황 따라 경계
따라 인연 따라 끊임없이 오고 가는가. 그러나 그 모든 마음이 저마다
실체가 있어서 그렇게 일어나는 것이 아니다. 다만 어떤 인연이 오느
냐에 따라 그 인연에 응하여 한 마음이 일어나고, 하나의 번뇌가 일어
나는 것이며, 또한 그 인연이 다함에 따라 자연스레 그 마음은 소멸되
는 것이다. 육신도, 마음도, 생각도, 번뇌도, 업(業)도 모두 인연 따라
잠시 왔다 인연이 다하면 소멸되는 것일 뿐이다. 그 어떤 것에도 고정
된 실체라고는 찾아볼 수 없다. 우리가 마음이라고 부르는 것은 이렇
듯 실체가 없이 인연 따라 오고 가는 것일 뿐이다. 그러니 마음은 마음
이 아니라 그 이름이 마음일 뿐인 것이다. 마음이라고 명명한 이름이

있을 뿐이지 마음의 실체는 없다.

그러나 그렇게 일체 모든 마음도, 물질도, 업도 수도 없이 내고 들이지만 그것을 내고 들이는 본바탕은 허공과도 같은 한 성품이요, 여래일 뿐이다. 그러니 어찌 여래가 모든 중생의 갖가지 마음을 모를 수 있겠는가.

바다가 물결을 모를 수는 없다. 물결은 제각기 인연 따라 다 다르지만 결국 물결 또한 바다의 한 모습일 뿐인 것과 같다. 물결은 수도 없이 많은 인연을 만나 수도 없이 다양한 물결의 모습을 만들어내지만 그 물결의 바탕은 바다이지 별도로 물결이 있는 것이 아니다. 별도로 물결의 성품이 있는 것이 아니라 그 모든 물결의 성품은 바다일 뿐이다. 물결은 실체가 아니다. 다만 물결이라 이름 지었을 뿐, 그 근본은 바다다. 그러니 어찌 바다가 물결을 알지 못하겠는가.

"그 까닭은 수보리야, 과거의 마음도 가히 얻을 수 없고, 현재의 마음도 가히 얻을 수 없으며, 미래의 마음도 가히 얻을 수 없기 때문이다."

앞에서 마음은 마음이 아니라 그 이름이 마음일 뿐이라고 했다. 마음은 그 어떤 실체가 있는 것이 아니어서 모두가 꿈과 같고 환영과 같으며 그림자와 같고 물거품과 같은 것이다. 그 까닭은 바로 과거의 마음도 가히 얻을 수 없고, 현재의 마음도 얻을 수 없으며, 미래의 마음도 가히 얻을 수 없기 때문이다.

우리는 지금까지 이렇게 살아왔지만 단 한 번도 과거의 마음을 쓰면서 살아온 적이 없고, 또한 미래의 마음을 쓰면서 살아온 적도 없다. 오직 우리가 쓸 수 있는 마음은 순간순간이었을 뿐이다. 즉 과거라고 생각하고 미래라고 생각하는 그 생각만이 있을 뿐이지 실제로 과거나 미래의 마음은 본 적도 직접 써본 적도 없다. 과거에 쓴 마음도 사실 그때는 그 순간이었지 결코 그것이 과거의 마음이 아니었다. 과거나 미래라고 하는 것이 본래 없다. 다만 우리가 과거다, 미래다, 현재다 하고 이름 지어 놓았을 뿐이지 우리는 늘 순간을 살고 있었을 뿐이다. 과거에서 현재를 거쳐 미래로 시간이 흐른다는 개념을 만들어 놓고는 우리 스스로 그 개념에 얽매여 과거 때문에 걸려서 괴로워하고 미래 때문에 걸려서 괴로워할 뿐인 것이지 본디 시간이란 개념 또한 텅 비어 공할 뿐이다. 오직 순간순간 즉(卽)한 상황만이 있을 뿐 우리에게 시간은 없다. 과거도 현재도 미래도 없다. 그건 그냥 지어놓은 이름일 뿐이다.

과거라고 애써 이름 지어 놓았지만 그 실체가 있는가. 과거를 살아본 적이 있는가. 과거는 지나가지 않았다. 과거가 내 앞에 지나갔던 그때는 더 이상 과거가 아니다. 우리가 과거를 살아와 지금이라는 현재에 이르렀다고 생각하지만 사실은 순간순간을 살아왔을 뿐 과거를 살아온 적은 없다. 과거는 텅 비었다. 실체가 없다. 백 번 양보해 과거가 있다고 하더라도 이미 과거는 지나갔다. 과거의 마음은 이미 사라졌다. 그것은 더 이상 존재하지 않는다. 과거의 마음을 그 어디에서도 얻을 수는 없다. 과거라는 개념 자체가 말 그대로 개념이고 이름일 뿐 실체가 없는데 어떻게 과거의 마음이 성립할 수 있겠는가. 그것은 인간이 만들어 놓은 말장난일 뿐이다.

미래 또한 실체가 없다. 미래라는 이름이 있을 뿐. 도대체 그 누가 미래를 본 적이 있단 말인가. 미래에 가본 적도 미래를 살아본 적도 없다. 백 번 양보해 아마도 언젠가 미래가 있을 것이라고 가정한다고 한들 그것은 언젠가 있을 예정일 뿐 현존인 것은 아니다. 예정이라는 것은 꿈이라는 말이고, 환영이라는 말이며, 물거품이란 말과 무엇이 다른가. 미래는 아직 오지 않았다. 오지 않은 것은 말 그대로 오지 않은 것이다. 실존이 아니다. 그리고 사실은 영원히 오지 않을 것이다. 미래가 오는 순간 이미 그것은 미래가 아니기 때문이다. 나에게 내일 이 있을지 없을지 그걸 어찌 알겠는가. 지금까지 살아오며 나를 살게 한 것은 오직 지금 이 순간이었지 결코 과거도 미래도 아니었다. 그렇 듯 미래라는 것이 텅 빈 환상일 뿐인데, 어디에서 미래의 마음을 찾을 것인가. 미래의 마음을 얻을 것인가.

이렇듯 과거도 미래도 텅 빈 비실체적 관념일 뿐, 다만 이름일 뿐이 다. 그러니 과거의 마음도 미래의 마음도 없다. 그렇다면 현재는 어떠 한가. 우리는 과거나 미래를 살 수 없고 오직 순간의 현재를 살 뿐이 니 현재의 마음은 있는 것이 아닌가. 그렇지 않다. 현재의 마음이 무 엇인가. 현재의 마음은 순간순간 인연 따라 상황 따라 조건 따라 찰나 로 생했다가 그 인연이 다하면 찰나로 멸하는 것일 뿐이다. 마음이 저 혼자 실체가 있어 만들고 소멸시키는 것이 아니다. 현재라는 찰나 또 한 마음은 없다. 본바탕은 오직 무심(無心)이다. 본래 아무것도 없는 바탕에 인연의 바람이 한바탕 휘몰아치면 인연에 따라 마음이 잠시 움직일 뿐이다.

자, 이 사람의 일상을 보라. 아침에 동이 틈과 동시에 자연스레 일 어나 자연스럽게 씻고 밥 먹고 출근을 한다. 그때까지는 아무런 문제가 없었다. 다만 해가 뜨니 내 눈도 떠졌고 눈이 떠지니 일어나 씻었으며 배가 출출하니 밥을 먹었을 뿐이다. 그건 애써 억지로 마음을 찍어 눌러 한 행위가 아니다. 다만 무심에서 무위(無爲)로 한 것일 뿐이다. 자연의 이치대로, 자연스럽게 함이 없이 한 것이다. 그런데 출근을 하면서부터 문제가 생겼다. 차를 몰고 출근을 하는데 앞에 차가 끼어드는 것이다. 바로 그 순간 안에서 화가 치민다. 불같이 마음이 일기 시작한다. 화나는 마음으로 욕도 하고 싸움도 건다. 분한 마음을 잡을 수 없다. 출근해서도 마찬가지다. 쌓인 일 때문에 스트레스 받고, 사람들과의 관계 속에서 끊임없이 괴로운 마음이 생겨난다. 그로 인해 하루 종일 기분이 상하고 답답하다. 신경이 곤두서고 예민해진다. 그러다가 또다시 직장 상사에게 칭찬을 받고 일에 대한 포상을 받게 되면 언제 그랬냐는 듯 진심은 사라지고 즐거운 마음이 생겨난다. 화는 더 이상 자취를 감춰버렸다. 그리고 이제 남은 마음은 행복감이다. 그러다가 또 다른 상황을 만나면 그 상황에 따라 괴롭고 즐겁고, 외롭고 들뜨고, 수도 없는 마음이 일어나고 사라진다.

우리 마음이 이와 같다. 일상에서는 다만 자연스럽게 행동한다. 일반적일 때, 별 일이 없을 때 우리 마음은 없다. 이것이 우리 모두의 본래 마음이고 본성이다. 본래 우리의 최초는 텅 빈 무심이었고 무위였으며 무작(無作)이고 무주(無住)였다. 그러나 조건이 생겨날 때 자연스럽게 우리 마음도 함께 일어난다. 마음이 일어나는 것은 독자적이지 않고 조건적이다. 평상심은 조건과 상황을 만나면 그 상황에 따라 온갖 마음을 만들어 낸다. 문제는 마음이 아니라 조건이고 상황이다. 마음 안에서 스스로 온갖 마음을 일으키는 것이 아니라 조건과 상황에 따라 잠깐 그 상황에 맞는 마음을 만들어 내는 것일 뿐이다. 그렇듯 마음엔 실체가 없다. 현재에 일어나는 이 마음조차 고정된 실체가 없는 상황과 조건의 그림자일 뿐이다. 그 상황이 지나고 나면 그 마음도 사라지고, 다음 상황이 올 때 또 다른 마음이 생겨난다. 그렇게 조건에 따라, 인연 따라 만들어졌다 사라지는 것일 뿐이다. 그러니 어디에서 현재의 마음을 찾겠는가. 그 마음은 실체가 아니다. 환영처럼, 꿈처럼, 물거품처럼 파도쳤다가 사라져갈 뿐인 것이다.

그러니 그 어떤 마음에도 집착할 것이 없다. 과거의 마음에도 현재의 마음에도 미래의 마음에도 집착할 것이 없다. 마음이 없는데 어디에 집착할 것인가. 집착할 주체도 없고 집착의 대상도 없다. 일으킬 마음도 없고 집착할 마음도 없다. 그런데도 불구하고 우리는 스스로 마음을 일으켜 마음에 집착한다. 그러니 우리가 괴롭다, 혹은 즐겁다, 외롭다, 슬프다 하는 그 마음이라는 것이 얼마나 공허한 것인가. 또한 그런 마음에 스스로 얽매여 꼼짝달싹 못하고 있는 모습은 또 얼마나 어리석은 일인가.

과거에 이미 지나간 일을 가지고 지금까지 붙잡고서는 그 과거의 마음에 얽매이고 집착하며 괴로워하는 일이 얼마나 공허한 일인가. 아직 오지도 않은 미래의 일을 먼저 분별하고 계획하고 상상하고 추측하면서 거기에 울고 웃는 모습이 얼마나 어리석은 일인가. 또한 현재에 주변 상황에 따라 실체 없이 찰나생, 찰나멸하는 마음에 휘둘리는 것은 또 얼마나 서글픈 일인가. 이 모두가 마음 없음, 무심의 도리를 어기는 데서 일어나는 일들이다. 이 모두가 과거심 불가득 현재심 불가득 미래심 불가득이라는 『금강경』의 이치에 어두운 데서 일어나는 일들이다.

공연히 마음을 스스로 만들어 내어, 공연히 스스로 그 마음에 빠지고 집착하며, 또한 공연히 그 마음으로 인해 괴로워하고 즐거워하다가 그 마음이 다하면 아쉬워하고 서글퍼하는 이런 어리석고도 공허한 일들이 우리 삶에 버젓이 일어나고 있다. 아니 일어나고 있는 정도가 아니라 우리 삶의 모습이 바로 이런 모습이다. 그러니 우리 삶이라는 것이 얼마나 어리석은가.

『금강경』에서는 바로 그 점을 올바로 볼 수 있도록 이끌고 있다. 마음이 만들어 낸 모든 것은 다 개시허망일 뿐이며, 마음 그 자체도 없다. 오직 무심만이 이 허공같은 세상에서 환히 빛을 비추고 있을 뿐이다.

마음 없음. 무심의 이 도리를 깨달을 수 있어야 한다. 무심하게 모든 일을 다 하면서도 무심하여 걸림 없을 수 있어야 한다. 본래 없던 마음을 애써 만들어 내어 그 만들어 낸 것에 한껏 휘둘리다가 수행을 통해 그 마음을 없애고 비워야 한다고 할 것이 아니라 본래부터 무심이었음을 보면 된다. 그래서 옛 스승들은 닦을 것이 없다고 했다. 본래불이라고 했다. 수행 잘하는 것보다 그저 푹 쉬는 것이 더 낫다고 했다. 깨닫고자 하거든 공연히 수행하고 마음을 닦고자 할 것이 아니라 본래 마음 없는 도리를 알기만 하면 되는 것이다. 그 까닭은 과거의 마음도 얻을 수 없고, 현재의 마음도 얻을 수 없으며, 미래의 마음도 얻을 수 없기 때문이다.

법계통화분

[법계를 모두 교화하다]

法界通化分 第十九

須菩提 於意云何 若有人 滿三千大千世界七寶 以用
布施 是人 以是因緣 得福多不 如是 世尊 此人 以是
因緣 得福 甚多 須菩提 若福德 有實 如來不說 得福
德多 以福德 無故 如來說 得福德多

"수보리야, 너는 어떻게 생각하느냐? 어떤 사람이 삼천대천세계에 가득 찬 칠보로써 널리 보시한다면 그 사람은 그 인연으로 많은 복을 얻겠느냐?"

"그렇습니다. 세존이시여. 그 사람은 그 인연으로 아주 많은 복을 얻을 것입니다."

"수보리야, 만약 복덕이 진실로 있는 것이라면 여래가 복덕을 많이 얻는다고 말하지 않을 것이지만, 복덕이 본래 없는 것이므로 여래가 많은 복덕을 얻는다고 말한 것이다."

법계통화란 법계를 모두 교화한다는 의미이다. 보통 법계를 다 교화하고자 하면 수많은 재물이 있어야 할 것 같고, 법계 즉 삼천대천세계를 가득 채울 수 있는 칠보가 있어야 그것을 널리 보시함으로써 법계의 모든 중생을 교화할 수 있다고 생각하곤 한다. 그것이 중생의 어리석은 생각이다. 그러니 사람들은 중생을 교화하기 위해서는 재물이 있어야 하고 돈이 있어야 한다고 생각한다. 그래서 사람들에게 널리 베풀고자 하는 자비의 마음을 내었더라도 고작 할 수 있는 일이라는 것이 명절 때나 되어 불우이웃들에게 돈이나 물질적인 것들을 준비해 베풀어 주는 것 이상을 생각하지 못하곤 한다. 그리고는 그것을 드러내고자 하고, 언론에도 공개하고, 자신의 선행을 자랑하고자 애를 쓴다. 물론 그러한 것 또한 유위의 복이 될 수는 있겠지만 그것이 진정 법계를 교화할 수 있는 무위의 공덕이 될 수는 없는 것이다. 똑같이 칠보로써 보시를 하더라도 중요한 것은 상을 여읜 무위의 보시가 될 수 있는가에 있다. 아상을 가지고 보시를 하면 삼천대천세계를 가득 채워 보시하더라도 유위복은 될 수 있을지언정 무위의 복은 되지 못하지만, 상을 여읜 무위의 보시를 한다면 쌀 한 톨을 가지고도 법계를 전부 교화하고도 남을 수 있을 것이다. 이 장에서는 참으로 법계를 모두 교화하고자 한다면 무위의 보시, 상을 여읜 무위의 행이 되어야 함을 나타내고 있다.

"수보리야, 너는 어떻게 생각하느냐? 만약 어떤 사람이 삼천대천세계에 가득 찬 칠보로써 널리 보시한다면 그 사람은 그 인연으로 많은 복을 얻겠느냐?"

"그렇습니다. 세존이시여. 그 사람은 그 인연으로 아주 많은 복을 얻을 것입니다."

"수보리야, 만약 복덕이 진실로 있는 것이라면 여래가 복덕을 많이 얻는다고 말하지 않을 것이지만, 복덕이 본래 없는 것이므로 여래가 많은 복덕을 얻는다고 말한 것이다."

삼천대천세계에 가득 찬 칠보로써 널리 보시한다면 그 사람은 그 인연으로 많은 복을 얻겠는가 하는 부처님의 질문에 수보리는 그렇다고 답변한다. 사람들이 자신이 번 월급을 가지고도 남을 위해 다만 얼마씩이라도 보시를 한다면 그것이 큰 공덕이 될 것인데, 하물며 삼천대천세계에 가득 찬 칠보로써 널리 보시한다면 그 공덕은 얼마나 많을 것인가.

얼마 전에 한 거사님께서 당신은 월급을 받아서 매달 정기적으로 어려운 이웃을 돕는 데 쓰신다고 하면서 보시를 하고 나니 하기 전보다 그렇게 뿌듯하고 기쁠 수가 없다고 하셨다. 액수가 중요한 것은 아니다. 그렇듯 보시하는 마음 그 자체가 순수하다. 보통 사람들은 어떤가. 재산 늘리기에만 여념이 없어 보시하려는 마음을 낼 수조차 없을 만큼 자신의 이기에 혈안이 되어 있는 사람이 많이 있다. 그런 사람에 비한다면 이 얼마나 밝은 일이고 복덕이 되는 일인가. 아마도 그 사람은 큰 복덕을 받을 것이다. 베푼 것은 분명히 법계에 저축이 되었다가 내게로 되돌아오기 때문이다. 이렇듯 작게나마 매달 베풀면서도 우리 마음은 얼마나 부자가 된 듯 기쁜가. 풍요로운가.

그러나 베푼 것에 대해 내 입으로 이야기하고 다니면서 상을 낸다면 그때는 그 공덕은 입을 벌려 얘기하면 할수록 사라지고 만다. 완전한 무위로써, 그 어떤 상도 내지 않는 무주상으로 보시를 했다면 그 작은 돈이 법계에 고스란히 저축도 되고 이자까지 저축이 될 것이지만 입을 벌려 이야기함으로써 벌써 그 복은 유위로 전락하고 만다. 어쨌든 그렇게라도 보시하지 않은 것보다는 보시하는 것이 큰 복덕이 된다. 그러니 다만 얼마씩 보시를 하는 것도 이렇게 큰 복덕이 될진대 삼천대천세계를 가득 칠보로써 보시한다면 이 얼마나 큰 복덕이 되겠는가. 삼천대천세계의 모든 가난한 사람들, 모든 굶주린 사람들을 다 먹여살리고도 남을 칠보로써 보시를 한다면 이 어찌 작은 복덕이라 할 수 있겠는가. 지금 세계에서는 이 순간에도 하루에 3만 5천여 명의 어린 아이들이 기아로 죽어간다고 한다. 수많은 사람들이 전쟁으로 질병으로 기아로 죽어가고 있으며, 죽기 직전에 놓여 있다. 그런데 삼천대천세계 전체를 칠보로써 보시한다면 그 모든 생명을 다 살리고 먹이고도 남을 것이 아닌가. 이 어찌 작은 복덕이라 하겠는가. 수보리는 그 인연으로 그 사람이 매우 많은 복을 얻을 것이라고 답변하고 있다.

부처님의 답변도 그러하다. 그 인연으로 매우 많은 복을 얻을 것이다. 그러나 그 복덕이 진실로 있는 것이라면 부처님은 그렇게 답변하지 않으셨을 것이다. 복덕이란 것이 본래 없기 때문에 부처님은 많은 복덕을 받는다고 말씀하신 것이다. 다시 말해 복덕이란 복덕이 아니며 다만 그 이름이 복덕일 따름이란 말이다. 즉 복덕이라는 것은 고정된 실체로써 있는 것이 아니라 다만 인연 따라 꿈처럼 환영처럼 신기루처럼 만들어졌다 사라지는 것일 뿐이다. 그러니 꿈속에서야 복덕을 많이 짓고 받는 것이 있겠지만 그것이 다 꿈일 뿐이지 꿈을 깨고 보면 복덕이라는 것도 짓고 받는다는 것도 모두 텅 빈 것이 아니겠는가.

삼천대천세계에 가득 찬 칠보로써 널리 보시한다면 그 복덕이 얼마나 많은 것인가. 그러나 그 복덕을 진실로 있는 것이라고 여겨 그 복덕에 집착하게 된다면 참된 복덕이 될 수 없다. 그것은 결코 많은 복덕이라고 말할 수 없다. 복덕이 진실로 있는 것이라고 여겼다면 수보리도 여래도 그 복덕을 많이 얻는다고 말하지 않았을 것이다. 그러나 그 복덕이 본래 없는 것이므로 여래는 많은 복덕을 얻는다고 말한 것이다.

삼천대천세계에 가득 찬 칠보로써 보시했다고 하더라도 거기에 '내가 보시했다'는 상이 있다면, 그러한 유위의 보시, 유주상의 보시는 결코 많은 복이라고 할 수 없을 것이다. 그러나 복덕이 진실로 있지 않다는 것을 알기 때문에 참으로 많은 복을 얻는다고 할 수 있는 것이다.

'내가 많은 복을 지었다'라는 상에 빠져 있거나, '내가 삼천대천세계를 칠보로 가득 채웠다'는 상에 빠져 있다면 그것은 결코 많은 복이 아니다. 유위의 복이기 때문이다. 그러나 삼천대천세계를 칠보로 가득 채운 그 복이 무위가 되었을 때는 그야말로 법계를 다 먹이고도 남으며, 법계를 다 교화하고도 남는 복이 된다. 그랬을 때 그 복은 한량이 없다. 매우 많은 복을 얻을 수 있다. 그러나 그렇듯 많은 복을 얻을 수 있다고 한 이유는 그 복이 진실로 없기 때문에 가능한 것이다. 그 복이 함이 없는 복이며, 무위 의복이고, 그 양을 셀 수 없기 때문에 많다고 할 수 있는 것이다.

정말로 많은 것은 '얼마만큼' 많다고 표현될 수 없다. 얼마만큼 많다고 했을 때는 벌써 그것보다 더 많은 것이 가정되어 있는 상태다. 그러니 정말 많은 것은 표현될 수 없다. 정말 많은 것은 어떤 틀이 없다. 어떤 틀을 정해 놓는 것은 유위요, 틀 없이 자유로운 것이 무위다. 그래서 정말 많은 복덕이 되기 위해서는 복덕이 본래 없는 것이라야 한다. 어떤 틀도 없는 것이라야 한다.

텅 빈 허공은 허공이라고 이름 붙였을 뿐이지 허공의 실체는 찾아볼 수 없다. 허공은 허공이 아니기 때문에 허공인 것이다. 그렇기 때문에 허공을 크다고 말할 수 있는 것이다. 허공이라는 것이 실제 있는 것이라면, 그래서 어떤 실체를 찾아볼 수 있고 눈으로 그 크기나 모양을 확인할 수 있다면 그것을 크다고 말할 수 없을 것이다. 그러나 허공은 실로 있는 것이 아니기 때문에 허공을 크다고 말할 수 있는 것과 같다.

복덕도 이와 같다. 그래서 부처님께서도 실로 복덕이 있지 않기 때문에 많은 복덕을 얻는다고 말씀하신 것이다. 복덕이라는 것을 우리 눈으로 볼 수 있고, 많은지 적은지를 판가름해 볼 수 있다면 그것을 가지고 많다고 할 수는 없을 것이다. 만약 복덕이 진실로 있는 것이라면 여래가 복덕을 많이 얻는다고 말하지 않았을 것이지만, 복덕이 본래 없는 것이므로 여래가 많은 복덕을 얻는다고 말한 것이다.

즉 유위의 복덕은, 아상에 갇힌 복덕은, 아무리 많다 해도 그것은 유위로써 많을 뿐이다. 즉 더 큰 복덕 아래에서는 작은 복덕일 뿐이다. 그러나 무위의 복덕, 아상을 완전히 소멸한 복덕은 그 크기를 잴 수 없기 때문에 참으로 클 수 있는 것이다. 유위의 복덕은 삼천대천세계를 칠보로 가득 채워 보시하더라도 많고 적음을 나누어 놓은 가운데 그 중 많은 쪽을 택하는 그런 상대적인 많음이지만, 무위의 복덕은 많고 적음도 사라진, 복덕이 있고 없음도 사라진 절대적인 많음일 수 있는 것이다.

이색이상분

[형상과 모습을 여의다]

離色離相分 第二十

須菩提 於意云何 佛 可以具足色身 見不 不也 世尊

如來 不應以具足色身 見 何以故 如來 說 具足色身

卽非具足色身 是名具足色身 須菩提 於意云何 如來

可以具足諸相 見不 不也 世尊 如來 不應以具足諸

相 見 何以故 如來說 諸相具足 卽非具足 是名諸相

具足

"수보리야, 구족한 몸을 갖춘 것만을 보고 부처라고 할 수 있겠느냐?"

"아닙니다. 세존이시여. 구족한 몸을 갖추었다고 여래라고 할 수는 없습니다. 왜냐하면 여래께서 말씀하시는 구족한 몸은 곧 구족한 몸이 아니라 그 이름이 구족한 몸이기 때문입니다."

"수보리야, 너는 어떻게 생각하느냐? 가히 구족한 32상을 가졌다고 하여 여래라 할 수 있겠느냐?"

"아닙니다. 세존이시여. 구족한 상을 갖춘 것을 여래라 볼 수는 없습니다. 왜냐하면 여래께서 말씀하시는 모든 상이 구족되었다는 것은 곧 구족된 것이 아니라 그 이름이 구족된 상일 따름이기 때문입니다."

이색이상이라는 것은 형상과 모습을 여읜 자리에 부처님이 계시다는 것을 의미하고 있다. 우리는 여전히 부처님을 형상과 모습으로 생각하곤 한다. 전국의 어느 사찰을 가 보더라도 부처님의 모습이 형상으로써 잘 모셔져 있는 것을 본다. 그리고 우리는 그 법당의 형상불에 예배한다. 물론 그것이 완전히 잘못되었으니 다 그만두어야 한다는 말이 아니다. 그것은 어디까지나 방편일 뿐임을 완전히 자각할 수 있어야 한다는 말이다. 법당에 모셔진 형상의 부처님은 어디까지나 색이고 상일 뿐이다. 본질은 색과 상을 떠나 있다. 법당에서 절하고 예불을 올리면서도 항상 이 참된 본질을 잊어서는 안 된다. 이 분에서는 부처님을 또 진리를 형상이나 모습으로써 바라보지 않을 수 있도록 이끌고 있다.

"수보리야, 너는 어떻게 생각하느냐? 구족한 몸을 갖춘 것만을 보고 부처라고 할 수 있겠느냐?"

"아닙니다. 세존이시여. 구족한 몸을 갖추었다고 여래라고 할 수는 없습니다. 왜냐하면 여래께서 말씀하시는 구족한 몸은 곧 구족한 몸이 아니라 그 이름이 구족한 몸이기 때문입니다."

"수보리야, 너는 어떻게 생각하느냐? 가히 구족한 32상을 가졌다고 하여 여래라 할 수 있겠느냐?"

"아닙니다. 세존이시여. 구족한 상을 갖춘 것을 여래라 볼 수는 없습니다. 왜냐하면 여래께서 말씀하시는 모든 상이 구족되었다는 것은 곧 구족된 것이 아니라 그 이름이 구족된 상일 따름이기 때문입니다."

여래는 구족한 색신의 몸을 갖추었으며 32상 80종호를 구족하고 계신다고 알고 있다. 그러나 그것은 어디까지나 방편일 뿐이다. 부처님의 상호를 말로 표현하는 순간 사실은 그것과는 멀어지고 만다. 그 말이 부처님을 그대로 나타내 줄 수는 없다. 말로 표현되는 순간 벌써 어긋나고 마는 것이다. 그러나 그렇다고 해서 말로 언어로 표현하지 않는다면 수많은 중생들에게 어떻게 부처님과 가르침을 전해줄 수 있단 말인가. 그래서 부처님의 진리성을 표현하다 보니 어쩔 수 없이 말로 나타내지 않을 수 없었고, 그것을 표현한 말이 바로 구족한 몸이고 구족한 상이다. 그러니 구족한 상이나 구족한 몸이라는 것은 곧 구족된 것이 아님을 말한다. 구족되었다는 이름일 뿐 '구족'이라는 언어 자체가 구족은 아니기 때문이다. 그래서 구족은 곧 구족이 아니다. 다만 그 이름이 구족일 뿐인 것이다.

부처님은 이와 같이 형상과 모습을 떠나서 계신다. 부처님을 어떤 모습을 가지신, 어떤 형상을 구족하신 존재로써 생각지 말라. '부처님은 어떤 분이실까?', '부처님은 인자하신 할아버지 같은 분이실까?', '부처님은 남자인가 여자인가?', '부처님은 어떻게 생기셨을까?', '부처님

의 몸은 얼마나 아름다우실까?'

아직도 그렇게 생각하고 있는가? 아직도 형상과 모습으로써 부처를 구하고 있는가? 부처님은 형상이나 모습이라는 틀에 갇혀 있는 분이 아니다. 부처님이란 진리 그 자체이며, 생명 그 자체이고, 우주 그 자체이며, 허공 그 자체이고, 완전한 무(無)요, 공(空) 그 자체이다. 크고 작은 것도 아니고, 잘나고 못난 것도 아니며, 남자도 여자도 아니고, 그 어떤 한 정이나 표현으로도 나타낼 수 없다. 물론 이렇게 표현하고 있지만 이 말들이 부처님을 나타낼 수는 없다. 다만 표현을 그렇게 했을 뿐 이 표현은 더 이상 부처님이 아니다.

그럼에도 불구하고 우리는 습관적으로 부처를 틀 속에 가두느라고 애를 쓰고 있다. 법당에 계신 부처님의 모습을 보라. 대부분이 비슷비슷하다. 비슷한 모습으로 부처님의 상을 만들어 놓았다. 그러다 보니 일반적으로 사람들은 법당의 부처님의 모습을 부처님이라고 믿고 있다. 은연중에 그렇게 믿고 있다. 그러나 법당의 부처님 형상 안에만 부처님이 담겨 있을 수가 있을까? 그리스도교의 예수상이나 성모마리아상을 생각해 보라. 그 상은 부처가 아닌가? 왜 그 상을 보면 거부감을 느끼고 불상을 보면 흡족한 마음을 가지는가. 절에 가서 불상을 보고 탱화를 보면 편안한 느낌인데 교회의 예배당은 그렇지 않다고 생각하지는 않았는가. 그것이 바로 부처를 색과 상으로 관념화하고 있다는 반증이다.

부처는 어떤 특정한 색과 상에 갇히지도 않지만 그렇다고 어떤 특정한 색상에서 벗어나 있지도 않다. 법당의 불상도 부처요, 예수상이나 성모마리아상 또한 부처일 수 있다. 어디 그뿐인가. 저 하늘의 구름도 부처요, 바람도, 흙도, 자연도, 저 산과 바다 또한 부처의 몸이다. 나무와 풀꽃들과 새와 들짐승에서부터 곤충이나 미생물들에 이르기까지 생명 있고 없는 일체 모든 것, 형상 있고 없는 일체 모든 것은 그대로 부처를 담고 있다.

부처는 형상이 아니다. 불상 안에만 부처가 있는 것이 아니다. 마찬가지로 부처는 불교 안에만 있는 것도 아니다. 불경 안에만 부처의 진리가 있는 것이 아니다. '불교'라는 종교 안에만 부처가 있다거나, 진리가 있는 것일 수 없다. 불교는 다만 온 우주의 진리를, 법을, 도를, 참을 이름하여 '불교'라고 이름 붙였을 뿐이지 '불교'라는 이름이 불교인 것은 아니다. 그러니 '불교'라는 틀에서 벗어날 수 있어야 한다. 불교는 불교가 아니라 다만 이름이 불교인 것일 뿐이다.

참된 불교의 정신을 이끌어 온 사람들은 이처럼 '불교'라는 틀에 갇힌 사람들이 아니라 그 틀을 뛰어넘은 사람들이다. 불교가 불교가 아님을 바로 보고, 부처의 형색이 형색이 아님을 바로 본 사람들이 바로 그 진리의 정신을 이어오고 있다. 바로 그 정신, 그 진리의 참된 정신을 있는 그대로 내포하고 있는 경전이 바로 『금강경』인 것이다. 이것이야말로 불교의 보배요, 불교 정신을 이어온 요체다. 그리고 지금 우리는 이렇게 『금강경』이 아니기 때문에 참으로 『금강경』인 이 『금강경』을 받아들임 없이 받아들이고 있다.

제21분

비셜소셜분

[설함 없이 설하다]

非說所說分 第二十一

須菩提 汝勿謂如來作是念 我當有所說法 莫作是念

何以故 若人言 如來有所說法 則爲謗佛 不能解我所

說故 須菩提 說法者 無法可說 是名說法 爾時 慧命

須菩提 白佛言 世尊 頗有衆生 於未來世 聞說是法

生信心不 佛言 須菩提 彼非衆生 非不衆生 何以故

須菩提 衆生衆生者 如來說非衆生 是名衆生

"수보리야, 너는 어떻게 생각하느냐? 여래가 '내가 법을 설했다'는 생각을 내겠느냐?"

"그렇지 않습니다. 세존이시여. 여래께서는 '내가 법을 설했다'는 그런 생각을 내시지 않습니다."

"만일 어떤 사람이 '여래가 법을 설했다'고 한다면 이는 곧 여래를 비방하는 것이며, 내가 설한 바를 알지 못하는 것이다. 수보리야, 법을 설한다고 하지만 법을 설한다고 할 만한 그 어떤 법도 없기 때문에 다만 이름하여 법을 설한다고 하는 것이다."

그때 혜명 수보리가 부처님께 사뢰었다. "세존이시여, 어떤 중생이 있어서 다음 세상에 이 진리의 말씀을 듣고 믿는 마음을 내겠습니까?" 부처님께서 말씀하셨다.

"수보리야, 그들은 중생이 아니고 중생이 아닌 것도 아니다. 왜냐하면 수보리야, 중생 중생이라 하는 것은 곧 중생이 아니라 이름이 중생이기 때문이다."

비설소설은 설하되 설한 바가 없는 가르침을 말하고 있다. 여래가 법을 설했다고 하나 설했다고 할 만한 그 어떤 법도 없음을 말하고 있다. 또한 여래가 법을 설했다고 하나 법을 설할 주체로서의 여래 또한 없음을 아울러 말하고 있다. 이렇게 설할 법도 없고 설할 주체인 여래 또한 공하다고 하는 것에서 이 분의 가르침이 끝나는 것은 아니다. 이어 그 설한 법을 듣고 믿는 마음을 내는 설법의 대상인 중생들 또한 본래 공함을 밝히고 있다.

　설법을 하려면 세 가지 요소가 필요하다. 법을 설하는 자 즉 '여래'와 듣고 믿고 따르는 자인 '중생', 그리고 두 사람 사이에 오고갈 '법'이 필요한 것이다. 그러나 비설소설분에서는 이 세 가지가 모두 텅 비어 있으며 실체 없는 공성임을 밝힘으로써 '설하되 설한 바 없는 이치'를 설함 없이 설하고 있는 것이다.

　이 분의 해석을 일반적으로 통용되고 있는 구마라집과 현장 역에서는 세존과 수보리의 대화 형식이 아닌 세존의 직설로 옮기고 있으나, 산스크리트 원전에서는 이상에서와 같이 세존과 수보리의 대화 형식을 취하고 있음을 볼 수 있다. 이 부분은 세존의 직설로 해석하는 것보다 원전에서와 같이 대화 형식을 취하는 것으로 해석할 때 그 이해가 더욱 빠르기 때문에 산스크리트 원전의 해석 방식을 따랐다.

"수보리야, 너는 어떻게 생각하느냐? 여래가 '내가 법을 설했다'는 생각을 내겠느냐?"

"그렇지 않습니다. 세존이시여. 여래께서는 '내가 법을 설했다'는 그런 생각을 내시지 않습니다."

"만일 어떤 사람이 '여래가 법을 설했다'고 한다면 이는 곧 여래를 비방하는 것이며, 내가 설한 바를 알지 못하는 것이다.

여래는 '나'가 없다. 완전한 무아(無我). 본래 내가 없음을 온전히 체득하여 각찰(覺察)한 이가 바로 여래요, 부처다. 내가 없다는 것(無我)은 곧 '비어있음'을 의미하며, 공성(空性), 연기, 중도, 무상(無常), 무상(無相), 무주(無住)를 의미한다. 즉, 나라는 실체가 없어 공하기 때문에 항상 하지 않고, 고정된 실체가 없으며, 어디에도 머물러 있지 않는다. 그러므로 어느 한쪽의 극단에 치우치지도 않는다. 다만 이렇게 세상에 나도 있고 너도 있으며 세상도 있는 것처럼 보이는 이유는 연기하기 때문인데, 수많은 인연들이 모여 잠시 물거품처럼, 꿈처럼 잠시 만들어졌다 사라질 뿐인 것이다.

그건 부처님께서 내가 없음을 깨닫고자 애쓴 결과가 아니다. 본래 이 세상의 모습이 그러하기 때문이다. 이 세상이라는 것, 삼라만상 만물이라는 것이 우리 눈에 보기에는 '있는' 것처럼 보이고 그 속에서 울고 웃으며 일희일비(一喜一悲)하며 살아가고 있는 우리의 삶과 존재 또한 분명 이렇게 오감, 육감으로 느낄 수 있고 인지할 수 있다 보니 모든 사람들은 '있다'고 착각을 하며 살게 마련이다. 그러나 그 모든 존재의 이면을 살펴 보라. 어느 하나 항상 하는 것이 있는가, 죽지 않는 것이 있는가, 영원히 소유할 수 있는 것이 있는가, 언제까지고 변치 않는 것이 있는가, 언제까지고 머물러 있을 곳이 있는가, 누구나 잠시만 사유의 뜰에 비질을 해본다면 그렇지 않다는 것을 쉽게 알 수 있을 것이다. 그러니 그런 곳에서 어찌 고정된 실체의 '나'를 찾을 것인가. 지금 눈에 보이는 나는 다만 인연이 모여 잠시 잠깐 물거품처럼 만들어진 것일 뿐이다.

바로 이 점을 깨달은 분이 부처요 여래다. 나 없음의 도리를 깨달으신 분이 부처님이다. 나 없음의 이치를 깨달으신 분께서 '나'를 도모하며 살고자 하겠는가. 어느 곳에서 '나'를 내세우고자 하시겠는가. 내가 법을 설했다거나, 내가 진리를 깨달았다거나, 내가 불교라는 종교를 만들겠다거나, 내가 한 종교의 교주가 되겠다거나, 나의 종교 교세를 확장하고 신도를 늘리겠다거나 하는 그런 생각을 낼 수 있겠는가. 도저히 그런 생각이 일어날 수 없다. 만약 그런 생각이 일어났다면 그건 여전히 아상에 갇혀 있다는 증거이고 그는 깨달은 자가 아니다. 그는 여래가 아니며 부처가 아니다.

요즘 이 시대를 보라. 얼마나 많은 어리석은 이들이 종교를 지도하고 있으며, 종교를 신행하고 있는가. 참된 종교지도자, 수행자, 성직자는 스스로를 내세우지 않는다. 스스로를 뽐내지도 않고, 자신의 이름을 널리 펴려고 애쓰지도 않는다. 교세를 확장하려는 생각이 없고, 신도나 시주금을 많이 모으려는 생각이 없다. 종교 본연의 모습이 그러하기 때문이다. 종교지도자가 얼마나 올곧은가, 얼마나 진리와 합일하고 있는가, 얼마나 부처님의 하느님의 가르침과 일치된 삶을 살고 있는가를 보려거든 얼마나 상에 갇혀 있지 않은가, 얼마나 나를 내세우지 않는가, 얼마나 내 욕심과 집착을 채우려는 생각이 없는가를 보라. 그것이 바로 진리를 걷는 길이요, 부처님과 하느님의 길이기 때문이다.

부처님은 이처럼 내세울 내가 없고, 욕심과 집착을 채울 내가 없으며, 법을 설할 내가 없다. '여래가 법을 설했다'는 것은 어디까지나 우리 중생들쪽에서 바라본 생각일 뿐이지, 여래 당신은 그런 생각이 없다. 법을 설하지 않는다는 것이 아니라 법을 설하면서도 '내가 법을 설했다'는 그런 이상에 갇히지 않는다. 설함 없이 법을 설한다. 함이 없이 모든 것을 다 하신다. 응무소주 이생기심, 즉 머무는 바 없이 그 마음을 일으키는 것이 모든 부처님의 함이 없는 행이다.

만약 누군가가 '여래가 법을 설했다'고 한다면, 법을 설할 여래라는 주체를 내세워 말한다면, 그는 전혀 여래가 설한 바를 알지 못하는 자요, 여래를 비방하는 자다. '여래가 법을 설했다'고 한다는 말은 법을 설할 여래가 있다는 말인데, 그 말은 여래가 무아를 깨닫지 못했다는 말이기 때문이다. '나 없음'을 깨달은 자가 여래인데, '나 없음'을 깨닫지 못했다고 말하는 것이니 그것이 여래를 비방하는 것이 아니고 무엇인가. 여래에게 깨닫지 못한 자라고 말하는 것과 같으니 어찌 여래를 비방하는 것이 아니겠는가. 그는 전혀 여래가 설한 바를 알지 못하는 자다.

이 부분에서 우리는 법을 설할 주체인 '여래가 없다'는 점을 분명하게 볼 수 있다. 법을 설할 '여래'도 없고, 설할 바 '법'도 없으며, 설한 법을 들을 '중생'도 없다는 비설소설분의 첫 번째 가르침이 바로 여기에 나와 있는 것이다.

"수보리야, 법을 설한다고 하지만 법을 설한다고 할 만한 그 어떤 법도 없기 때문에 다만 이름하여 법을 설한다고 하는 것이다."

앞에서 법을 설할 '여래'가 없다는 가르침에 이어, 이 부분은 설할 바 '법' 또한 없다는 것을 말하고 있다. 여래가 법을 설한다고 하지만 사실 설한다고 할 만한 그 어떤 법도 없다. 다만 이름하여 법을 설한다고 했을 뿐이다.

아무리 순수 무결한 진리의 법이라 하더라도 그 법을 진리라고 고정 짓고 집착한다면 그것은 더 이상 법으로서의 자격을 상실하고 만다. 법은 고정될 수 없고 집착될 수 없다. 법을 법이라고 하면 더 이상 법이 아니다. 다만 이름을 법이라고 한 것일 뿐.

그러니 어떠한가. 불교를 공부하는 사람들이 불법만이 참다운 법이라고 고집할 수 있겠는가. 법을 어떤 '불교의 가르침'이라는 틀에 가둬 놓고 이 안에 있는 것만이 진리며 이 바깥의 것들은 다 진리가 아니라고 말할 수 있겠는가. 하느님께서 말씀하신 것은 다 틀렸고, 알라의 말씀은 다 틀렸고, 부처님의 말씀만이 진리라고 말할 수 있겠는가. 중요한 것은 진리 그 자체이지 진리라는 이름이 아니다. 부처님 가르침 그 내용 자체에 있지 그것을 가두는 불법이라는 틀에 있지 않다. 불법은 성경 속에도 있을 수 있고, 코란에도 있을 수 있으며, 수많은 고전들 속에서도 찾을 수 있다.

그래서 옛 말씀에 어리석은 이가 말하면 법도 법이 아닌 것이 되지만, 지혜로운 이가 말하면 법 아닌 것도 법이 된다는 말씀이 있다. 그러니 불경을 해석하고 공부하면서도 진리답게 공부하지 못하면 불경을 보면서도 외도의 가르침을 보는 것이 되지만, 성경이든, 고전이든, 그 어떤 책이건 간에 진리답게 해석하고 이해할 수 있다면 그 속에 법은 깃든다. 문제는 '경전' 그 자체가 아니라 경전에 대한 올바른 '봄(正見)'에 있는 것이다.

그래서 부처님께서는 이『금강경』의 가르침을 비롯하여 부처님 열반 전까지 설하셨던 모든 가르침에 대해 당신은 '한 법도 설한 바가 없다'고 말씀하셨다. 법을 설하면서도 법을 설한다고 할 만한 그 어떤 법도 없다고 말씀하셨다.

그때 혜명 수보리가 부처님께 사뢰었다.

"세존이시여, 어떤 중생이 있어서 다음 세상에 이 진리의 말씀을 듣고 믿는 마음을 내겠습니까?"

부처님께서 말씀셨다.

"수보리야, 그들은 중생이 아니고 중생이 아닌 것도 아니다. 왜냐하면 수보리야, 중생 중생이라 하는 것은 곧 중생이 아니라 이름이 중생이기 때문이다."

이런 시의 적절한 질문을 바로 이때 할 수 있기 때문에 수보리가 혜명(慧命)이다. 혜명이란 비구 스님을 높여 존칭하는 말로 온전한 지혜를 구족하였으므로 이렇게 부르는 것이다. 법을 설한 '여래'가 공하며,

설한 바 '법' 또한 공하다는 법문을 듣고 혜명 수보리는 부처님께 사뢰었다. 여래 아닌 여래가 설한 바 없이 설하는 법을 듣는 중생에 대한 질문을 하고 있는 것이다. 그러한 여래의 깊은 깨달음을 이 다음에 어떤 중생들이 듣고 믿어 깨달을 수 있겠는가 하는 질문이다.

과연 이러한 깊은 진리의 말씀을 듣고 믿는 마음을 낼 수 있는 이는 도대체 어떤 사람이란 말인가. 그들은 중생이 아니고 중생이 아닌 것도 아니다. 왜냐하면 중생은 중생이 아니라 이름이 중생이기 때문이다. 즉 법을 듣는 대상인 중생들 또한 공하다는 말이다. 중생이라는 것이 실체로서 존재하지 않는다는 말이다. 중생이라는 어떤 실체가 있는가. 부처님께서는 깨닫고 보니 제도할 중생이 없다고 말씀하셨다. 모든 이들은 본래부터 깨달아 있다. 별도로 깨달아야 하는 것이 아니다. 그러나 중생이라 이름 붙인 이유는, 다만 본래 깨달아 있는 본래 부처들이 잠시 미혹하여 번뇌를 스스로 만들어 놓았기 때문이다. 조금 자세히 설명하면, 나라는 주관과 이 세상이라는 객관이 눈에 보이고 만져지고 들리는 등 오감으로 느껴지다 보니 실제로 있는 것으로 착각하여 실체화했고 그 실체화가 연이어 나와 남에 대한 집착을 만들어 냈기 때문에 수많은 번뇌들이 만들어지게 된 것이다. 그러니 중생이라는 것은 실체가 있는 것이 아니라, 다만 잠시 착각하여 집착한 자일뿐이다. 그 착각과 집착만 제거하면, 전도된 망상인 미혹만 제거하면 일시에 모든 번뇌에서 벗어나게 된다.

그러니 어떤가. 중생도 중생이 아니요 여래도 여래가 아니다. 중생이 미혹과 집착만 제거하면 곧 여래인 것이다. 그러나 미혹과 집착, 번뇌며 욕심이라는 것 또한 실체가 있는 것이 아니기 때문에 중생이 곧 여래요, 번뇌가 즉 보리이고, 생사가 곧 열반인 것이다.

'법'의 시선에서 본다면 '법' 그 자체도 물거품이요 꿈이며 환상이고, '중생'도 물거품이요 꿈이며 환상이고 '여래'도 물거품이요 꿈이며 환상일 뿐이다. 이 분 비설소설분에서는 이처럼 '부처님께서 중생들에게 법을 설한다'고 하는 이 말이 그저 말일 뿐이지 실체가 아니라는 것을 보여주고 있다. '여래가 중생에게 법을 설한다'는 것은 곧 '여래가 중생에게 법을 설한다'는 것이 아니다. 그것은 다만 말이 '여래가 중생에게 법을 설한다'는 것일 뿐이다.

무법가득분

―

[얻을 법이 없다]

無法可得分 第二十二

須菩提 白佛言 世尊 佛得阿耨多羅三藐三菩提 爲

無所得耶 佛言 如是如是 須菩提 我於阿耨藐多羅

三藐三菩提 乃至無有少法可得 是名阿耨多羅三藐

三菩提

수보리가 부처님께 사뢰었다.

"세존이시여, 부처님께서 아뇩다라삼먁삼보리를 얻으셨다는 것은 곧 얻으신 바가 없음을 말하는 것입니까?" 부처님께서 말씀하셨다.

"그러하고 그러하다. 수보리야. 아뇩다라삼먁삼보리에 대해 나는 그 어떤 작은 법도 얻은 것이 없으므로 아뇩다라삼먁삼보리라 이름할 수 있는 것이다."

무법가득분에서는 본래 얻을 법이 없음을 밝혔다. 『금강경』에서는 끊임없이 무아의 이치를 밝히고 있다. 나라는 것이 고정된 실체가 아님을 밝히고 있는 것이다. 그래서 '나 아님'의 이치, 무아의 이치를 깨닫는 것이 바로 모든 수행자가 실천해 나가야 할 길이라는 것을 말하고 있다. 이렇듯 무아의 이치를 깨닫는 것이 바로 법을 깨닫는 것이다.

그러다 보니 사람들은 또다시 그 법에 집착하게 된다. 법을 깨닫기 위해 애쓰게 되고 노력하게 된다. 그래서 이 분에서는 법을 깨달아 얻겠다는 그 생각까지도 모두 놓아버릴 수 있도록 이끌고 있다. 얻을 법이 본래 없기 때문이다.

수보리가 부처님께 사뢰었다.

"세존이시여, 부처님께서 아뇩다라삼먁삼보리를 얻으셨다는 것은 곧 얻으신 바가 없음을 말하는 것입니까?" 부처님께서 말씀하셨다.

"그러하고 그러하다. 수보리야. 아뇩다라삼먁삼보리에 대해 나는 그 어떤 작은 법도 얻은 것이 없으므로 아뇩다라삼먁삼보리라 이름할 수 있는 것이다."

아뇩다라삼먁삼보리를 얻었다는 것은 곧 앞서 말한 대로 무상정등 정각을 얻었다는 말이다. 올바른 깨달음을 얻었다는 말이다. 그러나 수보리는 부처님께서 얻으신 정각의 깨달음에 대해 그 또한 얻으신 바가 없는 것이 아닌가를 묻고 있다.

그동안 앞선 『금강경』의 가르침에서 본다면 복덕도 얻을 것이 본래 없고, 마음도 없고, 나도 없으며, 어떤 한 법도 없고, 부처님의 형상 또한 실체가 아닌 것임을 밝히고 있다. 그 어떤 것도 고정된 실체가 없이 다만 인연 따라 신기루처럼 일어났다 사라지는 것일 뿐임을 말하고 있다. 그렇다면, 그렇듯 아무것도 없는 것이라면 바로 수보리 앞에 있는 부처님과 부처님의 깨달음은 무엇이란 말인가. 부처님께서 얻으신 정각의 깨달음, 아뇩다라삼먁삼보리 또한 얻은 바가 없다는 말인가?

이에 부처님께서는 그렇다고 말씀하신다. 아뇩다라삼먁삼보리라는 깨달음에 대해 부처님께서는 그 어떤 작은 법도 얻은 것이 없다고 말씀하고 계신다. 우리 생각에 부처님은 우리들 범부 중생과는 다른 그 '무엇'을 얻었다고 생각한다. 그 어떤 법을 얻었다고 생각한다. 아니 어떤 '법'을 얻지 않고서야 어찌 부처라고 할 수 있겠는가. 그것이 바로 우리들 생각이다.

그러나 부처님께서는 깨닫고 보니 구제해야 할 중생이 없다고 하셨다. 즉 이미 모든 존재는 깨달아 있다는 사실을 보신 것이다. 이미 우리는 부처요, 깨달음의 법신 그 자체인 것이다. 더 이상 깨닫기 위해 애쓰고 발버둥 칠 필요가 없다. 이미 우리는 완전한 생명을 부여받았고, 완전한 삶을 살아가고 있다. 그 누구도 완전한 평화, 완전한 고요,

완전한 행복을 부여받지 않은 사람은 없다. 수행을 해서 깨닫고 난 다음 얘기가 아니라 '지금 이 순간' 우린 누구나 완전한 부처요, 완전한 깨달음을 얻은 사람들이다.

그러니 어찌 또 다른 무슨 '법'을 얻고자 하겠는가. 이미 우리의 존재 자체가 법의 몸, 법신이요, 진리 그 자체일진대 또다시 법을 얻고자 할 필요가 있겠는가. 그렇기 때문에 부처님께서는 한 법도 얻은 적이 없다고 말씀하고 계시는 것이다. 바로 그 한 법도 얻은 바가 없는 그 이치를 이름하여 아뇩다라삼먁삼보리를 얻었다고 한 것에 불과하다.

우린 이미 완전한 부처요, 완전히 텅 빈 대자유인이다. 그렇다면 지금 우리가 겪고 있는 이 괴로움과 아픔, 질투와 외로움, 슬픔과 번뇌는 다 무엇이란 말인가. 이미 부처라면 왜 우리는 이런 아픔을 겪어야만 하는가. 그것은 모두 꿈과 같은 것이다. 꿈속에서 아파하고 괴로워하고 배신당하고 슬퍼할지라도 꿈을 깨고 보면 아무것도 아닌 것처럼, 우리의 현실 또한 그대로 꿈인 것이다. 우리가 아파하고 괴로워하는 것은 고정된 실체가 있는 것이 아니다. 그것이 아픔의 실체이거나, 전적인 괴로움인 것은 아니다. 다만 꿈인 것이다. 꿈을 꾸고 있더라도 괴로울 땐 괴롭고 슬플 땐 슬프지 않은가. 그러나 그건 다만 꿈일 뿐, 실제로 아픈 것이 아니고 슬픔도 실체적인 것이 아니다.

또 다른 비유를 들자면, 연극의 주인공과도 같다. 연극은 그야말로 연극일 뿐이 아닌가. 연극의 주인공이 슬프고 아픈 연기를 하지만 그 것은 어디까지나 연기일 뿐 실제로 아픈 것은 아닌 것과 같다. 우리 또한 삶에서 나에게 주어진 연극을 잘해 나갈 수 있어야 한다. 우린 저마다의 연극 주인공이다. 나를 깨달으면 곧 온 우주법계를 깨닫는 것이니 어찌 내가 주인공이 아니고 무엇이랴. 어찌 나라는 존재가 객이 될 수 있단 말인가. 우린 모두 주인공이요, 이 법계의 중심에 있다. 중심에 있으면서 변두리에 있기도 하다. 우리 모두는 법계 그 자체요, 부처 그 자체이기 때문이다.

공연히 스스로 집착하고 욕심을 일으켜 아파하고 괴로워하면서 왜 이렇게 인생은 괴로운지 모르겠다고 답답해하고 있으니 얼마나 어리석은 일인가. 스스로 욕심을 만들고 집착을 만드니 그로 인해 괴로운 것인데, 스스로 그렇게 만들어 놓고 부처님께 행복하게 해달라고 빈다고 그것이 행복해질 수 있겠는가. 본래부터 행복했었다는 그 사실만 깨닫고, 욕심과 집착은 내가 허상이 실체인 줄 착각하여 만들어 낸 것임을 올바로 깨달으면 그뿐이다.

어떤 한 이성에게 사랑에 빠졌다고 생각해 보라. 본래부터 내 여자, 내 남자가 어디 있는가. 이 세상에 본래부터 절대적인 내 여자, 내 남자란 있을 수 없다. 다만 인연 따라 이번 생에는 내 남편도, 내 아내도, 내 애인도 되는 것이고, 또 다음 생이나 전생에는 또 다른 사람의 아내요 남편이었을 수도 있는 것이다. 혹은 전생에 원수지간이었던 사람이 이번 생에는 사랑하는 사람으로 윤회를 하게 될 수도 있는 노릇이다. 보통 사람들이 사랑에 빠지면 그 사람이 다인 줄 알고, 그 사람만이 나의 인연인 것 같고, 그 사람 없으면 안 될 것 같고, 못 살 것같이 느끼지 않는가. 그러나 그 사람과의 사랑이 끝나고 시간이 흐르면서 또 다른 사람을 만나고 사랑하게 되면 또 어떤가. 옛사랑은 잊혀지고 또 다른 사랑이 시작되지 않는가. 물론 전에 사랑했던 사람에 대한 애착을 끊지 못하고 있다면 여전히 괴로울 것이지만, 그 애착과 집착만 끊어버리면 또 다른 사랑을 만날 수도 있는 것이다. 그러니 어떠한가. 사랑하는 사람과 헤어지게 되었다고 괴로움을 느끼는 사람의 그 괴로움의 원인은 무엇인가. 바로 사람에 대한 집착이고 애착이다. 즉 사랑하는 사람을 '내 것', '내 여자', '내 남자'로 만들고 싶은 욕심이다. 그건 누가 만들었는가. 본래부터 고정되게 나에게 있어 왔는가. 그렇지 않다. 내 스스로 만든 것일 뿐이다. 사랑하는 감정, 애착의 감정을 스스로 만들어 놓은 것이다. 그렇게 스스로 만들어 놓고는 헤어지게 되었다고 스스로 괴로워하고 있으니 그 원인도 나에게 있고 그 해답 또한 나에게 있는 것이 아닌가. 내가 붙잡아 내 것으로 하고자 애착을 내었으니 붙잡은 그 마음을 놓을 수 있는 것도 나인 것이다. 그걸 어찌 부처님께서 대신해 줄 수 있겠는가. 그 마음은 내 마음인데. 내 마음 내 스스로 놓아버릴 수 있어야 하는 것이다. 방하착, 그 집착을 놓을 수 있어야 내 마음의 괴로움도 녹아내릴 수 있는 것이다. 그 마음을 놓지 못하고 붙잡고 있으면 나만 괴롭다. 때로는 그 괴로운 마음, 질투의 마음이 생각지 못한 무서운 결과를 불러오기도 하지 않은가. 못 이룬 사랑으로 인해 자살을 하거나, 사랑하는 사람이 다른 사람에게 떠나갔다는 이유로 해치려 하지를 않나, 그 모두가 스스로 한 사람을 택해 집착하면서 그 사람을 '내 사랑'으로 붙잡아두려는 마음에서 시작된 불행이다. 그러니 그 괴로움을 없앨 수 있는 사람도 나 자신일 뿐이다.

그렇게 해서 마음에 집착과 애착을 놓아서 다시 편안해졌다고 치자. 그렇다면 그 사람은 그 괴로움을 없앤 것인가. 물론 없앤 것이기는 하지만, 본래부터 없던 괴로움을 제 스스로 만들었다가 그 괴로움에 스스로 아파하다가 다시 그 괴로움을 놓아버린 것이, 집착이 본래부터 없던 사람이 보기에는 참 공연한 일을 벌인 것밖에 되지 않는 것이다. 공연히 제 스스로 집착하고 그로 인해 아파하고 다시 그것을 놓아버린 것이니 아무 일 없는 사람에게는, 집착을 애초부터 하지 않았던 사람에게는 이 얼마나 번거롭고 복잡한 일을 꾸민 것이 되겠는가.

그래서 이 세상의 본래 모습은, '아무 일 없다'는 것이다. 본래 이 세상에는 아무 일도 없다. 다만 이 세상에 이처럼 수많은 일들이 생겨나는 것은 공연히 스스로 붙잡아 만들어 냈기 때문에 일어나는 것이다. 그러나 그렇게 만든 일조차 사실은 실체가 없는 것이다. 그러니 결국에는 다 놓아버려야 할 것들이다.

이처럼 이 세상은 본래 고요하다. 아무 일도 없다. 괴로움이 일어난 것도 아니고 괴로움이 사라진 것도 아니다. 다만 신기루처럼, 환상처럼, 제 스스로 집착을 만들어내 '내 것'으로 만들려고 하고, 내 것이 안 되니 괴로워하고, 혹은 내 것으로 만들었을 때 잠시 기뻐하다가, 언젠가 다시금 그 집착의 대상이 소멸될 때 괴로워하는 것일 뿐이다. 그러나 우리가 만들어 낸 집착의 대상은 어떤 것도 예외 없이 모두 언젠가는 소멸되고 만다. 생주이멸하고 성주괴공하고 마는 것들이다. 항상 하지 않아 제행무상이고 고정된 실체가 없어 제법무아이며, 그렇게 항상 하지 않고 실체가 없으므로 거기에 집착하는 것은 모두 괴로움인 것이다. 즉 일체개고인 것이다. 그러나 항상 하지 않아 실체가 없는 줄 올바로 알고 거기에 집착하지 않으면, 바로 그 자리가 텅 빈 고요함이요 열반적정의 순간인 것이다. 즉, 제행무상이며 제법무아이기 때문에 무집착하고, 이미 집착한 것은 방하착하면 그것이 바로 열반적정의 깨달음이란 말이다.

그러니 어찌 부처님께서 깨달은 어떤 법이 있겠는가. 부처님께서는 스스로 집착을 만들어 내지 않으셨다. 스스로 '나다' 하는 아상을 만들지 않았으며, '내 것'이라는 소유의 아집을 일으키지 않으셨다. 스스로 집착과 애착, 욕심과 번뇌를 만들지 않았는데 다시 놓을 것이 무엇인가. 다시 놓을 것도 없고, 집착을 버릴 것도 없으며, 아상을 버릴 것도 없고, 다시 내 어리석음을 없앨 것도 없다. 이미 처음부터 텅 비었고, 고요했으며, 열반적정에 머물렀기 때문이다. 그러니 어찌 부처님께서 아뇩다라삼먁삼보리를 얻었다고 할 수 있겠는가. 어떤 법을 별도로 깨달았다고 할 수 있겠는가.

이와 같이 사실은, 본질에 있어서는 우리들 또한 이미 깨달아 있다. 이미 텅 비어 있고, 고요하며, 열반적정에 머물고 있다. 그렇기 때문에 스스로 만들어 낸 꿈 같고 공연한 집착만 놓아버리면 본래 자리로 돌아갈 수 있다. 우리의 본래 생명자리인 불성으로 돌아갈 수 있다. 그것이 바로 귀의(歸依)다. 돌아가 의지함이다. 불법승 삼보에게 귀의한다는 것이 이 의미다. 부처님께 귀의하고, 가르침에 귀의하며, 청정한 수행자에게 귀의한다는 것은 내 안의 자성부처님께 돌아가고, 내 안의 이미 구족되어 있고 충만한 가르침에 돌아가 의지하며, 내 안의 자성청정한 수행자의 성품으로 돌아가 의지한다는 의미다.

그러나 사실은 돌아갈 것도 없다. 온 곳이 없으니 갈 곳도 없다는 말이다. 다시 갈 곳도 없고, 다시 깨달을 것도 없이 다만 알면 된다. 내가 공연히 집착하여 잡고 있었고, 착각하고 있었다는 사실만 자각하면 된다. 공연한 집착과 착각, 이것을 무명, 즉 어리석음이라고 하는

것이다. 이 무명만 없애면 본래 밝은 지혜가 드러난다. 이렇듯 깨달음
은 얻는 것이 아니라 드러내는 것이요, 깨닫는 것이 아니라 다만 아는
것이다.

정심행선분

[마음집중의 수행으로 보리를 얻으라]

淨心行善分 第二十三

復次 須菩提 是法平等 無有高下 是名阿耨多羅

三藐三菩提 以無我無人無衆生無壽者 修一切善法

卽得阿耨多羅三藐三菩提 須菩提 所言善法者 如來

說卽非善法 是名善法

"또 수보리야, 이 법은 차별이 없으므로 이름하여 아뇩다라삼먁삼보리라 한다. 아도 없고 인도 없고 중생도 없고 수자도 없이 일체의 선법을 닦으면 곧 아뇩다라 삼먁삼보리를 얻을 것이다. 수보리야, 이른바 선법이란 여래가 선법이 아니라고 설했으니 그 이름이 선법일 뿐이다."

정심행선이란, 깨끗한 마음은 선을 행함으로써 얻어진다는 의미다. 그러나 앞서 6분 정신희유분의 선근에서 언급했듯이 여기서 선법이란 악의 반대되는 개념으로서 선한 법이 아니라 '지혜로운 주의' 즉 '지혜로운 마음집중'의 의미로 이해할 수 있다. 또한 정심이란 깨끗한 마음을 의미하는데 이는 아뇩다라삼먁삼보리를 뜻하고 있다. 무상정등정각의 완전한 깨달음이야말로 깨끗한 마음이기 때문이다. 그래서 정심행선은 깨끗한 마음으로 선을 행한다는 의미이기보다는, 마음집중의 수행으로 아뇩다라삼먁삼보리를 얻는다는 의미가 더 올바른 해석일 것이다.

"또 수보리야, 이 법은 평등하여 높고 낮은 차별이 없으므로 이름하여 아뇩다라삼먁삼보리라 한다.

부처님의 깨달음은 높고 낮은 차별이 없는 대평등의 가르침이다. 그렇기에 이름하여 아뇩다라삼먁삼보리 즉 무상정등정각이라 하는 것이다. 진리의 법에는 그 어떤 차별도 발붙일 틈이 없다. 높고 낮다거나, 옳고 그르다거나, 선하고 악하다거나, 크고 작다거나, 잘나고 못났다거나, 나고 죽는다거나, 나아가 어리석고 지혜롭다거나, 중생과 부처라거나, 생사와 열반이라는 개념조차 방편으로 이름 붙여진 개념일 뿐 진실한 법의 바탕에서는 그 모든 차별이 대평등의 용광로 속에 녹아내린다.

그럼에도 불구하고 우리의 현실을 보라. 차별과 나눔이 세상 모든 것을 좌지우지하고 있다. 세상의 모든 사람들을 높고 낮은 구분을 두어 차별하고 일등부터 꼴등까지 줄 세우는데 주저하지 않는다. 수능시험을 보더라도 전국의 모든 수험생을 일등부터 꼴지까지 등수로 높낮이를 매겨 차별하고, 기업도 대학들도 평가의 틀에 따라 등수를 매겨 세계에서 몇 위의 기업인지, 대학인지를 가늠하곤 한다. 그것이 이 사회의 차별된 어리석은 현실이다. 어디 그뿐인가. 사람들 모두가 직장에서 서열에 의해 등수가 매겨지고, 점수화되어 관리되고, 나아가 먹을거리들 또한 어떤 틀에 맞춰 몇 등급인지가 정해진다. 이처럼 우리 사회는 수많은 잣대와 기준을 정해놓고 그 틀에 따라 높고 낮은 차별을 정하느라 여념이 없다. 그렇게 높고 낮은 틀을 정해두고 그 결정에 따라 사람들의 등수가 정해진다. 또 그 등수에 따라 사람들 서로 간에 차별이 일어나고 불화와 갈등과 대립이 심화되고 있다.

그런 높고 낮은 차별이 이 사회를 좌지우지 흔들고 있다 보니 모든 사람들이 서로 보다 더 높은 자리에 오르고자 투쟁하고 싸우고 심지어 국가 간, 인종 간에는 전쟁도 마다하지 않는다. 이제 이 사회는 사랑과 자비의 장이 아닌 무한 경쟁과 투쟁의 장이 되어버렸다. 다른 사람보다 뒤처지면 낮은 계층으로 떨어지고 다른 사람을 밟고 일어서야만 보다 높은 계급으로 상승할 수 있는 것이다. 그래서 이 사회의 사람들이 느끼는 행복의 크기는 얼마나 다른 사람에 비해 비교 우위를 점할 것인가에 달려 있고, 반대로 괴로움의 크기는 얼마나 다른 사람에 비해 비교 열등에 놓여 있는가에 있다. 우리가 느끼는 괴로움, 상대적 박탈감이란 무엇인가. 바로 높고 낮음을 나누는 차별심에 기인하는 것이다. 어리석음에 기인하는 이 차별이 모든 세상의 괴로움을 몰고 왔고, 세상의 모든 사랑과 자비를 빼앗아갔다.

그러나 여기 부처님 말씀을 들어보자. 법이라는 것, 진리라는 것은 그렇듯 높고 낮음을 차별하는 거기에 있지 않고 대평등에 있다고 말하고 있다. 높고 낮음을 차별하지 않는 만인, 만생명 대평등의 가르침 속에서 아뇩다라삼먁삼보리, 즉 최상의 깨달음은 나온다고 말하고 있는 것이다.

어디 그뿐인가. 사람과 사람 사이에서의 차별뿐 아니라 사람과 동·식물, 사람과 자연 간의 높고 낮은 차별의 마음이 지금 이 세상을 극단적인 환경 악화로 인한 멸망 위기까지 몰고 왔다. 신과 인간도 차별되어선 안 되고, 인간과 동식물도, 인간과 자연도 차별되어선 안 된다. 이 세상을 구할 수 있는 유일한 진리는 이 세상은 완전한 하나의 생명이요, 온전한 법(法)이고 불(佛)이고 신(神)으로서 대평등의 공간이라는 것이다. 이러한 대평등의 가르침, 높고 낮은 차별이 없는 대평등의 가르침만이 이 세상을 완전한 평화의 땅으로 만들 수 있고, 우리를 완전한 깨달음 아뇩다라삼먁삼보리로 데려가 줄 수 있다.

"아도 없고 인도 없고 중생도 없고 수자도 없이 일체의 선법을 닦으면 곧 아뇩다라삼먁삼보리를 얻을 것이다. 수보리야, 이른바 선법이란 여래가 선법이 아니라고 설했으니 그 이름이 선법일 뿐이다."

  높고 낮은 차별이 없어 대평등임을 깨닫기 위해서는 어떻게 해야 하는가. 온 존재가 차별이 생기는 것은 어디에 기인하는가. 그것은 바로 모든 존재들이 저마다 '나'라는 상을 내세우고 있기 때문이다. 나라는 상을 내세우기 때문에 너와의 차별이 생겨난다. 나와 너의 차별이 생겨남으로써 나아가 내 나라와 남의 나라, 인간과 자연, 중생과 부처 등의 모든 부가적인 차별들이 연이어 생겨날 수밖에 없는 것이다. 그 모든 차별의 원인은 바로 아상에 있다. 아상을 타파하면 나와 너를 나누지 않기 때문에 높고 낮은 차별도 생길 수 없다. 내가 있어야 나를 더 높이고 상대를 낮추고 싶으며, 내가 높아졌을 때 오는 기쁨도 누릴 수가 있는 것인데, 나라는 아상이 소멸되고 나면 내가 남보다 더 높아질 이유가 없지 않은가. 나와 남이란 차별이 없다면, 그래서 나와 남이 서로 둘이 아닌 한 생명이란 자각이 있다면 나와 남 사이를 높고 낮게 나눌 이유가 없는 것이다.

  그래서 높고 낮은 차별 없이 일체만유, 만생명이 대평등이라는 것을 깨닫기 위해서는 아상·인상·중생상·수자상이 없어야 하는 것이다. 그렇다면 이런 아상·인상·중생상·수자상을 소멸시키기 위해서 어떻게 해야 하는가. 바로 일체의 선법을 닦아야 한다. 앞서 언급했듯이 이는 구마라집의 한역의 의미로 보자면 착한 법을 닦는다는 의미로 볼 수 있겠지만 이를 착한 법으로 본다면 이 또한 악한 법에 상대되고 차별되는 선한 법이기에 이 또한 높고 낮은 차별에 빠지게 되는 오류를 범할 수 있게 된다. 그래서 산스크리트 원전의 본래 의미로 이해되어야 하는 것이다. 선법의 산스크리트 원전의 본래 의미는 '지혜로운 마음 주의집중의 가르침' 즉 '마음집중'의 수행이다. 그러니 여기서 이 문장을 해석해 보면 아도 인도 중생도 수자도 없이 일체의 마음집중 수행을 닦으면 곧 아뇩다라삼먁삼보리를 얻는다고 해석할 수 있는 것이다.

다시 처음부터 이해해 보면, 이 법 즉 진리의 가르침은 높고 낮음도 없이 대평등이기 때문에 아뇩다라삼먁삼보리라 할 수 있는 것이며, 그러한 높고 낮음 없는 대평등의 가르침은 아상·인상·중생상·수자상의 타파에서 온다는 것이다. 또한 그러한 일체상의 타파는 마음집중의 수행을 통해 온다. 그러니 다시 돌려 말하면, 높고 낮음 없는 대평등의 진리인 아뇩다라삼먁삼보리를 깨닫기 위해서는 마음집중의 수행을 통해 아상·인상·중생상·수자상을 타파해야 한다고 요약해 볼 수 있다.

이렇게 일목요연한 가르침이 바로 『금강경』이다. 왜 불교의 가르침이 무차별이요 무분별인지, 무아이며 무아상인지, 왜 대평등인지, 왜 아상·인상·중생상·수자상을 타파해야 하는지, 그 실천방법이 무엇인지, 그 모든 것을 분명하게 정리해 보여주는 분이 바로 정심행선분인 것이다.

그러나 여기에서 또다시 부처님은 자비로운 우려의 말씀을 하고 있다. 이렇게 말하고 났더니 '아! 그러면 마음집중의 수행만 하면 바로 깨달음을 얻을 수 있다는 말이구나' 하고 생각하면서 '마음집중'의 수행에 집착하고 있을 중생들을 위해 선법 즉 마음집중의 수행 또한 그 이름이 마음집중의 수행일 뿐 거기에 집착할 어떤 고정된 법이 있는 것이 아니라고 말하고 있다.

즉, 이 말은 마음집중의 수행, 구체적으로 '지혜로운 마음 주의집중'이라는 수행을 실체화하거나, 절대화하여 그 어떤 정해진 '수행법'으로 착각하지 말라는 말이다. 그것도 다만 이름인 것이지 거기에도 빠지면 안 된다. 요즘 위빠사나니 관수행이니 정념, 사띠, 알아차림, 비추어 봄, 깨어 있음 등 마음집중의 수행을 여러 가지 말로 표현하고 있는데 자칫 그 말에도 집착하여 고착되어서는 안 된다는 점을 분명하게 짚어주고 있는 부분이다. 위빠사나라는 수행법을 공부하는 수행자들과 간화선을 공부하는 수행자 혹은 염불이나 진언, 독경이나 절 수행 등 나름대로 실천하고 있는 수행자들이 요즘도 많이 있는데 때때로 어떤 수행법이 더 우수한가를 놓고 왈가왈부하면서 자신의 수행법이 더 우수함을 증명하려고 애쓰는 경우를 더러 보게 된다. 이런 다툼도 어디에서 나왔는가. 바로 대평등의 법을 거스르는 높고 낮은 차별심에서 나왔으며, 나아가 어떤 한 수행법에 집착하는 데서 나온 것이다. 그래서 이런 우려를 위해 부처님께서는 시공을 초월해 『금강경』에서 말하고 계신 것이다. 선법도 선법이 아니니 이름이 선법일 따름이다. 즉 마음집중이란 수행도 마음집중 수행이 아니니 다만 이름이 마음집중의 수행일 뿐임을 일깨워 주신 것이다. 부처님 열반 후 2500여 년이 지난 지금에도 『금강경』의 가르침이 오늘날 우리에게 주는 가르침은 이처럼 분명하고 자비롭다.

높고 낮은 일체의 차별심을 거두어 대평등으로 향하는 부처님의 가르침에서 어찌 수행법의 높고 낮음을 논할 것인가. 이 얼마나 어리석은 일인가. 모든 수행법은 다만 방편에 있어 서로 다를 뿐이지 그 본질은 높고 낮음이 없는 대평등의 마음집중 수행법에 다름 아니다. 즉 위빠사나도 간화선도 염불도 참선도 진언도 독경도 절 수행도 그 모든 수행도 그 중심은 '지혜로운 마음 주의집중'에 있다. 염불하는 수행자가 마음을 염불에 모아 주의집중하지 않고 다른 생각과 번뇌를 일으킨다면 그것이 어찌 염불수행일 수 있겠으며, 절 수행자가 몸과 마음에 마음을 주의집중하지 않고 몸만 일어났다 앉았다 한다면 그것이 어찌 수행이 될 수 있겠는가. 절을 하면서 마음집중을 하지 않는다면 그것은 절 수행이 아니라 단순한 다리운동에 불과할 것이고, 염불하면서 마음집중을 하지 않는다면 단순한 입 운동이고 소음이 아니고 무엇이겠는가. 간화선도 마찬가지다. 화두를 의심하며 그 의심에 마음을 집중하지 않고 머릿속으로 분별하고 따지거나 마음이 다른 곳을 향하고 있다면 어찌 그 사람을 화두 수행자라 할 수 있겠는가. 이처럼 모든 수행법의 본질이 바로 '지혜로운 마음 주의집중'인 것이다.

복지무비분

[복과 지혜를 비교할 수 없다]

福智無比分 第二十四

須菩提 若三千大千世界中 所有諸須彌山王 如是等

七寶聚 有人持用布施 若人 以此般若波羅蜜經 乃至

四句偈等 受持讀誦 爲他人說 於前福德 百分 不及

一百千萬億分 乃至算數譬喩 所不能及

"수보리야, 만약 어떤 사람이 삼천대천세계에서 제일 큰 산인 수미산왕 만한 칠보들을 가지고 널리 보시한다 하더라도, 만약 다른 사람이 이 반야바라밀경이나 이 경의 네 글귀로 된 한 게송만이라도 받아 지녀 읽고 외우고 남을 위해 설해 준다면, 이 복덕에 비하여 앞의 복덕은 백분의 일에도 미치지 못하고, 백천만억분의 일 또는 그 어떤 산술적 비교로도 능히 미치지 못할 것이다."

복지무비란 복과 지혜를 비교할 수 없다는 뜻이다. 물론 복과 지혜
는 함께 닦아가야 할 중요한 수행의 요소지만 세속적인 복을 짓는 일
을 출세간의 지혜를 닦는 것에 비교할 바가 아니라는 의미다.

　"수보리야, 만약 어떤 사람이 삼천대천세계에서 제일 큰 산인 수미산왕 만한 칠
보들을 가지고 널리 보시한다 하더라도, 만약 다른 사람이 이 반야바라밀경이나
이 경의 네 글귀로 된 한 게송만이라도 받아 지녀 읽고 외우고 남을 위해 설해 준
다면, 이 복덕에 비하여 앞의 복덕은 백분의 일에도 미치지 못하고, 백천만억분의
일 또는 그 어떤 산술적 비교로도 능히 미치지 못할 것이다."

　여기에서 네 글귀로 된 한 게송이란 『금강경』의 사구게를 말할 수
도 있겠고 나아가 '부처님 진리 말씀 가운데 진실로 어느 한 구절만이
라도'라고 이해될 수도 있을 것이다. 부처님 가르침이라는 것이 다 다
른듯 보이고, 경전도 수없이 많으며, 교리도 수없이 많고, 수행법도 복
잡다단하게 느껴지며, 스님들의 설법을 듣고 수많은 절에 다녀 보더
라도 처음에는 다 다른 얘기처럼 느껴지기 때문에 어렵고 복잡하다

고 생각된다. 그러다 보니 불교를 배우려면 공부할 것이 너무 많아서 힘들다고 한다. 그러나 이는 잘못된 생각이다. 방편이 많은 것이지 그 근본은 복잡하지가 않다. 그 근본은 하나다. 그래서 불교 공부를 하다 보면 처음에는 너무 힘들고 어렵고 복잡해서 뭐가 뭔지 하나도 모르겠고 정리도 안 되고 하다가 어느 순간 그 근본을 비춰 보면 일순간 그 모든 복잡하던 것들이 하나로 정리가 되고 귀일(歸一)이 된다. 그 본질은 서로 다르지 않기 때문이다. 여기서 사구게라는 것의 상징적인 의미도 바로 그 근본, 본질을 꿰뚫고 있는 부처님의 진리를 말하고 있는 것이다.

바로 그 사구게, 즉 부처님 가르침의 본질이 담긴 사구게를 받아 지녀 읽고 외우고 남을 위해 설해 준다는 것을 말하고 있는데, 이는 단순히 사구게를 받아서 그 말만을 읽고 외우고 남에게 전달해 주는 것을 말하는 것이 아니다. 아무런 이해도 없이 깨달음도 없이 공허한 말만 골백번을 외우면서 남에게 전달해 준다면 그것이 어찌 큰 공덕이 될 수 있겠는가. 여기서 말하는 사구게를 받아 지닌다는 뜻은 부처님 가르침의 본질을 꿰뚫고 있는 사구게의 진리를 온전히 내 깊은 정신 안에서 깨달아 환히 체득이 된 것을 말하고 있다. 그래야 단순히 받는 것이 아닌 받아 내 존재 안에 지니는 것이 되는 것이다. 그렇게 온 존재로써 받아 지녀 깨달아 알고 입으로는 늘 읽고 외우며 남에게 그 깊은 의미를 온전히 전달해 줄 수 있다면 그 공덕이야말로 온 세계를 칠보로 가득 채워 보시하는 것과는 비교할 수도 없는 공덕이 될 수 있는 것이다.

내 존재 안에서 깊은 깨달음으로 받아 지닐 수 있어야만 다른 사람들에게 온전히 전해 줄 수 있다. 내 스스로 사구게의 깊은 이해와 깨달음이 없다면 어찌 다른 사람에게 전해 줄 수 있겠는가. 이렇듯 내 스스로 깊이 깨닫고 다른 사람으로 하여금 사구게의 본질적인 진리를 깨닫게 해줄 수 있다면 이 공덕이야말로 한량없이 크다. 크고 작은 분별을 넘어서서 대평등으로 클 수 있는 것이다.

그러니 삼천대천세계에서 가장 큰 산인 산 중의 왕, 수미산왕만큼 큰 칠보를 가지고 널리 보시한들, 그런 물질적인 보시가 어찌 깨달음을 가져다 주는 사구게 법의 보시와 비교할 수 있겠는가.

생각해 보라. 세계 1등 가는 기업의 회장이 수천억의 물질을 소유하고 있으며, 그 물질을 수많은 사람들에게 보시한다고 생각해 보자. 그것이 얼마나 큰 보시이겠는가. 그로 인해 수많은 사람들은 가난과 고통에서 벗어나며, 물질적인 행복을 누릴 수 있을 것이다. 이 얼마나 큰 공덕이란 말인가. 그러한 보시의 공덕으로 그 사람은 앞으로 있을 수많은 윤회의 기간 동안 끊임없이 부유하게 태어날 것이고, 수많은 사람들의 존경을 받는 과보를 누릴 것이다. 그러나 그러한 유위의 공덕은 반드시 좋은 결과만을 가져오는 것은 아니다. 사람이 물질적으로 부유하면 그만큼 가난했을 때 느낄 수 있는 삶의 의미들을 얻지 못하게 될 수도 있고, 또한 수많은 사람들의 존경을 받게 되면 그만큼 스스로 우쭐해지거나 교만해지게 될 수도 있을 것이다.

또 계속해서 대그룹의 회장으로 윤회를 한다고 하더라도 그것이 우리의 고통을 모두 소멸시켜 주는 것은 아니다. 세상의 많은 부자들을 보라. 그들이 돈이 많고 가진 것이 많을지언즉 가진 물질의 양만큼 마음도 풍요로운가. 오히려 물질이 많아지면 그 물질에 휘둘리는 일이 많아지고 되려 소유당하는 측면이 많아진다. 그 재산을 계속 유지하려면 얼마나 많은 에너지를 써야 할 것인가. 한국의 재벌들을 보더라도 그들의 삶이 행복과 평화와 여유와 고요함이라는 본질적인 삶의 미덕과 그리 가까워 보이지 않는다. 마음을 고요히 하고, 수행을 한다거나, 기도를 한다거나, 홀로 고요한 시간을 가진다거나, 조용히 앉아 책을 읽는다거나, 집착과 욕망을 지켜보고 비운다거나 하는 그런 본질적인 시간을 가질 여유가 없을 것이다. 그 시간을 가진 재산을 지키는데 다 소비해야 할지 모른다.

설령 백번 양보해 그렇지 않고 부유하면서도 스스로 윤리와 정신을 잘 지켜나간다고 하자. 그렇더라도 나고 죽고 병드는 고통에서 벗어날 수는 없을 것이다. 아무리 부자라도 늙고 병들고 죽는 것을 면할 수는 없다. 그러니 어떠한가. 물질적인 부유함, 물질적인 보시의 과보는 이렇듯 유위의 복에 불과한 것이다. 물질적인 보시의 공덕이 우리를 생사윤회에서 벗어나게 해주지는 못한다. 참다운 내면의 깨어 있는 정신을 세워주지는 못한다. 물질적인 보시의 과보는 물질적인 풍요일 뿐이다. 그러나 애석하게도 앞서 말했듯이 물질적인 과보는 오히려 우리에게 정신의 풍요를 앗아가게 하는 빌미를 제공할지언정 물질적인 풍요가 정신적인 풍요와 비례하는 것은 아니다.

그러니 어떠한가. 아무리 칠보로써 삼천대천세계의 가장 큰 산인 수미산왕 만큼을 보시한다고 하더라도 그것이 우리의 마음을 깨달음으로 이끌지는 못한다. 그러나 지혜가 구족되어 있는 사구게를 온전히 받아 지녀 읽고 외우며 남을 위해 연설해 주는 그 공덕은 나와 남을 깨달음으로 이끌고, 완전한 내적인 평화로 이끌어 줄 수 있다. 그러한 사구게의 깨달음은 물질적인 풍요보다도 더 큰 정신적인 풍요를 가져다준다. 사구게의 깨달음과 정신적인 풍요는 곧 내 것과 네 것이라는 분별을 없애주기 때문에 '내 것'이 많아지는 물질적인 풍요 정도가 아니라 온 우주 삼천대천세계가 전부 나와 둘이 아니요, 전부 내 것일 수 있는 무한한 절대 풍요를 가져다 준다. 그 사람에게 물질이 많고 적음은 아무런 상관이 없다. 나고 죽는 것이며, 내 것을 늘리는 것이며, 세속의 그 모든 욕망과 집착 그리고 괴로움에서 벗어나 있다. 그러니 어찌 물질적인 보시를, 사구게를 받아 지녀 읽고 외우며 남을 위해 연설하는 것과 비교할 수 있겠는가.

화무소화분

[교화하는 바 없이 교화하다]

化無所化分 第二十五

須菩提 於意云何 汝等 勿謂如來作是念 我當度衆生
須菩提 莫作是念 何以故 實無有衆生 如來度者 若
有衆生 如來度者 如來卽有我人衆生壽者 須菩提 如
來說 有我者 卽非有我 而凡夫之人 以爲有我 須菩
提 凡夫者 如來說卽非凡夫 是名凡夫

"수보리야, 너는 어떻게 생각하느냐? 여래가 '내가 마땅히 중생을 제도한다'는 생각을 하겠느냐? 참으로 그런 생각을 하지 말라. 왜냐하면 실로 여래가 제도할 중생이 없기 때문이다. 만일 여래가 제도할 어떤 중생이 있다면 여래는 곧 아·인· 중생·수자가 있는 것이다. 수보리야, 여래가 설한 '내가 있다'는 것은 곧 '내가 있음 이 아님'을 말하는 것이지만 범부들은 '내가 있다'고 여긴다. 수보리야, 범부라는 말 도 여래는 곧 범부가 아님을 말한 것이니 이름하여 범부라 한 것이다."

화무소화는 교화하되 교화한 바가 없음을 말하고 있다. 깨달음을 얻은 부처가 어리석은 중생을 위해 법을 설함으로써 교화한다고 하지만 이 모두는 방편의 말일 뿐이다. 본질에 있어서는 깨달음도 어리석음도 없으며, 깨달음을 얻은 부처도 어리석은 중생도 없고, 설할 법도 없다. 교화의 주체도 대상도 내용도 모두가 다 텅 빈 공일뿐이다. 부처님께서 말로써 표현하신 모든 것은 하나같이 방편이다. 입을 열었다 하면 그것은 모두 방편일 뿐이다. 그러나 중생들은 여기에 집착한다. 부처님의 말씀이라면 그것이 곧 절대적이라고 믿는다. 그러나 부처님께서는 그 믿음은 잘못된 것이라고 말씀하신다. 부처의 본질의 법문은 침묵 속에 이미 끝났다. 『금강경』의 제1분에서 침묵으로 탁발을 하시고 공양을 하시며 발을 씻고 자리를 펴고 앉는 순간 본질의 법문은 이미 끝이 났다. 그러나 나머지 제자들의 질문과 그에 대한 부처님의 답변으로 이어지는 이 『금강경』의 긴 파노라마는 어디까지나 방편이요 연극에 불과한 것이다. 부처님께서는 이처럼 수많은 방편으로 수많은 중생들의 근기에 응해 주심으로써 중생들을 교화하고 있다. 사람들은 그러한 부처님의 생애를 보고 부처님의 교화에 감탄을 내뱉으며 찬양 찬탄할 것이다. 그러나 부처님께서는 이 분에서 말씀하고 계신다. 교화하되 교화한 바가 없다고. 깨달음을 얻은 부처가 어리석은 중생에게 지혜의 법을 설함으로써 교화한다고 말하지 말라고 말씀하고 계신다.

"수보리야, 너는 어떻게 생각하느냐? 여래가 '내가 마땅히 중생을 제도한다'는 생각을 하겠느냐? 참으로 그런 생각을 하지 말라. 왜냐하면 실로 여래가 제도할 중생이 없기 때문이다. 만일 여래가 제도할 어떤 중생이 있다면 여래는 곧 아·인·중생·수자가 있는 것이다."

여래는 스스로 '내가 중생을 제도한다'는 생각이 없다. '내가 중생을 제도한다'는 말은 부처에게 있어 얼마나 큰 모순인가. 부처는 일체의 차별과 분별이 없으신 분이다. 본래 이 법계에는 그 어떤 차별상도 없으며, 그 어떤 나뉨도 없다. 오직 고요와 평화와 침묵 그리고 여여한 '그것'만이 있음 없음을 넘어서 있을 뿐이다. 부처는 '나'라는 상이 없으니 '내가'라는 말이 성립할 수 없다. 또한 부처에게는 중생도 부처도 없고 생사와 열반의 차별도 없다. 부처의 눈에는 오직 대평화의 고요함만이 있을 뿐이지 그 어떤 차별도 경계도 없다. 부처 눈에는 오직 부처만 보일 뿐이다. 그러니 '중생을'이라는 말도 성립될 수 없다. '제도한다'는 생각도 마찬가지다. 제도한다는 생각이 일어나려면 어리석은 중생이 있고 깨달음을 얻은 부처가 있어서 어리석은 중생들에게 법을 설해 깨달음을 얻도록 해줘야 한다는 말인데 부처에게는 그 어떤 것도 없다. 중생도 부처도 어리석음도 깨달음도 법도 제도도 다 공한 방편의 말들일 뿐이다.

여래에게는 실로 제도할 중생이 없다. 만일 여래가 제도할 어떤 중생이 있다고 한다면 그 말은 곧 여래에게 아상·인상·중생상·수자상이 있다는 말일 것이다. 즉 여래가 교화했다고 한다면 그것은 곧 여래가 상에 빠져 있다는 말과 다르지 않다. 그것은 곧 여래를 비방하는 것이다. 이처럼 여래는 만 중생을 모두 제도하고도 제도했다는 상이 없다. 스스로 상을 없애고 싶어서 상을 버린 것이 아니라 진리의 성품이 그 어떤 실체도 가지고 있지 않기 때문에 그 진리를 깨달아 버린 연후에는 저절로 상이 생겨날 수 없는 것이다. 상을 없애기 위해 노력하고 애써서 상을 버린 것은 참으로 버린 것이 아니다. 진리와 하나 되어 있기 때문에 진리의 성품이 상이 없으므로 저절로 상이 붙을 자리가 없는 것일 뿐이다.

수행자의 참된 면모도 이런 모습에서 온다. 스님이든, 포교사든, 일반 제가 수행자든 불교를 공부하는 이들의 공통적인 서원이 바로 상구보리와 하화중생임은 말할 나위도 없다. 위로는 깨달음을 구하고 아래로는 중생을 교화하는 일, 그러나 이 또한 모두가 상이 없는 가운데 드러나는 것이어야 한다. 스스로 수행을 하면서 수행 잘한 것을 내세우려 하거나, 내가 수행을 잘한다는 상을 가지거나, 또 교화를 하면서 스스로 교화를 얼마나 잘하고 있는지를 내세우고자 한다면 그는 참된 수행자의 반열에 들 수 없다. 수행 잘한다는 말처럼 수행 안 된 말이 없고, 교화 잘한다는 말처럼 교화의 본뜻을 흐리는 말도 없다. 부처님은 스스로 수행을 잘해 부처가 되었다거나, 교화를 잘해 일체 모든 중생을 교화했다는 그런 말을 하지 않는 분이시다.

"수보리야, 여래가 설한 '내가 있다'는 것은 곧 '내가 있음이 아님'을 말하는 것이지만 범부들은 '내가 있다'고 여긴다. 수보리야, 범부라는 말도 여래는 곧 범부가 아님을 말한 것이니 이름하여 범부라 한 것이다."

그런데 수많은 경전을 살펴보면 때때로 여래가 '내가 중생을 교화했다'거나, 여래 스스로 '내가' 혹은 '나 여래는'이라고 한 경구들을 살펴볼 수가 있다. 또 열반사덕(涅槃四德)이라고 하여 '상락아정(常樂我淨)'에 대한 경구도 찾아볼 수가 있다. 이러한 경구를 보면 지금 『금강경』에서 말한 법문과는 사뭇 다른 부분이라 의아해하지 않을 수 없을 것이다. 여래가 스스로 '나'라고 하지 않는다고 해놓고 경전에는 여래가 스스로를 나, 여래 등으로 표현하는 부분이 있기 때문이다. 이것은 어디까지나 방편일 뿐이다. 언어로 표현을 해야 하다 보니 그렇게 표현할 수밖에 없었던 것이다.

열반사덕도 마찬가지다. 부처님 말씀에는 이 세상에 항상 한 것이 없고, 언제까지나 즐거운 것이 없으며, 고정된 실체로서의 내가 없고, 불구부정으로 본래 항상 깨끗한 것은 없다고 해놓고, 열반의 덕성인 열반사덕으로 상락아정을 꼽고 있는 것을 보면 이해가 안 될지 모른다. 그러나 이 또한 방편의 말씀임을 알아야 한다. 열반사덕에서 말한 상락아정은 우리가 흔히 알고 있는 '항상 하고 즐겁고 내가 있으며 깨끗한' 그런 경계를 말하는 것이 아니다. 그것은 항상 하지 않고, 언제까지나 즐거운 것이 없으며, 내가 없고, 깨끗하고 더러운 분별이 없는 그 현실에서 깨달음을 얻게 되면 어떻게 변하게 되는가를 궁금해하는 중생들을 위해 방편으로 설한 것일 뿐이다. 어쩔 수 없이 말로 표현해야 하다 보니 상락아정이라고 표현을 했지만, 이 상락아정은 그 반대되는 말에 대한 상대개념의 상락아정이 아니다. 그 양변을 넘어서는, 말이 가닿을 수 없는 대적멸의 개념인 것이다.

좀 더 쉽게 표현하자면 상락아정의 '아' 즉, '나'라는 것도 '내가 있다'는 개념이 아니라, 대아(大我), 진아(眞我), 전체아(全體我), 즉 참나, 본래성품, 본래면목, 자성불을 의미하는 '나'인 것이다. 그러나 이런 단어 또한 방편으로 붙여진 이름이지 그 이름에도 집착해 '참나가 있다'고 한다면 그 또한 집착일 뿐이다. 그래서 '참나가 있다'는 말은 다시 말해 '내가 있지 않다'는 말이다. 즉, 부처님께서 말씀하신 '내가 있다'는 말은 어떤 실체적인 의미로서 '내가 있다'는 말이 아니라, 그 어떤 실체성도 없는 '내가 있음이 아님'을 말하신 것이다.

경전에서 일반적으로 '나'라고 하면 두 가지 의미를 가진다. 첫째는 '연기된 존재로서의 나(假我)'이며, 둘째는 '참나로서의 나(眞我)'다. 일반적으로 경전에서나 스님들의 설법에서는 이 두 가지 나를 이원적으로 나누어 말하곤 하는데, 이 말도 어쩔 수 없이 표현해야 하다 보니 그렇게 나누어 놓은 것이지 본질에 있어서 그 두 가지 나는 결국 서로 다른 것이 아니다. 연기된 존재로서의 나는 수많은 인연들이 화합하여 만들어진 나를 의미하고, 이는 곧 실체성이 없는 연기아(緣起我)이며, 그렇기에 무아(無我)인 것이다. 다시 말하면 독자적인 실체로서의 내가 아니라, 이 우주법계에서 잠시 요소 요소를 인연에 맞게 빌려 온 나이기 때문에 사실은 '내가 없는 나', '전체로서의 나'인 것이다. 즉 이 우주법계에서 잠시 인연 따라 몸은 지수화풍에서 빌려 오고, 정신은 수상행식에서 빌려 와 조화롭게 어느 한 순간 존재를 이룬 것에 다름 아닌 것이다. 그러니 이 몸은 내 몸이 아니라 법계가 나로서 잠시 잠깐 모인 것일 뿐이다. 그런데 그 연기된 존재로서의 나를 움직이게 하고, 생각하게 하는 근원이 무언가 있어야 이 몸을 이끌고 갈 수 있지 않은가. 길을 걷는 자가 누구인가. 생각하는 자, 몸을 움직이는 자가 누구인가. 그것은 단지 몸이기만 한 것도 아니요, 뇌이거나, 마음이기만 한 것도 아니다. 그러나 분명 이 인연가합의 실체도 없는 가짜인 나를 이끌고 가는 무언가가 있기는 있다. 그것이 없다면 이 가짜가 어떻게 말도 하고, 생각도 하며, 행동을 할 수 있단 말인가. 그 가짜 나의 뒤에, 가아(假我)의 본래 주처의 본연 바탕에 있는 것을 이름하여 '참나', 혹은 진아, 대아, 자성불, 본래면목이라는 등의 이름을 붙여 놓은 것일 뿐이다. 그것이 바로 두 번째 '참나로서의 나', 진아인 것이다.

그러나 이 또한 '있다'고 단정 지어 놓으면 있고 없음의 양변에 치우칠 뿐이다. 이 참나를 있다고 할 수도 없고, 없다고 할 수도 없으며, 있지도 않고 없지도 않다고 할 수도 없고, 있기도 하고 없기도 하다고 할 수도 없다. 그래서 부처님께서 '내가 있다'고 하신 이유는 곧 '내가 있음이 아님'을 말하는 것이라고 했다. 가짜의 나가 되었든, 진짜의 나가 되었든 '내가 있다'는 것은 곧 내가 있음이 아닌 것을 말한다. 그런데도 불구하고 중생들은 부처님께서 '내가 있다'고 하면 그것이 방편인 줄 알아 '내가 있음이 아님'으로 받아들여 '내가 있음이 아님'으로 받아들여야 할 것인데, 말 그대로 '내가 있다'는 의미로 받아들이니 그것이 병통이다. 부처님께서 말씀하신 '나(我)'는 '나 아님(無我)'을 의미하고, '마음(心)'은 '마음 없음(無心)'을 의미하며, 범부 또한 범부 아님을 의미하는 것이다. 나는 내가 아니므로 그리하여 나가 되는 것이고, 마음은 마음이 아니므로 그리하여 마음이라 이름하는 것이다. 범부도 범부가 아니기에 이름하여 범부라 할 수 있는 것이다. 이 논법의 참된 의미를 잘 알아야 한다. 이 논법이 줄기차게『금강경』에서 의미하는 것은 다름 아닌 무집착이다. 집착하지 않아야 하는 이유는 실체 없음, 즉 공이기 때문이다.『금강경』,『반야심경』을 비롯한『반야경』의 핵심이 바로 공사상이 아닌가. 공사상을 전하기 위해 일반 논리로는 이해하기 어려운, 일반 논리를 초월하는『금강경』논법을 전개하고 있음을 알아야 한다. 논리적인 것의 교묘한 술수에 빠지지 않기 위해 논리를 초월하는 논리, 논리 아닌 논리를 전개하고 있는 것이다. 사람들이 '논리적인 것'에 얼마나 신뢰를 보내는가. 그러나 그 논리라는 것이 가만히 살펴보면 모순 덩어리일 수 있다는 점을 상기할 필요가 있다. 논리적으로 전혀 다른 두 가지 논거가 논리라는 이름으로 논리적으로 증명되는 것들이 세상엔 얼마나 많은가. 과학적, 합리적이라는 이름으로 전혀 다른 두 개의 반대의 결론이 과학적 증명을 거쳐 버젓이 우리 앞에 오는 것이 얼마나 많은가. 그 두 극단이 모두 논리적이며 과학적이라면 과연 우리는 어떤 것을 선택해야 한단 말인가. 깨달음은 논리 그 너머에 있다. 논리적 증명 그 너머에 있는 것이다.

이상에서처럼 여래인 부처가 범부인 중생을 교화한다고 하지만 사실 본질적인 면에서 보자면, 교화하는 여래가 나라고 했던 것도 결국 나 아닌 것을 말하며 교화되는 범부 또한 결국 범부가 아닌 것을 말하는 것이다. 교화하는 여래도 여래가 아니며 이름이 여래일 따름이고, 교화되는 범부도 범부가 아니며 이름이 범부일 뿐이다. 즉 교화하는 주체도 대상도 모두가 이름일 뿐, 고정된 실체가 있는 것이 아니다.

여래도 범부도 모두 공하고 텅 비어 있다. 그렇기 때문에 '화무소화'
즉 교화하되 교화한 바가 없는 것이다.

제26분

법신비상분

[법신은 상이 아니다]

法身非相分 第二十六

須菩提於意云何 可以三十二相 觀如來不 須菩提言

如是如是 以三十二相 觀如來 佛言 須菩提 若以三

十二相 觀如來者 轉輪聖王 卽是如來 須菩提 白佛

言 世尊 如我解佛所說義 不應以三十二相 觀如來

爾時 世尊而說偈言 若以色見我 以音聲求我 是人

行邪道 不能見如來

"수보리야, 너는 어떻게 생각하느냐? 가히 32상을 구족한 것을 여래라고 볼 수 있느냐?"

수보리가 사뢰었다. "그렇지 않습니다. 세존이시여, 제가 세존의 설하신 뜻을 아는 바로는 32상을 구족한 것을 여래라고 보아서는 안 됩니다."

부처님께서 말씀하셨다. "그렇고 그렇다. 수보리여, 참으로 그러하다. 32상을 구족했기 때문에 여래라고 보아서는 안 된다. 왜냐하면 수보리여, 만일 32상을 구족했기 때문에 여래라고 보아야 한다면 전륜성왕도 역시 여래라고 해야 할 것이기 때문이다. 그러므로 상을 구족했기 때문에 여래라고 보아서는 안 된다."

수보리 존자가 세존께 사뢰었다. "제가 세존의 설하신 뜻을 깊이 아는 바로는 상을 구족했기 때문에 여래라고 봐서는 안 됩니다." 그러자 세존께서 게송을 읊으셨다.

"만일 형상으로 나를 보려 하거나

음성으로 나를 찾는다면

이 사람은 삿된 도를 행하는 것이니

능히 여래를 보지 못하리라."

"법으로 여래를 보아야 한다.

참된 여래는 법을 몸으로 하기 때문이다.

그러나 법의 본성은 분별로 알아지지 않나니

그것은 분별해 알 수 없기 때문이다."

법신비상분은 여래의 참된 몸, 법신은 형상에 있지 않음을 밝히고
있다. 32상이라는 형상을 구족했다고 모두 여래로 볼 수는 없는 것이
다. 여래가 32상을 구족하기는 했을지언정 32상을 구족한 것을 모두
여래라고 할 수는 없기 때문이다. 형상으로 여래를 구하거나, 음성으
로 여래를 찾지 않도록 이끌기 위한 법문이다.

　이 분은 산스크리트 원전이나 현장 역에서는 모두 위와 같이 번역
하고 있는데 반해 구마라집의 역본에서만 조금 다르게 번역하고 있
다. 구마라집 번역본에서는 문맥의 앞뒤가 누락된 것처럼 번역하고
있으나 전체적인 전개 논리가 나름대로 정연하게 이루어져 있는 것을
볼 때 잘못된 번역이라고 할 수는 없어 보인다. 오히려 어떤 이들은
이러한 극적이고 일반적인『금강경』의 흐름을 깨는 번역을 볼 때 구마
라집의 번역을 높이 평가하기도 한다. 마지막 게송 또한 구마라집은
위의 게송만을 번역하였지만, 원전이나 현장의 번역에서는 두 번째
게송 또한 등장하고 있다.

　어쨌든 여기에서는, 일반적인 구마라집의『금강경』에서 우리가 전
에는 볼 수 없었고, 원전과 현장의 역본에서만 볼 수 있는 원전의 본문

과 추가된 게송을 옮김으로써 구마라집의 번역본을 기본으로는 하되 원전과 비교해 눈여겨봐야 할 구절은 추가시키고자 했던 본래의 취지를 살려 해석해 두었다.

"수보리야, 너는 어떻게 생각하느냐? 가히 32상을 구족한 것을 여래라고 볼 수 있느냐?"

수보리가 사뢰었다. "그렇지 않습니다. 세존이시여. 제가 세존의 설하신 뜻을 아는 바로는 32상을 구족한 것을 여래라고 보아서는 안 됩니다."

부처님께서 말씀하셨다. "그렇고 그렇다. 수보리여, 참으로 그러하다. 32상을 구족했기 때문에 여래라고 보아서는 안 된다. 왜냐하면 수보리여, 만일 32상을 구족했기 때문에 여래라고 보아야 한다면 전륜성왕도 역시 여래라고 해야 할 것이기 때문이다. 그러므로 상을 구족했기 때문에 여래라고 보아서는 안 된다."

수보리 존자가 세존께 사뢰었다. "제가 세존의 설하신 뜻을 깊이 아는 바로는 상을 구족했기 때문에 여래라고 봐서는 안 됩니다."

여래는 일반 범부와는 다른 32가지 특징적인 모습을 지니고 있다고 했다. 그렇듯 여래에게 32상이 구족되어 있다 보니 일반 중생들은 32상을 구족했다는 그 특징적인 형상에 여래를 가두게 된다. 32상을 구족해야만 여래고, 그렇지 않으면 여래가 아니라거나 하는 등으로 32상을 여래의 필요충분조건으로 생각하곤 한다. 그러나 이 분에서는 여래를 형상에 가두는 어리석음을 타파해 주고 있다. 어찌 여래가 형상에 갇힐 수 있겠는가. 32상이라는 외형상의 조건에 여래를 가둘 수 있겠는가. 여래는 형상을 뛰어넘어 존재한다. 어떤 특정한 형상에 여래를 가둘 수는 없다. 여래가 되고 보니 32상이 구족된 것이지, 노력하고 애써서 32상을 구족하니까 저절로 여래가 되는 것이 아니다.

만약 32상을 구족한 것 자체에 여래라는 덕성이나 본질이 있다면 전륜 성왕도 여래라고 해야 할 것 아닌가. 그러니 32상을 구족했다는 그 한 가지 사실만으로 여래라고 할 수는 없는 일이다. 여래를 32상이라는 형상으로 보려 하거나, 음성으로 찾는 사람이 있다면 그 사람은 정법을 행하는 것이 아닌 삿된 도를 행하는 것이다. 형상으로써 여래를 찾는 사람은 능히 여래를 보지 못할 것이다. 여래께서는 형상에 얽매여 진리를 구하지 않도록 하기 위해 다음과 같은 게송을 읊고 계신다.

> 그러자 세존께서 게송을 읊으셨다.
> "만일 형상으로 나를 보려 하거나
> 음성으로 나를 찾는다면
> 이 사람은 삿된 도를 행하는 것이니
> 능히 여래를 보지 못하리라."

어떤 특정한 형상으로 부처를 보려 하거나, 어떤 특정한 음성으로 여래를 찾으려 하는 것은 곧 삿된 도를 행하는 것과 다르지 않기에 그런 사람은 능히 여래를 볼 수 없다. '부처님처럼 깨달음을 얻으신 분은 건강하고 아름다운 몸을 구족하고 계실 거야', '부처님의 음성은 맑은 이슬처럼이나 청아할 거야', '인도에서 살아계셨던 부처님은 과연 어떻게 생기셨을까' 혹여 이런 생각을 하고 있지는 않았는가. 그것은 모두 형상이나 음성으로 부처를 찾는 것이기에 삿된 도를 행하는 것이다. 부처님은 어떤 특정한 몸이나 음성을 가진 분이 아니다. 이 세상의 모든 존재며 생명들이 저마다의 독자적인 형상과 모습, 음성을 가지고 있듯 부처님 또한 자기 자신으로서의 독자적인 형상과 음성을 가지고 계실 것이다. 그런데도 바로 그 부처님만이 가지고 계신 형상과 음성을 부처와 동격으로 착각해서는 안 된다.

깨달음을 얻는 사람이 있다고 하자. 어리석은 이들은 자기 잣대를 가지고 미리부터 분별을 하곤 한다. '깨달음을 얻으신 분이니 후덕하고 잘생기고 인자하게 생기셨을 거야', '음성은 얼마나 좋으실까' 그러나 그런 형상이나 음성에 깨달음이 담기는 것이 아니다. 사람들 모습과 음성이 저마다 다르듯 깨달은 이의 형상이나 음성 또한 저마다 다르다. 어떤 한 가지 특정을 가지고 부처를 한정 짓지 말라. 어떤 특정한 형상이나 음성을, 어떤 특정한 성격이나 취미를 가지고 깨달은 자를 한정 지어선 안 된다. 그것은 우리의 생각일 뿐이다. 깨달음은 어떤 특정한 성격이나 외모나 음성 같은데 한정되어 있는 것이 아니다. 만약 지금 이 관을 읽고 있는 분께서 언젠가 깨달음을 얻었다면 바로 지금 그 모습 그 음성 그대로 여래가 되는 것일 뿐이다. 깨달음을 얻은 순간 갑자기 변신하듯 내 몸에 32상과 80종호가 생겨나는 것이 아니다. 깨달음은 그렇게 특별하거나 기이한 어떤 것이 아니다. 32상이라는 것은 단지 깨달음을 얻으신 부처님의 형상을 잘 관찰해 보았더니 32가지의 일반인과 다른 모습을 나타냈다는 의미다. 그 어떤 사람이라도 다른 사람과 다른 특별한 점을 뽑아 보라고 한다면 32가지 이상이 되지 못하겠는가. 그러니 32상이라는 형상에 얽매여 부처를 본다는 것은 얼마나 어리석은 일인가. 그것은 흡사 사도를 행하는 것이며, 그렇게 신앙하는 자는 언제까지고 여래를 보지 못할 것이다.

이처럼 여래의 몸은 어떤 특정한 형상이나 음성에 국한되지 않는다. 그렇기에 여래의 몸은 법신(法身)이라고 한다. 법신이란 어떤 특정한 모습이란 말이 아니다. 그저 진리의 몸이란 뜻이다. 그렇다면 진리는 어디에 있는가. 진리는 이 세상 그 어디에도 있다. 부처님 몸에만 있는 것이 아니라 이 우주법계 그 어느 곳에도 두루하여 있는 것이 진리다. 그러니 법신 또한 우주법계 그 어디에도 두루 편만한 것이다. '법신편만백억계(法身遍滿百億界)' 법신이 백억의 세계에 두루 충만하다는 말은 바로 이를 뜻하는 것이다. 부처님의 몸은 32상에 갇힌 것이 아니라 이처럼 법신으로써 온 우주법계에 두루한 것이다. 그러니 우주법계 삼라만상이 두두물물 모두 부처님 몸 아닌 것이 없다. 즉 부처님은 32상호를 갖춘 몸에만 깃드는 것이 아니라 우주만물 만생 그 어떤 형상에도 깃들어 있는 것이다. 이 사실은 구마라집 역에는 생략되어 있는 다음 게송을 보면 보다 명확히 드러난다.

"법으로 여래를 보아야 한다.
참된 여래는 법을 몸으로 하기 때문이다.
그러나 법의 본성은 분별로 알아지지 않나니
그것은 분별해 알 수 없기 때문이다."

이처럼 여래의 몸은 형상의 몸 육신이 아닌 법신(法身)의 몸이다. 법으로써 여래를 보아야지 그 어떤 형상이나 음성으로 여래를 보아선 안 된다. 참된 여래는 법을 몸으로 하기 때문이다. 『화엄경』에서도 '부처님 몸은 법계에 충만하여 널리 일체중생 앞에 나타나시니 인연 따라 감응하여 두루하지 않음이 없으시되 항상 보리좌에 앉아 계시다 (法身充滿於法界 普現一切衆生前 隨緣赴感未不周 而恒處此菩提座)'고 하였다. 여래의 몸이 법신이기에 이 산하대지 두두물물이 모두 법신인 것이다.

사람, 짐승, 곤충, 나무, 풀, 땅, 하늘, 바람, 구름, 우주 이 모두가 여래의 몸 법신 아닌 것이 없다. 모두가 법신불인 것이다. 나도 너도 법신부처요, 사람도 자연도 짐승도 모두가 법신부처 아닌 것이 없다. 그럴진대 어찌 32상호를 구족한 몸만을 가지고 여래의 몸이라고 한정지어 말할 수 있겠는가. 일체 모든 존재가 모두 법신일 뿐, 범부거나 중생인 것은 없다. 이것이 바로 부처님 가르침의 걸림 없는 무량광 무량수의 무한설법이다. 이러한 법신관에서는 깨달은 자가 어리석은 중생을 가르친다거나, 높은 계급의 사람이 낮은 계급의 사람 위에 군림한다거나, 인간이 자연 위에 군림하거나, 인간이 자연을 함부로 훼손하거나 하는 일이 있을 수 없다. 모두가 부처의 몸일진대 어찌 함부로 할 수 있겠는가. 사람 몸만 법신이 아니라, 짐승의 몸도, 곤충의 몸도, 나무며 야생화 한 그루의 몸도 모두가 법신이다. 그러니 산을 깎아 아파트를 짓는 일도, 터널을 뚫는 일도, 나무 한 그루를 자르는 일도, 꽃 한 송이를 뽑는 일도 모두가 부처님의 몸 법신을 훼손하는 일이다.

이러한 법신의 가르침은 도무지 우리의 사량분별로는 헤아리기 어렵다. 어떻게 사람의 몸이나 짐승의 몸, 혹은 나무나 하찮게 보이는 풀들의 생명 이 모두 똑같은 법신일 수 있다는 말인가. 또한 어찌 아직 깨달음을 얻지도 못한 어리석은 중생인 내가 법신 부처일 수 있다는 말인가. 아무리 생각해도 분별로는 알아지지 않는다. 저 게송의 말처럼 진리라는 법의 본성이 본래 분별로는 알아지지 않기 때문이다. 도무지 이 가르침은 분별로는 알 수가 없다. 부처님께서도 중생일 때는 깨달음을 얻고자, 진리를 얻고자 노력하고 정진하셨지만 막상 깨달음을 얻으신 순간 '깨달음을 얻고 보니 구제할 중생이 없다'고 하셨다. 모두가 법신불이란 깨달음을 얻고 보니 비로소 깨달으신 것이다. 이처럼 온전한 깨달음이 바탕이 되었을 때만이 진정으로 일체 모든 만물이 다 법신이라는 것을 깨닫는 것이지, 우리의 사량분별로써 법신을 알겠다고 하면 어불성설이다. 그래서 '법의 본성은 분별로 알아지지 않나니 그것은 분별해 알 수 없기 때문이다'고 했다. 분별로 알아지지 않으니 무분별의 함이 없는 수행으로써 정진해 갈 일이다.

제27분

무단무멸분

[단멸함이 없다]

無斷無滅分 第二十七

須菩提 汝若作是念 如來 不以具足相故 得阿耨多羅

三藐三菩提 須菩提 莫作是念 如來 不以具足相故

得阿耨多羅三藐三菩提 須菩提 汝若作是念 發阿耨

多羅三藐三菩提心者 說諸法斷滅 莫作是念 何以故

發阿耨多羅三藐三菩提心者 於法 不說斷滅相

"수보리야, 네가 만약 생각하기를 '여래가 구족한 상을 갖추었기 때문에 아뇩다라삼먁삼보리를 얻었다' 하겠느냐? 수보리야, 그런 생각을 하지 말라. 여래는 구족한 상을 갖추었기 때문에 아뇩다라삼먁삼보리를 얻은 것이 아니다. 또한 수보리야, 네가 만약 생각하기를, '아뇩다라삼먁삼보리심을 일으킨 이는 모든 법의 단멸을 인정한다'고 하겠느냐? 이런 생각을 하지 말라. 왜냐하면 아뇩다라삼먁삼보리심을 일으킨 이는 어떤 법의 단멸도 인정하지 않기 때문이다."

앞서 제26분에서 32상을 구족했기 때문에 여래라고 보아서는 안 된다고 했던 것처럼『금강경』은 경문 전체에 걸쳐 일체 모든 형상을 타파하는데 법문의 초점이 맞춰져 있다. 마찬가지로 이 분에서도 구족한 상을 갖추었기 때문에 아뇩다라삼먁삼보리를 얻은 것이 아니라고 함으로써 부처님의 구족상까지도 집착해서는 안 될 타파의 대상으로 표현되고 있다. 이러한『금강경』전체에 걸친 상의 타파에 대해 혹 어떤 이는 공허감이나 허무주의에 빠질 수도 있을 것이다.『금강경』의 말씀처럼 모든 것이 다 허망하고 텅 빈 것이라면 이 세상에는 결국 아무것도 없고, 진실된 것은 하나도 없다고 생각하면서, 그렇다면 세상을 살아갈 의미도 없고, 잘살 필요도 없으며, 깨달음도 다 필요 없는 것이 아닌가 하는 무기(無記)에 빠질 수도 있을 것이다.

　바로 이 분 무단무멸분은 그러한 생각에 치우친 이들을 위한 설법이다. 단멸이라는 상, 아무것도 없다는 상, 모든 것이 다 끊어져 아무것도 없다는 상에 빠진 이들을 위해 이 분에서는 아뇩다라삼먁삼보리를 일으킨 이는 그 어떤 단멸상도 인정하지 않는다고 설하고 있다. 그러면 차근차근 본문을 살펴보자.

"수보리야, 네가 만약 생각하기를 '여래가 구족한 상을 갖추었기 때문에 아뇩다라삼먁삼보리를 얻었다' 하겠느냐? 수보리야, 그런 생각을 하지 말라. 여래는 구족한 상을 갖추었기 때문에 아뇩다라삼먁삼보리를 얻은 것이 아니다."

앞의 분에서 상을 구족했기 때문에 여래라고 봐서는 안 된다고 했던 것에 이어 마찬가지로 구족한 상을 갖추었다는 그 사실을 가지고 아뇩다라삼먁삼보리를 얻었다고 해서는 안 된다고 말하고 있다. 구족한 상을 갖추었기 때문에 깨달음을 얻은 것은 아니라는 말이다. 즉 그 어떤 형상 속에 깨달음이 있는 것은 아니란 말이다.

많은 사람들이 『금강경』 해설에서 이 부분을 구마라집의 번역본만 보고 제26분과의 상대적인 연관선상에서 '여래가 구족한 모습을 갖추지 않았기 때문에 아뇩다라삼먁삼보리를 얻은 것이 아니다'라고 번역하고 있는데, 그것은 산스크리트본의 해석이 아직 통용되지 않았을 때의 오류이기 때문에 그럴 수밖에 없었다고 본다. 또한 그렇더라도 『금강경』의 본래 의미가 심각하게 훼손되거나 하는 것은 아니기 때문에 무난한 해석이었다고 생각된다. 그러나 산스크리트본의 『금강경』을 보았을 때 이 부분을 '여래는 구족한 상을 갖추었기 때문에 아뇩다라삼먁삼보리를 얻은 것이 아니다'고 봄으로써 앞 장과의 의미상 흐름을 함께하는 것이 올바를 것이라 여겨진다. 즉 앞분의 '상을 구족했기 때문에 여래라고 보아서는 안 된다'는 가르침에 이어 '상을 구족했기 때문에 깨달음을 얻은 것이 아니다'라고 해석될 수 있을 것이다.

부처님도 깨달음도 구족된 상으로써 전적으로 표현되는 것은 아니다. 구족된 상이 여래나 깨달음을 의미하는 필요충분조건은 되지 못한다. 부처님도 깨달음도 어떤 특정한 상에 구속되지 않는다. 만약 어떤 특정한 모양이 부처요 깨달음이라면 이 세상의 모든 깨달은 사람은 똑같은 특성과 똑같은 성격과 똑같은 외모를 가져야 할 것이다. 쉽게 말해 우리가 알고 있는 깨달았다는 수많은 역대 고승들은 모두가 똑같은 성격과 특징을 가지고 있어야 할 것이다. 그러나 실상은 그렇지 않다. 깨달음이란 어떤 특성이나 모양 속에 담기는 것이 아니기 때문이다.

그래서 수행법도 천차만별이요, 큰스님의 모습도 천차만별이며, 보살의 모습도, 부처의 모습도, 가르침이나 경전의 종류도 천차만별일 수밖에 없는 것이다. 그것은 어떤 한 가지 수행법만이, 한 가지 모습만이, 한 가지 경전만이, 한 가지 성격만이 깨달음을 대변하는 것은 아니란 뜻이다. 깨달음에 이르는 길은 수행자의 숫자만큼, 근기의 종류만큼이나 다를 수 있다. 저마다의 모습이 다 다르듯 저마다 깨달음으로 향하는 길이 다를 수 있다. 또한 깨달음을 얻었다고 하더라도 그것은 어떤 획일화된 한 가지 모습에 한정되는 것이 아닌 저마다 자신만의 독자적인 모습으로써 드러나는 것이다. 어떻게 생각하면 깨달음이란 모든 존재들이 저마다 가장 자기다운 모습으로써 피어날 때의 그 걸림 없는 자연스러운 모습이 아닐까.

스님에 대한, 수행자에 대한, 깨달은 이에 대한, 또 깨달음에 대한 나의 생각에 스스로 갇히지 말라. 그런 고정된 상을 가지고 있다 보면 그 틀에 맞는 사람만 찾게 되고 그러다 보면 참된 스승을 놓치는 경우가 많다. 걸인의 모습으로 나투신 문수보살을 친견하지 못한 한 수행자의 일화는 이러한 사실을 더욱 일깨워준다. 사실 우리 주위에는 문

수보살 아닌 분이 없고, 부처 아닌 것이 없으며, 참된 스승 아닌 것이 없지 않은가. 다만 내 견해가 부처를 보살을 스승을 '이러이러한 분'으로 딱 정해 놓았기 때문에 그런 기준에 틀에 맞는 사람만을 애써서 찾고 있는 것은 아닌가 생각해 볼 일이다. 틀을 깨면 내 이웃도, 친구도, 가족도, 어린아이도, 대자연의 변화도 모두 내 스승 아닌 것이 없고, 부처 아닌 것이 없다. 내 스스로 상을 만들어 놓지 않으면 모든 것이 그대로 부처요 참빛이다.

　자연을 보라. 소나무도 세상 천지에 똑같이 생긴 소나무가 하나도 없고, 제비꽃도 똑같이 생긴 제비꽃이 하나도 없지 않은가. 그렇듯 서로 다른 저마다의 모습을 하고 있으면서도 자연의 이치와 조화를 이루며 생명을 꽃피워 내고 있다. 마찬가지로 사람도 저마다 자기다운 삶이 있고 자기다운 독창적인 모습이 있다. 바로 그 모습을 찾는 것, 가장 자기다운 모습과 삶을 찾는 것 그것이야말로 깨달음의 여정이 아닐까. 과거 고승들의 일화를 보면 깨달음이 오는 소식도 저마다 다르지 않은가. 법문을 듣다가 깨달음을 얻는 분도 계시고, 기왓장을 갈다가, 마당에 비질을 하다가 깨달음을 얻기도 하지 않는가. 그것은 저마다의 근기가 다르고 저마다의 삶이 다르기 때문이다. 아마도 1000명의 수행자가 있다면 1000가지 수행법이 있을 것이고, 1000가지 깨달음에 이르는 길이 있을 것이다. 똑같이 좌선을 하고 있더라도 그 내면의 세계, 그 자내증(自內證)의 세계는 저마다 다를 수 밖에 없지 않은가. 저마다 다른 바로 그 점이야말로 진리가 다른 그 누구도 아닌 '나'로써 피어나고 있는 모습일 것이다. 지금도 이렇게 진리는 나의 모습으로 내 앞에 있지 않은가. 내 스스로 나에게 활짝 드러난 깨달음은 보지 않고, 다른 누군가에게 다른 그 어떤 특별한 스승이나 수행법이나 경전 속에서 어렵게 구해야만 얻을 수 있을 것이라고 높게 울타리를 치고 있을 뿐인 것이다. 그 모든 틀을 놓아 버리라. 그 모든 상을 깨라.

"또한 수보리야, 네가 만약 생각하기를, '아뇩다라삼먁삼보리심을 일으킨 이는 모든 법의 단멸을 인정한다'고 하겠느냐? 이런 생각을 하지 말라. 왜냐하면 아뇩다라삼먁삼보리심을 일으킨 이는 어떤 법의 단멸도 인정하지 않기 때문이다."

지금까지 『금강경』에서는 끊임없이 모든 법이 다 허망하며 고정된 실체가 없고 공하다고 설해 왔다. 그 어떤 상에도 얽매여선 안 된다. 설사 여래의 구족된 32상 또한 실체적인 것이 아니기에 집착해서는 안 된다. 상호를 구족했다고 여래라고 할 수 있는 것도 아니요, 깨달음을 얻었다고도 할 수 없다. 이처럼 상이 있는 바 모든 것은 다 허망한 것이다. 범소유상이 모두 개시허망이기 때문에 우리가 실천해야 할 요지는 약견제상비상함으로써 즉견여래하는 것이다. 즉 모든 상이 허망하여 실체가 없으므로 상이 상이 아니라는 것을 바로 보았을 때 여래를 볼 수 있는 것이다. 이처럼 『금강경』은 끊임없이 상의 타파라는 일관된 주제에 몰입해 있다.

그러나 이처럼 상을 타파하라는 것은 눈에 보이는 형상은 아무것도 아니며 아무런 쓸모도 없고, 다 필요 없다는 말을 하려는 것이 아니다. 눈에 보이는 형상에 치우쳐 실체화함으로써 집착하고 욕망하며 그로 인해 괴로운 인간의 삶을 여실히 보셨기 때문에 모든 상을 보되 본연에는 상이 아니라는 것을 바로 보아 집착하지 않음으로써 자유로 워지라는 가르침인 것이다. 그럼에도 불구하고 『금강경』의 가르침을 잘못 받아들여 자칫 이 세상은 아무것도 없다는 단멸론에 빠지는 것을 경계하는 말씀이다.

단견(斷見)이란 상견(常見)과 대립되는 말로 '상견'은 불멸하는 어떤 실체가 있어 항상 하여 무너지지 않는다는 생각이고, 반대로 '단견'은 일체 모든 것이 끊어져 아무것도 없다는 생각이다. 이 두 가지 생각은 모두가 극단으로 중도에 어긋나는 치우친 견해다. 그러니 단멸이란 일체 모든 것은 다 허망하고 진실되지 못한 것이므로 아무것도 아니라는 허무주의적인 생각이다. 불멸하며 항상 한다는 상견론이나 단멸하며 항상 하지 않고 아무것도 없다는 단멸론이나 모두가 치우친 견해이기에 양변에 치우쳐서는 안 된다.

『금강경』을 공부하다 보면 실제로 이런 단멸론에 빠지기 쉽다. 또 사회에서 불교를 보는 관점도 불교는 허무주의라고 하고 무의미한 종교라고 하는 말들이 있지 않은가. 그것이 바로 불교를 단멸론으로 잘못 생각한 탓이다. 여기서는 바로 그 점을 지적하며 치우친 단멸론에 빠지지 않을 것을 주문하고 있다. 『금강경』에서는 법도 없고 법 아닌 것도 없으며, 아상도 없고, 중생구제도 없으며, 복덕도 없고, 여래도 없고, 깨달음도 없다고 설하고 있다. 끊임없이 그 어떤 고정된 실체도 없으니 어떤 것에도 매달려 집착하지 말라고 설하고 있다. 이렇듯 계속된 개시허망의 가르침을 듣다 보면 사람들은 '정말 아무것도 없구나'라고 하는 단멸상에 빠질 수 있지 않겠는가.

그러나 여기에서 말하듯 불교는 단멸론이 아니다. 다만 『금강경』에서 일체 모든 상이 허망함을 말하는 것은 앞서 말했듯이 상에 빠져 집착하고 욕망하며 나아가 그로 인해 괴로워하고 투쟁과 전쟁까지 일삼는 그런 인간의 어리석음을 일깨워주기 위한 것이다. 그렇기에 아뇩다라삼먁삼보리심을 일으킨 이는 일체 모든 상이 허망함을 알지언정 어떤 법의 단멸도 인정하지 않는다고 했다. 허무주의에 빠지지 않으며 공허감에 무기력해지지도 않는다. 다만 현실을 있는 그대로 직시할 뿐이다. 현실을 직시한다는 것은 현실이 실체가 없는 것이기에 현실을 무시한다는 말이 아니라 현실을 생동감 있게 살아나가면서도 그 현실에 집착하거나 얽매이거나 치우치지 않는다는 말이다.

좀 더 쉽게 말해 세상을 살아가며 사랑도 하고, 직장 생활도 하고, 돈도 벌고, 이웃과의 관계도 가지고, 수행도 하며 살아가지만 그 모든 것이 궁극에는 비실체적인 줄 알기 때문에 전적으로 집착함이 없다는 말이다. 사랑을 하되 사랑에 집착해 상대방을 괴롭게 하고 나 자신을 괴롭히며 심지어 자살까지 하는 그런 어리석음을 범하지 않는다. 돈을 벌되 돈에 집착하여 돈만이 자신을 행복하게 해줄 것이라는 그런 어리석은 믿음을 갖지는 않는다. 돈이 고정된 실체가 아닌 줄 알기에 지나치게 돈에 집착하지 않고, 돈을 벌더라도 이웃에게 베풀 줄 알며, 돈에 목숨까지 거는 그런 어리석은 짓을 하지 않는다.

자칫 불교를 공부하는 사람이 단멸상에 빠지게 되면 너무 공에 집착하여 눈에 보이는 형상과 세계의 질서, 사회의 관습 등을 완전히 무시하고 '본래 아무것도 아니다. 다 텅 빈 것이다'라는 생각만 앞세워 행동도 마음대로 하고, 현실을 무사안일하게 보내게 되는 수도 있다. 또한 더 나아가 '수행도 다 필요 없다'거나, '경전도 다 필요 없다'거나,

'절하고 염불하고 좌선하는 것도 다 쓸데없는 짓이다'거나 하면서 형상을 완전히 무시하는 경우도 종종 있고, 자신이 완전히 다 깨달은 양 스스로 착각에 빠지는 수도 있으며 또한 그런 신념이 강해지면 그러한 신념으로 인해 보여지는 몇몇 가지 환상에 빠져 정법과 멀어지는 경우도 더러 있다.

어디 그 뿐인가. 단멸상에 치우치면 세상 사는 일이 갑자기 공허해질 수도 있다. 돈 버는 일이며, 사업하는 일이며, 사랑하는 일이며, 심지어 깨달음을 얻는 일까지 모든 것이 다 공허한 것 같고, 다 필요 없는 것 같이 느껴진다. 그러면서 사람들이 아등바등 사는 모습이 어리석게 보이고 다 소용없는 일이라 여긴다. 그렇게 되면 삶은 빛을 잃는다. 삶의 의욕이 사라지고 하루하루 사는 것이 힘에 겹다. 모든 의욕이 상실되고 만다. 스스로는 공을 깨달아서 그런다고 느낄지는 모르겠지만, 오히려 공을 깨닫고 무아상을 깨닫게 되면 우리 삶은 더욱 '지금 이 순간'에 선명하게 집중된다. 과거나 미래에 치우친 생각과 분별들을 오직 '지금 여기'에 투영함으로써 온전히 100% 생동감 있게 순간을 살게 된다. 우리는 이미 지나간 과거에 얽매이거나 아직 오지도 않은 미래에 얽매임으로써 얼마나 많은 에너지를 소모하고 불필요한 잡념과 편견과 어리석음에 휩싸여 있는가. 그러나 과거나 미래가 텅 빈것인 줄 알고, 고정된 관념이나 편견들이 허깨비인 줄 알게 되면, 오직 '지금 이 순간'만이 생동감 있게 빛을 발한다. 우리의 삶이 한층 순간순간 새로워지고, 한쪽으로 치우치지 않은 정견이 열리게 되는 것이다. 그것은 현상계가 모두 공하여 텅 비어 있지만 그러한 텅 빈 가운데 충만한 빛을 보기 때문이다. 텅 빈 충만이라는 것이 바로 그것이다. 뒤의 충만을 보지 못하고 앞의 텅 빈 소식만 알음알이로 알게 되면 이렇듯 깊은 침체에 빠지고 만다. 삼라만상 우주법계가 모두 텅 비어있다는 것, 공하다는 것, 실체가 없다는 것, 일체 모든 상이 다 허망하다는 것은 다시 말하면 도리어 충만하다는 것, 꽉 차 있다는 것, 저마다 실체요 저마다 제각기 다 부처라는 것, 일체 모든 존재가 그대로 참빛이라는 것을 의미한다.

그렇다고 단멸상에 치우쳐서도 안 되지만 나아가 상견론에 치우쳐서도 안 된다. 항상 한다는 견해에 치우쳐서도 안 된다는 말이다. 텅 비어 있지만 불성이나 자성불, 본래면목, 참나는 존재한다고 하는 견해 또한 치우친 생각일 뿐이다. 그것도 다 언어이고 말일 뿐이며, 단멸론에 치우침을 막기 위한 방편의 말에 불과한 것일 뿐이다. 불교에서는 흔히 자성을 깨쳐야 한다거나, 불성을 보아야 한다거나, 자기 안의 참나를 바로 보라는 말을 많이 하는데 그러한 말의 의미를 잘 깨달을 수 있어야 한다. 그 말이 곧 참나, 불성, 자성은 고정된 실체여서 그 실체를 잡아야 한다는 말로 오인하면 안 된다. 그것은 말로 표현될 수도 없고, 있다 없다로 나눌 수도 없으며, 크고 작다거나, 옳고 그르다거나, 그 어떤 표현으로도 표현될 수 없는 것이다. 그러니 그것이 있다고 생각지도 말고 없다고 생각지도 말 일이다. 있다고 생각하면 상견에 치우친 것이고 없다고 생각하면 단멸에 치우친 것이니 여기에 말의 어려움이 있다. 생각으로는 다해 마치지 못하는 어려움이 있는 것이다. 어느 한 극단에도 치우치지 않는 중도의 가르침, 어떤 극단으로도 생각을 치우치지 않는 무분별과 무심의 가르침이 빛을 발하는 순간이다.

제28분

불수불탐분

[받지도 않고 탐내지도 않는다]

不受不貪分 第二十八

須菩提 若菩薩 以滿恒河沙等世界七寶 持用布施 若

復有人 知一切法無我 得成於忍 此菩薩 勝前菩薩

所得功德 何以故 須菩提 以諸菩薩 不受福德故 須

菩提 白佛言 世尊 云何菩薩 不受福德 須菩提 菩薩

所作福德 不應貪着 是故 說不受福德

"수보리야, 만일 보살이 항하의 모래 수만큼의 세계에 가득 찬 칠보를 가지고 보시했다 하더라도, 만일 다시 어떤 사람이 일체법이 무아(無我)이고 무생(無生)임을 깨달아 얻었다면 이 보살이 얻은 공덕은 앞의 보살이 얻은 공덕보다 뛰어난 것이다. 왜냐하면 수보리야, 모든 보살들은 복덕을 받지 않기 때문이다."

수보리가 부처님께 사뢰었다.

"세존이시여, 어찌하여 보살이 복덕을 받지 않사옵니까?"

"수보리야, 보살은 복덕을 짓더라도 그 복덕을 탐내어 집착하지 않기 때문이니, 그러므로 복을 받지 않는다고 말하는 것이다."

불수불탐분은 보살이 온갖 공덕을 짓고도 그 공덕을 받고자 하는 생각도 없으며, 공덕을 탐하지도 않는다는 가르침을 담고 있다. 공덕에 대해 탐하지 않으며 받지도 않기 때문에 그 공덕은 참으로 뛰어날 수 있는 것이다. 탐내어 집착하지 않으면 받아도 받는 것이 아니고, 받지 않더라도 고스란히 받을 수밖에 없는 것이다.

"수보리야, 만일 보살이 항하의 모래 수만큼의 세계에 가득 찬 칠보를 가지고 보시했다 하더라도, 만일 다시 어떤 사람이 일체법이 무아(無我)이고 무생(無生)임을 깨달아 얻었다면 이 보살이 얻은 공덕은 앞의 보살이 얻은 공덕보다 뛰어난 것이다."

여기에서는 무아이고 무생이라고 번역함으로써 산스크리트와 현장 스님의 번역을 따랐다. 구마라집은 무생을 생략한 대신 '인을 이룬다'고 번역하고 있고, 산스크리트 본에서는 '무생의 법에서 인욕을 성취한다'고 되어 있는데, 이는 무생법인(無生法忍)을 의미하는 말로, 구마라집이 번역한 '인'이라는 것도 무생법인을 줄인 표현이기 때문에 무생을 생략하고 '인을 이룬다'고만 번역한 것으로 보인다. 무생법인의 인은 『화엄경』「십인품」에서 '지혜'라는 의미로 쓰이고 있으며, 일반적으로도 무생법인이라고 하면 무생, 즉 불생불멸을 깨닫는 지혜, 깨달음 정도의 의미로 쓰이고 있다. 그러나 산스크리트 본에서는 '무생의 법에서 인욕을 성취한다'고 하여 '인'을 인욕으로 해석하고 있다. 그 '인욕'의 의미는 각묵 스님의 책에서 보여지고 있듯이 인도에서 아트만, 브라흐만 등의 고정된 자아개념이 전반의 흐름이었던 시대에 그와 정면으로 반대되는 부처님의 가르침인 무아와 무생의 가르침을 따르는 데에는 그만큼의 용기와 인욕이 필요했었기에 '무생의 가르침에서 인욕을 성취한다'는 산스크리트 본의 해석이 가능한 것이었으리라고 본다.

무아란 고정된 실체로서의 자아가 없음을 여실히 보는 것으로, 우리 앞에 나타난 겉모습의 '나'라는 모습은 인연 따라 잠시 만들어진 몽환포영(夢幻泡影)에 불과하며 공한 것일 뿐이란 의미다. 불교에서 말하는 깨달음은 바로 이 점, 무아의 체득에 있다. 우리가 느끼는 모든 괴로움의 실상은 '나'라는 것을 실재시하는 데서 오는 것이기 때문이다. 이렇듯 고정된 실체로서의 자아가 어디에도 없다면 태어나고 죽는다는 것 또한 실재적인 것이 아닌 다만 꿈처럼, 환영처럼, 그림자처럼 잠시 인연 따라 나툰 것일 뿐이다. 우리 눈에는 생멸이 있는 것처럼 보이지만 사실은 불생불멸이요 무생인 것이다. 이러한 무아와 무생의 깨달음이 곧 아뇩다라삼먁삼보리의 깨달음이다. 그러니 항하의 모래 수만큼의 세계에 칠보로써 보시한 공덕이라고 하더라도 그것이 무아와 무생을 깨닫는 공덕에는 미치지 못한다. 무아와 무생을 깨달는 공덕은 온갖 공덕을 뛰어넘는 공덕 중의 공덕이기 때문이다. 그렇기에 사실은 공덕이라고 이름 붙일 수도 없다. 공덕 그 자체이기 때문이다.

깨닫지 못했을 때 깨닫고자 하는 생각이 있고, 중생과 부처라는 차별이 있는 것이지, 이미 깨닫고 보면 중생과 부처의 차별도 없으며, 깨닫고 깨닫지 못했다는 차별도 사라진다. 오직 이 세상에는 깨달음밖에 없다. 그러니 깨달음이 많다 적다라고 할 수도 없고, 깨달았느니 깨닫지 못했느니 하는 말도 사라진다. 오직 이 세상은 깨달음 그 자체이기 때문이다. 마찬가지로 깨달음을 얻기 이전에는 공덕이 있고 없을 수 있지만, 깨달음을 얻고 난 뒤에는 오직 공덕 그 자체이기 때문에 공덕이 있다느니 없다느니 많다느니 적다느니 하는 말도 사라진다. 그래서 깨닫고 나면 공덕을 받아도 받는 것이 아니요, 받지 않더라도 받지 않는 것도 아니다. 오직 공덕 그 자체이며, 복덕 그 자체인 것이다. 그래서 부처님은 수보리에게 말한다.

"왜냐하면 수보리야, 모든 보살들은 복덕을 받지 않기 때문이다."
수보리가 부처님께 사뢰었다.
"세존이시여, 어찌하여 보살이 복덕을 받지 않사옵니까?"
"수보리야, 보살은 복덕을 짓더라도 그 복덕을 탐내어 집착하지 않기 때문이니, 그러므로 복을 받지 않는다고 말하는 것이다."

보살은 복덕을 받지 않는다. 이 말은 보살은 복덕을 받으려는 생각이, 분별이 없다는 말이다. 또한 보살은 복덕을 받거나 받지 못한다는 일체의 분별이 없다는 것을 뜻한다. 복덕을 받아도 받는 것이 아니요, 받지 않더라도 받지 않는 것이 아니다. 이미 충만한 복덕으로 구족되어 있기 때문에 복덕을 받아도 받는 것이 아니며, 받지 않더라도 이미 받아 지닌 것과 다름없다. 복덕을 받으려는 것은 중생심인데 어찌 보살이 복덕을 받으려는 생각이 있겠는가. 복덕이 없는 이는 보다 많은 복덕을 받으려고 애쓰겠지만, 오직 한량없는 복덕 그 자체인 보살이라면 복덕을 받을 생각도 없고, 받을 필요도 없으며, 복덕에 집착하지도 않는다. 촛불이 불을 한없이 나누어 줄 수는 있을지언정 이미 켜진 촛불이 다른 촛불들에게 촛불을 나누어 달라고 할 필요가 없는 것과 같다. 이미 환히 켜진 촛불이라면 다른 불을 받는다고 하더라도 받는 것이 아니고, 받을 필요도 없으며, 받든 안 받든 상관이 없는 것 아닌가. 마찬가지로 보살은 한량없는 복덕을 짓고 베풀지만 스스로 그 복의 결과를 더 많이 받고자 애쓸 필요가 없다. 더 많은 복덕을 받고자 탐내어 집착할 것도 없다. 그래서 모든 보살들은 복덕을 받지 않는다고 한 것이다.

이처럼 보살은 더 이상 바랄 것이 없다. 구할 것이 없으며, 얻을 것도 없다. 받을 것도 없고 탐할 것도 없다. 이미 다 구족되어 있는 줄 아는 까닭이다. 깨달음도 복덕도 행복도 평화도 이미 그 자리에 있다. 이는 비단 보살에게만 한정된 가르침이 아니다. 이 세상 그 어떤 중생일지라도 사실은 원만구족하다. 행복이란, 복덕이란, 깨달음이란 사실은 애써 구해서 얻을 것이 아니다. 누구에게나 주어진 선물과도 같은 것이다. 다만 많은 사람들은 이미 주어진 선물에 만족하지 못하고, 애써 더 많은 것을 채우려 하고, 애써 번뇌와 분별을 일으키며, 욕심과 집착을 일으키고 있기 때문에 본래 원만 구족하던 사람들이 스스로 부족하고 괴롭다는 착각에 빠져 있는 것일 뿐이다. 그러면 왜 그렇게 이미 충분한 줄도 모르고 끊임없이 욕심과 집착을 일으켜 스스로 고통을 불러오는가. 그 원인은 '나'라고 하는 아상 때문이다. '나'라는 것이 진짜로 있는 줄로 착각하기 때문이 다. 무아를 모르기 때문이다. 나라는 것이 있다고 생각하니까 '내 것'을 더 늘려 나가려 욕심부리고 집착을 하며, 언제까지고 '나'를 유지시켜 나가려는 생각 때문에 죽음을 괴로운 것으로 받아들이는 것뿐이다. 그러나 무아를 깨닫고 나면 나고 죽는 것도 없는 무생은 저절로 깨닫게 되는 것이 아닌가.

결국 무아와 무생에 대한 깨달음이 없기 때문에 끊임없이 더 많이 채우려고 하고, 더 많이 탐내어 집착하며, 더 많은 공덕, 복덕에 집착을 하는 것이다. 그러니 무아와 무생에 대한 깨달음이 생긴다면 더 이상 공덕에 집착하지도 탐착하지도 않을 것이다. 그러한 사람, 무아와 무생을 깨달은 자가 바로 보살이다. 그러니 보살은 복을 받을 것도 없고, 탐내어 집착할 것도 없는 것이다.

제29분

위의적정분

[위의 적정하다]

威儀寂靜分 第二十九

須菩提 若有人言 如來若來若去若坐若臥 是人 不解

我所說義 何以故 如來者 無所從來 亦無所去 故名

如來

　"수보리야, 만일 어떤 사람이 말하기를 '여래가 온다거나, 간다거
나, 앉는다거나, 눕는다'고 하면 이 사람은 내가 말한 뜻을 깊이 알지 못하는 것이다. 왜냐하면 여래는 어디로부터 오는 바도 없고, 또한 어디로 가는 바도 없기 때문에 여래라 이름하는 것이다."

위의란 수행자들의 법에 맞는 행위를 나타내는 말로 움직이고, 머물고, 앉고, 눕는 행주좌와(行住坐臥) 등의 일체 행동을 말하는 것이다. 승가에서 처음 막 출가한 행자들에게 가장 중요한 첫 공부는 수행이나 경전공부가 아닌 움직이고 머물고 앉고 눕는 등의 수행자다운 위의(威儀)에 대한 교육이다. 경전을 아무리 많이 보고, 참선을 아무리 많이 하더라도 위의가 법에 맞지 못하다면 그는 스님으로 서계를 받고 출가할 수 없다. 그만큼 위의가 중요하며, 출가에 있어서도 가장 중요한 공부이며 기초가 되는 과정이기도 하다. 그렇다면 왜 이토록 위의가 중요한 것일까.

　위의란 단순히 '이렇게 해야 한다'는 규정된 틀을 만들어 놓고, 규범이나 법칙처럼 사람을 옭아매려고 하는 것이 아니다. 물론 처음 위의를 교육할 때는 움직일 때, 머물 때, 앉을 때, 누울 때 어떻게 해야 하는지에 대한 교육을 하지 않는 것은 아니지만 그 본질은 행동에 대한 규제와 억압이 아니다. 오히려 행주좌와 간에 걸림 없는 자유를 주기 위한 것이 위의다. 움직이고 머물고 앉고 눕는 네 가지 위의에 있어 어느 한 가지에라도 머물러 집착하고 고집하게 된다면 반드시 거기에는 괴로움이 생겨나게 마련이다. 그래서 움직이되 움직임에 집착하지 말고, 머물되 머무는 데 집착하지 말며, 앉고 눕는 평범한 일상에서부터 어느 한 가지에라도 집착하지 않도록 하는 것에 위의의 중요성이 있다.

사소한 일상의 행위에서부터 집착과 탐욕을 없애기 위한 것이 위의의 목적이다. 즉 위의 있는 행동을 하기 위해서는 '하되 함이 없는 행'이 될 수 있어야 한다. 즉 '응무소주 이생기심'의 행, 즉 마땅히 마음을 내되 머무는 바 없이 마음을 내고, 머무는 바 없이 행동을 해야 한다는 뜻이다. 그 어떤 행위에 있어서도 집착하는 바가 없어야 한다. 이를테면 행주좌와에 있어 어떤 좋은 길만을 집착한다거나, 특별히 어떤 행동만을 좋아하고 어떤 행동은 싫어한다거나, 어떤 좋은 자리만을 집착한다거나, 어떤 좋은 잠자리만을 집착하여 그것에 머물러 있다면 이는 위의 있는 수행자의 모습이라 할 수 없다. 어떤 움직임이나 행위에 있어서도 고정되게 집착하거나, 좋고 싫어하여 붙잡아 두려하거나 뿌리쳐 없애려 하는 것이 없어야 한다. 그렇게 되었을때 그 어떤 움직임도, 그 어떤 행위도 자유롭고 걸림이 없을 수 있다. 그랬을 때 비로소 수많은 행위를 하고, 끊임없이 육신을 움직였더라도 사실은 하나도 움직이지 않은 고요한 행이 되는 것이다. 적정(寂靜)이 되는 것이다. 그것이 바로 이 분에서 말하고자 하는 위의적정인 것이다.

다시 말해 위의적정이란 그 어떤 행동, 행위에도 고요한 적정이 있어야 한다는 말로, 행주좌와 어묵동정 간에 수많은 행위가 있으면서도 어디에도 머물러 집착함이 없어야 한다는 말이며, 그렇게 머물러 집착함이 없을 때 모든 행위는 고요한 적정의 행이 될 수 있는 것이다. 즉 '함이 없는 행'이 될 수 있는 것이다.

그래서 모든 수행자에게 가장 중요한 것이 수행자다운 위의인 것이다. 그런데 요즘은 이 위의를 잘못 알아 행주좌와 간에 어떤 틀을 만들어 놓고 거기에 자신의 행을 꿰어 맞추는 것을 위의로 잘못 아는 사람이 있다. 비구·비구니 스님들의 계율에 보면 이러한 위의에 대한 세세한 규정들이 많이 나오는데, 이것 또한 그 자체에 얽매이기 위함이 아니라 적정한 위의를 위한 방편의 계율임을 알아야 할 것이다. 위의의 핵심은 『금강경』에서의 가르침처럼 적정한 위의, 고요한 행, 즉 하되 함이 없는, 머물러 집착함이 없는 행인 것이다.

"수보리야, 만일 어떤 사람이 말하기를 '여래가 온다거나, 간다거나, 앉는다거나, 눕는다'고 하면 이 사람은 내가 말한 뜻을 깊이 알지 못하는 것이다. 왜냐하면 여래는 어디로부터 오는 바도 없고, 또한 어디로 가는 바도 없기 때문에 여래라 이름하는 것이다."

위의적정분의 본문은 이러한 수행자의 위의에 대해 잘 알려주고 있다. 부처님의 위의는 어떠해야 하는가에 대한 귀한 법문을 들을 수 있다. 어떤 사람이 말하기를 '여래가 온다거나, 간다거나, 앉는다거나, 눕는다'고 한다면 이 사람은 부처님의 뜻을 깊이 알지 못하는 것이라고 했다. 왜냐하면 여래는 어디로부터 오는 바도 없고, 가는 바도 없기 때문에 이름하여 여래라 하기 때문이다. 즉 '여래가 온다거나 간다거나 앉는다거나 눕는다'는 그 겉모습만 보고 여래를 판단한다면 그것은 여래를 잘못 본 것이다. 여래는 오고 가고 앉고 눕는 데 있어 그 어떤 행에도 집착함이 없다. 그렇기에 오고 가고 앉고 눕더라도 오고 가고 앉고 눕는 바가 없는 것이다. 즉 '함이 없는 행', 무위(無爲)의 행이라는 말이다. 행주좌와 모든 위의가 그대로 고요한 적정의 행이요, 집착 없고 함이 없는 행인 것이다.

여래라는 말도 그 원어인 '타타가타(Tathagata)'를 보면 여래(如來)라는 뜻도 되고 여거(如去)란 뜻도 되니, 이는 항상 여여하기 때문에 오는 것에도 가는 것에도 걸리지 않으며, 와도 옴에 머물지 않고 가도 가는 데에 머물지 않는다는 뜻이다.

그러니 여래처럼 수행자의 위의도 이와 같아야 한다. 마음을 일으킬 때에도 마음을 내되 머무는 바 없이, 집착 없이 마음을 일으켜야 하듯이, 몸을 움직이는데 있어서도 어디에도 머무는 바 없이, 집착 없이 몸을 움직여야 하는 것이다.

수행자는 모름지기 행이 무거워야 한다. 가볍게 촐싹대며 이리저리 움직이지 말아야 한다. 마음도 마찬가지 아닌가. 마음이 촐싹대며 원숭이처럼 이리저리 쉼 없이 움직이면 끊임없이 번뇌와 욕심만을 붙잡고 다닐 뿐이다. 그러나 마음이 무거워 밖으로 많이 나다니지 않고, 마음이 있는 곳을 잘 주시하며 비우게 되면 그것이야말로 정혜(定慧)요 지관(止觀)의 수행이 아닌가. 그러나 마음이 대상에 매달려 움직이고 마음을 일으킬지라도 마음이 가는 곳을 잘 지켜보고, 마음이 무언가 번뇌와 욕심과 집착을 붙잡고 들어오지 못하게 잘 비울 수 있다면 그 사람은 아무리 마음을 일으키더라도 적정한 가운데 고요한 지혜가 깃들 수 있는 것이다. 즉 마음을 일으키되 머무는 바 없이, 집착하는 바 없이 마음을 일으킬 수 있다면 수만 가지 마음을 일으키더라도 한 치의 마음도 움직임이 없는 적정이 되는 것이다.

마찬가지로 육신의 행도 그렇다. 될 수 있다면 촐싹대며 이리저리 많이 나다닐 일이 아니지만, 그렇다고 위의를 적정하게 하기 위해서 움직이지도 않고 아무런 행동도 하지 말라는 말은 아니다. 육신으로써 할 일은 다 하더라도 거기에 머물지 않으면 된다. 즉 몸이 움직일 때 움직임을 잘 관찰하고, 걸을 때 걸음걸음을 잘 관찰하며, 앉고 일어설 때, 가고 올 때 항상 그 움직임을 잘 관찰하여 비추어 볼 수 있다면 그 행에는 집착이 붙지 않으며 적정한 행이 될 수 있다. 그래서 근본 불교 핵심 수행법인 사념처(四念處)에서도 네 가지 지켜볼 것 가운데 첫 번째가 신념처(身念處), 즉 몸의 움직임에 대한 관찰인 것이다.

오거나 가거나 앉거나 누울 때 부처님은 항상 깨어 있다. 올 때 온다는 깨어 있는 알아차림이 있으며, 갈 때 가고 있다는 깨어 있는 알아차림이 있다. 걸을 때는 오직 걷는 그 순간 오로지 걷는 그 한 가지에 집중하여 알아차릴 뿐이다. 그랬을 때는 와도 온 것이 아니며 가도 간 것이 아니다. 오직 '지금 여기'에서 깨어 있는 행만이 있을 뿐이기 때문이다. 천리 길을 가더라도 오직 부처님의 발걸음은 '지금 여기'에 깨어 있을 뿐 천 리를 갔다느니 만 리를 갔다느니 하는 분별이 없다.

그러나 사람들은 어떤가. 천리만리를 가야 한다면 가기 전부터, 가는 순간순간 '언제 이 길을 다 갈 것인가', '언제 도착할 것인가' 하는 분별에서부터, 머릿속은 가는 순간순간에도 끊임없이 수많은 생각들로 가득 찰 것이다. 그랬을 때 그 사람은 걷는 '지금 이 순간'에 없다. 몸은 걷고 있지만 머릿속은 끊임없이 움직이고 있으며, 세상을 몇 번이고 만들었다 파괴하고, 사람을 수도 없이 살리고 죽이며 기어이 적정의 순간이 없는 것이다.

그러나 깨어 있는 자라면, 위의가 적정한 수행자라면 천리만리를 가고 오더라도 오직 '지금 여기'에 깨어 있는 순간만이 있다. 그것이 바로 위의적정이다. 온전한 깨어 있음만이 수많은 행위 가운데에서도 우리를 와도 오지 않고 가도 가지 않은 적정으로 안내한다. 오는 바도 없고 가는 바도 없는 여래의 길로 안내한다.

일합이상분

[합쳐진 세계나 부수어진 미진이라는 상을 버리라]

一合理相分 第三十

須菩提 若善男子善女人 以三千大千世界 碎爲微塵
於意云何 是微塵衆 寧爲多不 須菩提言 甚多 世尊
何以故 若是微塵衆 實有者 佛 卽不說 是微塵衆 所
以者何 佛說微塵衆 卽非微塵衆 是名微塵衆 世尊
如來所說 三千大千世界 卽非世界 是名世界 何以故
若世界 實有者 卽是一合相 如來說 一合相 卽非一
合相 是名一合相 須菩提 一合相者 卽是不可說 但
凡夫之人 貪着其事

　"수보리야, 만약 선남자 선여인이 삼천대천세계를 부수어 미진을 만들었다면 네 생각에 어떠하냐? 이 미진들이 얼마나 많겠느냐?"

　"매우 많습니다. 세존이시여. 왜냐하면 만약 이 미진들이 실제로 있는 것이라면 부처님께서는 미진이라고 말씀하지 않으셨을 것이기 때문입니다. 왜냐하면 부처님께서 말씀하시는 미진들은 곧 미진들이 아니라 그 이름이 미진들일 따름이기 때문입니다. 세존이시여, 여래께서 말씀하신 삼천대천세계도 곧 세계가 아니라 그 이름이 세계일 뿐입니다. 왜냐하면 만약 세계가 실제로 있는 것이라면 그것은 곧 하나의 합쳐진 모양이어야 할 것이오나, 여래께서 말씀하시는 하나의 합쳐진 모양도 실은 하나의 합쳐진 모양이 아니라 그 이름이 하나의 합쳐진 모양일 따름이기 때문입니다."

　"수보리야, 하나의 합쳐진 모양이라 하는 것은, 말로 표현할 수 없으며, 그것은 법이 아니고 법 아님도 아니다. 다만 범부 중생들이 그것에 집착할 뿐인 것이다."

일반적으로 일합이상분에서 일합이상은 한자로 '一合理相'으로 옮긴다. 그렇기 때문에 일합이상에 대한 해석도 '하나로 합쳐진 이치의 모양'이라고 옮겨지곤 한다. 그러나 미진이라는 가장 작은 우주의 구성요소와 삼천대천세계라고 하는 가장 큰 우주 그 자체에 대해서도 모두 상을 짓지 말며 집착해서는 안 된다고 하는 분의 내용에서 보았을 때 '하나로 합쳐진 이치의 모양'이라는 제목은 사뭇 어색하고 동떨어진 느낌을 지울 수 없다. 그래서 수많은『금강경』해석·주석가들의 이 분의 제목에 대한 설명은 제각각이다. 그러다 보니 어떤 해석에서는 미진과 세계라는 현상 속에 부처님의 진리가 하나로 합쳐 있다고 하기도 하고, 이(理)는 현실 이면의 진리이고 상(相)은 현상이기에 그 둘이 하나로 합쳐졌다고 하기도 하고, 하나니 여럿이니 하는 분별을 떠나 하나의 이치에 합한다고도 하며, 또 어떤 해설에서는 이(理)를 다를 이(異)자로 보아 같은 것도 아니고 다른 것도 아니라고 해석하기도 하는 등 주석가들에 따른 다양한 해석이 이어지고 있다. 그러나 이 모든 해석들이 애써 끼워 맞춘 흔적이 역력하고 왠지 석연치 않은 구석이 있다.

이 분의 제목은 일합이상(一合理相)보다는 일합이상(一合離相)이라고 번역했을 때 더욱 자연스러워진다. 일본의 나카무라 하지메 교수나 김용옥 교수 또한 일합이상(一合離相)이라는 번역이 원명이며, 일합이상(一合 理相)은 동음이자(同音異字)의 오류라고 보고 있다. 이렇게 보았을 때는 본문의 내용과 분의 제목이 자연스럽게 어우러져 해석이 된다.

먼저 이 분에서는 세계에서 가장 큰 것을 삼천대천세계라고 하고 가장 작은 것을 미진이라고 하면서 이 극단의 두 가지 상에 얽매여서는 안 될 것을 설하고 있는데, 일합(一合) 즉 하나로 합쳐졌다는 것은 가장 작은 것인 미진들이 하나로 합쳐져 삼천대천세계를 이룬다는 의미이고, 이(離)라는 것은 한자의 의미처럼 떨어져 있다, 떼어져 있다, 흩어져 있다, 나누어져 있다는 의미로 삼천대천세계를 쪼개고 또 쪼개어 흩어 놓고 따로 떼어 놓은 미진을 의미하는 용어로 쓰였다. 즉 이 분의 제목의 의미는 '합쳐진 삼천대천세계라거나 떼어진 미진이라거나 하는 상'을 버려야 한다는 의미를 가지고 있는 것이다. 그래서 삼천대천세계라는 일합상(一合相)에도 얽매여서는 안 되고, 미진이라는 이상(離相)에도 얽매여 집착해서는 안 된다는 의미를 가지고 있는 것이다.

"수보리야, 만약 선남자 선여인이 삼천대천세계를 부수어 미진을 만들었다면 네 생각에 어떠하냐? 이 미진들이 얼마나 많겠느냐?"

"매우 많습니다. 세존이시여. 왜냐하면 만약 이 미진들이 실제로 있는 것이라면 부처님께서는 미진이라고 말씀하지 않으셨을 것이기 때문입니다. 왜냐하면 부처님께서 말씀하시는 미진들은 곧 미진들이 아니라 그 이름이 미진들일 따름이기 때문입니다."

　삼천대천세계를 부수고 또 부수어 잘게 쪼개고 또 쪼개어 만날 수 있는 가장 작은 원소를 미진이라고 이름 붙였다. 삼천대천세계를 쪼개고 또 쪼개면 가장 작은 단위의 미진을 만날 수 있다는 것은 누구나 생각할 수 있는 보편적이고 일반적인 생각일 것이다. 큰 것을 쪼개면 작은 것이 되는 것은 누가 생각해도 당연한 이치다. 예를 들어 자동차를 쪼개고 쪼개 보면 자동차를 이루고 있는 작은 수많은 부품들로 나누어지는 것과 같은 이치다. 이 세상의 모든 존재며 물질은 모두 이처럼 작은 것들로 쪼개지고 나누어진다. 그렇기에 그렇게 쪼개어진 가장 작은 단위인 미진들이 수도 없이 많이 모여야지만 큰 것을 이룰 수 있는 것이다. 삼천대천세계도 마찬가지로 셀 수 없이 많은 미진들이 모여야 만들어지는 것이다. 그런데 이런 생각의 밑바탕에는 그렇게 쪼개고 쪼개어 가장 최소 단위가 되어 더 이상 쪼갤 수 없을 만큼 내려가면 그 마지막 단계에 있는 미진이라는 것은 실제로 있는 것이라는 생각이 깔려 있을 수밖에 없다. 마지막 단계의 미진이 실제로 있는 것이라야 그러한 것들이 많이 모여서 다른 큰 무언가를 이룰 수 있는 것이 아닌가. 그래야만 비로소 다른 모든 것들 또한 실제적으로 존재할 수밖에 없는 것이다.
　그런데 여기에서는 그런 우리의 상식을 완전히 깨는 설법을 하고 있다. 쪼개고 쪼개어 더 이상 쪼갤 수 없을 만큼까지 내려간 '미진'이라는 것이 실제로 있는 것이 아니란 말이다. 아니 생각해 보라. 실제로 있는 것이 아니라면 도대체 그 미진들이 모여 만들어진 우리 눈앞의 세계며, 존재며, 물질들은 다 무엇이란 말인가. 이런 어처구니없는 대답이 어디 있는가. 그러면 이 우리 눈앞에 현전해 있는 삼천대천세계는 무엇인가. 이렇게 분명히 있는데 어찌 실제로 있는 것이 아니라고 하는 것인가. 삼천대천세계를 부수어 미진을 만들었다면 그것이 얼마나 많겠는가 하는 질문에 수보리는 많다고 답변을 하고 있지만, 그것이 많다고 말할 수 있는 이유는 미진이 실제로 있는 것이 아닌 까닭이라고 했다. 즉 미진이 실제로 있는 것이라면 부처님께서 미진이라고 말씀하지 않았을 것이기 때문이라고 했다. 이 말은 삼천대천세계를 부수어 만들어진 무수히 많은 미진이 실제로 있는 것이 아니란 뜻이다. 다만 부처님께서 미진이라고 말씀하신 것은 그것이 실제로 있는 실체성을 가진 어떤 것이기에 미진이라고 말씀하신 것이 아니라 '미진들은 곧 미진들이 아니라 이름이 미진일 뿐일 따름'이라고 답하고 있는 것이다. 무슨 말인고 하니 부처님께서 미진이라고 말씀하신 것은 다만 이름을 미진이라고 붙였을 뿐이지 거기에 어떤 실체가 있어서 미진이라 이름한 것이 아니란 뜻이다.

그러면 어째서 삼천대천세계를 만들어 낸 미진이라는 물질의 최소 단위가 실제로 있는 것이 아니며 실체적인 것이 아니란 말인가. 이즈음에서 현대 물리학의 미시의 세계로 들어가 보자. 일반적으로 불교의 극미라는 단어와 견줄 수 있는 물질의 최소단위를 과학에서는 일찍부터 원자(原子)라고 했다. 그런데 후대에 물리학이 더욱 발전되면서 원자는 양성자와 중성자, 그리고 전자로 이루어져 있음을 알았고, 또한 이 양성자와 중성자도 궁극적인 물질이 아니라 다시 수없이 많은 미립자로 이루어져 있다는 것을 알았다. 그런데 이 무수한 미립자들은 순간순간 생성과 소멸을 반복한다는 것이 현대 물리학에서 밝혀진 사실이다. 이 미립자들의 전형적인 생명은 10~23초이다. 이렇게 이야기하니 잘 이해가 안 될 것인데, 쉽게 말해 미립자의 생명과 1초와의 비는 1초와 약 300조 년의 비와 같다고 한다.

300조 년은 지구 역사의 60만 배이며 우주 역사의 20만 배나 되는 긴 시간이다. 그야말로 찰나 동안 무수한 미립자들은 생성되고 소멸되기를 반복하는 것이다. 아니 이 정도면 생성과 동시에 소멸한다 해도 지나친 말이 아닐 것이다. 이처럼 삼천대천세계와 그 안의 구성요소인 모든 것들은 겉으로 보기에는 그 모습 그대로를 항상 유지하는 듯 보이지만 지금 이 순간에도 끊임없이 찰나로 생멸하고 있는 것이다.

그런데 이러한 미립자의 세계에서 더 중요한 한 가지의 특성이 있으니, 그것은 한 미립자의 생성과 소멸 그리고 다른 미립자의 생성과 소멸은 결코 독립적으로 일어나는 각각의 사건이 아니라는 점이다. 즉, 수많은 미립자들의 생성과 소멸은 미립자 전체의 긴밀한 상호 연관, 상호의존 속에서 일어나는 무한한 과정의 한 단편일 뿐이다. 이러한 과정은 한 미립자만을 따로 떼어내어 본다거나, 생성과 소멸의 어느 한 면만을 보려고 해서는 절대로 파악할 수 없다는 것을 의미한다. 다시 말해 한 미립자의 생성과 소멸은 다른 미립자의 생성과 소멸이라는 사건 없이는 도저히 불가능한 것이므로, 따로 떨어져 있는 독립된 실제로써의 미립자란 있을 수 없는 것이다.

이것은 모든 생멸하는 미립자가 스스로의 독자적인 실체가 없고 실제성이 없어서 무아(無我)이며 무자성(無自性)이고, 상의상관, 상호의존이라는 연기적인 성품에 의해서만 표현될 수 있다는 것을 의미한다. 물리학자 양형진 교수의 표현에 의하면 '모든 생멸하는 미립자가 자성 없이 상의 상대하는 존재라는 것이어서, 그 전체가 곧 연기(緣起)요 공(空)이어서 화엄(華嚴)의 표현으로는 서로의 입자가 상즉(相卽)하여 사사무애(事事無碍) 한 것이다'라고 함으로써 우리가 살고 있는 이 세계의 모습을 사사무애와 불생불멸(不生不滅)로 보고 있다. 사사무애란 현상세계와 현상세계가 서로 걸림이 없이 원융하다는 것을 뜻한다. 그것은 미립자라는 미진이 실재 있는 것이 아니라 다만 이름이 미진이기 때문에 가능한 것이다. 그래서 부처님께서는 '미진들이 실제로 있는 것이라면 미진이라고 하지 않았을 것'이며, '미진이라는 것은 미진이 아니라 그 이름이 미진일 뿐'이라고 한 것이다.

그러니 어찌 미진들이 실제로 있는 것이라고 할 수 있겠는가. 다만 인연 따라 상의상관적으로 '네가 있으므로 내가 있다'는 법칙에 의해 연기적으로 존재하는 것일 뿐이지 실제로 있는 것이 아니다. 이처럼 삼천대천세계를 이루는 모든 미진이 실제로 있는 것이 아니기에 삼천대천세계와 그 안에 존재하는 모든 물질이며 생명들 또한 모두가 실제가 아닌 공이요 무아일 수밖에 없는 것이다. 연기이기 때문에 공이고 무아인 것이다.

이것을 조금 더 확대하여 해석해 본다면, 삼천대천세계를 구성하는 모든 미진들이 서로 독자적으로 존재하는 것이 아니라 '이 미진이 있으므로 저 미진이 있고, 이 미진이 생기기 때문에 저 미진이 생기며, 이 미진이 없기 때문에 저 미진이 없고, 이 미진이 사라지기 때문에 저 미진도 사라진다'는 것을 의미하는 것이다. 이것이 바로 '이것이 있으므로 저것이 있고, 이것이 생기기 때문에 저것이 생기며, 이것이 없기 때문에 저것이 없고, 이것이 사라지기 때문에 저것이 사라진다'는 연기법의 전형적인 경구가 의미하는 바다. 이처럼 모든 미진들이 서로 다른 미진의 생성과 소멸에 의존하는 상호의존, 상의상관적인 관계이기 때문에 그 미진들로 이루어진 우리의 삶 또한 '이웃이 있으므로 내가 있고, 이웃이 없으면 나도 없는' 관계로 이어지고, '자연이 있으므로 인간이 있고, 자연이 사라지면 인간도 사라지는' 관계로 이어지며, '삼천대천세계가 있으므로 내가 있고, 삼천대천세계가 사라지면 나 또한 사라지는' 동체(同體)적인 연기와 자비의 실천적 삶으로 이어질 수 있는 것이다.

그러니 이웃을 내 몸처럼 따뜻하게 아끼고 돌보면 그것이 그대로 나의 삶과 직결되고, 이웃을 미워하고 증오하면 그 또한 그대로 나를 미워하고 증오하는 것과 다르지 않다. 인간이 자연을 오염시키고 파괴시키는 것은 스스로를 파괴시키고 오염시키는 것과 다르지 않은 것이다. 이 세계의 최소 물질인 미진이 상의상관적인 연기의 존재이기에 그 미진으로 이루어진 우리 인간과 자연, 인간과 인간, 나와 세계의 관계 또한 상의상관적일 수밖에 없는 것이기 때문이다. 그렇기 때문에 불교에서는 나와 우주가 둘이 아니요, 내 몸과 이웃이 둘이 아니요, 중생과 부처가 둘이 아니며, 삶과 죽음이 둘이 아니고, 인간과 자연이 둘이 아니라는 불이(不二)사상이 있을 수 있는 것이며, 그렇기에 그 모두는 따로 떨어진 존재 같지만 사실은 한 몸이요 동체(同體)이기에 내 몸처럼 이웃과 나라와 자연과 우주를 사랑할 수밖에 없는 동체적 자비, 연기적 자비, 무아적 자비의 실천이 나타날 수 있는 것이다.

"세존이시여, 여래께서 말씀하신 삼천대천세계도 곧 세계가 아니라 그 이름이 세계일 뿐입니다. 왜냐하면 만약 세계가 실제로 있는 것이라면 그것은 곧 하나의 합쳐진 모양이어야 할 것이오나, 여래께서 말씀하시는 하나의 합쳐진 모양도 실은 하나의 합쳐진 모양이 아니라 그 이름이 하나의 합쳐진 모양일 따름이기 때문입니다."

"수보리야, 하나의 합쳐진 모양이라 하는 것은, 말로 표현할 수 없으며, 그것은 법이 아니고 법 아님도 아니다. 다만 범부 중생들이 그것에 집착할 뿐인 것이다."

이상에서 언급했던 것처럼 세계에서 가장 작은 것인 미진이 실제로 있는 것이 아니며, 공하고, 텅 비어 있기에 집착할 것이 없는 것이라면 세계에서 가장 큰 것인 삼천대천세계는 과연 실제로 있는 것인가? 삼천대천세계를 구성하고 있는 구성요소인 미진이 실제로 있는 것이 아니며 공한 것이라면 그러한 미진으로 구성되어 있는 삼천대천세계 또한 실제로 있는 것이 아니며 공한 것임은 당연하다. 그렇기에 삼천대천세계도 그것이 실제로 있는 것이 아니며 공한 것이기에 '삼천대천세계도 곧 세계가 아니라 그 이름이 세계일 뿐'이라고 했다. 왜냐하면 만약 세계가 실제로 있는 것이라면 그것은 곧 '하나의 합쳐진 모양' 즉 일합상이어야 할 것이지만 '일합상은 일합상이 아니라 그 이름이 일합상'일 뿐이다.

일합상이란 수많은 미진들이 하나로 합쳐진 모양을 말한다. 즉 일합상은 우리들이 삼천대천세계라는 세계를 미진들이 모여서 만들어진 실제적인 모양으로서의 상으로 보고 있다는 것을 뜻한다. 쉽게 말해 삼천대천세계가 미진들이 모여서 만들어진 '하나로 합쳐진 상'이라고 실제시하고 집착하는 것을 타파하기 위한 가르침인 것이다. 미진이 텅 비어 공할진대 미진으로 이루어진 삼천대천세계를 일합상이라고 실제시하며 집착하는 것은 얼마나 어리석은 일인가. 이삼천대천세계, 즉 미진들이 모여서 만들어진 가장 큰 것 또한 실제가 아니며, 독자적인 고정된 실체가 아닌 것이다.

이러한 거시세계인 삼천대천세계를 현대의 과학에서는 어떻게 파악하고 있는지 양형진 교수의 논문을 참고하여 살펴보면 다음과 같다. 우선 태양 주위에는 지구를 포함한 9개 혹은 8개의 행성(명왕성을 빼면)이 있고 각각의 행성 주위에 위성이 있으며 이들 전체를 태양계라고 부른다. 수소를 헬륨으로 바꾸는 핵융합 반응을 하면서 스스로 빛을 내는 천체를 항성 혹은 별이라고 부르는데, 태양계에서 별은 태양 하나뿐이다. 이 태양에서 태양계의 제일 바깥에 있는 행성인 명왕성까지의 거리는 약 60억km 정도이며, 빛으로 약 5시간이 걸린다. 이 태양계의 바깥에는 '우리 은하'라는 별의 집단이 있는데, 여기에는 태양을 비롯하여 약 3천억 개의 별이 원판 모양의 형태로 배열되어 있다. 빛이 1년 걸려 가는 거리를 1광년이라고 하는데, 우리 은하 안에서 별과 별 사이의 평균 거리는 대략 5광년이고 우리 은하의 반지름은 약 5만 광년 정도 되며 태양은 그 가장자리에 위치한다. 언젠가 지리산에 갔을 때 장터목산장에서 처음으로 선명한 은하수를 보고 한동안 잠을 이룰 수 없었던 기억이 있는데, 우리가 잘 알고 있는 은하수라는 것이 바로 우리 은하 안에 있는 별들의 모임이다. 태양계가 은하의 가장자리에 있고 은하수가 납작한 원판 모양의 형태이기 때문에 지구에서 볼 때 우리 은하에 속하는 대부분의 별들은 한쪽 방향으로 길게 늘어서 있는 것처럼 보이는 것이다.

좀 더 나아가 우리 은하에서 가장 가까운 은하는 안드로메다 은하로 약 200만 광년의 거리에 있다. 이 안드로메다 은하와 우리 은하를 포함하여 20여 개의 주변 은하가 하나의 지역군을 형성하고 있는데, 이를 '우리 지역군'이라고 부른다. 이 우리 지역군에서 6000만 광년 정도 떨어진 곳에 버고 은하단이 있으며, 이 안에는 약 2500개 정도의 은하가 포함되어 있다. 버고 은하단은 다시 버고초 은하단의 일부가 되며, 버고초 은하단의 근처에는 이보다 더 큰 코마초 은하단이 존재한다. 여기까지가 현대 과학이 파악하고 있는 우주의 대략적인 모습이다. 물론 이것으로 우주를 다 파악했다고 할 수는 없다. 아직도 과학의 영역과 우리의 상상력까지도 초월할 만한 무량광 무량수의 우주가 있을 것임은 분명해 보인다. 이렇게 과학에서 말하는 우주에 대한 무량한 설명을 보면 앞의 장에서 설명했던 삼천대천세계의 설명에서와 마찬가지로 도무지 감 잡을 수 없고 상상도 해낼 수 없을 정도라는 점에서 일치한다. 그야말로 무량수요 무량광이라고 밖에는 표현할 수 없을 정도의 헤아릴 수 없는 것이 삼천대천세계요, 우주라는 것은 분명하다.

그러면 이런 우주는 과연 변하지 않고 항상하는 것이며, 실체적인 것일까? 별이며, 은하, 은하단, 그리고 알 수 없는 우주는 과연 끝없는 생명을 가지고 영원히 존재하는 것인가? 현재 과학에서 밝혀진 사실에 입각해 본다면 그렇지 않다. 우주는 끊임없이 변화해가며 성주괴공(成住壞空)의 단계를 거친다. 우주의 성주괴공을 간단히 살펴보면, 위에서 설명했던 별이나 혹성 이외에도 별과 별 사이에는 대단히 넓은 공간에 수많은 물질이 존재하는데, 연기나 안개보다 희미하게 밀도가 적고 주성분이 수소로 이루어진 이 물질을 성간물질이라고 한다. 이 성간물질은 우주 공간에 균일하지 않게 분포하여 있으며, 각 부분의 밀도는 끊임없이 변화해 간다. 그렇기에 이 성간물질은 언뜻 보면 아무것도 없는 것 같지만 그렇다고 완전히 없는 무의 상태는 아닌 것이다. 이 성간물질에서부터 모든 것이 시작되고 생성되기 때문이다. 이 성간물질이 어느 정도 이상의 밀도로 모이고, 별에서 오는 빛에 의해 광압이 가해지면 성간물질의 덩어리는 밀집되는 경향을 보인다. 이러한 밀집과 수축이 가속화되면 내부의 압력과 온도가 계속 올라가고 어느 정도 이상이 되면 희미한 빛을 발하기 시작한다. 그리하여 결국 1000만도 이상 온도가 상승하면 핵융합 반응을 시작하고, 이때 에너지가 빛의 형태로 우주 공간으로 방출이 된다. 즉 이것은 스스로 빛을 발하는 항성, 별이 탄생했다는 것을 의미한다. 이처럼 성간물질이라는 공(空)의 단계에서 별이라는 성(成)의 단계가 진행되는 것이다. 이렇게 만들어진 별은 한동안 크기와 빛의 밝기가 대략 일정하게 유지된다. 이것이 성주괴공의 주(住)의 단계다. 그러나 주의 단계라도 변함없이 유지되는 것이 아니라 별의 내부에서는 끊임없이 수소원자가 헬륨원자로 바뀌는 핵융합 반응은 계속 일어난다. 그러면서 결국 핵융합 반응의 원료가 되는 수소를 다 쓰게 되면 결국 빛은 소멸되고 별의 일생은 끝나게 된다. 이것이 성주괴공의 괴(壞)의 단계인 것이다. 그리고 나면 다시 공이 되고, 다시 성·주·괴·공을 끊임없이 반복하는 것이다.

　우리가 살고 있는 태양계의 태양도 이미 생성되고 나서 50억 년 정도 핵융합 반응을 하며 성주의 단계를 거치고 있으며 다시 50억 년 후가 되면 수소가 다 소멸되어 괴공의 단계로 접어들 것이라고 하니, 미시 세계인 미진과 같이 거시 세계인 우주 또한 항상 하는 것이 아니라 끊임없이 변화하는 것으로써 고정된 실체도 없고, 실제로 있는 것도 아니다. 다시 말해 삼천대천세계라는 우주 또한 고정된 실체가 없어 무아이며, 무자성이고, 우리 눈에 보이는 우주라는 것은 다만 인연 따라 무수한 조건들이 상호의존적으로 생겨났다가 사라질 뿐인 것이다. 미진이 그랬듯이 삼천대천세계 또한 그대로 연기법의 현현이며, 제행무상이요, 제법무아라는 존재의 법칙을 따르고 있는 것이다.

　50억 년 후에 태양이 괴공의 단계를 맞게 되어 소멸한다면 그때 이 지구에 사는 모든 존재며, 생명들 또한 인연 따라 모두 함께 소멸을 맞이하게 될 것이다. 이처럼 무아와 공의 진리는 '네가 있으므로 내가 있다'는 연기법을 그 기본 이치로 한다. 태양이 있으므로 내가 있고, 태양이 소멸하므로 내가 소멸하는 것이다. 그러나 그렇게 소멸되었다고 하더라도 그것은 이름이 소멸일 뿐이며, 이름이 죽음일 뿐이지, 단멸인 것은 아니다. 다만 인연 따라 모였듯이 인연이 다하면 소멸될 뿐인 것이다.

　이와 같이 하나로 합쳐진 모양, 즉 삼천대천세계라는 미진이 합쳐진 모양 또한 고정된 실체가 아니요, 실제로 있는 것이 아니다. 그렇기에 일합상도 일합상이 아니라 다만 이름이 일합상일 뿐이라고 한 것이다. 미진이 모여 만들어진 것에 상을 짓는 것을 '일합상'이라고 한다고 했는데, 여기서는 미진이 모여 만들어진 가장 큰 것인 삼천대천세계를 일합상으로 들고 있지만 사실 일합상은 미진이 모여 만들어진 모든 것들을 가리킨다. 즉, 나라는 존재도 일합상이요, 집도, 나무도, 산도, 바다도, 구름도, 자동차도, 연필도, 책상도 모두가 일합상 아닌 것이 없다. 우리가 그것이 실제로 있는 것이라고 착각하는 모든 물질, 모든 존재가 다 일합상인 것이다. 그 일합상의 가장 큰 것이 삼천대천세계요, 우리가 가장 크게 집착하고 있는 것이 바로 '나'라는 아상이다. '나'라는 것을 지수화풍으로 이루어진 실제라고 생각하는 아상이 있다면 그 아상이 바로 일합상인 것이다. 그러니 여기에서는 '미진'도 실체가 없어 무아이며 공이고 연기이며, '삼천대천세계'도 실체가 없어 무아이며 공이고 연기이며, 나도 이웃도, 사람도 자연도, 풀과 나무와 바람과 구름과 책상과 그 밖에 이름 짓는 모든 것이 다 실체가 없어 무아이며 공이고 연기라는 것을 말하고 있는 것이다. 또한 그렇기 때문에 미진에도, 삼천대천세계에도, 나에게도, 모든 존재며 물질이며 생명이며 일체제법 그 어디에도 집착하거나 얽매이거나 머물러 있지 말아야 한다는 무집착, 방하착을 역설하고 있는 것에 다름 아니다.

그래서 부처님께서는 일합상이라는 것은 말로 표현할 수 없으며, 그것은 법이 아니고 법 아님도 아니라고 했고, 다만 범부 중생들이 그것에 집착할 뿐이라고 했다. 일반적으로 '법'은 '존재' 혹은 '진리'로 해석되는데 여기에서는 법을 존재로 해석할 수 있다. 즉, 일합상이라는 것은 고정된 실체가 없는 것이므로 존재도 아니고, 존재가 아닌 것도 아니며 그것은 다만 방편으로 이름을 일합상이라고 표현했을 뿐이지 사실은 그 어떤 말로도 표현될 수 없음을 설하고 있는 것이다. 미진도, 삼천대천세계도, 나아가 나도 너도, 물질도, 자연도, 바람도, 구름도, 모든 일합상은 고정된 실체로서의 존재라고 해도 맞지 않고, 그렇다고 존재가 아니라고 해도 맞지 않는 것이다. 존재라고 한다면 유(有)에 치우칠 수 있고, 존재가 아니라고 한다면 무(無)에 치우칠 수 있기 때문이다. 그래서 미진과 삼천대천세계를 포함한 모든 것들은 유도 아니요 무도 아니고, 존재도 아니며 비존재도 아니고, 다만 중도일 뿐이며, 연기일 뿐이며, 그렇기에 분별할 수 없고, 차별할 수 없고, 공이며 무아인 것이다.

'다만 범부 중생들이 그것에 집착할 뿐인 것이다.'

이것이야말로 이 분에서 이끌어 내고 있는 최고의 실천 수행을 암시하는 구절이다. 범부 중생들이 그것에 집착하기 때문에 모든 희론이 일어나고, 모든 논쟁이 일어나며, 모든 문제가 생겨나는 것일 뿐이다. 다시 한 번 정리해 보면 세계에서 가장 작은 것인 미진에도 집착해서는 안 되며, 가장 큰 것인 삼천대천세계에도 집착해서는 안 되고, 그 사이에 있는 모든 상에 얽매여 집착해서는 안 된다는 준엄한 가르침을 설하고 있는 것이다.

이로써 『금강경』에서는 하나에서부터 열에 이르기까지 우리가 집착할 수 있는 모든 것에 대한 집착을 타파하도록 이끌고 있다. 먼저 아상·인상·중생상·수자상이라는 중생들의 기본적인 상을 깨도록 이끌고 있으며, 부처님의 육신인 32상 80종호에 대한 상도 깨뜨리고, 부처님이 법을 설했다는 것에 대한 상도 깨뜨리며, 정토를 장엄한다는 상도, 수행한다는 상도, 깨달았다는 상도, 보시했다는 상도, 나아가 법이 있다 없다 하는 상도 깨뜨리고, 결국 이 세상의 가장 작은 구성요소인

미진에서부터 가장 큰 요소인 삼천대천세계에 이르기까지 일체 모든 것을 모조리 깨뜨리고 있는 것이다.

지견불생분

[지견을 내세우지 말라]

知見不生分 第三十一

菩提 若人言 佛說我見人見衆生見壽者見 須菩提 於
意云何 是人解我所說義不 不也 世尊 是人 不解如
來所說義 何以故 世尊 說我見人見衆生見壽者見 卽
非我見人見衆生見壽者見 是名我見人見衆生見壽
者見 須菩提 發阿耨多羅三藐三菩提心者 於一切法
應如是知 如是見 如是信解 不生法相 須菩提 所言
法相者 如來說卽非法相 是名法相

"수보리야, 만약 어떤 사람이 말하기를, 여래가 아견과 인견과 중생견과 수자견을 말했다고 한다면 수보리야, 너는 어떻게 생각하느냐? 그 사람이 내가 말한 진리를 바로 아는 것이겠느냐?"

"아닙니다. 세존이시여, 그 사람은 여래께서 말씀하신 진리를 알지 못하는 것이옵니다. 왜냐하면 세존께서 말씀하신 아견과 인견과 중생견과 수자견은 곧 아견과 인견과 중생견과 수자견이 아니라 그 이름이 아견, 인견, 중생견, 수자견일 뿐이기 때문입니다."

"수보리야, 아뇩다라삼먁삼보리심을 일으킨 자는 일체법을 응당 이와 같이 알고, 이와 같이 보며, 이와 같이 믿고 깨달아서 법상을 내지 말아야 한다. 수보리야, 지금 말한 바 법상도 여래가 법상이 아니라고 설했으니 그 이름이 법상일 뿐이다."

지견(知見)이란 흔히 '알음알이', '분별', '생각', '관념', '지식' 등을 의미하는 말이다. 지견불생이란 지견을 내세우지 말라, 알음알이를 일으키지 말라는 뜻이다. 다시 말해 무언가를 안다고 했을 때 사람들은 보통 자신의 아는 지식을 뽐내거나, 내세우고자 하는데, 그런 식의 지견을 내세워서는 안 된다는 것을 이 분에서는 말하고 있다.

일반적으로 누구든 지식이 많고, 아는 것이 많으면 많은 만큼의 지견을 내세우고, 자랑하고자 하며, 스스로도 지식을 많이 쌓았을 때 그어떤 성취감 같은 것을 느끼며 뿌듯해 하곤 한다. 그러다 보니 아는 것이 많을수록 말도 많아지고, 이것이 옳으니 저것이 옳으니 따지기를 좋아하게도 된다.

그러나 이 분에서는 그러한 일체의 지견을 버리라고 하고 있다. 왜 그렇겠는가. 그러한 알음알이 내지 지식들은 본질적인 참된 지혜가 아니기 때문이다. 알음알이라는 것은 '어떤 것'에 대한 지식이 많다는 말인데, 지식이 많으면 자연스레 옳다거나 그르다거나 하는 판단과 분별이 많아질 수밖에 없다. 그런데 옳다거나 그르다거나 하는 등의 판단, 분별은 어디까지나 본질적인 것이 아니다. 이 세상에 전적으로 옳거나 그르기만 한 것이 어디에 있단 말인가. 절대적인 '선'이나 절대적인 '악'이 어디에 있단 말인가. 일체 모든 판단과 분별, 즉 알음알이 지견은 대상을 '있는 그대로' 보지 못하는 데서 오는 차별적인 생각일 뿐이다. 존재 본연을 있는 그대로 보는 것은 그 어떤 차별이나 분별도 없이 그저 순수하게 보기만 할 뿐인 것이다. 그랬을 때 그 어떤 대상도 옳다거나 그르다거나, 잘났다거나 못났다거나 하는 분별의 대상이 되지 않고 있는 그대로의 모습으로 여여하게 다만 존재할 뿐이다. 다시 말해 알음알이가 많은 사람일수록 세계관이며 가치관이 투철하다. 그 말은 다시 말하면, 아는 것이 많기 때문에 그 아는 것에 대한 집착도 클 수밖에 없다는 것을 의미한다. '자기 생각', '자기 지견'에 집착이 크면 클수록 그것은 본질적인 지혜와는 멀어지고 마는 것이다.

우리가 생각할 수 있는 일체 모든 생각, 알음알이, 지식들은 모두가 본질적이지 못한 것이다. 그래서 무심(無心)이야말로 가장 큰 지혜라고 하는 것이다. 그 어떤 '옳은 생각'일지라도, 그 어떤 '진리의 생각'일지라도, 그것 자체는 본질적인 것이 아니다. 그것은 다만 '진리의 생각'이라는 말일 뿐이고, 언어일 뿐이기에 그것은 어디까지나 방편의 가르침에 불과한 것이다. 아무리 '진리'의 말씀이라고 할지라도 거기에 집착하여 '이것이 진리다'라고 절대적으로 고정 짓는다면 이미 그것은 진리로서의 가치를 잃는다. 진리는 고정 지을 수 없으며, 한정 지을 수 없고, 그 어떤 틀에도 가두어지지 않기 때문이다. '이것이 진리다'라고 한정하게 되면 더 이상 그것은 진리가 아니다. 그래서 『금강경』에서는 끊임없이 일체 모든 상을 타파하도록 이끌고 있다. 심지어 불법에도, 부처에도 집착하면 안 된다는 것을 누차 강조하고 있다.

이 분에서 말하고 있는 지견을 일으키지 말라는 것도 이것을 의미하는 것이다. 그 어떤 지견에도 집착해서는 안 된다는 것을 설하고 있다. 본문의 내용을 좀 더 자세히 살펴보자.

"수보리야, 만약 어떤 사람이 말하기를, 여래가 아견과 인견과 중생견과 수자견을 말했다고 한다면 수보리야, 너는 어떻게 생각하느냐? 그 사람이 내가 말한 진리를 바로 아는 것이겠느냐?"

"아닙니다. 세존이시여, 그 사람은 여래께서 말씀하신 진리를 알지 못하는 것이옵니다. 왜냐하면 세존께서 말씀하신 아견과 인견과 중생견과 수자견은 곧 아견과 인견과 중생견과 수자견이 아니라 그 이름이 아견, 인견, 중생견, 수자견일 뿐이기 때문입니다."

지금까지 『금강경』에서는 끊임없이 일체의 모든 상을 타파하도록 이끌고 있으며, 그 핵심은 아상·인상·중생상·수자상을 타파해야 한다는 설법이었다. 『금강경』은 한마디로 '아상·인상·중생상·수자상을 타파하라'는 것이라고도 볼 수 있다. 이렇게 끊임없이 아상·인상·중생상·수자상을 타파하라고 하는 설법을 대하면서 사람들은 『금강경』을 통해 훌륭한 하나의 가르침을 마음속에 새길 것이다. 즉, '아상·인상·중생상·수자상을 타파하라'는 생각을 일으킬 것이다. '아상·인상·중생상·수자상을 타파하라'는 알음알이 지식, 지견을 얻게 될 것이다. 즉 아상·인상·중생상·수자상이라는 견해에 대해 사람들은 알음알이, 지견을 하나 더 추가하게 될 것이다. 마치 학교에서 배운 것을 머릿속에 잘 기억해 내고, 잘 암기해 내어 언젠가 써먹을 일이 생길 때 끄집어

낼 수 있도록 하듯이, 『금강경』의 아상·인상·중생상·수자상이라는 견해를 머릿속에 잘 기억하면서 '금강경을 공부했다'는 지견을 하나 추가하게 될 것이다. 그러면서 뿌듯해 할 것이다. 이 어려운 『금강경』을 내가 다 공부하고 이해했으며 헤아려 알게 되었다고 좋아할 것이다. 그러면서 주위 도반들과 이런저런 말을 하다가도 경전 이야기만 나오면 '내가 『금강경』을 공부했던' 그 사실과 가르침들에 대해 자랑삼아 말하고 싶어 안달이 날 지도 모른다.

그러나 『금강경』을 마무리하는 제31분의 가르침에서는 말하고 있다. 그렇게 공부했다면 그것은 올바른 『금강경』의 공부가 아니라고 말이다. '아상·인상·중생상·수자상'이라는 견해와 그러한 견해를 타파해야 한다는 『금강경』의 견해를 다 놓아버리라고 말하고 있다. 부처님께서 지금까지 아상·인상·중생상·수자상에 대한 견해, 즉 아견·인견·중생견·수자견을 설해 오셨다. 그러나 여기서 부처님은 수보리에게 뜬금없는 질문을 하고 있다. 여래가 아·인·중생·수자라는 견해를 말했다고 한다면 진리를 바로 아는 것이겠느냐는 질문에 수보리는 그렇지 않다고 답변 드리고 있다. 즉, 지금까지 여래가 아·인·중생·수자에 대한 견해를 끊임없이 설법하셨지만 그것이 하나의 '견해', '지견'으로 굳어서는 안 된다는 것을 말하고 있는 것이다. 즉 아·인·중생·수자라는 견해에 집착해서는 안 된다는 것이다. 이 말은 『금강경』의 핵심사상인 '아상·인상·중생상·수자상을 타파하라'는 견해에도 치우치거나, 머물거나, 집착하거나, 절대시해서는 안 된다는 의미다. 그것은 다만 방편으로 설해진 가르침일 뿐이기 때문이다. 『금강경』의 막바지에서는 이제 지금까지 타고 왔던 방편인 '아견·인견·중생견·수자견'이라는 뗏목 또한 놓아버려야 한다는 것이다. 이미 강을 건너왔다면 뗏목을 짊어지고 갈 필요가 더 이상 없다는 것이다. 아견·인견·중생견·수자견은 어디까지나 방편의 가르침이다. 아견·인견·중생견·수자견은 곧 아견·인견·중생견·수자견이 아니라, 다만 그 이름이 아견·인견·중생견·수자견이기 때문이다.

　사실 아상·인상·중생상·수자상 등의 일체상을 놓아버리라고 하지만 본연의 입장에서는 그 어떤 버릴 것도 잡을 것도 없는 것이다. 신기루를 보고 기뻐하고 집착하다가, 그것이 신기루임을 알고는 다시 괴로워하다가, 그동안 신기루에 집착했던 마음을 놓아버려 편안해졌다고 하더라도 사실 본래에는 신기루에는 실체가 없었으므로 잡을 것도 버릴 것도 없는 것이다. 공연히 혼자서 지견을 일으켜 집착하여 붙잡고서는 잡았다고 착각하여 즐거워하다가, 또 공연히 혼자서 집착을 버리고 편안해졌다고 할 뿐이지, 사실은 아무 일도 없었던 것이 아닌가. 신기루라는 말도 사실은 신기루가 아니라 이름을 신기루라고 붙여 놓았을 뿐이지, 신기루라는 말 또한 아무것도 없는 것을 애써 방편으로 신기루라 이름 지었을 뿐인 것이다. 그저 아무것도 없었고, 아무 일도 일어나지 않았지만, 자기 혼자서 착각하고, 집착하고, 지견을 일으켜, 신기루가 있다고도 하고 없다고도 하고, 크다고도 하고 작다고도 하고, 아름답다고도 하고 더럽다고도 한 것일 뿐이다. 그러니 본래에는 아무 일도 없었다. 그저 텅 빈 공(空)일 뿐이었다. 그런 사실을 깨닫게 하기 위한 방편으로 '신기루다[아상이다]', '신기루니 놓아라[아상을 타파하라]'라고 이름 붙인 것뿐이다.

　불교 수행이라는 것이 이와 같다. 집착을 버리라고 하지만, 버릴 것이 있어서 버리라고 하는 것이 아니라 다만 방편으로 버리라는 표현을 쓰고 있는 것일 뿐이다. 혼탁한 마음을 닦으라고 하지만 닦을 것이 있어서 닦으라고 하는 것이 아니라, 다만 자신 스스로 혼탁하다고 상을 짓고, 견해를 일으킨 바로 그 생각에 대한 집착을 놓으라는 말인 것이다. 깨달음을 얻었다는 말도 마찬가지다. 깨달음을 얻을 것이 있어서 깨달음을 얻는 것이 아니다. 열반이란 것이 있어서 열반을 얻는 것이 아니다. 깨달음을 얻었다고 하는 사람, 견성을 했다는 사람, 무엇을 보았다고 하는 사람, 그런 사람은 전혀 진리와는 동떨어진 착각 속에 빠진 사람이요, 삿된 법을 따르는 사람일 뿐이다. 얻을 것이 없음을 바로 보고 아는 것이 깨달음일 터인데, 어찌 얻을 어떤 '법'이 있을 것인가.

"수보리야, 아뇩다라삼먁삼보리심을 일으킨 자는 일체법을 응당 이와 같이 알고, 이와 같이 보며 이와 같이 믿고 깨달아서 법상을 내지 말아야 한다. 수보리야, 지금 말한 바 법상도 여래가 법상이 아니라고 설했으니 그 이름이 법상일 뿐이다."

그렇기에 어떤 법에도 집착해서는 안 된다. 아무리 진리의 말씀이고, 진리의 견해라고 하더라도 거기에 집착하는 순간 그것은 진리가 아니다. 그렇기에 그 어떤 지견도 내세우지 말아야 하는 것이다. 그 어떤 '법'이라고 하는, '진리'라고 하는 견해도 버려야 한다. 아뇩다라삼먁삼보리심을 일으킨 자는 일체법에 대해 응당 이와 같이 알고, 이와 같이 보며, 이와 같이 믿고 깨달아 법상을 내지 말아야 하는 것이다. 법상(法相)이란 말 그대로 '법이라는 상', '진리라는 상'이라는 뜻이다. '이것이 진리다'라고 하는 법상을 버려야 한다는 말이다. '아상·인상·중생상·수자상을 타파하라'는 이 말씀이야말로 가장 올바른 진리다. 『금강경』에서 말하고 있는 핵심이 되는 진리라고 생각하는 바로 그 견해가 법상인 것이다. 법이라는 모양 즉 법상도 법상이 아니라 그 이름이 법상일 뿐인 것이다.

'이것이 진리다'라는 법상처럼 위험한 것이 없다. 이 인류의 역사는 수많은 법상에 집착함으로써 얼마나 많은 파괴와 전쟁과 투쟁을 가져왔는가. 불교만이 참된 법이라는 생각, 기독교만이 진리(법)라는 생각, 성경만이 진리라는 생각, 코란만이 진리라는 생각, 이러한 진리에 대한, 종교에 대한 고정된 상, 즉 법상이야말로 얼마나 위험한 것인가. 핵이 위험하다고 하지만 과연 법상만큼 위험할 수 있을까. 법상에 대한 집착은 인간의 모든 이성을 완전히 마비시킨다. 법상 앞에서 이성이나, 논리나, 생각이나, 도덕이나 윤리는 설 자리를 잃는다. 신의 이름으로, 진리의 이름으로 행하게 되면 심지어 살인조차도, 전쟁조차도 정당성을 확보 받는다. 우리는 인류의 역사 속에서 그런 사실을 얼마나 생생하게 목격해 왔는가. 그럼에도 불구하고 여전히 인류는 수많은 자기만의 '법상'에 빠져 인류를 파국으로 몰아가고 있다.

'이것이 진리다'라는 생각에 빠지게 되면 그것 이외의 다른 모든 것들은 모두 진리가 아닌 것이 되고 만다. 그러므로 진리인 '내 생각'을 상대방에게 주입시키려는 그 어떤 노력도 서슴지 않는다. 심지어 진리인 '내 견해'와 맞지 않는다면 죽여도 무방하다고 믿는 사람도 얼마나 많았는가. '내 생각이 진리'라는 법상에 깊이 집착하고 빠져 있는 사람일수록 자기 종교, 자기 진리의 신념을 믿도록 상대방에게 그 어떤 수단과 방법을 가리지 않고 맹목적으로 전도, 포교, 선교를 할 수밖에 없다. 그 본인 생각에는 '다른 사람이 어떻게 생각하든 나는 진리의 길을 가는' 사람이기 때문이다. 그런 사람에게 더 이상 거칠 것은 없다. 앞뒤 보지 않고, 다른 사람의 입장은 생각지도 않고, 공공의 장소에서, 맹목적이고 극단적으로 자신의 종교를 설파하고 다니는 사람일수록 이단이기 쉽고, 진리와는 먼 사람이기 쉽다. 진리는 이와 같이 '어디에도 치우치지 않은' 심지어 '진리에도 극단적으로 집착하지않는', '법상도 버려야 하는' 속성을 가지고 있기 때문이다.

그렇기에 진리일수록 유연하고 열려 있으며 극단적으로 행동하지 않는다. 목사님, 신부님, 스님들도 보라. 어리석은 종교인일수록 치우치고, 극단적이며, 자기 종교만이 전부라고 고집스레 믿고 있지 않은가. 깨어 있는, 지혜로운 종교인, 성직자라면 다른 종교에 대해서도, 그 어떤 다른 가르침이나 사상에 대해서도 활짝 열려 있으며, 유연하게 받아들일 수 있는 부드럽고 깨어 있는 정신을 가지고 있다.

역설적이게도 불교는 '불교적 가치관'으로 살도록 가르치는 종교가 아니다. 물론 방편으로 '불교적 가치관', '불교적 지견'을 설하고는 있지만, 궁극에 가서는 그 또한 놓아버려야 함을 설파하고 있는 것이다. 그래서 불교에서는 사람들에게 '부처님답게 사는 것'을 주장하거나 따르도록 하는 것이 아니라, 저마다 '자기 자신답게 사는 것'을 설하고 있는 것이다.

응화비진분

[응화신은 참이 아니다]

應化非眞分 第三十二

須菩提 若有人 以滿無量阿僧祇世界七寶 持用布施

若有善男子善女人 發菩薩心者 持於此經 乃至四句

偈等 受持讀誦 爲人演說 其福勝彼 云何爲人演說

不取於相 如如不動 何以故一切有爲法 如夢幻泡影

如露亦如電 應作如是觀 佛說是經已 長老須菩提 及

諸比丘比丘尼 優婆塞優婆尼 一切世間天人阿修羅

聞佛所說 皆大歡喜 信受奉行

"수보리야, 만약 어떤 사람이 한량없는 아승지세계에 가득 찬 칠보로써 널리 보시했더라도, 만약 선남자 선여인으로서 보살심을 일으킨 이가 이 경이나 이 경의 네 글귀로 된 게송만이라도 받아 지녀 읽고 외워서 다른 이를 위해 전해 준다면 그 복이 더욱 뛰어날 것이다. 어떻게 남을 위해 전할 것인가? 가르침을 전하되 전한다는 생각과 상에 집착하지 말고 전하며, 여여하고 부동하게 하라. 그 까닭은 이러하다."

"현상계의 모든 법은
꿈과 같고, 환영과 같고, 물거품과 같고, 그림자와 같으며,
또한 이슬 같고, 번개와도 같으니
마땅히 이와 같이 관할지니라."

부처님께서 이 경을 다 설하여 마치시자 장로 수보리와 비구 비구니와 우바새 우바이와 일체 세간의 하늘과 인간과 아수라 등이 부처님 말씀을 듣고 모두 크게 기뻐하여 믿고 받들어 행하였다.

응화비진분의 응화(應化)는 응화신을 뜻하는 것으로 법신, 보신, 화신의 삼신불 가운데 하나인 화신을 의미한다. 화신을 응신이라고도 부르는데, 화신이란 석가모니부처님처럼 중생들을 제도하기 위해 중생들의 세계에 화현하여 나투신 몸으로서의 부처님을 의미한다. 중생들의 간절한 염원에 응(應)하여 화(化)현으로 몸(身)을 나툰다는 의미에서 응신 혹은 화신이라고 부르는 것이다. 즉 진리의 법신(法身)이신 진여 본성으로서의 부처님께서 중생들 앞에 응화로서 몸을 나툰 것을 응화신이라고 하는 것이다.

　그런데 이러한 응화신을 조금 더 확대하여 해석한다면 우리 눈앞에 펼쳐지는, 우리의 경계로 마주할 수 있는 일체 모든 존재, 경계들이 그대로 다 법신의 응화신이라고도 볼 수 있다. 즉 내 앞에 있는 모든 사람들, 가족들, 산과 나무와 풀과 바람에 이르기까지 일체 모든 것들이 그대로 법신부처님께서 그러한 현상으로 나투신 것이요, 현전한 것이라는 뜻이다. 그래서 불교에서는 일체 모든 존재가 불성이 있으며, 한 송이 꽃과 들풀과 나무와 바람에 이르기까지 모든 것이 다 부처요 법신이라고 하는 것이다.

그런데 여기에서는 이러한 응신과 화신이 모두 참이 아니라고 설하고 있다. 그동안 『금강경』에서는 끊임없이 일체의 모든 상을 타파하는데 주력해 왔다. 일체의 모든 상은 참이 아니며, 허망한 것이고, 공한것임을 일깨워왔다. 이 장에서는 그러한 일체 모든 상에 응화신이라는 부처님의 몸까지도 참이 아니며, 상에 얽매여서는 안 된다는 말을하고 있는 것이다. 응화신에조차, 석가모니부처님이라는 형상에조차얽매여 집착해서는 안 된다는 말씀이다. 또한 우리가 눈·귀·코·혀·몸·뜻 육근으로 마주치는 일체 모든 대상이 그대로 응화신이라고 보았을때 그 모든 것들 또한 공하며, 꿈과 같고, 물거품과 같고, 그림자와 같음을 설하고 있다. 그러면 이제 『금강경』의 마지막장인 응화비진분의본문을 살펴보자.

"수보리야, 만약 어떤 사람이 한량없는 아승지세계에 가득 찬 칠보로써 널리 보시했더라도, 만약 선남자 선여인으로서 보살심을 일으킨 이가 이 경이나 이 경의네 글귀로 된 게송만이라도 받아 지녀 읽고 외워서 다른 이를 위해 전해 준다면 그복이 더욱 뛰어날 것이다. 어떻게 남을 위해 전할 것인가? 가르침을 전하되 전한다는 생각 없이 상에 집착하지 말고 전하며, 여여하고 부동하게 하라."

앞의 분에서 계속해서 언급했던 '수지독송'과 '위인연설'에 대한 설법이 계속되고 있다. 모든 경전의 마지막 분이 유통분(流通分)이라고하여 경전에 대한 유포와 전법에 대한 당부의 말씀이 담긴 것과 같이『금강경』의 마지막 분인 응화비진분에서도 이 경전의 가르침을 어떻게 유포하고 전법할 것인가가 언급되고 있는 것이다. 앞서 언급했던 것처럼 아무리 많은 칠보로써 보시했다고 하더라도 이 경전의 한 게송만이라도 수지독송하고 위인연설한다면 그 복이 더욱 뛰어날 것을 설하고 있다. 그러면서 이렇게 위인연설을 통해 전법, 교화, 포교, 유통을 할 때 과연 어떻게 할 것인가, 어떤 마음으로 할 것인가 하는 점이 언급되고 있다.

남을 위해 법을 전할 때는 가르침을 전하되 전한다는 생각 없이 상에 집착하지 말고 전하며 여여하고 부동하게 하라는 것이다. 법을 전하면서 스스로 법을 전한다는 생각에 빠지고, 전법한다는 상에 집착하게 된다면 그 사람의 전법은 전법이 아니라 다만 상에 빠져 사는 세속적인 삶과 다를 것이 없다. 중요한 것은 법을 전한다는 그 단순한 언어와 사실만이 아니라 법을 전하는 이의 정신이 법과 얼마나 상응하고 있는가, 법다운가 하는 점에 있다. 법을 전하는 사람이 법답지 못한 행동과 말을 하며, 전혀 법과는 동떨어진 삶을 산다면 그 가르침은 생명력을 얻을 수 없다. 이 세상에 좋은 말이야 얼마나 많은가. 부처님 가르침이야 입으로 읽어 내려가기만 한다면야 어떤 사람인들 위인연설을 못하겠는가. 그러나 단순히 경전을 유포하고, 전하고, 수지독송하며, 전법포교하는 것이 중요한 것이 아니란 말이다. 그러한 경전의 가르침이 얼마만큼 내 안에 중심을 잡고 서 있는가, 또한 그러한 경전의 가르침에 따라 내 삶이 변화하고, 법다운 삶을 살아나가고 있는가 하는 점이 중요한 것이다.

이『금강경』가르침의 핵심이 상에 얽매이지 말라는 것인데, 법을 설하면서 내 스스로 법을 설한다는 상이 있고,『금강경』몇 권을 유포하고 보시했다는 상이 있으며,『금강경』을 잘 설한다거나, 수지독송을 잘한다고 생각하거나, 『금강경』을 하루에 몇 독씩 독송한다거나, 100만 번을 독송했다거나 하는 등등의 이러한 '수지독송'과 '위인연설'에 대한 상을 가지게 된다면 그것은 전혀 『금강경』의 가르침과는 맞지 않는 것일 뿐이다. 그야말로 『금강경』을 공부하고 수지독송하며 유통전법하는 많은 수행자에게 있어 경전의 말미에 꼭 깨우쳐 주어야 하는 부분이 아닐 수 없다. 사실 오늘날 『금강경』을 수행하고 공부하는 우리들에게 얼마나 필요한 말인가.

『금강경』을 공부하면서, 내가 『금강경』을 공부했다느니, 몇 독을 몇 일 만에 했다느니, 몇 년간 했다느니, 몇 백 권을 사서 보시했다느니 하는 상에 우리는 얼마나 얽매여 있는가. 이렇게 32분으로써 『금강경』 강의를 마치고 있으나, 지금 이 순간까지 『금강경』을 함께 공부해 온 자신을 돌이켜 보라. '드디어 내가 이 어려운 금강경을 끝냈구나', '금강경을 다 이해했다'는 등의 생각과 상이 얼마나 들겠는가. 바로 그 점을 이 분에서는 일깨우고 있는 것이다. 『금강경』을 아무리 잘 공부했고, 수지독송했으며, 다른 이를 위해 수많은 위인연설을 했다고 하더라도 내 안에 그렇게 했다고 하는 생각과 상이 있다면 전혀 『금강경』을 공부한 것이 아니다. 오히려 『금강경』을 공부하면서 『금강경』을 더럽힌 것이다. 『금강경』을 공부하면서 『금강경』을 깨뜨린 것이요, 파괴한 것과 다르지 않다. 매 순간순간 나의 『금강경』 공부가 『금강경』의 가르침을 드러낸 것인가, 아니면 파괴한 것인가를 잘 비추어 볼 수 있어야 한다.

이 부분의 산스크리트 원전 내용은 다음과 같다. "그러면 어떻게 (법을) 가르쳐 주어야 하는가. 가르쳐 주지 않은 것처럼 해야 하나니

544

그래서 말하기를 가르쳐 주어야 한다고 하는 것이다." 즉 법을 가르쳐 주면서도 가르쳐 주지 않은 것처럼 상에 얽매이지 말아야 하나니, 그 것이 바로 참되게 『금강경』을 가르쳐 준 것이 된다는 뜻이다. 『금강경』 을 가르쳐 주면서 가르쳐 주었다는 생각이나 상이 있다면 그것은 가 르쳐 준 것이 아닌 것이다.

　이와 같이 가르쳐 주고, 사람들을 위해 위인연설하는 것이야말로 『금강경』을 잘 실천하는 것이다. 그래서 『금강경』을 공부한 사람은 여 여하고 부동하다. 그 어떤 아상도 있지 않기 때문에 한 치도 '나'를 내 세우려 하지 않는다. 그 어떤 상도 일으키지 않아 한결같고 여여하며 부동하다. 끊임없이 '나'를 내세우고 싶고, 자랑하고 싶은 마음을 일으 키지 않았을 때 비로소 한결같아 여여하고 움직이지 않는 부동의 정 신을 세울 수 있는 것이다. 내 스스로가 삶에 있어 여여하고 부동하지 않을진대 어찌 다른 사람에게 여여하고 부동하라고 설할 수 있겠는 가. 수많은 경계며, 괴로운 일들이 다가오더라도 그 경계가 허망하며, 꿈과 같은 것이며, 물거품과 같고, 그림자 같고, 이슬 같고, 번개 같아 한 치도 머물러 집착할 것이 없음을 바로 알았을 때 비로소 여여하고 부동한 경계가 현전하는 것이다. 그래서 다음과 같은 게송으로 『금강 경』을 마감하고 있다.

"그 까닭은 이러하다."

"현상계의 모든 법은
꿈과 같고, 환영과 같고, 물거품과 같고, 그림자와 같으며,
또한 이슬 같고, 번개와도 같으니

마땅히 이와 같이 관할지니라."

부처님께서 이 경을 다 설하여 마치시자 장로 수보리와 비구 비구니와 우바새 우바이와 일체 세간의 하늘과 인간과 아수라 등이 부처님 말씀을 듣고 모두 크게 기뻐하여 믿고 받들어 행하였다.

현상계의 일체 모든 법은 꿈과 같고, 환영과 같고, 물거품과 같고, 그림자와 같으며, 또한 이슬 같고, 번개와도 같으니 마땅히 이와 같이 관해야 한다. 현상계의 모든 경계를 이와 같이 관할 수 있어야 비로소 여여하고 부동한 정신이 내 안에 오롯이 자리하게 된다. 이 세상 모든 존재며, 사건이며, 사람이며 경계가 모두 꿈, 환영, 물거품, 그림자, 이슬, 번개와 같이 실체가 있는 것이 아니어서 잠시 인연 따라 왔다가 인연 따라 가 버리는 허망한 것이며, 공한 것이고, 텅 빈 것이라면 어디에 집착하거나 머물러 얽매이지 않을 것이다. 자유롭고 평화로운 정신이 깃들 것이다.

사실 우리의 삶이 괴로운 것은 현상계에 대한 집착이 있기 때문이다. 사람에 집착하고, 돈, 명예, 권력, 지위, 계급, 학벌, 사랑, 목숨, 건강 등에 대한 집착이 있기 때문이다. 그러나 그 모든 것들은 잠시 인연 따라 왔다가 인연이 다하면 소멸하는 인연가합의 연기적인 존재요, 공한 존재며, 텅 비어 실체가 없는 것들에 불과하다. 그렇기에 어디에도 집착하여 붙잡을 것이 없다. 그런데도 불구하고 우리는 그 모든 것들이 실재하는 것으로 착각하여 붙잡고 집착하며 얽매이고 있는 것이다. 그로 인해 일체의 모든 괴로움이 시작되는 것이다. 만약 그 모든 현상계가 꿈, 환영, 물거품, 그림자, 이슬, 번개와도 같음을 관할 수 있다면 우리의 모든 문제는 일시에 소멸되고 만다. 거기에 아상이 붙을 것도 없으며, 인상, 중생상, 수자상이 붙을 수도 없다.

그러한 여여부동의 깨달음의 경지는 삶 그 자체가 그대로 수지독송이요 위인연설이 된다. 삶을 사는 것이 그대로 수지독송이요, 입을 열면 그대로 위인연설이 되는 것이다. 그 사람은 가르침을 설하지 않고 있더라도 여여부동한 삶 그 자체로써 끊임없이 법을 설하는 것이 된다. 삶 그 자체가 설법이 되는 것이다. 그래서 참된 설법은 설법하지 않음으로써 이루어진다. 그래서 교화 중에도 가장 으뜸은 위의교화(威儀教化)라고 한다. 즉 가르침이 그대로 실천됨으로써 사람들이 그 사람의 행위나 삶의 모습만을 보고도 충분히 감화되는 것을 말한다.

보통 보살님들께서 설법을 듣고 나면 '우리 남편에게도 이 설법을 꼭 들려주고 싶다'거나, '우리 아이가 이 설법을 들어야 하는데' 하면서 내 가족에게도 부처님 가르침을 들려주고 싶어 한다. 물론 그 마음이야 백번 이해 가고도 남음이 있지만, 그렇게 부처님 말씀을 가족들에게 배워야 한다, 실천해야 한다고 입으로만 계속해서 이야기를 한들 그것이 직접 가족을 실천으로 이끌지는 못하지 않는가. 아마도 속으로는 '엄마도 잘 못하시면서', '당신이나 좀 잘해'라고 할지 어찌 알겠는가. 정말 중요한 것은 위의 교화다. '아내가 절에 가고 수행을 하더니 사람이 달라졌다'거나, '어머님께서 금강경을 공부하시더니 너무 행복해 보이시고 평화로워 보인다'거나, 혹은 '불교를 공부하더니 그 어떤 시련이나 고통이 오더라도 전처럼 휘둘리지 않고 여여하고 지혜롭게 잘 대처해 나간다'거나 하는 등의 평가는 온 존재로써 변화되었을 때만이 뒤따라 올 수 있는 것이다. 그래서 자식이나 남편도 절에

오게 해달라거나, 설법을 해달라거나 하는 말 대신에 내 스스로 가르침의 실천이 부족함을 알아 더욱 정진해야 하는 것이 중요한 것이다.

이렇게 32분에 걸친『금강경』공부를 원만히 회향하였지만, 이것이 단순히『금강경』이라는 지견을 하나 더 늘린 것밖에 되지 못한다면 아무 의미가 없다. 아니 오히려 그것은『금강경』을 파괴시킨 것이요,『금강경』을 욕되게 한 것밖에 되지 못한다. 그럴 바에는 차라리『금강경』공부를 하지 않는 편이 낫다.『금강경』을 공부했다는 상을 늘릴 것이 아니라『금강경』이 내 존재 위로 꽃비가 되어 내리고, 감로가 되어 갈증을 다스려 줄 수 있어야 한다. 나의 삶이 금강경의 삶으로 바뀔 수 있어야 한다는 말이다. 금강경다운 삶, 아상 소멸의 대자유한 삶으로 존재 깊은 뿌리에서부터 변화가 찾아올 수 있어야 한다. 그랬을 때 비로소『금강경』이『금강경』일 수 있는 것이며, 참된『금강경』의 회향일 수 있는 것이다. 금강경다운 삶, 아상과 아집이 소멸되어 세상과 다투지 않으며 내적으로 평화와 평온과 자유가 함께하는 삶으로 내 존재가 변화되고 있는가.

이러한『금강경』가르침을 듣고 장로 수보리를 포함하여 비구, 비구니, 우바새, 우바이 등 사부대중과 일체 세간의 인간과 하늘신과 아수라가 모두 크게 기뻐하고 믿고 받들어 행하였다는 구절로『금강경』은 끝을 맺게 된다. 이러한 가르침을 듣고 어찌 크게 기뻐하고 믿고 받들어 행하지 않을 수 있겠는가. 이제『금강경』공부를 맺은 우리들이 해야 할 일은 믿고 받들어 행하는 일만 남았다. 그러나 믿고 받들어 행하는 것은 곧 믿고 받들어 행하는 것이 아니라 다만 그 이름이 믿고 받들어 행하는 것임을 잊지 말자. 믿고 받들어 행함 없이 믿고 받들어 행하자.

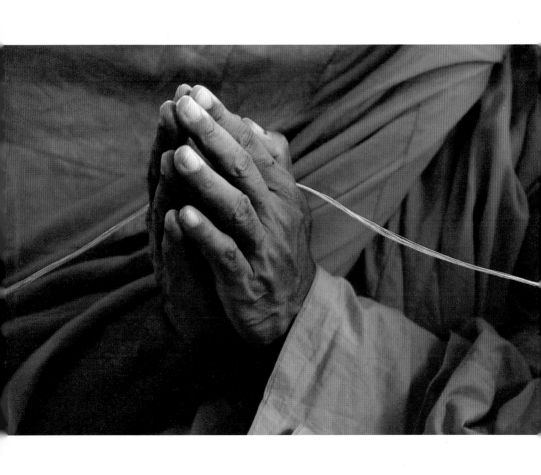

금강경과 마음공부 (개정 신판)

초판 1쇄 펴낸 날 : 2018년 9월 30일
초판 2쇄 펴낸 날 : 2022년 2월 18일

지은이 : 법상 스님
펴낸이 : 이금석

기획·편집 : 박지원
디자인 : 책봄 디자인 스튜디오
펴낸곳 : 도서출판 무한

등록일 : 1993년 4월 2일
등록번호 : 제3-468호
주 소 : 서울시 마포구 잔다리로9길10
전 화 : (02)322-6144
팩 스 : (02)325-6143

홈페이지 : www.muhan-book.co.kr

e-mail : muhanbook7@naver.com

값 : 24,000원
ISBN : 978-89-5601-408-1 (03220)